Das Buch des Kölner Historikers bietet eine umfassende Orientierung über die Struktur und die Entwicklung der modernen deutschen Nation im europäischen Rahmen. Ausgehend von den Bedingungen der vormodernen Zeit schildert es die Geschichte der vergangenen zwei Jahrhunderte und analysiert eingehend die deutsche Nationalbewegung und den organisierten Nationalismus. Es endet mit einem Ausblick auf die Chancen einer neuen Nationsbildung heute.

Die deutsche Nation war bis zum Jahre 1945 eng verbunden mit der Idee und Institution des Reiches und wird daher als *Reichsnation* interpretiert. Der Autor behandelt die deutsche Nationalgeschichte jedoch nicht als einen Ausnahmefall, sondern zeigt, daß sie in jeder Epoche geprägt war von der Entwicklung der nationalen Frage in Europa.

Eine Klärung der nationalen Grundbegriffe steht am Anfang. Der Anhang enthält historische Karten, statistische Daten sowie ein kommentiertes Literaturverzeichnis zur Geschichte von Nation und Nationalismus.

Otto Dann, geboren 1937, ist Professor für Geschichte der Neuzeit an der Universität zu Köln. Zahlreiche Veröffentlichungen zur Geschichte des Nationalismus und der deutschen Nation, zur Vereinsbildung und zum Gleichheitsproblem.

OTTO DANN

Nation und Nationalismus in Deutschland

1770 — 1990

VERLAG C. H. BECK MÜNCHEN

Mit 7 Karten und 9 Tabellen

Die Deutsche Bibliothek – CIP-Einheitsaufnahme

Dann, Otto:
Nation und Nationalismus in Deutschland: 1770 –
1990/Otto Dann. – Orig.-Ausg. – München : Beck, 1993
  (Beck'sche Reihe ; 494)
  ISBN 3 406 34086 5
NE: GT

Originalausgabe
ISBN 3 406 34086 5

Einbandentwurf von Uwe Göbel, München
© C. H. Beck'sche Verlagsbuchhandlung (Oscar Beck), München 1993
Satz: Fotosatz Otto Gutfreund GmbH, Darmstadt
Druck und Bindung: C. H. Beck'sche Buchdruckerei, Nördlingen
Gedruckt auf alterungsbeständigem (säurefreiem) Papier,
chlorfrei hergestellt
Printed in Germany

Inhalt

Vorwort 9

1. Einleitung 11
1.1 Grundbegriffe 11
1.2 Geschichtliche Grundlagen der deutschen Nation . . 21

2. Die Entstehung der modernen Nation 24
2.1 Nationsbildung und Patriotismus im frühneuzeit-
    lichen Europa 24
2.2 Heiliges Römisches Reich und deutsche Nation . . . 28
    Stichwort: ‚Deutsche Kulturnation' (S. 36)
2.3 Patriotismus in Deutschland 38
    Deutsche Bewegung (S. 40), Reichspatriotismus (S. 43)

3. Das Zeitalter der französischen Hegemonie 45
3.1 Der Durchbruch der modernen Nation in Europa . 45
3.2 Nationalpolitische Krise in Deutschland 51
3.3 Die antinapoleonische Nationalbewegung 56
    Nationaler Patriotismus (S. 58), Befreiungskriege (S. 61),
    Nationale Ideologie (S. 68)

4. Die bürgerliche Nation im System der Fürsten-
    staaten 73
4.1 Das europäische Mächtesystem und der Aufbruch
    der Nationen 73
4.2 Deutscher Bund und nationale Bewegung 78
    Stichwort: ‚Kaiser und Reich' (S. 83)
    Nationsbildung und Fürstenstaat (S. 84), Die Jahre der
    nationalpolitischen Zuspitzung (S. 93), Vormärz (S. 102)

5.   *Die deutsche Nation im revolutionären Umbruch* . .   112
5.1 Die Revolution von 1848/49   112
     Europäische Vorgeschichte (S. 112), Die deutsche
     Revolution (S. 115), Bilanz der Revolution (S. 126),
     Die Nachbarländer (S. 131)
5.2 Der Übergang zur Industriegesellschaft   133
5.3 Nationale Bewegung und Reichsgründung   137
     Bismarck (S. 140), Nationale Revolution von oben (S. 144),
     Bilanz der Reichsgründung (S. 149)
5.4 Europa im Übergang   152

6.   *Das deutsche Kaiserreich*   157
6.1 Der Nationalstaat   157
6.2 Die Reichsnation   165
6.3 Reichspatriotismus und Nationalismus   174
     Kampf um nationale Demokratie (S. 177), Organisierter
     Nationalismus (S. 185), Die nationalen Positionen im
     Überblick (S. 196)
6.4 Nationalismus und Imperialismus in Europa   199

7.   *Der Erste Weltkrieg*   208
7.1 Das Kriegserlebnis   209
7.2 Kriegsnationalismus in Europa   214
7.3 Die nationalen Lager   219
7.4 Kriegsausgang, Reichsreform
     und nationale Aporie   227

8.   *Die Republik von Weimar*   233
8.1 Durchsetzung und Krise des demokratischen
     Nationalstaates in Europa   233
8.2 Der neue Nationalstaat und die Folgen des Krieges .   240
8.3 Die republikanische Nation   248
     Die nationale Position der Parteien (S. 251),
     Nationale Symbole (S. 258), Bilanz (S. 259)
8.4 Wege zum Nationalismus   261
     Revisionismus (S. 262), Volksdeutsches Denken (S. 264),
     Nationalismus (S. 268)

9.   *Die Epoche des Nationalsozialismus* 274
9.1 Der europäische Rahmen 274
9.2 Nationalsozialismus und deutsche Nation 279
   Nationalisierung der Massen (S. 279), Eroberung des Nationalstaates (S. 282), Hitler und das deutsche Volk (S. 287)
9.3 Das andere Deutschland 289

10.   *Rückblicke auf die Reichsnation* 297
10.1 Die Zerstörung des Reiches und seiner Nation . . . 297
10.2 Deutsche Nation, Nationalbewegung und
   Nationalismus im Überblick 303
10.3 Historische Urteile 306
10.4 These: Die deutsche Nation als Reichsnation 310
10.5 Die deutsche Nation im europäischen
   Kontext 312

11.   *Ausblick auf den zweiten deutschen Nationalstaat* . . . 317

   Anhang

A.   Tabellen zur nationalen Entwicklung 329
   1. Das deutsche Staatsgebiet und seine Bevölkerung (S. 329)
   2. Nationale Wahlen (S. 332)
   3. Religiöse Gliederung der deutschen Bevölkerung (S. 334)
   4. Ehtnische Minderheiten (S. 334)
   5. Auswanderung (S. 335)
   6. Deutschsprachige Bevölkerung in Europa (S. 336)
   7. Umsiedlung und Vertreibung (S. 337)
   8. Deutsch-deutsche Wanderungsbewegung (S. 337)
   9. Die Berufsgliederung der Erwerbsbevölkerung
      in Europa (S. 338)

B.   Mitteleuropa im Kartenbild. 1789–1990 339

C.   Literatur 347

D.   Register 356

Vorwort

Als eine Geschichte des deutschen Nationalismus ist dieses Buch im Jahre 1988/89 konzipiert worden. Doch dann wuchsen die Bedenken, ob es richtig sei, die gesamte moderne deutsche Nationalgeschichte unter den Begriff des Nationalismus zu stellen. Seit den 1960er Jahren hatte sich das unter uns Historikern eingebürgert, doch wie leichtfertig haben wir uns damit oft zum Richter über die deutsche Geschichte aufgeschwungen.

Auch mit dem Thema ‚Nationalstaat' haben wir es uns wahrscheinlich zu einfach gemacht, haben das Ende des Deutschen Reiches mit dem Ende des Nationalstaats überhaupt gleichgesetzt. Seit dem Jahre 1990 leben wir nun jedoch in einem Nationalstaat, und es zeigt sich, daß wir völlig verlernt haben, unsere Gesellschaft als eine Nation zu verstehen, daß wir uns den Nationalstaat nur als autonomen Zentralstaat und nicht als einen föderalen und international integrierten Staat vorstellen können, ja sogar von der Meinung ausgehen, nationales und europäisches Denken würden sich ausschließen.

In dieser Situation ist es notwendig, unsere nationale Geschichte neu zu durchdenken und auch über die Grundbegriffe sich zu verständigen. Dazu will dieses Buch beitragen. Sein Schwergewicht liegt auf der historischen Urteilsbildung. Es ist ohne einen wissenschaftlichen Apparat geschrieben und geht nur indirekt auf die Positionen der Geschichtsforschung ein. Hingewiesen sei auf die kommentierten Literaturhinweise im Anhang und auf das ausführliche Register zur Erschließung der komprimierten Darstellung.

Manche werden dieses Buch enttäuscht beiseite legen, weil sie ihr Bild von der deutschen Nation und Geschichte nicht bestätigt finden. Vielleicht ist es für sie Anstoß zu einer erneuten Diskussion der behandelten Zusammenhänge. Nach dem katastrophalen Ende des Reiches und seiner Nation haben wir seit kurzem erst die Chance für eine neue Verständigung über unsere Geschichte erhalten, und es ist noch eine offene Frage, auf welche Grundlagen wir uns stellen wollen. Ein Blick auf die demokratisch konsolidierten Gesellschaften in Europa zeigt, daß sich die Nation als politisches Grundmodell einer demokratisch verfaßten Gesellschaft seit 1789 offensichtlich bewährt hat, trotz der vielen Rückschläge im Zeitalter des Nationalismus, aus dem wir herkommen. Auch für den Aufbau einer sozial gerechten und solidarischen Gesellschaft ist die Nation bis heute das einzig bewährte und tragfähige Modell.

Bei der Konzeption, der Ausarbeitung und der Durchsicht dieses Textes habe ich den Rat, die Kritik und die Mithilfe von vielen in Anspruch nehmen können: von meiner Frau und meinen Kindern, von Freunden, Kollegen und einer Gruppe von Studenten, die den Grundstock für die Datensammlungen des Anhangs erarbeitet haben. Nicht unerwähnt bleiben darf die Geduld und das Verständnis des Verlages. Ich kann allen an dieser Stelle nur summarisch danken und hoffen, sie können mit dem Resultat zufrieden sein. Für Hinweise, Verbesserungen und Kommentare bin ich weiterhin dankbar.

Otto Dann

1. Einleitung

1.1 Grundbegriffe

Noch vor kurzem, in den 1980er Jahren, gab es in der Bundesrepublik eine große Debatte über die politische Identität der Deutschen; es wurde gefragt, ob und in welchem Sinne man heute von einer deutschen Nation sprechen könne. Der deutsche Nationalstaat, das in den Jahren 1867 bis 1871 entstandene Deutsche Reich, war durch die Politik Hitlers zerstört und von den Siegermächten des Zweiten Weltkriegs aufgelöst worden. Die 1949 im Zuge des Kalten Krieges gebildeten Nachfolgestaaten jenes Reiches galten als ein fester Bestandteil der europäischen Nachkriegsordnung; diese wurde auch von den Deutschen zunehmend als eine Friedensordnung verstanden.

Diese Nachkriegsordnung hat sich infolge der jüngsten Entwicklungen in Osteuropa als instabil erwiesen und seit dem Zerfall der Sowjetunion fast vollständig aufgelöst. Der seit 1985 einsetzende Prozeß der Liberalisierung in den kommunistisch beherrschten Staaten hatte zu der Beseitigung von Grenzbarrieren des Kalten Krieges geführt, und binnen kurzem stand auch die Grenze zwischen den beiden deutschen Staaten zur Disposition. Mit ihrer Öffnung wurde die Vereinigung der Deutschen in einem Nationalstaat zu einem Nahziel der Politik, das innerhalb eines knappen Jahres erreicht werden konnte. Diese überraschende Entwicklung, in deren Bann wir noch immer stehen, wirft viele Fragen auf. Sie sind geprägt von Erinnerungen an die Vergangenheit. Wer sich ihnen stellt, braucht eine historische Orientierung.

Eine solche Orientierung, die hier vorgelegt wird, hat mit Begriffen zu argumentieren, über die es heute in Wissenschaft und Politik noch keinen verbindlichen Konsens gibt. Deshalb

11

ist es zunächst notwendig, sich über die wichtigsten zu verständigen.

Seit der Französischen Revolution gehört ‚Nation' zu den Grundbegriffen unserer politischen Sprache. Fast alle Staaten der Welt verstehen sich heute als Nationalstaat. Wir gehen davon aus, daß eine Nation die Grundlage eines Staates ist. Doch das ist nicht die Regel. Es gab und gibt Nationen, die keinen eigenen Staat haben, und Staaten, die mehrere Nationen umfassen. Der Begriff Nation bedeutet also nicht einfach Staatsbevölkerung, seine Definition muß allgemeiner ansetzen:

> Als *Nation* bezeichnen wir eine Gesellschaft, die aufgrund gemeinsamer geschichtlicher Herkunft eine politische Willensgemeinschaft bildet. Eine Nation versteht sich als Solidargemeinschaft, und sie geht aus von der Rechtsgleichheit ihrer Mitglieder. Sie ist angewiesen auf einen Grundkonsens in ihrer politischen Kultur. Nationen sind stets auf ein bestimmtes Territorium orientiert, auf ihr Vaterland. Ihr wichtigstes Ziel ist die eigenverantwortliche Gestaltung ihrer Lebensverhältnisse, politische Selbstverwaltung (Souveränität) innerhalb ihres Territoriums, ein eigener Nationalstaat.

Eine Nation entsteht erst mit der Bildung von *Nationalbewußtsein* innerhalb einer Bevölkerung. Wir verstehen darunter den Prozeß einer kollektiven politischen Bewußtwerdung, in dem die Mitglieder eines Volkes bzw. die Bewohner eines Territoriums entdecken, daß sie gemeinsame Traditionen und Interessen haben, daß sie eine Solidargemeinschaft sind. Eine solche *nationale Identität* steht neben anderen sozialen Identitäten, in denen der einzelne lebt, z. B. der Region oder der Religion. Sie kann sich mit diesen verbinden, aber auch in Konkurrenz zu ihnen geraten. Das charakteristische Merkmal der nationalen Identität ist die Verbundenheit mit einem politischen Territorium, das als Vaterland verstanden wird.

Die *Nationsbildung* ist ein Vorgang, der seine eigenen Konjunkturen hat. Er vollzieht sich nicht gleichmäßig und gleichzeitig in allen Schichten einer Bevölkerung. Nationalbewußtsein kann nur bei denen entstehen, die aufgrund ihrer Bewußtseinslage und ihrer Interessen dazu disponiert sind. So finden wir es historisch zunächst nur in bestimmten Schichten einer Bevölkerung. Es dehnt sich dann, im Zuge fortschreitender sozialer Bewußtwerdung, Bildung und Emanzipation auf weitere Schichten aus. Dabei verändert es sich in seinen Inhalten und Wertsetzungen, – nicht zuletzt deshalb, weil es in einem pluralen kulturellen Kontext steht.

Eine Nation kann mehrere Volks- und Kulturgruppen umfassen, und insofern ist sie multikulturell. Nur im Bereich der politischen Kultur muß sie, wenn sie als eine politische Gemeinschaft zusammenbleiben will, eine verbindliche Grundlage finden. Dieser *Grundkonsens der politischen Verfassung und Kultur* einer Nation muß von jeder Generation neu formuliert werden. Dabei kann sich das Nationalbewußtsein in seinem Stellenwert gegenüber anderen Identitäten verändern. Es kann sich auch, wenn in einer Generation die entsprechenden Interessen nicht mehr vorhanden sind, wieder zurückbilden. Die Nationsbildung ist ein nie abgeschlossener Prozeß!

Nation und *Volk* werden in der politischen Sprache meist synonym gebraucht. Doch für die Situation der größeren Völker, besonders die der Deutschen in Europa, ist eine Unterscheidung der Begriffe wichtig. Völker sind soziale Großgruppen, gekennzeichnet durch eine gemeinsame Sprache, eine Kultur, eine Religion, eine gemeinsame Geschichte. Auf der Grundlage eines oder mehrerer dieser Merkmale sind sie dazu in der Lage, eine Kommunikationsgemeinschaft zu bilden und sich gesellschaftlich enger zusammenzuschließen. So ist ein Volk in der Regel auch die Grundlage einer Nationsbildung. Naturnotwendig ist eine solche Entwicklung jedoch nicht. Es gibt Völker (Ethnien), die keine eigene Nationsbildung durchmachen, und es gibt Nationen, die mehrere Völker oder Volksgruppen umfassen (in Europa z. B. die Schweiz oder Belgien). Im Unterschied zu Nationen, die unter bestimmten Bedingungen entstehen und auch wieder zerfallen können, haben Völker eine wesentlich längere Lebensdauer.

Die Unterscheidung zwischen Volk und Nation ist in unserer

politischen Sprache auch deshalb so schwierig, weil beide Worte eine zweifache Bedeutung haben, eine ethnische und eine politische. ‚Nation' bedeutet von seiner lateinischen Wurzel her eine Gemeinschaft mit gleicher Abstammung, also eine ethnische Gemeinschaft. Erst mit der modernen Staatsbildung hat sich ein politischer Begriff von der Nation durchgesetzt: die Nation als Träger der staatlichen Souveränität. Demgegenüber bezeichnet der Terminus ‚Volk' bis heute die ethnische Gemeinschaft. Er wird aber seit dem 18. Jahrhundert auch zur Bezeichnung der Bevölkerung eines Staates verwendet: Volk im Sinne von ‚Staatsvolk'. Der Begriff ‚Volkssouveränität' zeigt, daß es hier auch eine Übereinstimmung mit dem modernen Nationsbegriff gibt.

Die Politisierung des Begriffs der Nation im ausgehenden Mittelalter bedeutete zugleich dessen soziale Verengung: Die Nation als Träger der Souveränität eines Staates umfaßte nur die politischen Führungsschichten. Erst im 18. Jahrhundert entstand das Modell der modernen, die gesamte Bevölkerung eines Staates umfassenden Nation; es setzte sich in allen europäisch geprägten Gesellschaften durch.

Die *Durchsetzung der modernen Nation* war verbunden mit einem neuen politischen Programm. Es ist durch folgende Merkmale gekennzeichnet:
1. Die Nation umfaßt prinzipiell alle Schichten der Bevölkerung des nationalen Territoriums. Sie nimmt Menschen- und Bürgerrechte für alle ihre Mitglieder in Anspruch.
2. Das wichtigste Kommunikationsmedium innerhalb der Nation ist eine Schriftkultur, die prinzipiell allen zugänglich sein muß.
3. Die Staaten sind sowohl in ihrer Verfassungsstruktur als auch in ihrer Grenzziehung nach nationalen Kriterien umzugestalten, sie sollen Nationalstaaten werden. Das bedeutet:
– Die Nation soll oberster Souverän innerhalb ihres Territoriums sein (Prinzip der Volkssouveränität).
– Die politischen Grenzen sollen mit den Siedlungsgrenzen der Nation soweit wie möglich übereinstimmen.

4. Alle Nationen haben ein gleiches Recht auf Existenz und auf Selbstbestimmung innerhalb ihres Siedlungsgebietes.

Der politische Grundkonsens, von dem eine moderne Nation getragen wird, beruht in seinem Kern auf diesen Prinzipien. Sie zeigen: Die Nation wurde zum politischen Verfassungsmodell der modernen, postfeudalen Gesellschaft. Sie kann sich nur in den Ländern durchsetzen, in denen eine Modernisierung von Staat und Gesellschaft bereits begonnen hat. Der alle Lebensbereiche umfassende *Prozeß der Modernisierung* ist für eine Erklärung nationaler Entwicklungen der wichtigste konzeptionelle Rahmen. Vor allem die politischen und die sozio-kulturellen Modernisierungsvorgänge sind hier von Bedeutung.

An deren Anfang steht die Herausbildung des modernen Staates. In seinem Rahmen, bzw. in der Auseinandersetzung mit ihm, bildet sich die moderne Nation. Deren politische Durchsetzung ist sodann mit dem Prozeß der Demokratisierung aufs engste verbunden. Überall dort, wo er auf Widerstände stößt, formieren sich die nationalbewußten Schichten zu einer politischen Bewegung und schalten sich als eine eigenständige Kraft, als Nationalbewegung, in die politischen Auseinandersetzungen ein.

Fast jede Nation kann in ihrer Geschichte auf eine Nationalbewegung zurückblicken; in der Regel geht sie der Durchsetzung des Nationalstaats voraus. Nationalbewegungen gehören zu den großen politisch-gesellschaftlichen Bewegungen, die die europäische Geschichte seit 200 Jahren prägen. In ihnen werden die Nationen zu handelnden Subjekten der Geschichte.

Eine *Nationalbewegung* ist die programmatische und organisierte Bewegung einer Nation bzw. einer nationalbewußten Bevölkerungsschicht, die innerhalb ihres Territoriums Selbstbestimmung (nationale Autonomie) durchsetzen will oder sie gegenüber denen verteidigt, die sie in Frage stellen.

Eine Nationalbewegung ist einerseits nach innen gerichtet: Sie verfolgt die Durchsetzung der Nation zum politischen Souverän, die Errichtung und Vollendung eines Nationalstaats. Andererseits gehört zu einer Nationalbewegung die

Abgrenzung nach außen: gegenüber dem politischen Gegner, gegenüber anderen Staaten und Nationen, v. a. im Falle einer Verteidigung nationaler Grenzen.

Nationalbewegungen sind stets politische Oppositionsbewegungen. In ihrer Programmatik und ihren Aktionsformen ist daher stets auch ein latentes Konfliktpotential enthalten.

Nationale Bewegungen sind patriotische Bewegungen. Sie stehen in der Tradition des modernen Patriotismus, der sich im Bürgertum der Aufklärungszeit durchgesetzt hatte (vgl. S. 27 f.). *Patriotismus* meint ein sozialpolitisches Verhalten, in dem nicht die eigenen Interessen im Vordergrund stehen, sondern das Wohl aller, das bonum commune. Er ist auf das Ganze des Gemeinwesens orientiert und entstand als ein Engagement für die Kommune, für das Vaterland (patria). Modernes Nationalbewußtsein konnte unmittelbar an diese Grundhaltung anknüpfen; es hat die gleiche Grundstruktur. Patriotisches Verhalten richtete sich nun auf die größere Einheit der Nation aus. Wer sich national engagierte, verstand sich als Patriot; auch heute noch nennen wir ein solches Verhalten patriotisch. Ein nationaler Patriotismus ist die Grundlage einer jeden Nationalbewegung.

Auch *nach* der Konstituierung eines Nationalstaats kann es in einer Nation noch zu Nationalbewegungen kommen, z. B. als Widerstandsbewegung gegen einen fremdnationalen Aggressor. Doch auch im Inneren eines Nationalstaats sind die Probleme der Demokratie und der sozialen Gerechtigkeit niemals endgültig gelöst, und die Auseinandersetzung darüber kann zu einer Nationalbewegung werden. Der politische Grundkonsens einer Nation muß in jeder Epoche und von jeder Generation neu gefunden, und die nationalen Zielvorstellungen müssen neu definiert werden.

Die häufigste Form einer neuen Nationalbewegung im heutigen Europa jedoch ist der *Regionalismus*. Es handelt sich hier um die konkurrierende Nationalbewegung einer Region innerhalb eines existierenden Nationalstaats. Auch ihr geht eine Nationsbildung voraus, die Entwicklung eines eigenständigen regionalen Identitätsbewußtseins, aus dem heraus sich eine Autonomiebewegung der regionalen Bevölkerung entwickeln kann. Ein solcher regionaler Patriotismus steht als politische Bewegung immer wieder vor der Frage, wie weit die Autonomieforderung getrieben werden soll. Solange er innerhalb des größeren Staatsverbandes verbleibt und an dessen Identität gleichfalls partizipiert, ist es ein Regionalismus. Wenn die Identität des existierenden Nationalstaats jedoch verleugnet und eine eigene Staatsgründung angestrebt wird, ist aus dem Regionalismus ein *Separatismus*, eine separatistische Nationalbewegung geworden.

Nationalbewegungen können in sehr verschiedener Form auftreten. Für unsere historisch-politische Argumentation ist daher die Unterscheidung zwischen Patriotismus, Regionalismus und Nationalismus von großer Bedeutung. ,Nationalismus' ist hier der eigentliche Problembegriff. Geht man von dem Grundbegriff ,Nation' aus, dann meint Nationalismus die Steigerung und Radikalisierung eines nationalen Verhaltens.

> Wir verstehen unter *Nationalismus* ein politisches Verhalten, das nicht von der Überzeugung einer Gleichwertigkeit aller Menschen und Nationen getragen ist, das fremde Völker und Nationen als minderwertig einschätzt und behandelt. Nationalismus tritt auf als Ideologie, als soziale Verhaltensweise und seit den 1880er Jahren auch als eine organisierte politische Bewegung.

Nationalismus ist eine Gefährdung für jeden nationalen Patriotismus und Regionalismus. Sie ist gegeben, wenn der demokratische und humane Grundkonsens, auf dem die moderne Nation beruht, nicht mehr eingehalten wird. Für ein solches Verhalten bieten alle Nationalbewegungen Veranlassung, denn sie sind oppositionell und kämpferisch. Die Abgrenzung vom politischen Gegner ist für sie konstitutiv; wie leicht kann sie intolerante Formen annehmen! Nationalbewegungen sind oft auch mit Fremdenfeindlichkeit und Völkerhaß verbunden. Doch gilt es, vom Ansatz her zu unterscheiden: zwischen Fremden- und Völkerhaß (Xenophobie), der sich zu allen Zeiten findet, und *Chauvinismus* als einer Form des Nationalismus. Ausländerfeindlichkeit ist also per se noch nicht mit Nationalismus gleichzusetzen, sondern erst dann, wenn sie im Zusammenhang eines nationalistischen Programms steht.

Als eine besondere Form politischen Verhaltens findet sich Nationalismus in fast allen Nationalbewegungen. Erst im späten 19. Jahrhundert jedoch trat der *organisierte Nationalismus* als ein neuer Typus nationaler Bewegung auf, der die Grundprinzipien der modernen Nation bewußt in Frage stellte (vgl. S. 188 ff.). Damit begann für das Zusammenleben der Völker und Nationen in Europa die dunkelste Phase ihrer Geschichte. Dieser organisierte Nationalismus war nicht nur – als Imperialismus oder Irredentismus (vgl. S. 200) – nach außen gerichtet; er äußerte sich auch gegenüber den Minderheiten im eigenen Lande: als gouvernementaler Nationalismus, Rassismus oder Antisemitismus (vgl. S. 201 f.). Schon im Ersten Weltkrieg wurde die politische Dynamik, aber auch das zerstörerische Potential sichtbar, die dieser Nationalismus freisetzen konnte.

Als jener Krieg vorüber war, begann auch die wissenschaftliche Erforschung des Nationalismus. Man fragte nach seinen Ursprüngen, und es wurde deutlich, daß man ihn in einem geschichtlichen Zusammenhang mit den Nationalbewegungen sehen und als deren zerstörerisches Derivat begreifen muß. Von daher war man in der angelsächsischen Literatur dazu übergegangen, den *Begriff ‚Nationalismus'* auf alle nationalen Bewegungen auszudehnen, und die Geschichts- und Politikwissenschaft Westdeutschlands ist dem gefolgt. Alle Formen nationalen Verhaltens wurden als Nationalismus bezeichnet. Damit hat sich im Gebrauch dieses Begriffes jedoch ein Dilemma ergeben, das besser vermieden werden sollte: ein Gegensatz zwischen der politischen Umgangssprache und der Wissenschaftssprache. In der politischen Diskussion verstehen wir unter Nationalismus eine Ideologie der nationalen Intoleranz und Aggressivität. Der Begriff dient der Abgrenzung; mit ihm charakterisiert man das Verhalten anderer, nicht das eigene (Nur noch in Spanien wird der Begriff heute als Selbstbezeichnung regionalistischer

Bewegungen verwendet. Anders in der ersten Hälfte des Jahrhunderts; vgl. S. 270). Für unsere historisch-politische Urteilsbildung ist es auch in Zukunft wichtig, daß zwischen freiheitlich-emanzipatorischen Nationalbewegungen und organisiertem Nationalismus, zwischen nationalem Verfassungspatriotismus und nationalistischen Verhaltensweisen deutlich unterschieden wird. Deshalb wird im Folgenden der Begriff Nationalismus nur in diesem eingegrenzten Sinne verwendet. Nur so ist es möglich, zerstörerische nationalistische Tendenzen überall dort zu erkennen und zu analysieren, wo sie geschichtlich greifbar werden.

Wie jede politische Bewegung, so ist auch eine Nationalbewegung geprägt von ihrer Programmatik, ihrer Ideologie (der Begriff Ideologie wird hier nicht negativ verstanden!). Die *nationale Ideologie* bringt die Identität und den Grundkonsens einer Nation zum Ausdruck. Sie stellt ihre Interpreten jedoch vor besondere Schwierigkeiten; denn dieser Grundkonsens basiert auch auf unausgesprochenen Voraussetzungen, auf sozialen Verhaltensweisen, religiösen Lebensformen, auf geistigen und kulturellen Traditionen, – auf dem ‚Volksgeist‘, um einen Begriff der deutschen Romantik zu gebrauchen. Auch die Geschichtsschreibung – das sollte hier nicht übersehen werden – spielt von jeher eine besondere Rolle bei der Selbstdarstellung einer Nation.

Das politische Programm der modernen Nation basiert auf einer Gleichsetzung von Nation und Volk (z. B. im Begriff der Volkssouveränität). Daher appelliert eine Nationalbewegung stets an das ganze Volk und erhebt den Anspruch, in seinem Namen zu sprechen. Doch nicht alle Schichten eines Volkes sind gleichermaßen nationalbewußt und mit gleichen Interessen an der Bewegung beteiligt; tonangebend sind vor allem die Bildungsschichten. Sie halten sich für den Kern der Nation und formulieren deren politische Ziele. Das nationale Programm ist daher stets beeinflußt von den spezifischen Anliegen der Führungsgruppen; deren Mentalität und Interessen prägen den ‚Geist der Nation‘.

Eine nationale Ideologie ist nicht zuletzt von den Abgrenzungen geprägt, die mit jeder Nationsbildung und Nationalbewegung verbunden sind. Alte Stereotypen ethnischer Abgrenzung spielen dabei oft eine Rolle, und der Übergang zum Nationalismus wird hier schnell vollzogen. Eine *nationalistische Ideologie* entsteht dort, wo über den Nationen stehende Instanzen oder Prinzipien (menschheitliche Grundrechte; internationale Solidaritäten einer Religion, einer Weltanschauung, einer sozialpolitischen Bewegung), die eine Gleichberechtigung der Nationen begründen, nicht mehr anerkannt werden. Der Antagonismus unter den Nationen, bei dem es keinen Schiedsrichter, sondern nur den Sieg des Stärkeren gibt, ist eine Grundvorstellung des Nationalismus (vgl. S. 202). Es hängt weitgehend von der politischen Kultur der nationalen Führungsschichten ab, wieweit von nationalistischen Argumenten Gebrauch gemacht wird oder ob die andere Richtung nationaler Argumentation zur Entfaltung kommt, für die in Deutschland z. B. der Name Herders steht.

Die folgende Darstellung und Analyse der Geschichte der modernen deutschen Nation basiert auf den hier knapp skizzierten Definitionen. Vier Punkte seien abschließend besonders hervorgehoben:
1. Die Nation ist die grundlegende politische Organisationsform moderner Gesellschaften. Sie entsteht in dem niemals abgeschlossenen Prozeß der Nationsbildung und ist geprägt von einem stets neu zu formulierenden politischen Grundkonsens. Die Nation verwirklicht sich im Nationalstaat.
2. Nationalbewegungen gehören zu den großen politischen Bewegungen in neuzeitlichen Gesellschaften. Zu ihrer Charakterisierung ist es wichtig, ihre Position zu den Fragen der Modernisierung (Demokratisierung, soziale Gerechtigkeit) zu beachten, sowie ihr Verhalten zu Nachbarvölkern und Minoritäten.
3. Eine Nationalbewegung ist nie eine Bewegung der ganzen Nation, des gesamten Volkes. Sie ist stets geprägt von den Schichten, die in ihr führend sind und ihr Programm bestim-

men. In der Geschichte einer Nation kann es mehrere Nationalbewegungen mit unterschiedlichem Charakter geben.

4. Nationalismus ist die inhumane und antidemokratische Gefährdung jeder Nationalbewegung. Seit dem späten 19. Jahrhundert tritt Nationalismus organisiert und programmatisch
auf und belastet seitdem das Zusammenleben der Nationen.

1.2 Geschichtliche Grundlagen der deutschen Nation

Für ein Verständnis der modernen deutschen Nation ist es sinnvoll, zunächst einige strukturelle Rahmenbedingungen ihrer
Entwicklung deutlich zu machen, die sich bereits im Mittelalter
herausgebildet haben.

Die deutsche Nation gehört zu den großen alten Nationen
Europas. Sie beruhte in ihrer frühesten Form auf einer Interessengemeinschaft des Hochadels der ‚deutsch‘ sprechenden
Stämme, die sich im Ostfrankenreich zu eigenen Königswahlen
zusammenfanden und die Wiedererrichtung des Imperium Romanum, das imperiale Großprojekt der deutschen Könige, mit-
trugen, das die Nationsbildung in Deutschland über Jahrhunderte hinweg prägen sollte. Das spannungsvolle Verhältnis von
universalem *Reich* und deutscher *Nation* war für die Geschichte
der Deutschen von schicksalhafter Bedeutung (vgl. unten
S. 28 ff.). Der deutsche Reichsadel verstand sich als die Reichsnation, doch er blockierte die nationale Staatsbildung im Reich
durch einen eigenen Herrschaftsausbau. Seit dem Beginn der
Neuzeit bestand zwischen der Nationsbildung in der deutschen
Bevölkerung und der Reichsnation des Hochadels kaum noch
eine Verbindung. Zwei ‚Nationen‘, die vormoderne und eine
moderne, existierten nebeneinander her.

Auch in der *Siedlungsgeschichte* der Deutschen waren zentri-
fugale Tendenzen vorherrschend. In der deutschsprachigen Bevölkerung gab es eine ständige Wanderungsbewegung, vor allem nach Osten, über die Reichsgrenze hinaus. Die Deutschen
lebten seit dem hohen Mittelalter nicht mehr in einem abgerun-
deten Siedlungsgebiet, sondern vielfach durchmischt mit ihren

Nachbarvölkern innerhalb des mitteleuropäischen Raumes. Kein anderes europäisches Volk hat – bis heute! – so viele angrenzende Nachbarn wie die Deutschen.

Auch aufgrund dieser Siedlungsstruktur konnte die moderne *Staatsbildung* in Mitteleuropa nicht zu einer Konzentration der Deutschen in einem Nationalstaat führen. Die deutschsprachige Bevölkerung war an mehreren Staatsbildungen beteiligt. Auch innerhalb des Reiches wirkte sich der Prozeß der Staatsbildung in einer zentrifugalen Richtung aus: Die Reichsfürsten betrieben eine eigene territoriale Staatsbildung, und an den Randzonen des Reiches kam es immer wieder zu nationalpolitischen Absonderungen (Schweizer Eidgenossenschaft, Niederlande, Belgien, Österreich).

Die politische *Identitätsbildung* der Deutschen ist seit ihren Anfängen nur selten entlang der Sprachgrenze verlaufen. Ethnische Kriterien sind daher für die Staats- und Nationsbildung der Deutschen niemals maßgebend gewesen. Die deutschsprachige Bevölkerung in Europa lebte stets – in der Verschiedenheit ihrer Dialekte und regionalen Kulturen – in mehreren Staaten.

Daher ist es für ein Verständnis der nationalen Geschichte der Deutschen wichtig, zwischen *Volk* und *Nation* zu unterscheiden, und zwar in drei Hinsichten:

1. Das Volk der Deutschen, deren ethnisch-kulturelle Sprachgemeinschaft, hat keine gemeinsame Nationsbildung durchgemacht. Die deutschsprachige Bevölkerung in Mitteleuropa lebte seit dem Mittelalter in mehreren politischen Herrschaftsräumen, aus denen eigenständige Nationalstaaten hervorgingen. Sie war im Verlaufe der Geschichte an mehreren Nations- und Staatsbildungen beteiligt.

2. Dennoch gab es im deutschen Kerngebiet innerhalb des Reiches den Begriff der ‚deutschen Nation'. Diese deutsche Nation zu definieren, hat jedoch stets Schwierigkeiten bereitet. Obwohl ethnische Merkmale für die Staats- und Nationsbildung der Deutschen niemals ausschlaggebend gewesen sind, hat es immer wieder Versuche gegeben, die deutsche Nation von der Sprache und von völkisch-ethnischen Kriterien her zu definie-

ren; denn über lange Zeiten standen keine eindeutigen staatlich-territorialen Definitionskriterien zur Verfügung. Die Definition der Nation blieb ein ständiges Dilemma der deutschen Geschichte.

3. Wie in allen frühneuzeitlichen Staaten, gab es auch in Deutschland die Unterscheidung zwischen Nation und Volk. Ursprünglich bildete nur der Reichsadel die Nation; das Volk lebte als Untertan in den Territorialstaaten und wurde erst im Verlaufe seiner politischen Emanzipation zur Nation gerechnet.

Aus diesen strukturgeschichtlichen Merkmalen der deutschen Nationsbildung ergeben sich wichtige Folgerungen für die historische Untersuchung und Darstellung:

1. Die Nationsbildung der Deutschen vollzog sich in einer ständigen Wechselwirkung mit ähnlichen Vorgängen in den benachbarten Völkern und Staaten. Daher kann sie in allen ihren Etappen nur im europäischen Rahmen hinreichend verstanden werden.

2. Bei einer Geschichte der Deutschen und ihrer Nationsbildung ist der Unterschied zwischen der ethnisch definierten Sprachgemeinschaft und der politisch definierten Nation nicht aus dem Auge zu verlieren.

3. Die Geschichte der deutschen Nation darf nicht als ein einheitlicher Prozeß gesehen werden. Sowohl in der Nationsbildung wie in der Staatsbildung der Deutschen liefen mehrere Linien nebeneinander her.

2. Die Entstehung der modernen Nation

2.1 Nationsbildung und Patriotismus im frühneuzeitlichen Europa

Die Entstehung von Nationen als staatsbildender Kraft ist das besondere Merkmal der europäisch-abendländischen Geschichte. Die ältere Geschichtsschreibung hat deren Anfänge bereits im 9. und 10. Jahrhundert angesetzt, und in der Tat schlossen sich im späten Karolingerreich, wie das deutsche Beispiel zeigt (vgl. S. 21), die führenden Adelsgruppen der Volksstämme (gentes), die durch ethnische Gemeinsamkeiten miteinander verbunden waren, zu einer eigenen politischen *Interessens- und Solidargemeinschaft* zusammen, die sich gegenüber dem Universalreich abgrenzte, sich aber noch nicht als Nation verstand. Ihr Gruppenbewußtsein bewährte sich in der Königswahl und in gemeinsamen Kriegen; es wurde zur Grundlage einer politischen Herrschaftsordnung, deren ethnische Fundamente sich bis heute als tragfähig erwiesen haben.

Seit dem 13. Jahrhundert gingen diese gentilen Herrschaftsverbände des Hochadels („Personenverbandsstaaten') zu einer neuen Form der Herrschaftsorganisation über, zur *Staatsbildung*. Sie war auf die Beherrschung eines geschlossenen Territoriums (Landes) ausgerichtet und hatte im Königtum, in der Corona Regis, ihren repräsentativen Mittelpunkt. Erst im Zusammenhang dieser ‚modernen' Staatsbildung kam in der alteuropäischen Geschichte explizit der Begriff der *Nation* ins Spiel: Das Königtum und die politischen Herrschaftsschichten verstanden sich als die Repräsentanten der Nation, d. h. der durch eine gemeinsame Herkunft verbundenen Bevölkerung des Landes. Durch diese Identifizierung der Herrschaftsschichten mit Land und Nation entstand ein neues Landes- und Nationsbewußtsein, und erst mit dieser Entwicklung begann im engeren Sinne die Nationsbildung in Europa.

In den Prozeß der Nationsbildung traten vor allem die Schichten ein, die an einer starken, autonomen Landesherrschaft interessiert waren. Das war zunächst der mittlere und niedere Adel, weniger eindeutig dagegen der Hochadel, der sich oft auch in einer Konkurrenz zur königlichen Landesherrschaft befand. Neben dem Adel ist der Klerus nicht zu übersehen. Er war in der Lage, dem neuen Landesbewußtsein auch literarisch Ausdruck und damit Dauer zu verleihen; durch seine Bindung an die universale römische Kirche stand er jedoch in einer doppelten Loyalität. Daher war es bedeutungsvoll für die Ausbreitung des Landesbewußtseins, daß sich die Schriftkultur über den Klerus hinaus im städtischen Bürgertum und im niederen Adel verbreitete. Diese Schichten, die nicht direkt unter der Botmäßigkeit der Kirche standen, trugen wesentlich dazu bei, daß das *Landes- und Nationalbewußtsein* nun auch thematisiert wurde. Seit dem Spätmittelalter spielt der Begriff ‚Nation‘ in der überlieferten Literatur eine immer größere Rolle. An den Universitäten wurde er zur Kennzeichnung der Studenten verwendet, die aus der gleichen Region stammten, wobei mehrere Völker in der Regel zu einer ‚Corona-Regis-Nation‘ zusammengefaßt wurden (z. B. Francia, Anglia, Germania, Polonia). Auch in der Bezeichnung von Völkern als Nation im alten Sinne der Abstammungsgemeinschaft wurden nun die ‚politischen‘ Landschaften bevorzugt.

Ein wichtiger Schritt im Zuge der Nationsbildung in Europa war die beginnende *Kultivierung der Volkssprachen*. Die literarische Intelligenz ging seit dem 13. Jahrhundert dazu über, Lieder, Epen und Gesetzestexte auch in den bisher nur oral tradierten Volkssprachen aufzuschreiben und zu verfassen. Der Italiener Dante Alighieri (1265–1321) ist der bis heute berühmteste Exponent dieser volkssprachlichen Bewegung, in der die Grundlagen einer *volkssprachlichen Schriftkultur* gelegt wurden, die zu einem wesentlichen Element der modernen Nationsbildung wurde.

Zu verzeichnen ist in diesem Zusammenhang auch eine neue

Form der Geschichtsschreibung: Nationen wurden zu Subjekten einer eigenen Geschichte und Personen von besonderer nationaler Bedeutung zu nationalen Symbolfiguren stilisiert: der Arminius der Deutschen, der Chlodwig der Franzosen, der Heilige Stephan der Ungarn. Diese Anfänge einer nationalen Ideologiebildung hatten Konjunktur innerhalb von ‚national' legitimierten Widerstands- und Protestbewegungen des Spätmittelalters, z. B. der Reconquista auf der iberischen Halbinsel, des Hundertjährigen Krieges in Frankreich, der Hussitenbewegung in Böhmen. Das große Kirchenkonzil in Konstanz (1414–1418), auf dem erstmals nach Nationen abgestimmt wurde, war ein weiterer Kristallisationspunkt für die Herausbildung von nationalpolitischer Identität. In der wissenschaftlichen Literatur verwendet man für diese Tendenzen, die auch erste Formen von Nationalismus umfassen, zunehmend den Begriff *Proto-Nationalismus*.

Entscheidend für die weitere nationale Entwicklung in Europa waren jedoch nicht diese Volksbewegungen, sondern die neue Staatsform der *Landesherrschaft*. Sie basierte auf einer neuen Legitimierung politischer Herrschaft, in der die Nation eine wichtige Rolle spielte. Der vom Königtum (corona regis) repräsentierte Staat war als politische Herrschaftsordnung auf ein Territorium (Land) und die in ihm lebende Bevölkerung bezogen, die als Herkunftsgemeinschaft auch ‚Nation' (natio) genannt wurde. Sie war ständisch gegliedert; ihre politische Führung und Repräsentation lag bei den feudalen Herrschaftsständen, die zunehmend ein nationales Landesbewußtsein entwickelten. Seit dem 14. Jahrhundert organisierten sich diese Herrschaftsschichten nun in vielen Staaten als ‚Landstände' in einem Parlament (Landtag, Reichstag, Sejm, Generalstände) und verstanden sich als politische Repräsentation des Landes, der Nation. Damit bekam der Begriff *Nation* auch institutionell eine politische Bedeutung: ‚Nation' meinte die personelle Basis, die gesellschaftlichen Träger des Staates und seiner Souveränität. Die im Parlament organisierten Herrschaftsstände verkörperten gegenüber dem Königtum die ‚nationale' Basis der politischen Herrschaft. Die frühneuzeitlichen Staaten, in denen die Kultur der nationalen Herrschaftsschichten sich auch als dominierende Landeskultur durchsetzte, konnten auf diesem Wege zu einem *Nationalstaat* werden. Sie verfügten damit über zusätzliche Legitimationen politischer Herrschaft und Entwicklung; denn staatliche Machtinteressen, auch außenpolitische Aktionen, konnten nun ‚national' legitimiert werden, sowohl nach außen wie auch gegenüber der eigenen Bevölkerung.

Im Zeitalter des *Absolutismus* setzte sich das Königtum im Prozeß der modernen Staatsbildung in vielen Staaten als Führungsmacht durch; denn es war besser dazu in der Lage, eine moderne Rechtsprechung und Verwaltung sowie ein stehendes Heer aufzubauen und mit ihnen ‚nationale' Machtpolitik zu betreiben. Die nationalstaatlichen Ansätze einer dualen Landesherrschaft (Königtum – Landstände, Kaiser – Reichstag) wurden damit zurückgedrängt, und die einzelnen Länder Europas gingen in nationaler Hinsicht verschiedene Wege. Frankreich bildete zunächst eine Ausnahme, weil hier schon im Spätmittelalter das Königtum die führende Rolle in der Nationsbildung übernahm. Doch bald wurde es beispielhaft für eine nationale Interessenpolitik, die sich nicht nur auf den Staatsaufbau und auf territoriale Erwerbungen erstreckte, sondern frühzeitig bereits die Kirchenpolitik (Nationalkonzil von Bourges 1438) und unter den Bourbonen des 17. Jahrhunderts auch eine nationale Kultur- und Entwicklungspolitik (Academie française 1635) umfaßte.

Indem das absolute Königtum die Herrschaftsstände und deren Institutionen zurückdrängte, gefährdete es jedoch die ‚nationalen' Grundlagen seiner Herrschaft. Die privilegierten Herrschaftsstände, die sich gegenüber dem – oft fremdnationalen – König als die Repräsentanten der ‚Nation' verstanden, verzichteten nicht freiwillig auf ihre Rechte. Ihre Auseinandersetzungen mit dem absoluten Herrscher bekamen einen nationalen Akzent; sie wurden – z. B. in Ungarn, Böhmen, Norwegen – zu einer ‚nationalen' Opposition.

In diesen Auseinandersetzungen spielte der *Patriotismus* als politische Verhaltensform eine wichtige Rolle. Er wurde zu einer neuen Motivation für alle, die um ‚nationale' Freiheiten kämpften. Für herrschende Stände und stadtrepublikanische Eliten ging es dabei um die Sicherung ihrer eigenen Freiheiten, um einen ‚national constitutionalism' (J. H. Elliott) im Sinne einer Bewahrung der traditionalen Verfassung. Im Verlaufe des 18. Jahrhunderts wurde Patriotismus jedoch neu konzipiert von Bevölkerungsgruppen, die sich nicht auf alte Privilegien berufen konnten und doch beanspruchten, zur Nation zu gehören: das neue Wirtschaftsbürgertum, die arrivierten Beamten, vor allem aber die Intelligenz. Sie waren zunehmend von den naturrechtlichen Grundanschauungen der Aufklärung geprägt und entwickelten von diesen her ein neues Gesellschaftsmodell, in dem nicht nur die Privilegierten zur Nation gehörten.

In der feudalständischen Gesellschaft war nur der Adel patriotisch; denn seine Standespflicht war die Verteidigung des Vaterlandes. Nun wollten auch die sozial engagierten Bürger Patrioten sein. Ihr Vorbild war der Patriotismus in den alten Stadtrepubliken. Er wurde zu einem neuen Leitbegriff in den Schichten, die ihre eigene Emanzipation mit dem Projekt der Modernisierung von Staat und Gesellschaft verbanden.

Es waren die Aufklärer und Reformer, die sich in allen europäischen Ländern als ‚Patrioten' bezeichneten. In der zweiten Hälfte des 18. Jahrhunderts gingen sie dazu über, sich in patriotischen Gesellschaften zu organisieren und wurden so zu einer politischen Kraft. Diese Patrioten hatten eine neue politische Gesellschaft im Visier und repräsentierten sie bereits: die moderne Nation. Bald faßten sie ins Auge, auch politisch zum Träger des Staates zu werden, ihn zu einem modernen Nationalstaat umzuformen.

2.2 Heiliges Römisches Reich und deutsche Nation

Die Nationsbildung der Deutschen war von Anfang an geprägt von der Geschichte des Heiligen Römischen Reiches. Es war auch noch der politische Verfassungsrahmen für die Entstehung der modernen deutschen Nation. Seine nationalpolitische Struktur und Entwicklung sind daher näher ins Auge zu fassen.

Hervorgegangen aus dem karolingischen Ostfranken-Reich mit seinen stammesübergreifenden Königswahlen, war das deutsche Königreich (regnum teutonicum) seit der Kaiserkrönung Ottos I. (962) unmittelbar verbunden mit dem wiedererstandenen römischen Kaisertum (imperium romanum). Es wurde als ein christlich-abendländisches Universalreich verstanden, in dem viele Völker Platz hatten. Doch es war unverkennbar, daß die politische Herrschaft dieses Reiches in deutschen Händen lag. Seit dem 15. Jahrhundert bezeichnete man es daher als *Heiliges Römisches Reich deutscher Nation*. Es hatte damals bereits feste politische Verfassungsstrukturen: Das Reich wurde repräsentiert durch den Kaiser und die Reichsstände, die sich im Reichstag, dem Parlament des Reiches, versammelten. Hier hatten die Fürsten eine beherrschende Stellung, und unter diesen wiederum die sieben Kurfürsten, die den König wählten. Die zahlreichen Stadtrepubliken, die über den Reichtum und die größte Innovationskraft des Landes verfügten, konnten politisch kaum Einfluß gewinnen; die deutsche Reichsnation wurde ausschließlich vom Hochadel repräsentiert.

Der universale Anspruch des Reiches wurde von vielen als eine Herausforderung empfunden. Schon im 11. Jahrhundert reagierte das Papsttum darauf mit dem universalen Herrschaftsanspruch über die gesamte abendländische Christenheit, und die Auseinandersetzungen zwischen Kaisertum und Papsttum absorbierten für mehrere Jahrhunderte die Kräfte der deutschen Reichsnation. Sodann wurden benachbarte Völker und Herrschaftsträger durch den Universalitätsanspruch des Reiches dazu herausgefordert, sich als eigenständige Nationen und souveräne Staaten zu konstituieren. Innerhalb des Reiches waren dies zuerst die Stadtrepubliken Italiens, später u. a. die Niederlande, außerhalb des Reiches vor allem Frankreich, aber auch Dänemark und Polen.

Der deutschsprachige Hochadel, der dann zur *Reichsnation* wurde, hatte sich bereits im ausgehenden Karolingerreich als eine politische Interessengemeinschaft zusammengefunden (vgl. S. 24). Sie bewährte sich als Solidar- und Kampfgemeinschaft in weiteren Projekten, wie der Abwehr der Ungarn- und Normanneneinfälle, der Christianisierung und Kolonisierung slawischer Gebiete und in der imperialen Italienpolitik. Die von Bonifatius, dem Apostel der Deutschen, gegründete Abtei Fulda war ein erstes geistiges Zentrum des Reiches. Über die politischen Herrschaftsfunktionen der Reichskirche wurde der hohe Klerus, der sich ausschließlich aus dem Adel rekrutierte, zu einem integrierten Teil jener Herrschaftsschicht. Bereits im Hochmittelalter jedoch hatte sich der deutsche Hochadel als politische Führungsschicht sozial abgeschlossen, und zum Schaden der politischen Modernisierung des Reiches sollte es keiner Schicht mehr gelingen, diese Exklusivität aufzusprengen. Bis zum Ende des Reiches wurde die deutsche Reichsnation allein vom Hochadel repräsentiert.

Die *Nationsbildung* innerhalb des Reiches war indes nicht stehengeblieben. Es entwickelte sich eine reiche Landeskultur; das zeigen die vielen Städte mit ihrer Bürgerkultur, die Kolonisationsleistungen der deutschen Siedler, die Gründung neuer Universitäten und nicht zuletzt die Entstehung einer Laien-Intelligenz, von der die Entwicklung einer deutschsprachigen Schriftkultur ausging. Sie wurde zum Medium einer rasch anwachsenden überregionalen Kommunikation im deutschen Sprachbereich, die seit dem Ende des 15. Jahrhunderts durch die Verbreitung des Buchdrucks noch bedeutend intensiviert wurde. Im Zusammenhang dieser Entwicklungen entstand in den daran beteiligten Schichten zunehmend ein *deutsches Landes- und Nationsbewußtsein*. Schon im Hochmittelalter ist eine erste Blüte deutscher Nationalliteratur zu beobachten, eine volkssprachliche Adelsliteratur, die sowohl Dichtung (etwa das ‚Preislied' Walthers von der Vogelweide) als auch Rechtsliteratur umfaßte. Im Spätmittelalter waren es vor allem die humanistischen Schriftsteller, die ihr Nationsbewußtsein schriftlich artikulierten; die Wiederentdeckung der ‚Germania' des Tacitus und die Stilisierung des Arminius zum deutschen Nationalhelden spielten dabei eine wichtige Rolle.

Seit der Zeit der Staufenkaiser hatte es in Deutschland immer wieder Bestrebungen gegeben, den lehnsrechtlichen Herrschaftsverband des Reiches in einen modernen Staat umzuwandeln. In den Jahrzehnten um 1500 kam es im Zusammenhang einer ersten reichspatriotischen Bewegung zu einem neuen Höhepunkt solcher Tendenzen. Die Initiative ging von den Reichsständen aus, die in einer Oppositionsbewegung gegenüber dem Kaiser aus dem Hause Habsburg eine *Reform der Reichsverfassung* betrieben. Sie zielte u. a. auf eine Rechtsreform (Schaffung eines Reichskammergerichts), eine Verwaltungsreform (Einteilung des Reiches in Reichskreise), eine Reform des Regierungssystems (Einsetzung eines Reichsregiments der Stände gegenüber dem Kaiser). Nach ersten Erfolgen blieb diese Bewegung in den Auseinandersetzungen um die Kirchenreformation stekken. Die Corona regis teutonica, die mit dem Kaisertum verbunden war, wurde nicht nationalisiert. Sie blieb bis ins 16. Jahrhundert hinein ein international begehrtes Wahlkönigtum. Die Initiative zu einer modernen Staatsbildung in Deutschland hatten seit dem 13. Jahrhundert bereits die Reichsfürsten in ihren Territorien ergriffen (vgl. S. 33 f.).

Der *deutsche Reichspatriotismus* um 1500 war nicht nur ständisch und ,taciteisch' (Michael Stolleis); seine geistigen und sozialen Dimensionen wurden erst in der *Reformationsbewegung* voll sichtbar. Ausgelöst im Jahre 1517 durch den Theologen Martin Luther, wurde die Reformation zur größten Protest- und Reformbewegung in der Geschichte des alten Reiches. Mit ihrer antirömischen Akzentuierung stand sie in einer Tradition der ,nationalen' Rom-Kritik (,Gravamina der deutschen Nation gegen den apostolischen Stuhl' in Reichstagsabschieden des 15. Jahrhunderts) und hatte von Anfang an eine Dimension der nationalen Abgrenzung: das Papsttum galt als Feind der deutschen Nation. In Luthers Flugschrift ,An den christlichen Adel deutscher Nation' (1520), in der er zu einer nationalen Kirchenreform aufrief, fand diese nationale Dimension ihren bekanntesten Ausdruck. Die große Resonanz, die Luther mit seinem Appell innerhalb der national bewußten Schichten, im Adel und bei der Humanisten-Intelligenz, fand, kommt in der Gestalt des Ulrich von Hutten am sinnfälligsten zum Ausdruck; sein Name steht für die ‚neue nationale Sensibilisierung der Deutschen‘ (Heinrich Lutz).

Die Reformationsbewegung war die erste große Reforminitiative in der deutschen Geschichte, die mehrheitlich von nichtadligen Bevölkerungsschichten getragen wurde. Sie ging von den Bildungsschichten aus und erfaßte schnell, jedoch regional verschieden stark, das städtische Bürgertum und auch Teile der bäuerlichen Bevölkerung (Bauernkrieg von 1525). Wie in sozialpolitischer, so hatte auch in nationaler Hinsicht das Engagement der einzelnen Schichten in dieser Bewegung einen unterschiedlichen Charakter. Es gab kein gemeinsames nationales Handeln, und daher darf hier auch nicht von *einer* Nationalbewegung gesprochen werden.

Für eine politische Realisierung seiner Reformvorschläge hatte sich Luther an den ‚Adel deutscher Nation‘, an den Kaiser und die Fürsten wenden müssen; denn die politischen Entscheidungen im Reich lagen unwidersprochen in den Händen der Reichsnation. Mit dem Wormser Reichstag von 1521 intensivierten die Reichsstände ihre Auseinandersetzung um eine nationale Kirchen- und Reichsreform; zugleich beschäftigten sie sich mit der causa Lutheri und verloren darüber schon in den 1520er Jahren ihre Einheit. Von den Reichsständen gingen viele zur Sache Luthers über. Sie wurden ‚Protestanten‘, organisierten sich politisch, und schon bald standen sich innerhalb der Reichsnation zwei konfessionelle Lager gegenüber, die Krieg gegeneinander führten. Das große Projekt einer nationalen Reichsreform blieb ein Torso.

So verbindet sich mit der Kirchenreformation in Deutschland sowohl der Höhepunkt wie auch das Scheitern einer frühnationalen Bewegung, die zur Schaffung eines Nationalstaats hätte führen können. In anderen Ländern Europas dagegen gingen von der Kirchenreformation und ihrer politischen Umsetzung wichtige Impulse für die nationale Staatsbildung aus. In den protestantischen Ländern führte dieser Impuls zu einer bis heute andauernden Hochschätzung Deutschlands als ‚Mutterland der Reformation‘.

Seit der Mitte des 16. Jahrhunderts war die *konfessionelle Spaltung der Reichsnation* das prägende Faktum der deutschen Geschichte. Alle Institutionen des Reiches waren davon betroffen, noch einschneidender jedoch die Lebensumstände der Bevölkerung. Es kam zu einer Stagnation in fast allen Entwicklungsbereichen. Der konfessionelle Gegensatz führte zu immer neuen Konflikten, Verfolgungen, Vertreibungen. Die Nationsbildung in Deutschland kam nicht mehr voran, ja sie war erstmals rückläufig, wenn auch im protestantischen Deutschland zu Beginn des 17. Jahrhunderts eine deutsch-patriotische Aufbruchsstimmung zu beobachten ist. Im Dreißigjährigen Krieg (1618–1648) kulminierte diese national destruktive Tendenz. Während sich andere Länder Europas weiter zu Nationalstaaten entwickelten, wurde Deutschland von seinem relativ hohen Entwicklungsstand zurückgeworfen. Aus dem Erzengel Michael, dem Schutzpatron der Deutschen, wurde die Symbolfigur des ,deutschen Michel' mit der Schlafmütze, der sich von anderen übertölpeln läßt.

So wurde Deutschland im Rahmen der Staats- und Nationsbildung in Europa zu einem besonderen Fall. Obwohl hier politische Institutionen und potentielle Träger für eine nationale Staatsbildung vorhanden waren, ist es nicht zu einer solchen Entwicklung gekommen. Dafür sind – zusammenfassend – vor allem folgende Gründe zu nennen:

1. Das Heilige Römische Reich war ein universaler lehnsrechtlicher Herrschaftsverband in Mitteleuropa, der neben den Deutschen auch nichtdeutsche Völker und Volksgruppen umfaßte (Niederländer, Franzosen, Italiener, Slowenen, Tschechen). Aufgrund seines universalen Charakters und seiner territorialen Dimension konnte dieses Reich nicht zum Nationalstaat eines einzigen Volkes werden; seine politischen Grenzen deckten sich fast nirgendwo mit den ethnischen Siedlungsgrenzen seiner Bevölkerung.

2. Die Reichsfürsten waren an einer nationalen Staatsbildung nie ernsthaft interessiert. In einer ständigen Konkurrenz mit dem König war es ihnen gelungen, herrschaftliche Rechte zu erwerben, das eigene Territorium zu arrondieren, ein stehendes

Heer aufzubauen, die Rechtssprechung an sich zu ziehen, eine moderne Verwaltung zu schaffen und seit der Reformation auch eigene Kirchenpolitik, die zugleich Schul- und Universitätspolitik war, zu betreiben. Sie blockierten damit eine nationale Staatsbildung im Reich. Ihre politisch dominierende Position innerhalb des Reiches als ‚Reichsnation‘ konnten sie sowohl gegenüber dem Kaiser wie gegenüber anderen Kräften der Nationsbildung stets verteidigen.

3. Seit der Mitte des 16. Jahrhunderts wurde die Nationsbildung der Deutschen zusätzlich belastet durch die konfessionelle Spaltung. Die Kirchenreformation, die zunächst auch eine nationale Bewegung war, führte zu einer dauerhaften Spaltung der deutschen Reichsnation und zu einer Blockade der Nationsbildung in der Bevölkerung.

Angesichts der Sackgasse, in die die nationale Entwicklung der Reichsfürstennation seit dem 16. Jahrhundert geraten war, konnte nach dem Westfälischen Frieden von 1648 eine neue Nationsbildung in Deutschland nur erfolgreich sein, wenn sie sowohl gesellschaftlich wie auch konzeptionell neu ansetzte. Es waren in der Tat neue gesellschaftliche Gruppen, die seit der Wende des 17. Jahrhunderts mit einem neuen Nationalbewußtsein auftraten. Sie waren zumeist bürgerlich, hatten aber mit dem Handwerks- und Handelsbürgertum der alten Städte nur wenig gemeinsam. Sie stammten vor allem aus den Schichten, die von der Aufklärungsbewegung mobilisiert und geprägt waren: Beamte, freie Intelligenz, neue Unternehmer, mobiler Kleinadel und zunehmend auch die Frauen aus diesen Schichten. Innerhalb dieser sozial so heterogenen Bevölkerungsgruppen formierte sich im Verlaufe des 18. Jahrhunderts eine *neue bürgerliche Gesellschaft*. Aufklärung, Bildung und soziale Reform waren die neuen Leitbilder, die sie veranlaßten, sich von traditionalen Vorstellungen und Verhaltensweisen zu lösen, sich geistig und gesellschaftlich neu zu orientieren und sich als eine Bildungsgesellschaft zusammenzufinden.

Diese neue Gesellschaftsbildung stand vor besonderen Schwierigkeiten der Kommunikation und der Organisierung.

Es waren zu überwinden: die Standesgrenzen der feudalen Gesellschaft; sodann die Gräben zwischen den christlichen Konfessionen, die für die Schichten unterhalb des Reichsadels fast unüberwindbar geworden waren, und auch die jüdische Religion war stärker als in den westeuropäischen Staaten vertreten; schließlich die vielen politischen Grenzen selbst innerhalb des Reiches. Dennoch verlief das Sich-Zusammenfinden der deutschen Aufklärungsgesellschaft überaus erfolgreich. Es begann in den protestantischen Ländern und hatte im letzten Drittel des 18. Jahrhunderts alle deutschen Staaten erfaßt. Dieser Erfolg wird nur verständlich, wenn man ihn im Zusammenhang mit anderen fundamentalen Entwicklungstendenzen sieht: der Veränderung der demographischen Struktur durch eine überproportionale Vermehrung der unteren Volksschichten; der Durchsetzung von neuen Sozialverhältnissen und Produktionsformen in der Agrargesellschaft; neuen kapitalistischen Wirtschaftsformen im Zusammenhang der beginnenden Industrialisierung und: der rechtlichen Freisetzung der Menschen von den Bindungen der Feudalgesellschaft, ins Werk gesetzt von einer Beamtenelite, die sich im Zeitalter des aufgeklärten Absolutismus eine durchgreifende Modernisierung der Gesellschaft zum Ziel gesetzt hatte.

Die deutsche Bildungsgesellschaft wurde vor allem zusammengeführt durch eine *neue deutsche Schriftkultur*. Sie basierte auf der hochdeutschen Schriftsprache, die bereits im 16. Jahrhundert, befördert durch die Erfindung des Buchdrucks und die Bibelübersetzung Martin Luthers, eine Blüte erlebt hatte. Durch die konfessionelle Spaltung des Reiches war sie in eine Krise geraten, und erst im 18. Jahrhundert konnte sie sich endgültig durchsetzen. Das geschah im Zusammenhang des großen Aufschwungs der deutschsprachigen Literatur seit Klopstock. Er wurde getragen von einem gewaltig expandierenden Buch- und Zeitschriftenmarkt, auf dem sich Leipzig als nationales Zentrum durchsetzte. Die neue bürgerliche Gesellschaft in Deutschland war ein lesendes Publikum, und speziell als solches wurde sie zu einer neuen Öffentlichkeit und zu einer gesellschaftlichen Kraft, die zunehmend beachtet wurde.

Ihren institutionellen Rückhalt hatte diese Aufklärungsgesellschaft zunächst in einigen protestantischen Universitäten, besonders den Neugründungen in Halle (1694) und Göttingen (1737), aber auch in einer Stadtrepublik wie Hamburg. Bald ging sie dazu über, sich in neuen Formen zu organisieren: Akademien, Freimaurerlogen und anderen Vereinen, unter denen die Lesegesellschaften die größte Verbreitung erreichten und die Patriotischen Gesellschaften hier von besonderem Interesse sind (vgl. S. 39).

Diese deutsche Bildungsgesellschaft war nicht an Staatsgrenzen gebunden, und vom Schicksal des Reiches war sie weitgehend unabhängig. Die Deutsch-Schweizer und die Elsässer, die West- und Ostpreußen z. B. gehörten ihr zu, lebten aber nicht innerhalb des Reiches, das wiederum auch Tschechen, Slowenen, Italiener und Wallonen umfaßte. Innerhalb der deutschsprachigen Bevölkerung gilt es demnach zu unterscheiden (vgl. S. 22 f.): zwischen der größeren, an keine politischen Grenzen gebundenen Sprachgemeinschaft und der am Schicksal des Reiches unmittelbar beteiligten *reichsdeutschen Kulturgesellschaft*, die sich zu einer modernen *Nation* entwickeln sollte.

Stichwort: Deutsche Kulturnation

Seit dem Ende des 19. Jahrhunderts wird diese nationale Kulturgesellschaft gern als *Kulturnation* bezeichnet, und bis heute gilt es als ein besonderes Merkmal der deutschen Nation, daß sie ‚Kulturnation‘ sei. Damit ist gemeint, daß eine gemeinsame Kultur die Grundlage der deutschen Nationsbildung darstellt, während bei einer *Staatsnation* (wie z. B. Frankreich) der gemeinsame Staat bzw. dessen Territorium die Nation konstituiert. Ist diese Charakterisierung gerechtfertigt?

Im 18. Jahrhundert war eine Kulturbewegung die Basis für die Entstehung einer deutschen Bildungsgesellschaft; für die deutsche Nationsbildung war jedoch nicht nur diese Kultur sondern vor allem die Zugehörigkeit zum Reich das entscheidende Kriterium. Zu der deutschen Bildungsgesellschaft gehörten z. B. auch viele Deutsch-Schweizer, doch nur innerhalb der reichsdeutschen Gebildeten entwickelte sich ein eigener Reichspatriotismus (vgl. S. 40 ff.). Sie wurden zu einer mit dem Reichsadel konkurrierenden modernen *Reichsnation*. Mit dem Begriff ‚Kulturnation' ist deren wichtigstes Unterscheidungsmerkmal also nicht getroffen. Nur in den Jahren der akuten Reichskrise (1798–1806) haben Schiller und andere diese Nation durch eine gemeinsame Kultur definiert, um für sie gegenüber dem zerfallenden Reich eine Zukunft zu reklamieren (vgl. S. 54 f.).

Als der Begriff ‚Kulturnation' um 1900 aufkam, existierte bereits ein deutscher Nationalstaat, aber er galt vielen als unvollendet (vgl. S. 164). Der Historiker Friedrich Meinecke gehörte zu denen, die die deutsche Nation nicht nur durch Militär und Politik, sondern auch durch seine Kultur repräsentiert sehen wollten, und daher propagierte er den Begriff der Kulturnation. Es gab jedoch andere, die das Reich in groß- oder alldeutscher Richtung ‚vollendet' sehen wollten; auch sie konnten diesen Begriff gebrauchen, um eine über die Reichsgrenzen hinausgehende Zusammengehörigkeit der Deutschsprachigen zum Ausdruck zu bringen. Sie verstanden sie jedoch nicht nur kulturell, sondern auch volkstumsmäßig oder rassisch und verbanden damit einen politischen Anspruch in einer groß- oder alldeutschen Richtung (vgl. S. 192). In einem volksdeutschen Argumentationszusammenhang ist der Begriff dann noch einmal im Nachkriegsdeutschland in Anspruch genommen worden, um das Fortbestehen einer Nation über die Zonengrenzen hinweg zu betonen.

Die Problematik dieser Begriffsverwendung jedoch ist deutlich: Die kulturelle und die nationale Identität unter den Deutschsprachigen in Europa haben niemals übereingestimmt (vgl. S. 22). Die deutsche Kulturgemeinschaft hatte stets einen größeren Umfang als die deutsche Nation, deshalb ist das Begriffskompositum Kultur-Nation für die Deutschen in Europa nicht brauchbar. Es macht die ethnisch-kulturelle Gemeinschaft zu einer national-politischen, – eine charakteristische Argumentationsform des volksnationalen Denkens, das in der ersten Hälfte unseres Jahrhunderts sehr verbreitet war (vgl.

S. 264). Der Begriff ,Kulturnation' verleitet dazu, in großdeutscher oder volksdeutscher Richtung mißverstanden zu werden. Daher steht zu hoffen, daß seine Konjunktur in Deutschland heute beendet ist.

2.3 Patriotismus in Deutschland

Das von der Aufklärung geprägte deutsche Bürgertum war nicht nur eine Bildungsgesellschaft. Es entwickelte auch ein patriotisches Engagement, das über die eigenen Interessen hinausging und auf die Gesellschaft als ganze ausgerichtet war, auf den Staat als Vaterland.

Die *Staatsbildung* jedoch war in Deutschland seit dem Mittelalter eigene Wege gegangen (vgl. oben S. 33 f.). Nicht das Königtum, sondern die Reichsfürsten waren die Träger der modernen Staatlichkeit; im 17. Jahrhundert hatten sie den Absolutismus als Herrschaftsmodell aus der europäischen Nachbarschaft übernommen. Nach den Rückschlägen des Dreißigjährigen Krieges standen sie vor großen Entwicklungaufgaben und versuchten sie durch eine Modernisierungspolitik zu bewältigen. So verkörperten die Fürstenstaaten im 18. Jahrhundert in Deutschland die politische Modernität, während das Reich noch immer in seiner vormodernen Verfassung verharrte, die nach dem Westfälischen Frieden (1648) so kompliziert geworden war, daß Samuel Pufendorf von einem ,irregulare aliquod corpus et monstro simile' sprach.

Aus dieser Situation ergab sich für die politische Identitätsbildung und die Nationsbildung in Deutschland eine besondere Konstellation. Der regierende Hochadel bildete weiterhin die *Reichsnation*; und gewiß hat nie eine ,Nation' größere Freiheitsrechte besessen. Sie bestanden in einer fast vollständigen politischen Unabhängigkeit vom Kaiser, in der Souveränität als Landesherr. Die Fürsten benutzten diese Freiheit, die sogenannte ,deutsche Libertät', dazu, um die Souveränität des Reiches weiter auszuhöhlen. Ihr Nationalbewußtsein war nicht mehr verbunden mit dem Interesse an einem gemeinsamen

Staat. Deshalb wurde es von bürgerlichen Patrioten bald auch grundsätzlich in Frage gestellt.

Anders die Situation der bürgerlichen Bildungsschichten. Sie waren mit ihrer Schriftkultur gesamtdeutsch orientiert, hatten innerhalb des Reiches jedoch keine Rechte, sondern gehörten als politische Subjekte zu einem Einzelstaat: Die kulturelle und die politische Identität gingen weit auseinander. Das erwachende patriotische Engagement in diesen Schichten hatte sich demzufolge auf verschiedene Vaterländer zu orientieren. Bei den Deutsch-Schweizern, die in der deutschen Kulturbewegung des 18. Jahrhunderts eine wichtige Rolle spielten, bezog es sich von jeher auf den eigenen Kanton bzw. auf die Eidgenossenschaft. Ähnlich verhielt es sich mit den Deutschsprachigen im Elsaß, in Dänemark und in Osteuropa. Auch innerhalb des Reichsgebietes war man als Patriot zunächst nicht auf das Reich hin orientiert.

Patriotismus war ursprünglich überhaupt nur in Republiken denkbar, denn nur dort gab es Bürger. Hamburg, die führende deutsche Stadtrepublik des 18. Jahrhunderts, wurde zum Ausgangspunkt des modernen Patriotismus in Deutschland; hier gab es schon zu Beginn des Jahrhunderts ‚patriotische‘ Zeitschriften und seit 1761 eine große, noch heute existierende ‚Patriotische Gesellschaft‘. Thomas Abbt und Justus Möser waren die wichtigsten Schriftsteller des Patriotismus in Deutschland; beide ließen keinen Zweifel daran, daß Patriotismus den freien Bürger voraussetzt – den es in den Fürstenstaaten jedoch nicht gab. Dennoch plädierte Abbt seit 1762 für ein patriotisches Engagement auch in diesen Staaten und eröffnete damit eine neue Perspektive. Der Fürstenstaat war in Deutschland der Ort, wo die Ideen der Aufklärung in gesellschaftliche Reformen umgesetzt wurden. Patriotismus hatte sich daher primär auf den Einzelstaat zu orientieren, und das sollte in Deutschland lange so bleiben. In den größeren Fürstenstaaten wurde sogar der Begriff ‚Nation‘ verwendet: man sprach von der bayrischen, von der sächsischen Nation. „Die Nation ist eigentlich nicht Eine Nation, sondern ein Aggregat von vielen Nationen", schrieb Wieland im Jahre 1773 im Hinblick auf die Situation in Deutschland.

Um so bemerkenswerter ist es, daß sich in den gebildeten Bevölkerungsschichten auch ein *reichsdeutsches Engagement* durchsetzte. Es wird bereits im 17. Jahrhundert greifbar: in der Bildung von adlig-bürgerlichen Gesellschaften, die sich der Pflege der deutschen Sprache widmeten; in den Bemühungen des Philosophen Leibniz um die Gründung einer deutschen Akademie (die dann nur in Berlin als Preußische Akademie zustande kam!); im Wirken des großen Naturrechtslehrers Thomasius, der 1687 demonstrativ Vorlesungen in deutscher Sprache ankündigte. Im 18. Jahrhundert setzte sich diese Tendenz zunächst unter den Akademikern fort. An mehreren Universitätsstädten entstand eine ,Deutsche Union', und in den 1740er Jahren erlebte die deutsche Literaturbewegung einen ersten Höhepunkt.

Sie stand bereits im Zeichen Friedrichs II. von Preußen, durch den das politische Denken in Deutschland mächtig angeregt wurde. Dieser eröffnete 1740 einen Beutekrieg gegen das Haus Habsburg. Die Brüchigkeit der Reichsnation war nicht mehr zu übersehen: Ein führender Reichsfürst zeigte demonstrativ, daß ihm an der Erhaltung des Reichsfriedens und an der Verfassung des Reiches nicht sonderlich gelegen war, und diesen Fürsten betrachtete die Aufklärungsbewegung als einen der ihren. Der preußische Sieg über ein französisches Heer bei Roßbach im Jahre 1758 wurde im Reich wie ein nationaler Sieg gefeiert, Friedrich aber war ein Anhänger der französischen Kultur und verachtete die deutsche.

Das Hin und Her der Meinungsbildung über den berühmtesten deutschen Monarchen wirkte herausfordernd. Es führte zu einer nationalen Bewußtwerdung, die alle reichsdeutschen Bildungsschichten erfaßte und in den Jahren nach dem Hubertusburger Frieden (1763) den Charakter einer Bewegung annahm. Diese *Deutsche Bewegung* begann mit einem großen Erschrekken über den desolaten Zustand des Reiches, den die Kriege Friedrichs offenbar gemacht hatten. Dem Bildungsbürgertum wurde bewußt, daß es eigene, von den Fürsten unterschiedene nationale Interessen besaß. Man begann sie zu formulieren. Führend in dieser Richtung waren staatsrechtliche Publizisten,

Friedrich Karl v. Moser vor allem, der in seiner Schrift ‚Von dem teutschen Nationalgeist' (1765) die Schwächen des Reiches schonungslos aufdeckte. „Wir sind Ein Volk", heißt es dort, „von Einem Namen und Sprache, unter Einem gemeinsamen Oberhaupt, an innerer Kraft und Stärke das erste Reich in Europa, dessen Königskronen auf deutschen Häuptern glänzen, doch so, wie wir sind, sind wir schon Jahrhunderte hindurch ein Rätsel politischer Verfassung, ein Raub der Nachbarn, ein Gegenstand ihrer Spöttereien, uneinig unter uns selbst, unempfindlich gegen die Ehre unseres Namens, ein großes und gleichwohl verachtetes, ein in der Möglichkeit glückliches, in der Tat selbst aber sehr bedauernswürdiges Volk." Mosers Flugschrift löste eine breite Diskussion aus. Gleichzeitig wurde das nationale Thema von Dichtern und Schriftstellern aufgegriffen und vielfältig umgesetzt. Klopstock und Lessing waren unter den ersten, es folgte die Generation des ‚Sturm und Drang', auch Wieland spielte eine eigene Rolle, sodann der junge Goethe, und vor allem Herder. Die Bewegung erreichte in den frühen 1770er Jahren ihren Höhepunkt; sie erfaßte das gesamte gebildete Publikum.

Der Name *Johann Gottfried Herder* steht bis heute für die nationale Dimension dieser Bewegung. Herder verwies als einer der ersten auf die besondere Bedeutung der Sprache, der Literatur und der Geschichte für den Charakter und das Selbstbewußtsein eines Volkes. Er betrachtete die Nation nicht nur von ihren politischen Repräsentanten, sondern auch vom Volke her: als eine Sprach- und Kulturgemeinschaft, die sich aus ihrer Geschichte erschließt. Angesichts des desolaten Zustands der adligen Reichsnation, die sich sogar von ihrer Muttersprache abgewandt hatte, kam es Herder darauf an, ein neues Nationalbewußtsein von unten her aufzubauen: über eine Rückbesinnung auf die Traditionen des Volkes, seine Kultur und seine Geschichte. Der frühdemokratische Charakter dieses nationalen Programms ist unverkennbar. Von Rousseau, von Lessing und von Thomas Abbt besonders beeindruckt, wirkte Herder für einen nationalen Patriotismus in den bürgerlichen Volksschichten. Sein nationales Denken war getragen von der Überzeugung einer grundsätzlichen Gleichwertigkeit aller Völker und Nationen. Betrachte man die Völker von ihrer muttersprachlichen Kultur her, dann könne man nicht mehr von ‚führenden‘ oder gar von höherstehenden Völkern sprechen; es gäbe keinen Grund, einem Volk sein Recht auf eine eigene kulturelle und nationale Entwicklung zu bestreiten. Herders Programm zielte auf die nationale Volkssouveränität, die sich über eine sprachlich-kulturelle und gesellschaftlich-politische Selbstentfaltung des Volkes durchsetzt. Für alle Völker, die noch nicht in einem eigenen Nationalstaat lebten, eröffnete diese Konzeption eine große Perspektive der nationalen Selbstbefreiung aus eigener Kraft.

Die Deutsche Bewegung war eine ‚literarische deutsche Revolution‘, wie Goethe in seinen Erinnerungen schreibt. Mit der Abwendung vom Normenkanon der französischen Klassik, der Hinwendung zu Shakespeare und der englischen Literatur, der Entdeckung der Volkspoesie als der eigentlichen Nationalpoesie (Herders ‚Volkslieder‘), der Bevorzugung von Stoffen der germanischen Mythologie und der deutschen Geschichte gab man der deutschen Literatur eine neue Richtung. Im Kreis um Klopstock (‚Göttinger Hain‘) verfiel man dabei in eine Bardenlyrik, in Germanismus und Deutschtümelei und auch in ein nationales Pathos, das heute peinlich wirkt. Vieles ist nur zu verstehen als der unbeholfene Ausdruck eines neuen Erlebens. „Ich bin ein Deutscher! Stürzet herab, der Freude Tränen, daß ich es bin!" heißt es in Friedrich von Stolbergs Gedicht ‚Mein Vaterland‘ von 1774.

Dieser Patriotismus war nicht nur Pathos und Gefühl, er war auch Freiheitsbewußtsein und Wille zum Handeln. Er äußerte sich im Zusammenschluß zu patriotischen Vereinigungen und Gruppen, bei Klopstock sogar in dem ehrgeizigen Projekt einer nationalen Organisierung der Gebildeten als ‚Deutsche Gelehrtenrepublik‘ (1774). Viele neue Zeitschriften wurden gegründet, die ‚deutsch‘ im Titel führten (am bekanntesten bis heute Wielands ‚Teutscher Merkur‘). Mit ihnen wollte man über die akademischen Kreise hinaus ein größeres Publikum erreichen, in der Absicht – wie die Herausgeber des ‚Deutschen Museum‘

schreiben –, „die Deutschen mit sich selbst bekannter und auf ihre eigenen Nationalangelegenheiten aufmerksamer zu machen", und um damit „der Nation eine mehr politische Stimmung zu geben".

In der Deutschen Bewegung, deren Höhepunkt um 1776 bereits überschritten war, konstituierten sich die Bildungsschichten innerhalb des Reiches als eine neue nationale Öffentlichkeit, die nicht mehr vom Adel und seiner französischsprachigen Kultur geprägt sein wollte. Daher muß man diese Bewegung dem großen politisch-emanzipatorischen, bald auch revolutionären Aufbruch des Bürgertums zuordnen, der in Europa und Nordamerika seit 1770 zu beobachten ist, dem ‚Zeitalter der demokratischen Revolution', in dem sich das Bürgertum politisch zur modernen Nation emanzipierte.

Die Deutsche Bewegung war noch keine Nationalbewegung im engeren Sinne; ihr fehlte ein konkretes politisches Programm, eine integrierende Aktion und eine dementsprechende Organisierung. Sie war jedoch ein wichtiger Vorläufer: eine nationale Selbstfindung der deutschen Bildungsschichten, ihre erste Verständigung über eigene kulturelle Interessen, soziale Anliegen und politische Ideale. Damit grenzten sich führende Schichten der bürgerlichen Gesellschaft erstmals deutlich ab von den adligen Führungsschichten, die innerhalb des Reiches bisher unbestritten die Nation repräsentierten. Sie setzten ihnen ein neues Verständnis von der Nation entgegen, in dem ein emanzipatorischer Anspruch zum Ausdruck kam: die auf Sprache, Kultur und Geschichte beruhende Gemeinschaft des Volkes.

Obwohl die sich hier formierende moderne Nation von den Trägern des Reiches enttäuscht war, blieben ihre nationalpolitischen Hoffnungen weiterhin auf das Reich ausgerichtet, speziell auf den Kaiser. Nach dem Regierungsantritt Kaiser Josephs II. kam es in den 1780er Jahren zu einem letzten Aufschwung von *Reichspatriotismus*, in dem der Impuls der Deutschen Bewegung nachwirkte. Er erfaßte sogar Mitglieder der alten Reichsnation; verwiesen sei auf die Pläne für eine deutsche katholische Nationalkirche, die unter dem Stichwort ‚Febronianismus' schon seit längerem kursierten, vor allem aber auf den Deutschen Fürstenbund von 1785, der erstmals Reichsfürsten beider Konfessionen vereinte. An den kleinen Höfen von Karlsruhe, Weimar und Dessau wurde er zuerst ins Auge gefaßt, um sich gegen die Dominanz Preußens zu behaupten. Doch Friedrich II. verstand es, die Pläne zu verwässern, in die Richtung der eigenen Interessen umzubiegen und damit zu Fall zu bringen. Die Interessen Österreichs und Preußens waren immer weniger mit denjenigen des Reiches identisch; mit dem Erwerb größerer Territorien außerhalb des Reiches durch die Aufteilung des Königreiches Polen seit 1772 waren sie zu Vielvölkerstaaten geworden.

Die reichsdeutschen Bildungsschichten fühlten sich als Kern und Avantgarde einer sich erneuernden Nation; sie mußten jedoch das Ausmaß ihrer politischen Ohnmacht immer wieder erkennen. Herder erarbeitete im Zusammenhang des Fürstenbundprojektes den Plan für eine nationale Akademie, ein ‚Institut für den Allgemeingeist Deutschlands'. Doch dieser Plan blieb in der Schublade. Das kennzeichnet die Situation am Vorabend der Französischen Revolution, mit der sich auch die nationale Entwicklung Deutschlands tiefgreifend ändern sollte.

3. Das Zeitalter der französischen Hegemonie

3.1 Der Durchbruch der modernen Nation in Europa

In der zweiten Hälfte des 18. Jahrhunderts beschleunigte sich in vielen Ländern der Prozeß der Modernisierung, und national-patriotische Bewegungen spielten dabei eine wichtige Rolle. Bisher hatte die Staatsbildung im Mittelpunkt dieser Entwicklung gestanden, nun rückten andere Bereiche nach vorn: die Wirtschaft mit einer Revolutionierung der agrarischen wie der industriellen Produktionsverhältnisse, und die bürgerliche Gesellschaft mit einer Revolutionierung der politischen Verfassung. Im Zeitalter dieser ,Doppelrevolution' waren England, die nordamerikanischen Siedlerstaaten und Frankreich die führenden Länder der europäischen Welt.

Im Zusammenhang der Aufklärungsbewegung hatten die Bildungsschichten eine neue Identität ausgebildet, die sich im Begriff *Nation* verdichtete. In der Geschichtsschreibung z. B. waren nicht mehr Herrscherfamilien, sondern Völker und Nationen der bevorzugte Gegenstand. Erst mit der Revolution in Frankreich jedoch wurde die Nation zum Leitbegriff einer tiefgreifenden Umgestaltung der politischen Verhältnisse. Der bürgerliche Patriotismus wurde national; die Patrioten vereinigten sich, um ein neues Verfassungsmodell durchzusetzen, in dem die *Staatsbürgernation* im Mittelpunkt stand.

Die entscheidende geistige Voraussetzung für diese Entwicklung war eine politische und sozialkritische Zuspitzung des modernen Naturrechts. Sie ist in Frankreich besonders deutlich zu beobachten, wo Jean-Jacques Rousseau das Konzept einer Nation freier und gleicher Bürger entwarf, die zugleich politischer Souverän sein sollte. Im Hintergrund stand das Verfassungsmodell der alteuropäischen Stadtrepublik, doch nun sollte die staatstragende Bürgernation das ganze Volk umfassen.

Der Begriff der Nation wurde nun mit zwei Prinzipien verbunden, die bis heute für demokratische Gesellschaften konstitutiv sind: der Idee der *Menschenrechte* und dem Grundsatz der *Volkssouveränität*. Aus dem Grundsatz unveräußerlicher Menschenrechte eines jeden Bürgers mußte folgen, daß eine Nation nur gleichberechtigte Mitglieder haben konnte, daß sie mit einer ständischen Gesellschaftsstruktur nicht vereinbar war. Das Prinzip der Volkssouveränität verlangte, die politische Souveränität in die Hand der Regierten, in die Hände des Volkes zu legen; es postulierte den Grundsatz der Selbstbestimmung eines jeden Staatsvolkes als Nation über sein politisches Schicksal.

Dieses *Modell einer demokratischen Nation* bedeutete einen vollständigen Bruch mit den in den europäischen Staaten vorherrschenden sozialpolitischen Verhältnissen. Kein Zufall ist es daher, daß es außerhalb Europas, in den nordamerikanischen Siedlerstaaten, zuerst durchgesetzt werden konnte. Obwohl die Gründungsväter der *USA* den Nationsbegriff in ihrer Befreiungsbewegung nur selten benutzten, taten sie doch die entscheidenden neuen Schritte: Sie machten naturrechtlich begründete Menschenrechte zur Grundlage ihrer selbstverwalteten Gemeinwesen; sie proklamierten als eine Gesellschaft freier und gleicher Bürger ihre politische Souveränität, ihre Autonomie vom englischen Mutterland und setzten sie machtpolitisch durch; und sie legten ihren Staaten eine parlamentarisch verabschiedete Konstitution, ein Staatsgrundgesetz, zugrunde. Das machte Eindruck in den Gesellschaften des alten Europa: Die Vereinigten Staaten galten als die erste freie Nation; sie wurden bewundert und beneidet.

Bei der Befreiung der französischen Gesellschaft vom System des Absolutismus spielten amerikanische Einflüsse eine wichtige Rolle. In Frankreich jedoch stand der Nationsbegriff viel stärker im Mittelpunkt; es kam zu einem ‚Kampf um die Nation‘. Zunächst war es eine Auseinandersetzung zwischen dem König und den Institutionen der Privilegierten um den Anspruch, Repräsentant der Nation zu sein. Zu Beginn des Jahres 1789 jedoch reklamierte der Abbé Sieyès dieses Recht für die

Nichtprivilegierten, den Dritten Stand. „Der Dritte Stand umfaßt alles, was zur Nation gehört... Er gleicht einem starken Mann, dessen Arm noch angekettet ist." In Versailles, auf der Versammlung der Generalstände, begann er seine Befreiung; seine Vertreter erklärten sich zur *Assemblée nationale*, zur Versammlung der Nation, und sie gingen sofort an die Ausarbeitung eines Staatsgrundgesetzes, einer nationalen Konstitution. Die Nationalversammlung schuf als Konstituante (Assemblée constituante) einen neuen Staat, den ersten modernen, *konstitutionellen Nationalstaat* in Europa. Sie legte ihm eine ‚Erklärung der Menschen- und Bürgerrechte' zugrunde, in der festgeschrieben war: „Le principe de toute souveraineté réside essentiellement dans la nation" (Art. 3). Die Devise des bourbonischen Frankreich lautete: „Un roi, une foi, une loi". Nun hieß es: „La nation, la loi, le roi".

Die Nation war zum neuen politischen Integrationsbegriff der französischen Gesellschaft geworden. Neben die emanzipatorischen Grundforderungen ‚liberté' und ‚égalité' trat die Parole der ‚fraternité', der nationalen Verbrüderung. Die Nation wurde zu einem großen Erlebnis, das vielfach zum Ausdruck kam: im Tragen der blau-weiß-roten Kokarde z. B., die zur Nationalfahne wurde, und in einer Welle der Bereitschaft zu nationalpolitischer Vereinigung, symbolisch vollzogen in den Föderationsfesten des Jahres 1790 mit ihrem Höhepunkt auf dem Pariser Marsfeld am Jahrestag des Bastillesturms.

Von dem Grunderlebnis der Nationswerdung ging ein mobilisierender Impuls auf alle Bereiche des gesellschaftlichen Lebens aus, getragen von dem ehrgeizigen Vorhaben, Staat und Gesellschaft zu *nationalisieren*; das bedeutete: sie der souveränen Nation unterzuordnen und sie nach einem nationalen Programm neu und einheitlich zu gestalten. Auch wenn dabei in vielen Punkten – Alexis de Tocqueville wurde nicht müde darauf hinzuweisen – an die Regierungspraxis des bourbonischen Absolutismus angeknüpft wurde, Frankreich wurde jetzt erst zu einem modernen Nationalstaat! Die revolutionären Patrioten betrieben eine Politik der Nationalisierung, die bis hin zur Sprach- und Erziehungspolitik alle Bereiche des gesellschaftlichen Lebens erfaßte. Es entstand das *Modell eines nationalen Einheitsstaates*, das in aller Welt Schule machte. Seine vereinheitlichende Rationalität wird bis heute als ein Ausdruck von Modernität verstanden.

Als das revolutionäre Frankreich durch die Monarchen von Österreich und Preußen herausgefordert wurde, erklärte die Nationalversammlung diesen im Frühjahr 1792 den Krieg. Das prägte die weitere nationalrevolutionäre Bewegung: Die Nation wurde zu einer patriotischen Kampfgemeinschaft gegen ihre äußeren und inneren Feinde. Sie demokratisierte noch einmal ihre Verfassung: Seit dem Herbst 1792 war Frankreich eine parlamentarische Republik. Mit dem Ruf ‚Vive la Nation!‘ behaupteten sich die französischen Garden im September 1792 bei Valmy gegenüber den preußischen Truppen. Ein militärisches Kampflied, die Marseillaise, wurde zur nationalen Hymne. Mit der militärischen Mobilisierung erreichte auch die nationale neue Höhepunkte, z. B. in der Levée en masse des Jahres 1793. Aggressive und ausgrenzende Tendenzen traten nun stark in den Vordergrund: die nationale Bewegung entwickelte einen militanten *Nationalismus*. Mit den Mitteln des Terrors wehrte sich die von den Jakobinern geführte Republik gegen die wachsende Opposition im eigenen Lande, und mit den Siegen der neu gebildeten Armeen wurde der nationale Verteidigungskrieg seit 1794 immer mehr zu einem Krieg der hegemonialen Expansion. Es entstand die nationalistisch geprägte Vision von der ‚Grande Nation‘ und die Ideologie von den ‚natürlichen Grenzen‘, auf die die Nation einen Anspruch habe.

Die Wirkungen, die von der nationalen Revolution in Frankreich ausgegangen sind, prägen bis heute unsere politische Wirklichkeit. Um sie in ihrer allgemeinen Bedeutung beurteilen zu können, sind jedoch folgende Gesichtspunkte nicht aus dem Auge zu verlieren:
1. Die Französische Revolution vollzog sich in einem Staat, der seit dem Spätmittelalter unter Führung des Königtums bereits eine nationale Politik betrieben hatte. Der Nationalstaat mußte hier durch die bürgerliche Nation nicht neu geschaffen werden.

In vielen Bereichen konnte die Revolution an Traditionen der königlichen Politik anknüpfen.

2. In der Französischen Revolution wurde das Modell der modernen Nation (vgl. S. 14f.) in einen zentralistisch-unitarischen Nationalstaat umgesetzt. Dieser Staatstyp stellt jedoch nur *eine* mögliche Form des modernen Nationalstaats dar.

3. Im Verlauf dieser Revolution entstand auch ein militaristisch geprägter Nationalismus. Er war expansiv und annektionistisch.

4. Die Wirkung der Französischen Revolution war schon bald kaum noch zu trennen von der faszinierenden Person des *Napoleon Bonaparte* und seiner Herrschaft. Hervorgegangen aus der Armee der nationalen Revolution, steht Napoleon zunächst für die neuen Dimensionen der militärischen Mobilisierung und der Kriegführung, die die moderne Nation und ihr Nationalismus eröffneten. Sodann hat der Politiker Napoleon es als erster verstanden, die nationale Ideologie lediglich funktional und propagandistisch zu gebrauchen, um eigene Herrschaftsinteressen durchzusetzen. Das geschah sowohl innenpolitisch, um die Souveränität der Nation zu usurpieren, als auch außenpolitisch, um die eroberten Völker an sich zu binden.

In der historisch-politischen Theoriebildung besteht bis heute eine Tendenz, in dem französischen Modell des modernen Nationalstaats das typische zu sehen. Die soeben genannten Besonderheiten mahnen jedoch zur Vorsicht. Auch die Durchsetzung der modernen Nation über eine Revolution ist keineswegs ein historisches Gesetz. In den älteren Nationalstaaten gab es auch den Weg einer schrittweisen nationaldemokratischen Umformung des Staates und seiner Verfassung. In diesem Zusammenhang wäre auf die nationale Reform in Polen, speziell die Maiverfassung von 1791 zu verweisen sowie auf die nationalen Reformprozesse in den Niederlanden und in der Schweiz, die trotz ihrer Überfremdung durch französische Armeen in einer nationalstaatlichen Kontinuität zu sehen sind.

Eine ganz andere Ausgangssituation für die Durchsetzung der modernen Nation bestand dort, wo ein eigener Nationalstaat nicht vorgegeben war. In einer solchen Situation befand sich die Mehrheit der europäischen Völker; sie lebten unter fremdnationaler Herrschaft, oder sie waren zerteilt in mehrere Fürstenstaaten. Für sie war der Weg zu einem modernen Nationalstaat bedeutend schwieriger und langwieriger. Hier kam es zunächst darauf an, daß sich in dem geteilten und fremd beherrschten Volk ein nationales Selbstbewußtsein entwickelte und eine Nation entstand. Dabei mußten neue Formen der Kommunikation und Organisation entwickelt und gegen das herrschende System durchgesetzt werden. Sodann ging es um die Durchsetzung von nationaler Autonomie; schließlich um die Verwirklichung eines eigenen Nationalstaates, und das war oft nur möglich über einen nationalen Befreiungskrieg.

Für einen solchen langen Weg der Durchsetzung einer Nation waren zusätzliche Kräfte und größere Anstrengungen notwendig als in den ‚alten‘ Nationalstaaten. Hier hatten sich die *Nationalbewegungen* zu bewähren: über Jahre hinweg ein Programm nationaler Selbstverwirklichung zu verfolgen, die Bevölkerung dafür zu mobilisieren und die notwendigen Ressourcen zu organisieren. Auch diese Nationalbewegungen erhielten von der Französischen Revolution starke Impulse, z. B. die Bewegungen in Irland und in Italien, aber auch jene, die als antinapoleonische Widerstandsbewegung begannen, in Spanien und in Deutschland.

Schon diese ersten Nationalbewegungen aus der Zeit um 1800 machen deutlich, daß eine jede Nation einen eigenen Weg ihrer politischen Durchsetzung geht, daß der französische Weg nur einer unter vielen ist. In der Revolution von 1789 jedoch hat das Modell der demokratischen Nation seine legitimierende und integrierende Kraft erstmals und sensationell unter Beweis gestellt, und das bedeutete für alle sich modernisierenden Gesellschaften in der europäischen Welt eine produktive Herausforderung.

3.2 Nationalpolitische Krise in Deutschland

Die deutsche Gesellschaft war mitten in ihrer eigenen nationalen Selbstfindung begriffen, als sie durch Frankreich mit dem Modell des modernen Nationalstaats konfrontiert wurde. Es sollte angesichts der so unterschiedlichen Entwicklungsbedingungen noch ein halbes Jahrhundert dauern, bis sie dieses Ziel in der Revolution von 1848 selbst in Angriff nehmen konnte. Zunächst wurde Deutschland durch die französische Herausforderung und Einmischung in eine tiefe nationale Krise gestürzt.

Die Revolution von 1789 fand im aufgeklärten Deutschland zunächst ein durchweg zustimmendes Echo. Die Selbstbefreiung des französischen Bürgertums zu einer Nation im Zeichen der Menschenrechte machte auf die deutsche Bildungsgesellschaft einen großen Eindruck, und die Umgestaltung des absolutistischen Staates in einen modernen Nationalstaat wirkte stimulierend auf eigene nationalpolitische Hoffnungen. Doch als diese Nation im Jahre 1792 den führenden deutschen Staaten den Krieg erklärte, kurz darauf ihren König absetzte und tötete, zum innenpolitischen Terror überging und mit ihren Truppen schon bald am Rhein stand, geriet Deutschland in eine nationale Krise und konnte seine Reformentwicklung nicht weiter fortsetzen. Um die Dimensionen dieser Krise zu verstehen, ist die komplizierte Situation der Staats- und Nationsbildung im frühneuzeitlichen Deutschland noch einmal ins Auge zu fassen.

Das Heilige Römische Reich war noch immer die tragende politische Dachorganisation. Das große, nie gelöste Entwicklungsproblem seiner fast tausendjährigen Geschichte bestand in der Umwandlung dieses mittelalterlich strukturierten Herrschaftsverbandes in einen modernen Staat. Die Fürsten waren die Repräsentanten der Reichsnation, doch seit dem Spätmittelalter betrieben sie eine eigene territoriale Staatsbildung gegen das Reich. Sie verhinderten auch, daß die politischen Partizipationsrechte auf weitere Schichten, z. B. das entwickelte Stadtbürgertum, ausgedehnt wurden. Das Reich blieb eine Domäne des Hochadels mit einer steckengebliebenen Staatsbildung. In den Kriegen mit dem revolutionären Frankreich wurde deutlich, daß es der Konfrontation mit einem modernen Nationalstaat nicht standhalten konnte.

Neben der Reichsnation der Fürsten war im 18. Jahrhundert mehr und mehr eine deutsche Bildungsgesellschaft in Erscheinung getreten. Im Rahmen der Aufklärungsbewegung war sie zu einem lesenden Publikum geworden, das sich über die Landes-, Standes- und Konfessionsgrenzen hinweg als eine neue bürgerliche Gesellschaft formierte. Diese bürgerlich geprägte Bildungsgesellschaft hatte in der Deutschen Bewegung (vgl. S. 40 f.) erstmals einen nationalen Führungsanspruch sichtbar gemacht, denn sie war der Träger einer großen Kultur- und Reformbewegung im Zeichen der Aufklärung.

Der Modernisierungsprozeß war in Deutschland ausschließlich in den Fürstenstaaten in Gang gekommen, und daraus ergab sich für die politische Identitätsbildung eine zusätzliche Dimension. Der bürgerliche Patriotismus orientierte sich in Deutschland zunächst ganz auf den Territorialstaat. Regionales Reformengagement und kulturnationale Orientierung standen nebeneinander, *Landespatriotismus* und *Reichspatriotismus* ergänzten sich. Die Fürstenstaaten suchten zwar nach Möglichkeiten einer eigenen Standardisierung; doch eine wirksame Grenzkontrolle gegenüber deutschen Nachbarstaaten, besonders hinsichtlich der personellen und kulturellen Fluktuation, war praktisch unmöglich. Von der erfolgreichen Staatsbildung zu einer eigenen Nationsbildung überzugehen, blieb jedoch eine Herausforderung.

Durch die Auseinandersetzung mit dem revolutionären Frankreich wurde die Entwicklung der nationalen Verhältnisse in Deutschland gewaltig vorangetrieben, aber keineswegs einer Lösung nähergebracht. In den langwierigen Kriegen mit der französischen Republik, in den Friedensverhandlungen von Basel (1795) bis Lunéville (1801) wurde deutlich, daß das von den Fürsten beherrschte Reich weder zur Verteidigung seiner Grenzen noch zu einer Modernisierung seiner Verfassung in der Lage war. Auf einem seit 1798 in Rastatt tagenden Reichskongreß sollte durch eine einschneidende Gebiets- und Strukturreform eine *neue Verfassung des Reiches* gefunden werden. Doch die Fürsten hatten allein ihre eigene Zukunft im Auge; sie konzedierten dem Annektionismus des direktorialen Frankreich das gesamte linksrheinische Reichsgebiet und versuchten, mit Unterstützung aus Paris und Petersburg auf Kosten der kleineren und der geistlichen Territorien ihre Staatsbildung voranzutreiben. Österreich und Preußen hatten sich ohnehin mit großen territorialen Bereicherungen durch die zweite und dritte Aufteilung Polens (1792 und 1795) vom Rahmen des Reiches weit entfernt. So verdunkelte sich in den Jahren um 1800 die nationalpolitische Zukunft Deutschlands. Der junge Hegel zog im Jahre 1802 das nüchterne Resümee, daß „Deutschland als eigener, unabhängiger Staat und die deutsche Nation als Volk vollends ganz zugrunde geht" und man in Zukunft „Deutschland nicht mehr als ein vereinigtes Staatsganzes, sondern als eine Menge unabhängiger und dem Wesen nach souveräner Staaten anzusehen habe".

Die deutsche Kulturgesellschaft jedoch, die junge bürgerlich geprägte Nation, befand sich in diesen Jahren auf einem Höhepunkt ihrer wissenschaftlichen und kulturellen Produktivität. Um so stärker empfand und reflektierte sie die widersprüchliche Situation ihrer geistig-politischen Existenz. Darüber zerbrach die Gemeinsamkeit ihrer reformpolitischen Orientierung im Geiste der Aufklärung.

Im Zusammenhang der fürstenstaatlichen Revolutionskriege entstand erstmals eine nationale Orientierung, die in der Frontstellung gegen das revolutionäre Frankreich antiaufklärerisch akzentuiert war: ein *konservativer Reichspatriotismus*, der mit fürstlicher Protektion und Finanzierung in Flugschriften und Zeitschriften verbreitet wurde. Hier – in der Zeitschrift ‚Eudämonia' z. B. – findet man in Deutschland erstmals auch einen *Nationalismus* in der Form, wie er später zu einer Tradition werden sollte: antimodernistisch, antirevolutionär, religiösfundamentalistisch, antifranzösisch.

Auf der anderen Seite die sogenannten *deutschen Jakobiner*, eine weniger organisierte, von den Regierungen verfolgte

Gruppe von demokratisch orientierten Gebildeten, die sich in ihrem politischen Denken an dem Nationsverständnis der Französischen Revolution orientierten, – entweder in dem Wunsch, sich ganz der französischen Nation anzuschließen, wie es der Philosoph Fichte noch 1798 zum Ausdruck brachte (er sei ein „Verehrer der politischen Freiheit und der Nation, die dieselbe zu verbreiten verspricht"), oder in der Hoffnung auf die Durchsetzung einer modernen Nation in Deutschland, so der Kieler Professor Karl Friedrich Cramer: „Deutschland, ein Volk! eine Brüdernation! nach gleichen Rechten durch Volksrepräsentation und ein freiwillig erwähltes, eingeschränktes Oberhaupt regiert! Deutschland, nicht mehr sein eigen Eingeweide zerfleischend, sondern mit Frankreich und England zu gleichen Grundsätzen des Weltfriedens vereint. O, gibt es ein Herz, das nicht bei dieser Aussicht von Wonne entglüht?" Eine große Vision, bis zu deren Einlösung fast zwei Jahrhunderte vergehen sollten.

Zwischen diesen Positionen stand die überwiegende Mehrheit der deutschen Bildungsschichten. Deren *aufgeklärter Reichspatriotismus* wurde zunächst noch einmal gewaltig angeregt. Herder entschloß sich zu einem publizistischen Großprojekt, den ‚Briefen zu Beförderung der Humanität' (1792–1797), und Rudolf Zacharias Becker gründete 1793 einen ‚Reichs-Anzeiger' als Organ für eine Zusammenführung aller Patriotischen Gesellschaften in Deutschland und löste ein breites Echo aus. Doch durch die politischen Ereignisse wurde solchen Initiativen mehr und mehr der Boden entzogen. Die Jahre nach 1794 waren geprägt von einer großen Desillusionierung über den Fortgang der gesellschaftlichen Entwicklung und einer tiefen Resignation über das nationale Schicksal. Hölderlin ist daran zerbrochen (vgl. das letzte Kapitel seines ‚Hyperion'), und auch Goethe und Schiller kamen über Fragmente nicht hinaus: „Deutschland? Aber wo liegt es? Ich weiß das Land nicht zu finden. Wo das gelehrte beginnt, hört das politische auf." In dieser ‚Xenie' der beiden aus dem Jahre 1797 kommt die Aporie der Zeitgenossen über das eigene Vaterland zum Ausdruck, aber auch die zunehmende Spannung zwischen den Reichsfürsten und der gebildeten Nation. „Deutsches Reich und deutsche Nation sind zweierlei Dinge", notierte Schiller in diesen Jahren: *Reich* und *Nation* waren zu Gegensätzen geworden. Die bürgerliche Nation grenzte sich ab von den Reichsfürsten, die gegenüber der Herausforderung durch die Französische Revolution versagt hatten.

Napoleon Bonaparte, dessen Aufstieg vom Heerführer der republikanischen Nation zum Kaiser der Franzosen auch diesseits des Rheins alle in seinen Bann zog, wurde für das nationale Schicksal Deutschlands im ersten Jahrzehnt des neuen Jahrhunderts zur dominierenden Gestalt. Innerhalb weniger Jahre revolutionierte er die politische Landkarte Mitteleuropas: der Nordwesten Deutschlands wurde vollständig dem französischen Staatsgebiet angegliedert, das mittlere Reichsgebiet zu einem ‚Rheinbund' von Satellitenstaaten zusammengeschlossen und die beiden deutschen Führungsstaaten aus der Mitte Deutschlands in eine östliche Randlage abgedrängt (vgl. die Karten im Anhang S. 340f.!). Kaiser Franz II. hatte sich im Jahre 1804 bereits zum ‚Kaiser von Österreich' erklärt. Im Jahre 1806 legte er die alte deutsche Kaiserkrone nieder, und für keinen Zeitgenossen war dies eine Überraschung. Die *Krise des Reiches* war endlich zu ihrem Ende gekommen. In Nürnberg erschien eine Flugschrift mit dem Titel ‚Deutschland in seiner tiefen Erniedrigung'. Deutschland hatte aufgehört, ein Begriff der politischen Landkarte Europas zu sein.

Das politische Leben in Deutschland aber war keineswegs erstorben. Napoleon hatte die mittleren Reichsfürsten nachhaltig in ihrem politischen Gewicht gestärkt. In ihrer Zahl erheblich reduziert, in ihrem territorialen Umfang stark vergrößert, waren sie nun der Träger neuer politischer Entwicklungen. Napoleon betrieb nicht nur Hegemonial-, sondern auch Reformpolitik: Er setzte in den von ihm beherrschten Staaten eine Modernisierung der Rechts- und Verwaltungspolitik durch (Einführung des Code Civil), und auf seine Initiative hin wurden erste moderne Verfassungen in Deutschland erarbeitet. Diese Anstöße wurden aufgegriffen von den innovativen Bevölkerungsschichten, die wiederum zum Träger einer großen Modernisierungsbewegung wurden, die alle Bereiche des gesellschaftlichen Lebens erfaßte. Sie beförderte auch eine einzelstaatliche Identitätsbildung, die nicht unterschätzt werden darf. Nach dem Ende des Reiches und dem Zerfall des Reichspatriotismus schien dem *Landespatriotismus* zu Beginn des 19. Jahrhunderts allein die Zukunft zu gehören.

3.3 Die antinapoleonische Nationalbewegung

Für die nationale Entwicklung in Deutschland wurde es jedoch bedeutsam, daß die Bildungsschichten ihr patriotisches Engagement schon bald auch in den Dienst einer antinapoleonischen Bewegung stellten, die über den Einzelstaat hinausging. Die Jahre um 1806 waren eine kritische Zeit des Umschlags der politischen Meinungsbildung. Napoleon hatte mit seiner Selbsternennung zum Kaiser (1804) endgültig die republikanischen Grundsätze seiner Anfänge verlassen und sich nach seinen militärischen Erfolgen von Austerlitz und Jena zum Herrn über Deutschland gemacht. Auf diese *doppelte Herausforderung* hin vereinigten sich ein demokratischer und ein nationaler Protest zu einem zunächst noch vereinzelten Widerstand: Beethoven zerriß das Widmungsblatt der ,Eroica', der Theologe Friedrich Daniel Schleiermacher warnte in Halle vor einer Vernichtung des liberalen Protestantismus, und in Nürnberg verbreitete ein Buchhändler, Johann Philipp Palm, jenes patriotische Flugblatt ,Deutschland in seiner tiefen Erniedrigung'. Er wurde zwei Wochen später von den Okkupationstruppen hingerichtet, ein erster Märtyrer der neuen Bewegung.

Der sächsische Schriftsteller Johann Gottfried Seume analysierte bereits die Ursachen der nationalen Misere; er notierte in seinen ,Apokryphen': „Der jetzige Zustand Deutschlands ist das Produkt der Privilegien, des Kastenwesens und des Stocksystems, das Werk unserer Fürsten und Edelleute... Solange wir die Privilegien nicht vernichten, können wir die Franzosen vielleicht schlagen, werden sie aber nie besiegen... Eine Nation hat immer mehr nötig, gegen ihre inneren Feinde zu wachen als gegen ihre äußeren. Selten ist eine Nation durch ihre äußeren Feinde zerstört worden." Damit war eine Verbindung zwischen außenpolitischem und innenpolitischem Protest hergestellt, die für die nationale Bewegung bedeutsam werden sollte. Der Philosoph Fichte war 1807 in Berlin mit seinen ‚Reden an die deutsche Nation' vom Protest zum Appell übergegangen. Er sprach eine Nation an, die es bisher nur in den Kreisen der Gebildeten gab, und diese waren sich ihrer politischen Schwäche bewußt. Um nationalpolitisch agieren zu können, waren sie auf Bündnispartner angewiesen. Angesichts der nationalen Enttäuschung über die deutschen Fürsten kamen nur die Volksschichten dafür in Frage. So entstand in diesen Jahren das revolutionäre Programm einer gezielten *Nationalerziehung*, wozu Fichte in seinen Vorlesungen durch gewagte Argumentationen und den Hinweis auf Pestalozzi Mut machte.

Eine ganz andere geistige Grundlage hatte der antinapoleonische Protest einer Gruppe von Schriftstellern, die sich seit 1805 in Wien versammelten: Friedrich Schlegel, Adam Müller, Heinrich v. Kleist, Friedrich Gentz u. a. Als Vertreter eines konservativen und romantischen Denkens richtete sich ihr Protest gegen den Modernisierer Napoleon, der die Ordnungen des alten Deutschland zerstörte. Der Patriotismus dieses Kreises war nicht an der modernen Nation orientiert. Er war eine rückwärts gewandte Ideologie, nicht Ausdruck einer emanzipatorischen Bewegung. Adam Müller propagierte eine Konzeption der Nation, die an der ständischen Gesellschaft orientiert war. Nur in Anlehnung an traditionale Machtfaktoren konnte dieser Patriotismus auch politisch wirksam werden. Man kann in ihm eine Fortsetzung des konservativen Reichspatriotismus der 1790er Jahre sehen, jedoch auf einer neuen geistigen Basis und in einem politischen Umfeld, das verschiedene politische Anlehnungen ermöglichte.

Der zunächst nur von einzelnen Gebildeten formulierte Protest gegen die Herrschaft Napoleons – in Norddeutschland mehr *nationaldemokratisch*, in Wien mehr *nationalkonservativ* ausgerichtet – wurde innerhalb weniger Jahre zu einer politischen Bewegung, weil er sich mit dem landespatriotischen Widerstand gegen Napoleon verband, der sich vor allem in den beiden deutschen Großstaaten entwickelte. Die demütigende Behandlung beider Staaten in den Friedensschlüssen von Preßburg (1805) und Tilsit (1807), mit denen die Auflösung des Reiches besiegelt wurde, löste in deren Herrscherfamilien eine Bereitschaft zu umfassenden innenpolitischen Reformen aus. Anders als in den von Napoleon begünstigten Rheinbundstaaten standen diese Reformen von Anfang an im Zusammenhang eines antinapoleonischen Widerstandes. Nationales Engagement konnte sich hier unmittelbar aus dem landespatriotischen heraus entwickeln und von diesem stets neue Impulse bekommen. In beiden Staaten gelangten national orientierte Patrioten in die politische und militärische Führung. Die Regierungen Stadion in Österreich (1805–1809), Stein und Hardenberg in Preußen (1807–1820) stellten ihre Reformprojekte in einen nationalen Zusammenhang, wobei *landespatriotische* und *nationalpatriotische Intentionen* nebeneinanderlagen und ineinander übergingen. Am stärksten national akzentuiert waren die Militärreformen (Einführung der allgemeinen Wehrpflicht; führend vertreten durch Erzherzog Karl in Österreich, durch Scharnhorst, Gneisenau, Boyen, Clausewitz in Preußen), sowie die Bildungsreform in Preußen (Projekt einer Nationalerziehung über ein staatlich organisiertes Schulsystem für alle Stände; führend vertreten durch Johann Wilhelm Süvern, Wilhelm von Humboldt).

Schon im Jahre 1808, als der antinapoleonische Volkswiderstand in Spanien die Deutschen aufhorchen ließ, bahnte sich eine aktive Zusammenarbeit dieser Patriotengruppen bei der Vorbereitung eines nationalen Befreiungskrieges an. Sie wurde verhindert durch das Zögern des preußischen Königs und eine aufsehenerregende Aktion Napoleons, der den nationalen Widerstandscharakter der Politik des *Freiherrn vom Stein* aufdeckte, dessen Entlassung erzwang, ihn im Dezember 1808 sogar öffentlich zum ‚Feind Frankreichs' erklärte und mit einer Acht belegte, wodurch dieser über Preußen hinaus als führender Kopf des antinapoleonischen Widerstandes bezeichnet war und sich in einer bewußten Abgrenzung gegenüber jeder Fürsten-loyalität zu einem „deutschen" Patrioten entwickelte. „Es ist mir leid", schreibt er 1812 an einen Freund, „daß Sie in mir den Preußen vermuten; ich habe nur ein Vaterland, das heißt Deutschland." In einer Denkschrift fragt er: „Besteht die Frei-heit Deutschlands allein in der Macht der Fürsten oder in der Freiheit der Einwohner und der Kraft der Nation? Wie ist eine Konstitution möglich, die beides gewährt?"

Österreich wagte dennoch im Jahre 1809 auf eigene Faust einen Krieg gegen Napoleon, der zwar verlorenging, aber be-reits in einem anderen Geist geführt wurde: als *nationaler Be-freiungskrieg*. Die nationale Legitimierung verlief in einer dop-pelten Richtung. Einerseits landespatriotisch: seit 1805 wurde ein eigenes österreichisches Landes- und Nationalbewußtsein gefördert: es erschienen ‚Vaterländische Blätter für den öster-reichischen Kaiserstaat'; das Gedicht von Collin ‚Österreich über alles' wurde zur Landeshymne; in Prag und Budapest wurde ein ‚Nationalmuseum' gegründet. Im unmittelbaren Vorfeld des Krieges wurden diese Aktionen ergänzt um eine nationaldeutsche Dimension: Erzherzog Karl eröffnete seinen Feldzug im April 1809 mit einem Aufruf ‚An die deutsche Na-tion', in dem es hieß: „Unsere Sache ist die Sache Deutschlands. Mit Österreich war Deutschland selbständig und glücklich; nur durch Österreichs Beistand kann Deutschland wieder beides werden."

Es war bemerkenswert, daß diese Nation nicht einen Erfolg der österreichischen Kriegführung abwartete, sondern zu eigen-ständigen *Widerstandsaktionen* überging. In Tirol, das seit 1805 zu Bayern gehörte, kam es zu einem Volksaufstand, der sich unter Führung des Gastwirts Andreas Hofer lange gegen die französisch-bayrischen Truppen behaupten konnte; er war aus-schließlich getragen von einem regionalen Landespatriotismus. Auch die Aufstände in der Bevölkerung der Rheinbundstaaten, die weniger erfolgreich waren, verblieben im regionalen Rahmen. Eine nationale Dimension aber hatten zwei militäri-sche Widerstandsaktionen aus dem Umkreis des preußischen Patriotismus, die großes Aufsehen erregten: Der Zug des preußischen Husarenmajors Ferdinand von Schill mit seiner Kompanie von Berlin aus durch Norddeutschland und die wesentlich erfolgreichere Aktion des Herzogs von Braunschweig, der sich mit seiner ‚Schwarzen Schar‘ von Böhmen bis an die Nordsee durchschlug und von dort nach England übersetzen konnte. Als ‚The King's German Legion‘ nahm die Schwarze Schar dann an den Widerstandskämpfen in Spanien teil, – eine erste Form internationaler Kooperation deutscher Patrioten.

Die antinapoleonischen Widerstandsaktionen des Jahres 1809 waren der öffentlich sichtbare Beginn der *ersten deutschen Nationalbewegung*. Im Unterschied zu dem individuellen Patriotismus in der kleinstaatlichen Welt der deutschen Spätaufklärung äußerte sich nun ein nationaler Patriotismus in organisierten Unternehmungen, die als politischer Faktor ernstzunehmen waren. Nach den patriotischen Aktionen des Jahres 1809 hatte die Bewegung auch bereits erste Helden und Märtyrer. Im Mittelpunkt der Aktivitäten standen patriotische Gruppen und Organisationen, die sich angesichts der Verfolgung durch die französische Okkupationsarmee und die eigene Regierung meist geheim gebildet hatten: ein im Hause des Berliner Verlegers Georg Andreas Reimer sich regelmäßig versammelnder Patriotenkreis; ein im Jahre 1810 von Friedrich Friesen und Friedrich Ludwig Jahn organisierter ‚Deutscher Bund‘; die seit 1811 in Berlin tafelnde ‚Deutsche Tischgesellschaft‘, gegründet von Achim von Arnim und Adam Müller. Zwei dieser Vereinigungen sind über Deutschland hinaus zu Vorbildern patriotischer Organisierung geworden: der sogenannte Tugendbund (eigentlich ‚Gesellschaft zur Übung öffentlicher Tugenden‘), der 1808 in Königsberg als eine lizensierte patriotische Gesellschaft im Stile des 18. Jahrhunderts gegründet wurde, im Hintergrund jedoch eine nie ganz aufgeklärte Geheimtätigkeit für den antinapoleonischen Widerstand betrieb. Sodann die Turnbewegung, die Jahn auf der Hasenheide vor Berlin im Jahre 1811 ins Leben rief: eine erste patriotische Jugendorganisation, geprägt von dem Bestreben, nationales Engagement in neue soziale Lebensformen umzusetzen.

Charakteristisch für diese Nationalbewegung waren nicht zuletzt die aktiven Patrioten innerhalb der Regierungen; sie waren nicht formell organisiert, aber nicht weniger wirksam. Vor allem die Reformministerien in Preußen waren von ihnen durchsetzt. Im preußischen Kriegsdepartement unter Scharnhorst wurde ein Widerstandsmodell entwickelt, das gleichfalls Schule machen sollte: die Konzeption eines nationalen Befreiungskrieges, in dem traditionelle Kriegsführung und patriotischer Volksaufstand koordiniert zusammenwirken.

Als der preußische König im Februar 1812 ein Militärbündnis mit Napoleon eingegangen war, verließen zahlreiche Offiziere, unter ihnen Gneisenau, Boyen, Clausewitz, die Armee und gingen zumeist nach Rußland. Dort wurde schon bald eine ‚Deutsche Legion‘ eingerichtet, ein Sammelpunkt patriotisch orientierter Soldaten, die aus den Heeren der deutschen Fürsten desertierten. Mit dem Freiherrn vom Stein und dem Schriftsteller Ernst Moritz Arndt waren seit dem Sommer 1812 zwei weitere führende Patrioten am Hof des Zaren vereint. So fand sich in Rußland eine Exilgruppe deutscher Patrioten zusammen, die sich bewußt von ihren Fürsten abgewandt hatten; in ihren Reihen hatte die national-deutsche Orientierung eindeutig die Oberhand gewonnen.

Der *Befreiungskrieg des Jahres 1813* ist im wesentlichen von diesen Patrioten vorbereitet und getragen worden. Sie waren jedoch bei weitem nicht stark genug, um aus eigenen Kräften agieren zu können, sondern angewiesen auf Verbündete und auf eine günstige internationale Konstellation. Sie war gegeben im Herbst 1812 durch das denkwürdige Scheitern des Rußlandfeldzuges der Grande Armée Napoleons. In dieser Situation gelang es den emigrierten Patrioten unter Führung des Freiherrn vom Stein, Zar Alexander I. zu einem Weitertreiben des Krieges nach Westen zu veranlassen. In der Proklamation von Kalisch (25. 3. 1813) wurde „den Fürsten und Völkern (!) Deutschlands die Rückkehr der Freiheit und Unabhängigkeit" versprochen, die Gestaltung der Zukunft Deutschlands „aus dem ureignen Geiste des deutschen Volkes" wurde „allein den Fürsten und Völkern Deutschlands anheim gestellt". Unüberhörbar wurden hier erstmals neben den Fürsten auch die Völker als politische Subjekte angesprochen, die über ihr Schicksal selbst bestimmen können. Ein nationaler Volksaufstand, der nicht nur die napoleonische Okkupation beseitigte, sondern auch die Rheinbundfürsten und damit eine nationalpolitische Neuordnung Deutschlands ermöglichte, war in der Tat die Hoffnung des Freiherrn vom Stein.

In Norddeutschland, von Königsberg bis Bremen, hatte die Bevölkerung, angeführt von den Patrioten, die Befreiung von der französischen Okkupation bereits selbst in die Hand genommen. Signal war die Tat eines preußischen Konservativen, des Generals Ludwig von Yorck, der zu Silvester 1812 auf eigene Faust mit seinem Hilfskorps aus der Grande Armée Napoleons ausschied und mit dem ihm gegenüberstehenden russischen General Neutralität vereinbarte, nach Ostpreußen einrückte und dort den antinapoleonischen Widerstand zu organisieren half. Die deutschen Fürsten erkannten die Chancen, die sich hier zur Wiedergewinnung und Sicherung ihrer politischen Souveränität ergaben, nur zögernd. Der preußische König war der erste, auch er mußte jedoch lange von den Patrioten gedrängt werden. Dabei kam es noch einmal zu einer Steigerung des antimonarchischen Ressentiments; selbst ein so wenig moderner Offizier wie Blücher, der spätere Armeeführer, schrieb Anfang Januar 1813 in seiner unbeholfenen, aber deutlichen Art: „Jetzo ist es wiederum die Zeit zu tun, was ich schon anno 9 angeraten, nämlich die ganze Nation zu den Waffen anzurufen, und wann die Fürsten nicht wollen und sich dem entgegensetzen, sie samt dem Bonaparte wegzujagen. Denn nicht nur Preußen allein, sondern das ganze deutsche Vaterland muß wiederum heraufgebracht und die Nation hergestellt werden." Was mag er darunter verstanden haben, ‚die Nation herzustellen'?

Mit dem Aufruf König Friedrich Wilhelms III. *An mein Volk* (17. 3. 1813, verbunden mit der Kriegserklärung an Napoleon) wurde endlich das von den Patrioten erhoffte nationale Bündnis von Fürst und Volk proklamiert. „Meine Sache ist die Sache meines Volkes und aller Gutgesinnten in Europa" lautet der charakteristische letzte Satz dieses Aufrufs, mit dem eine Levée en masse zur Verteidigung des Vaterlandes eingeleitet werden sollte (Einrichtung einer *Landwehr* und eines Landsturms als Wehraufgebote neben der Armee. Das Landsturmedikt mußte jedoch nach drei Monaten wieder zurückgenommen werden; die besitzenden Kreise sahen in ihm eine Aufforderung zum Volksaufstand). Bereits Anfang Februar waren Heeresverbände für Freiwillige, die sich auf eigene Kosten ausrüsten mußten, eingerichtet und eine allgemeine Wehrpflicht eingeführt worden – „in Erwägung der von unseren Untertanen längst anerkannten Verbindlichkeit eines jeden waffenfähigen Bürgers, sein Vaterland zu verteidigen". ‚Längst anerkannt'? In Wirklichkeit handelt es sich um eine das Militärwesen revolutionierende Neuerung, eine Konsequenz des nationalen Patriotismus: der Bürger wurde Soldat! Der König hatte in diesem Zusammenhang eine schlicht gestaltete Kriegsauszeichnung für alle Stände gestiftet, das *Eiserne Kreuz*, ein Orden, der dem neuen nationalen Geist entsprach und sofort populär wurde.

Mit den Initiativen des Februar und März 1813 hatte die preußische Regierung die Führung eines Krieges übernommen, der sich durch seinen national-patriotischen Charakter von allen vorhergehenden unterschied. Vor allem in seiner ersten Phase (bis zum Waffenstillstand vom 4. Juni) waren die Kämpfe des preußischen Heeres, geführt von Blücher und Scharnhorst, von großem patriotischen Engagement getragen. Der Zustrom von Studenten, Bürgersöhnen und Handwerkern zu den Freiwilligenverbänden wird in diesem Zusammenhang meist an erster Stelle genannt; viel stärker ins Gewicht jedoch fällt das Engagement im Umfeld der Armee: die sprunghaft ansteigende patriotische Schriftstellerei (am bekanntesten: Ernst Moritz Arndt mit seinen massenhaft verbreiteten Flugschriften, Theodor Körner mit seiner Kriegslyrik ‚Leier und Schwert'), die große Spendenbereitschaft der Bevölkerung, die Bürgeraktionen in den Städten, die Gründung von patriotischen Vereinen, unter ihnen die ersten eigenständigen Frauenvereine. Die Realität dieses Krieges brachte es mit sich, daß fast alle Bevölkerungsschichten von ihm erfaßt wurden; denn als Befreiungskrieg wurde er nicht nur von der Armee geführt und in einigen

Schlachten entschieden, sondern fand überall dort statt, wo französische Okkupationseinheiten stationiert waren.

Durch das Eingreifen des österreichischen Außenministers Klemens von Metternich, der die Habsburgische Monarchie in die antinapoleonische Allianz führte und sich in diesem Zusammenhang als führender deutscher Politiker durchsetzte, nahm der Krieg eine Wendung, die zu einer Dämpfung der nationalen Bewegung und zu mehreren Unterbrechungen der Kämpfe führte. Die Nationalbewegung, die diesen Krieg weiterhin mit ihrem Engagement trug, hatte ihren stärksten Rückhalt im preußischen Heer, vor allem in der Schlesischen Armee unter Blücher und Gneisenau, und diese trug entscheidend zu den großen Siegen über Napoleon bei, von Blüchers erstem Erfolg an der Katzbach (26. August 1813) über die entscheidende ‚Völkerschlacht‘ bei Leipzig (16.–18. Oktober 1813) bis zum Sieg über die letzte Armee Napoleons bei Waterloo (18. Juni 1815).

Seit dem Herbst 1813 standen die nationalpatriotischen Gruppen jedoch nicht mehr im Zentrum, sie wurden zu einer – den Politikern oft lästigen – Fraktion. Auch die Konzeption des Freiherrn vom Stein, der die napoleonhörigen Rheinbundfürsten entmachten und deren Gebiete einer Zentralverwaltung unterstellen wollte, wurde in entscheidenden Punkten verwässert. Schon mit dem Beitritt Schwedens und Großbritanniens zur antinapoleonischen Allianz war der Krieg weiter internationalisiert worden, und seit dem Eingreifen Metternichs wurde er noch mehr zu einem Kabinettskrieg alten Stils. Dadurch konnten bei den deutschen Fürsten die Hausinteressen wieder in den Vordergrund rücken: Nur wenige, wie Mecklenburg, schlossen sich unmittelbar dem nationalen Appell an; die Mehrheit ließ sich, wie zuerst Bayern im Vertrag von Ried, zunächst den Erhalt der eigenen Souveränität zusichern; einige, wie Sachsen, blieben Verbündete Napoleons. Seit Beginn des Jahres 1814 wurde der Krieg bereits jenseits des Rheins geführt, und für die Patrioten ergaben sich in den befreiten deutschen Gebieten neue Probleme. Nun wurde deutlich, daß die Nationalbewegung in der deutschen Bevölkerung durchaus verschieden aufgenommen wurde, und daß sie noch andere Ziele hatte als den antinapoleonischen Kampf.

Die *Nationalbewegung* war im Zusammenhang der antinapoleonischen Widerstandsbewegung entstanden. Sie wurde getragen von den bürgerlichen und adligen Bildungsschichten, die seit längerem ein Nationalbewußtsein besaßen und im damaligen Deutschland eine erhebliche gesellschaftliche Potenz darstellten. Im Verlauf des antinapoleonischen Kampfes, vor allem im Zusammenhang der Befreiungskriege, gelang es ihnen, weitere bürgerliche Volksschichten, z.B. die eigenen Frauen, zu mobilisieren und für nationale Ziele zu gewinnen. Es gab jedoch starke regionale Unterschiede. Die Bewegung stand in Österreich und in Preußen in Verbindung, mitunter auch in Konkurrenz mit einem Landespatriotismus. In Österreich konnte sich der Patriotismus seit 1805 zunächst am freiesten entfalten, wurde jedoch seit 1810 durch den Einfluß Metternichs in seiner Entwicklung stark behindert (1813 z.B. das Verbot der antinapoleonischen Widerstandsorganisation ‚Alpenbund‘). Seitdem war Preußen das dominierende Zentrum der Bewegung; die entscheidenden Impulse für den Befreiungskrieg des Jahres 1813 gingen von ihm aus. Sie fanden ihr erstes und stärkstes Echo in Norddeutschland, speziell in Hamburg, sodann auch in Mitteldeutschland. Hier erreichte der Befreiungskrieg streckenweise den Charakter einer patriotischen Volksbewegung. In den südwestdeutschen Gebieten dominierte wohl stärker der Landespatriotismus; nationalpatriotische Initiativen entwickelten sich erst *nach* der Befreiung. Doch liegt hier vieles noch im Dunklen.

Metternich, schon 1813 der große Gegenspieler der Nationalbewegung, hatte ein Gespür dafür, daß es in ihren Reihen um mehr ging als um die Befreiung von der napoleonischen Okkupation. In ihrem Kern war sie eine *politische Emanzipationsbewegung*, in der bürgerliche Schichten ihre eigenen Interessen erkannten, sie deutlicher formulierten und als Forderungen zum Ausdruck brachten. „Die europäischen Völker sind nicht mehr im Stande der Unmündigkeit; sie kennen ihr wahres

Interesse", heißt es in einer von dem Verleger Friedrich Perthes verbreiteten Flugschrift. „Eine Verfassung, durch welche die Gewalten geteilt, die Rechte des Volkes sanktioniert werden, das fordert auf dem jetzigen Standpunkt der politischen Entwicklung laut die Stimme der Nationen als ein unveräußerliches Recht!... Nur wo eine freie Verfassung ist, ist ein Vaterland, kann wahre Vaterlandsliebe gedeihen... Unter dem Panier des gemeinschaftlichen Vaterlandes, unter dem Schutze allgemeiner Gesetze, die Jedem Recht sprechen, fühle sich der Untertan zugleich als freier deutscher Mann." Schon Seume hatte in diese Richtung gewiesen: vom Untertan der Fürsten zum freien Bürger. Die dominierende Zielvorstellung der patriotischen Bewegungen dieser Jahre war nicht ein deutscher Nationalstaat, vielmehr: der Übergang zum *Konstitutionalismus* in den deutschen Einzelstaaten, die Garantie von bürgerlichen Freiheits- und Gleichheitsrechten, die Einrichtung von Parlamenten mit legislatorischer Kompetenz.

Die national-patriotische Bewegung hatte in Napoleon ihren gemeinsamen Gegner, doch in ihrer positiven politischen Orientierung und Identität war sie durchaus nicht einheitlich. War sie auf Deutschland, auf den Einzelstaat, auf die Region oder nur auf den Fürsten bezogen? Das änderte sich offensichtlich von Schicht zu Schicht und von Region zu Region. In den handarbeitenden Volksschichten z. B. standen die alten Loyalitäten noch eindeutig im Vordergrund. Das Nebeneinander, die Überlagerung verschiedener patriotischer Motivationen ist für diese Bewegung charakteristisch gewesen. Unser Bild von ihr ist noch immer von der nationalen Geschichtsschreibung des Bismarckreiches geprägt. Neuere Forschungen liegen kaum vor, so daß man heute besser zu einem Roman von Fritz Reuter oder Fontane greifen sollte, um ein realistisches Bild von den Dimensionen und Grenzen jenes Patriotismus zu erhalten.

Für König und Vaterland war die beherrschende Losung im Kriegsjahr 1813. Der Landesfürst also war die wichtigste politische Bezugsperson, und mit dem Vaterland war zunächst der Einzelstaat gemeint. Mit Metternichs Hilfe hatten die deutschen Fürsten sich wieder politisch ins Spiel gebracht. Die an dem Befreiungskrieg beteiligten deutschen Truppen bildeten keine Nationalarmee. Sie waren eingebunden in ihren fürstenstaatlichen Rahmen und kämpften innerhalb einer international zusammengesetzten Armee; die Ansätze zu einer nationaldeutschen Truppenbildung in Gestalt einer ,Deutschen Legion' und einer ,Hanseatischen Legion' waren marginal geblieben. Der Patriotismus, der diesen Krieg wie keinen vor ihm prägte, war in erster Linie Landespatriotismus. Im Mai 1815 kam es bei den sächsischen Truppen, die in die Armee Blüchers eingegliedert werden sollten, zu einer Meuterei zugunsten des eigenen Königs, obwohl dieser ein Anhänger Napoleons geblieben war. Auch die konstitutionellen Erwartungen in den Kreisen des patriotischen Bürgertums, daran sei nochmals erinnert, waren ausschließlich auf den Einzelstaat bezogen.

Und dennoch war dieser Krieg, der vereinte Kampf gegen einen gemeinsamen Feind zur Befreiung des Vaterlandes, ein großes *nationsbildendes Erlebnis*; denn neben der Bindung an den Einzelstaat wurde in diesen Jahren auch Deutschland in neuer Weise als Vaterland erfahren. Das Erlebnis, zu einer gemeinsamen Nation zu gehören, war eine vielfach bezeugte Erfahrung. Auch eine gesellschaftlich und politisch bisher so abseits stehende Bevölkerungsgruppe wie die Juden wurde von ihr erfaßt. Die seit langem nationalbewußten Bildungsschichten, die Lehrer, Pastoren, Beamten, Professoren und Schriftsteller, trugen mit ihrer patriotischen Aktivität wesentlich zur Weckung eines deutschen Gemeinschaftsgefühls in breiteren Volksschichten bei. Gleichwohl war die nationale Bewußtwerdung durch die Beteiligung an diesem Krieg für jede Person und jede Gruppe ein Akt der eigenen Emanzipation von bisherigen Bindungen, der Eröffnung eines neuen Horizontes und eines neuen Selbstverständnisses, der Entschluß zu einem neuen politischen Engagement. Unter denen, die diesen Schritt vollzogen, waren viele Angehörige von Bevölkerungsgruppen, die bisher kaum einen Bezug zur Nation hatten: Handwerker, Frauen, Juden, Studenten. Der antinapoleonische Befreiungskrieg wurde zu einem Ereignis, durch das die deutsche Nation größer und politisch bewußter wurde.

Es lag nahe, daß auch die Vorstellung, die Deutschen sollten in einem gemeinsamen *Nationalstaat* vereint sein, während des Befreiungskrieges in neuer Weise wach wurde. Wie aber war sie zu realisieren? Der nationale Dachverband des Reiches war noch in Erinnerung, und in Frankreich stand das Modell eines modernen konstitutionellen Nationalstaats vor Augen. Zwischen diesen beiden Modellen schwankten, soweit überhaupt vorhanden, die Überlegungen. Der Freiherr vom Stein hatte gehofft, mit der politischen Ausschaltung der Rheinbundfürsten und einer provisorischen Zentralverwaltung ihrer Länder zumindest die Voraussetzung für eine neue Lösung der nationalen Verfassungsfrage zu schaffen. Durch die Politik Metternichs wurde dieses Ziel vereitelt, und die verschiedenartigen Verfassungsentwürfe, die Stein seit 1812 entwickelte, offenbaren die Aporie in dieser Frage angesichts der bestehenden Machtverhältnisse (vgl. auch unten S. 81 f.).

Mit seinem Lied *Was ist des Deutschen Vaterland?*, verfaßt im Februar 1813, formulierte Ernst Moritz Arndt eine weitere offene Frage, die in der deutschen Nationalbewegung jetzt auftauchte und noch lange wach bleiben sollte: die Frage nach den Grenzen, nach dem regionalen und sozialen Umfang der Nation. Das deutsche Nationalbewußtsein hatte noch keinen sicheren territorialen Bezug; die Grenzen des alten Reiches waren keine nationalen Grenzen! Auch der Bedeutungsgehalt des Wortes ‚deutsch‘ war noch offen und mehrdeutig: Man bezeichnete damit sowohl die hochdeutsche als auch die größere germanische Sprachgemeinschaft. Die Antwort, die Arndt in der 7. Strophe seines Liedes gab („So weit die deutsche Zunge klingt und Gott im Himmel Lieder singt, das soll es sein!“), beinhaltete angesichts des Umfangs der deutschen Sprachgemeinschaft in Europa ein unmöglich zu realisierendes Programm. Dennoch wurde das Lied Arndts schnell populär und blieb es innerhalb der deutschen Nationalbewegung des 19. Jahrhunderts. Es brachte sinnfällig das größte, bis zu ihrem Ende nicht gelöste Problem zum Ausdruck, das Problem der nationalen Grenzen.

Die Programmatik und Ideologie dieser Nationalbewegung

war stark geprägt von den aktuellen Frontstellungen, in denen die deutsche Bildungsgesellschaft lebte, und von dem Zeitgeist des beginnenden 19. Jahrhunderts. Dieser stand nicht mehr im Zeichen der Aufklärung und des Rationalismus, sondern war von neuen Strömungen beherrscht, in denen nach den großen Umbrüchen die Bedeutung der Tradition, der Sprache und der Religion neu entdeckt, die Rechte des Individuums und des einzelnen Volkes, durch Geschichte und Natur geprägt, in den Vordergrund gestellt wurden. Mit dem Begriff der Romantik sind lediglich die poetisch-künstlerischen Tendenzen dieses Zeitgeistes bezeichnet. Für das nationalpolitische Denken war auch in Deutschland weiterhin das Gegenüber einer emanzipatorischen und einer konservativen Richtung charakteristisch.

Beide Richtungen hatten sich mit einer Okkupationsmacht auseinanderzusetzen, von der die wichtigsten Impulse für politische Reformen im Zeichen der modernen Nation ausgingen. Daraus ergab sich ein erhebliches argumentatives Dilemma für die deutschen Patrioten, das man bis in die Sprache hinein verfolgen kann. Beide Richtungen entwickelten sehr unterschiedliche Antworten auf die französische Herausforderung: einerseits im Lichte nationaler Volksrechte, andererseits im Zeichen der Legitimität geschichtlich gewachsener Institutionen.

Auch in Deutschland war der Durchbruch der modernen Nation begleitet von Tendenzen des *Nationalismus*. Sie entstanden einerseits im Eifer des antinapoleonischen Kampfes. Autoren wie Arndt, Jahn und auch Kleist verfielen einem Franzosenhaß, in dem die alte Abgrenzung vom westlichen Nachbarn nationalistisch aufgeladen wurde. „Das ist des Deutschen Vaterland, wo Zorn vertilgt den welschen Tand, wo jeder Franzmann heißet Feind, wo jeder Deutsche heißet Freund..." – auf diese einfache Freund-Feind-Formel reduzierte Arndt in seinem Vaterlandslied das Verhältnis zu Frankreich. Bei der Bemühung um eine Aufwertung der deutschen Nation kam es auch zu einer Überbewertung des Deutschen, etwa wenn Fichte in seinen ‚Reden' die Deutschen zu dem einzigen ‚Urvolk' Europas erklärte. Noch problematischer waren in diesem Zusammenhang großdeutsche Spekulationen, wie sie z. B. Arndt in seinem Vaterlandslied mit dem Refrain „O nein, nein, nein! Sein Vaterland muß größer sein ... Das ganze Deutschland soll es sein!" zum Ausdruck brachte. Diese nationalistischen Tendenzen waren 1813 jedoch nicht mit einem politischen Programm nationaler Unterdrückung und Expansion verbunden, das bleibt gegenüber späteren Entwicklungen und auch gegenüber einer heutigen Dramatisierung dieser Vorgänge festzuhalten.

Die *meinungsbildende Wirkung*, die von der antinapoleonischen Befreiungsbewegung für die weitere Entwicklung der deutschen Nation ausgegangen ist, kann nicht hoch genug eingeschätzt werden. Die Bildungsschichten, die es von jeher verstanden, ihren Patriotismus kulturell umzusetzen und geistig zu überhöhen, betrieben schon frühzeitig eine *Vergoldung des Krieges von 1813*, die in der Literatur und Geschichtsschreibung ebenso zu verfolgen ist wie in unzähligen politischen Festreden. Welche Wirkung ging allein von der ‚Lützowschen Freischar‘ aus, einer Jägerabteilung von Freiwilligen unter dem Freiherrn v. Lützow, in der die Gebildeten sich konzentrierten, unter ihnen der junge Dichter Theodor Körner, der bald zu den Gefallenen zählte und zum symbolischen Märtyrer der Bewegung wurde.

Der Rückbezug auf den Freiheitskampf gegen Napoleon wurde ein konstitutives Element der nationalen Bewußtseinsbildung. Alle Schichten des Volkes und jedes politische Lager konnten sich mit diesem Krieg identifizieren; das patriotische Engagement, von dem diese Bewegung getragen war, galt in jeder Generation als vorbildhaft. Schließlich gab es hier auch einen demokratischen Aspekt: dieser Krieg war nicht von den Fürsten ausgegangen, sondern vom ‚Volk‘, von einer patriotischen Bewegung.

Nicht zu übersehen ist die besondere borussische Traditionslinie: Preußen war und blieb das Kernland dieser Nationalbewegung, und ‚1813‘ wurde zur Geburtsstunde der modernen preußischen Armee. Nach der preußisch geprägten Reichsgründung von 1871 mußte dieser von Preußen eröffnete Befreiungskrieg geradezu als der Ausgangspunkt des kleindeutschen Nationalstaats erscheinen. Das 1813 gestiftete ‚Eiserne Kreuz‘ wurde zum wichtigsten Kriegsorden des Deutschen Reiches.

Schließlich sind zwei folgenreiche *Legenden* kritisch zu markieren, die, vor allem seit 1870, mit der Tradition von ‚1813‘ verbunden wurden:

– die Behauptung von einer ‚Erbfeindschaft‘ zwischen Deutschland und Frankreich; sie tauchte 1840 im Zusammenhang der Rheinbewegung wieder auf und wurde 1870/71 zur Gründungslegende des Deutschen Reiches (vgl. unten S. 150);

– und die Vorstellung, ein Bündnis zwischen den Fürsten und dem Volk sei die Basis der deutschen Nation. Sie wurde zum Credo des Liberalismus trotz vieler gegenteiliger Erfahrungen.

Die antinapoleonischen Befreiungskriege sind – nicht zuletzt aufgrund ihrer Nachwirkung – ein *Schlüsselereignis* der modernen deutschen Nationalgeschichte. Es hat sich jedoch gezeigt, daß ihr nationaler Charakter nicht so einfach zu bestimmen ist, wie es die nationale Geschichtsschreibung stets vorgab. Vier Gesichtspunkte seien daher besonders herausgestellt:

1. Die antinapoleonischen Befreiungskriege waren ein großer Impuls für die deutsche Nationsbildung. Die bereits nationalbewußten Bildungsschichten suchten und fanden hier ihre erste politische Bewährung, und weitere Volksschichten stießen zur Nation. Die Deutschen erfuhren sich erstmals als ein gemeinsam agierendes Volk. Es gab jedoch kein verbindendes nationalpolitisches Programm, keine Forderung nach Volkssouveränität, und ein deutscher Nationalstaat war allenfalls eine Hoffnung.

2. Landespatriotismus spielte bei der Nationswerdung der Deutschen weiterhin eine entscheidende Rolle. Auf die Durchsetzung von Verfassungen und modernen Bürgerrechten in den Einzelstaaten waren die politischen Hoffnungen der Deutschen ausgerichtet, und es ist wichtig, dies als einen Teil ihrer Nationswerdung zu begreifen.

3. Die moderne deutsche Nationswerdung fand statt in einem Zeitalter der politischen Hegemonie Frankreichs. Die Französische Revolution und die Herrschaft Napoleons waren für die Deutschen in nationaler Hinsicht die größte Herausforderung.

Nicht nur in ihrer Nationswerdung, auch in den ersten Formen von Nationalismus waren die beiden Nachbarn stark aufeinander bezogen.

4. Die Epoche des Durchbruchs der modernen Nation stand in Frankreich und Deutschland im Zeichen eines permanenten Krieges neuer Art. Der *nationale Krieg* prägte die Nationsbildung in beiden Ländern entscheidend. Der Tod fürs Vaterland galt als höchste Form des Patriotismus, der Krieg wurde zum Bewährungsfeld der Nation. Auch in dieser Hinsicht war ,1813' prägend für die weitere Nationsbildung in Deutschland.

4. Die bürgerliche Nation im System
der Fürstenstaaten

4.1 Das europäische Mächtesystem und der Aufbruch
der Nationen

Auf dem Wiener Kongreß (1814/15), wo nach dem Zusammenbruch der napoleonischen Herrschaft Europa neu geordnet werden sollte, waren nur die Fürsten und ihre Vertreter versammelt, also nur die eine Seite des Bündnisses, das Napoleon besiegt hatte. Ihnen standen zwei große Gefahren vor Augen, die es zu bannen galt: die erneute Hegemonie eines Staates und die Volksrevolution. Beide waren verbunden mit dem Begriff *Nation*, der in der Epoche der französischen Hegemonie Europa erobert hatte. Die politischen Potenzen der modernen Nation systematisch niederzuhalten, kann wohl als das zentrale Anliegen dieses Kongresses bezeichnet werden. Die Antwort, die er ihnen entgegensetzte, ist durch die Stichworte Gleichgewicht und Legitimität bezeichnet.

Es war eine vordringliche Sorge der Kongreßmächte, nationale Bewegungen und Entwicklungen überall dort zurückzudrängen, wo sie schon wirksam geworden waren: in Italien, Spanien und Irland, in Polen und Deutschland und auch auf dem amerikanischen Kontinent. Nur dort, wo das Nationale sich mit einer ‚legitimen‘ Fürstenherrschaft verband, konnte es eine Rolle spielen: bei der Errichtung bzw. Wiedererrichtung von ‚nationalen‘ Monarchien in Spanien, Frankreich, den Niederlanden, Dänemark, Schweden und in gewisser Weise auch in Polen, wo ein ‚Königreich‘ unter der Herrschaft des Zaren und unter Beibehaltung der Teilung etabliert wurde. In Deutschland und Italien wurde immerhin ein ‚nationaler‘ Staatenbund ins Auge gefaßt, doch nur in Deutschland wurde er verwirklicht.

Die Sicherung fürstlicher Herrschaft im Zeichen der Legitimität war das eine Ziel des Kongresses; das andere bestand in der Errichtung einer europäischen Hegemonie der vier Siegermächte (Rußland, Österreich, Preußen und England), bald erweitert um die wiedererrichtete bourbonische Monarchie in Frankreich. Dieser *Pentarchie* lag die Vorstellung zugrunde, durch eine permanente Konferenzdiplomatie der fünf Großmächte sei es möglich, ein Machtgleichgewicht unter den ‚legitimen‘ Herrschaften erhalten und dadurch den Frieden in Europa sichern zu können. Obwohl dieses internationale Befriedungskonzept bis heute seine Apologeten findet, wurden seine Schwächen bald sichtbar: es war geprägt von einem fragwürdigen Großmachtdenken, und es trug den Kräften des gesellschaftlichen Wandels und der Bewegung der Nationen nicht Rechnung.

Die Modernisierung der europäischen Gesellschaften war jedoch seit dem Durchbruch jener ‚Doppelrevolution‘ in Europa (vgl. S. 45) irreversibel; der Wiener Kongreß konnte keine wirkliche Restauration in Europa einleiten. Der Absolutismus des 18. Jahrhunderts war im Prinzip bereits gebrochen. Die Erweiterung von politischer Partizipation war das Thema der Zeit. In fast allen Fürstenstaaten konnten die Reformbeamten eine stärkere Verantwortlichkeit durchsetzen, und die besitzenden Schichten erreichten in Form von Ständeversammlungen eine größere Mitsprache. Die Bourbonen erließen bei ihrer Restauration im Jahre 1814 sogar eine ‚Charte constitutionelle‘, die in Europa Schule machte. Das Zeitalter des *Konstitutionalismus* hatte begonnen. Es war bestimmt von der Emanzipation der bürgerlichen Schichten, die immer stärker auch zu einer nationalpolitischen Bewegung wurde.

Diese Bewegung war geprägt von der Programmatik des *Liberalismus*; sie umfaßte eine Kodifizierung von Grundrechten, eine politische Repräsentation der Nation und die Durchsetzung von Rechtsstaatlichkeit. Je mehr sich die herrschenden Monarchien in den 1820er Jahren diesem Programm entgegenstellten, desto mehr griff die bürgerliche Bewegung auf die Ideen von 1789 zurück; im Jahre 1830 erreichte sie mit ihnen einen gesamteuropäischen Durchbruch. Mit der Anknüpfung an die Französische Revolution standen auch die weiterreichenden Ideen von 1792 wieder zur Diskussion und führten zur Formulierung eines demokratischen Programms, das vor allem bei den bürgerlichen Volksschichten Anklang fand.

Mit dem endgültigen Durchbruch der Industrialisierung in den 1830er Jahren entstanden in vielen Ländern große soziale Probleme in der handarbeitenden Bevölkerung. Sie lösten innerhalb des Bürgertums intensive Diskussionen über die soziale Frage aus, und innerhalb der demokratisch orientierten Intelligenz entstand in diesem Zusammenhang der Sozialismus als neue Richtung.

Seit der Jahrhundertwende, der Epoche der Französischen Revolution, waren in den fortgeschrittenen Staaten neue bürgerliche Schichten entstanden und zu öffentlichem Ansehen gelangt, Intelligenzschichten und ein zunftunabhängiges Wirtschaftsbürgertum. Sie entwickelten eigene politische Interessen und setzten der durch den Wiener Kongreß neu legitimierten Fürstenherrschaft den *Souveränitätsanspruch der Nation* entgegen. Eine oppositionelle Bewegung formierte sich nun fast immer als eine nationale Bewegung. Die Programmatik der modernen Nation eroberte Europa. Sie wurde zum leitenden Konzept der politischen Emanzipation bürgerlicher Schichten und war sowohl antiabsolutistisch wie auch antiständisch akzentuiert. Auch für die politische Strategie dieser Bewegungen wurde ‚1789' zum Vorbild: die Volksrevolution, der revolutionäre Umsturz politischer Herrschaft, wurde zum Praxismodell für die Durchsetzung der modernen Nation.

Die politische Herausforderung des in Wien etablierten Systems durch oppositionelle Nationalbewegungen setzte sofort nach 1815 ein, zunächst in Deutschland durch die Burschenschaften, die Turnbewegung und die Verfassungsbewegung. Es folgte das mediterrane Europa 1820 mit den Aufständen in Spanien und im Königreich Neapel und 1821 im Königreich Piemont-Sardinien und in Portugal. Im Jahre 1821 begann der langjährige nationale Befreiungskampf der Griechen von der osmanischen Herrschaft. Er war gegen eine außerhalb des Wiener Systems stehende nichtchristliche Macht gerichtet und konnte daher in ganz Europa eine breite ‚philhellenische' Unterstützungsbewegung auslösen, an der sich sogar Regierungen beteiligten.

Die kurze und erfolgreiche Julirevolution in Paris eröffnete im Jahre 1830 eine neue Welle von Oppositionsbewegungen im Herzen von Europa, durch die das System von 1815 erheblich verändert wurde. Im Rückgriff auf die Revolution von 1789 setzte sich erneut das Prinzip der Volkssouveränität durch. Im Mittelpunkt des internationalen Interesses standen die nationalen Aufstände der Belgier und der Polen, und bis heute am wenigsten beachtet sind die vielen antiabsolutistischen Volksaufstände in den deutschen Staaten. In Großbritannien war bereits seit einigen Jahren eine liberale Reformbewegung im Gange, in deren Zusammenhang auch die irische Nationalbewegung zu ersten Erfolgen gelangte. Obwohl alle diese Bewegungen organisatorisch nicht miteinander verbunden waren, bestand doch ein unübersehbarer Zusammenhang des nationalen und demokratischen Aufbruchs (*Völkerfrühling*). Er fand seinen Ausdruck in einer Welle gegenseitiger Anteilnahme und Hilfsbereitschaft, von der besonders auch die deutsche Gesellschaft erfaßt wurde (vgl. S. 90 und 94).

Nach der Niederschlagung der nationalen Aufstände in Polen, Italien und Deutschland entstand eine starke politische Emigration, die sich in den liberalen Staaten (England, Frankreich, Belgien, Schweiz) zusammenfand, sich im gegenseitigen Austausch weiterentwickelte und für eine Fortsetzung des nationaldemokratischen Aufbruchs sorgte. *Giuseppe Mazzini,* der zur führenden Figur des italienischen Risorgimento geworden war, brachte den Geist der Verbrüderung der nationaldemokratischen Bewegungen sowohl konzeptionell wie auch organisatorisch zum Ausdruck durch die Gründung des *Jungen Europa,* eines internationalen nationalrevolutionären Geheimbundes, dem ein ‚Junges Italien', ein ‚Junges Polen' und ein ‚Junges Deutschland' angehörten.

Die fünf Großmächte hatten in Wien eine Koordinierung ihrer Politik auf jährlichen Konferenzen vereinbart. Schon im

Jahre 1820, auf der Konferenz in Troppau, jedoch wurde deutlich, daß über das Verhalten gegenüber den nationalen Bewegungen innerhalb dieser Pentarchie keine einheitliche Meinung bestand. Das zunehmend liberal regierte Großbritannien war bereits der ‚Heiligen Allianz' nicht beigetreten, dem im Herbst 1815 von den Monarchen des Kontinents abgeschlossenen Beistandspakt, in dem diese sich als ‚Brüder' und ‚Patrioten' einer gesamteuropäischen ‚christlichen Nation' bezeichnet hatten. Nun verweigerte sich England gegenüber einer restaurativen Intervention in Spanien und schützte damit auch die jungen Nationalbewegungen in Südamerika. Das Modell des Nationalstaats hatte auch in der Neuen Welt bereits seine Durchschlagskraft unter Beweis gestellt: in den USA im Gefolge des Krieges gegen Großbritannien (1812–1814, Monroe-Doktrin 1823), besonders aber in Lateinamerika, wo schon 1810 nationale Unabhängigkeitskämpfe begonnen hatten. Nach der gemeinsamen Unterstützung der griechischen Nationalbewegung beschleunigte in Europa das Revolutionsjahr 1830 das Auseinanderfallen der Mächteallianz: den liberalen Westmächten England und Frankreich, die der belgischen Nationalstaatsgründung zum Erfolg verhalfen, standen die drei Ostmächte gegenüber, die den polnischen Nationalaufstand von 1830/31 niederschlugen. Die koloniale Expansion im nördlichen Afrika entzweite dann auch die beiden Westmächte (Orientkrise von 1840), so daß für die 1840er Jahre von einer Allianz der Großmächte nicht mehr gesprochen werden kann. Dies war eine wichtige Voraussetzung für die Entwicklung neuer nationaler Bewegungen und Konflikte, die in den Revolutionen von 1848 ihren Höhepunkt erreichten.

Die Beziehungen zwischen den Nationen in Europa wurden in den 1840er Jahren aber auch durch ein erneutes Auftreten von *Nationalismus* belastet. Frankreich war als eine europäische Großmacht seit 1830 zugleich ein bürgerlich geprägter Nationalstaat; das Nationalbewußtsein der führenden bürgerlichen Schichten hatte sich eng mit dem Staatsinteresse verbunden. In den Jahren um 1840 erlebte Frankreich den Höhepunkt eines von national-hegemonialen Reminiszenzen geprägten Napoleonkultes und zugleich einen erheblichen Prestigeverlust in seiner Orientpolitik. Die nationalbürgerliche Publizistik reagierte darauf mit nationalistischem Ressentiment und annektionistischen Parolen nach Osten, mit der erneuten Forderung nach der ‚natürlichen Grenze‘ am Rhein. Darauf wurde in Deutschland mit einem nationalen Pathos geantwortet, das ebenfalls nicht frei war von nationalistischen Tönen und zu einer ersten Fundamentalkritik des Nationalismus führte (vgl. unten S. 106). Auch in Dänemark entstand in diesen Jahren eine Nationalbewegung, die ein Programm der Nationalisierung des dänischen Staates verfolgte, das die Rechte der deutschen Minderheit zurückdrängte, immer wieder von antideutschem Nationalismus durchsetzt war und zu entsprechenden Reaktionen in Deutschland herausforderte. Damit wurde ein Dauerkonflikt um die Provinz Schleswig ausgelöst, der über ein Jahrhundert hinweg das deutsch-dänische Verhältnis belasten sollte (vgl. S. 109f.).

4.2 Deutscher Bund und nationale Bewegung

Während sich im Oktober 1814 die Vertreter der Fürstenstaaten in Wien zu ihrem Kongreß versammelten, erhielten sie Nachrichten von patriotischen Volksversammlungen, die überall in Deutschland stattgefunden hatten. Angeregt durch einen Aufruf von Ernst Moritz Arndt, verbreitet u. a. durch Görres‘ ‚Rheinischen Merkur‘, war am Abend des 17. Oktober in vielen deutschen Gemeinden die jugendliche Bevölkerung, angeführt von den Patrioten, auf einen nahe gelegenen Hügel gezogen und hatte dort mit Liedern und Reden des Jahrestags der Völkerschlacht bei Leipzig gedacht; dabei wurde ein Feuer entzündet. Der Anblick der Höhenfeuer aus den Nachbargemeinden machte allen bewußt, daß durch die Befreiung von der französischen Okkupation eine neue Gemeinsamkeit unter den Deutschen entstanden war. Die Gottesdienste und Feiern des nächsten Tages bestätigten diesen Eindruck auf vielfältige Weise. Mit diesem *Nationalfest*, charakteristisch in seiner spontanen und dezentralen Form, äußerte sich die antinapoleonische Bewegung erneut in einer gemeinsamen Aktion. Sie gab zu erkennen, daß sie nach dem militärischen Sieg zusammenbleiben wolle und weiterhin zu handeln in der Lage sei. In den Reden und Liedern kamen die politischen Hoffnungen zum Ausdruck, die in ihren Reihen vorhanden waren. Es wurde deutlich, daß hinter der antinapoleonischen Bewegung eine politische Kraft schlummerte, mit der die Regierungen auch in Zukunft zu rechnen hatten: die nationale Bewegung. Für die Wiener Verhandlungen war dies eine bedeutsame Vorgabe.

Der Wiener Kongreß war für Deutschland nicht nur ein Friedenskongreß, sondern auch ein *nationaler Verfassungskongreß* (E. R. Huber). Nicht nur die territorialen Grenzen der deutschen Staaten waren neu festzulegen, es sollte auch der Versuch gemacht werden, Deutschland als Ganzem eine neue politische Verfassung zu geben. Die Interessenvertreter der nationalpatriotischen Bewegung saßen nicht mit am Verhandlungstisch, waren aber in Wien immerhin anwesend: in der Gestalt des Freiherrn vom Stein, ihres führenden politischen Kopfes, sowie einiger Diplomaten, die sich der Bewegung verbunden fühlten (z. B. Wilhelm von Humboldt).

Eine Bestimmung des Ersten Pariser Friedens (30. Mai 1814), der den Verhandlungen zugrundelag, bezeichnet die Schwierigkeit der zu lösenden Verfassungsfrage: „Les états de l'Allemagne seront indépendants et unis par un lien fédératif". Um eine Regelung für dieses widersprüchliche ‚indépendant et unis‘ zu finden, etablierte sich ein *Deutscher Ausschuß* von fünf Monarchien, demgegenüber sich wiederum die über 30 kleineren deutschen Staaten vereinigten, und zwischen allen versuchte der Freiherr vom Stein ein Optimum an nationaler Gemeinsamkeit durchzusetzen. Entscheidend war letztlich ein zwischen Preußen und Österreich gefundener Kompromiß (17 Artikel vom 23. Mai 1815). In der abschließenden deutschen Staatenkonferenz kamen viele unerledigte Fragen auf den Tisch, und die getroffenen Vereinbarungen wurden durch ultimative Forderungen von Bayern und Sachsen noch einmal erheblich reduziert.

Mit der Bundesakte vom 8. Juni 1815, im Jahre 1820 ergänzt durch die Wiener Schlußakte, wurde für die Bevölkerung des ehemaligen Deutschen Reiches eine neue ‚nationale' Dachorganisation geschaffen, der *Deutsche Bund*. Seine Grenzen entsprachen weitgehend denen des Heiligen Römischen Reiches (und waren in nationaler Hinsicht so problematisch wie diese! Vgl. Anhang S. 342), und auch sonst spiegelte sich in den Bundesvereinbarungen die Verfassungswirklichkeit am Ende des Reiches. Im Mittelpunkt stand die politische Souveränität der Landesherren in ihren Territorien. Der Deutsche Bund war ein ‚völkerrechtlicher Verein der souveränen Fürsten und freien Städte' (Art. 1 der Wiener Schlußakte). Die Bundesakte regelte im wesentlichen nur die Geschäftsordnung des Bundestages, der in Frankfurt ansässigen Bundesversammlung der einzelstaatlichen Gesandten. Die fünf wichtigsten Monarchien, die ihm angehörten, hatten große Gebiete oder sogar ihren politischen Schwerpunkt außerhalb des Bundes: Österreich, Preußen, Dänemark (für Holstein), die Niederlande (für Luxemburg) und der englische König als König von Hannover; daraus ergab sich wiederum eine starke internationale Verzahnung der deutschen Verfassungsstruktur.

Mit dem Deutschen Bund schufen sich die deutschen Fürsten eine Verbindung, die auch als eine nationale Organisation zu betrachten ist. Sie basierte auf der engen ständisch-familiären Verbundenheit des herrschenden Adels in Deutschland, der über Jahrhunderte hinweg die *Reichsnation* gebildet hatte. Daher bezeichnete man sich als ‚beständiger Bund', ja sogar als ‚unauflöslicher Verein'. Der Deutsche Bund trug diesem alten Zusammenhalt Rechnung, kam dem neuen nationalen Geist entgegen, vor allem aber ermöglichte er dem regierenden Adel, seine politische Herrschaft in Mitteleuropa über die napoleonische Epoche hinweg fortzusetzen und sie gegen jede Gefährdung zu verteidigen, also auch gegenüber den Ansprüchen der bürgerlichen Nation und ihrer Bewegung.

Der Deutsche Bund hat als nationaler Fürstenbund innerhalb des 19. Jahrhunderts seine eigenen Konjunkturen gehabt. Er stand unter Metternichs Führung im Zeichen einer Kooperation zwischen Österreich und Preußen, war seit 1849 von deren Rivalität geprägt, bis sich durch Bismarcks Politik eine Hegemonie Preußens durchsetzte, die 1866 zwar zum Ende des Deutschen Bundes führte, aber nicht das Ende der nationalen Verbundenheit des deutschen Hochadels bedeutete. Schließlich war die nationale Staatsbildung in Deutschland ohne ein Zusammenwirken der Fürsten nicht möglich. Die nationale Interessengemeinschaft der regierenden Machteliten sollte während des ganzen 19. Jahrhunderts letztlich erfolgreicher sein als die bürgerliche Nationalbewegung, die sich nur selten als eine Einheit darstellte. Der Deutsche Bund war nicht nur Gegner der Nationalbewegung, sondern auch ihr wichtigster nationaler Konkurrent!

Für die deutsche Bevölkerung und ihre nationalbewußten Schichten enthielt die Bundesakte nur wenige nationale Perspektiven. Lediglich ein Artikel war den ‚Untertanen' gewidmet. Eine Gleichberechtigung der christlichen Konfessionen und die Freizügigkeit innerhalb des Bundesgebietes waren die einzigen Zusicherungen; daneben standen vage Absichtserklärungen, z. B. über ‚landständische Verfassungen' (Art. 13). Die Enttäuschung unter den Patrioten war groß. „Von einer so fehlerhaften Verfassung läßt sich nur ein sehr schwacher Einfluß auf das öffentliche Glück Deutschlands erwarten, und man muß hoffen, daß die despotischen Grundsätze, von denen mehrere Kabinette sich noch nicht losmachen können, nach und nach durch die öffentliche Meinung, die Freiheit der Presse und das Beispiel zerstört werden, welches mehrere Fürsten geben zu wollen scheinen, indem sie ihren Untertanen eine weise und wohltätige Verfassung erteilen." So das Resümee Steins in seiner Denkschrift vom 24. 6. 1815. Er verweist auf zwei Wege, die noch offenstanden: die Verfassungsbewegung in den Einzelstaaten und die öffentliche Meinungsbildung.

Der große nationsbildende Impuls von ‚1813' hatte sich nicht in eine nationale Staatsbildung umsetzen lassen. In der Bundesakte wurden nur einige Möglichkeiten zwischenstaatlicher Kooperation, z. B. in der Zollpolitik, genannt. Doch auch die Verfassungsdiskussion der Patrioten hatte in diesem Punkte kein überzeugendes Konzept erbracht. Wilhelm von Humboldt zog das realistische Resümee, daß in der politischen Situation des Jahres 1815 nicht mehr zu erreichen war. Die Bundesverfassung galt jedoch als entwicklungsfähig; im Blick auf die Zukunft notierte er: „Man wird Deutschland nie hindern können, auf irgend eine Weise Ein Staat und Eine Nation sein zu wollen" (Denkschrift vom 30. 9. 1816).

Nach der Gemeinsamkeit des antinapoleonischen Krieges gerieten die Patrioten unversehens schnell und durchaus ungewollt in eine Frontstellung zu den fürstlichen Regierungen. Nachdem ein direkter Weg vom Befreiungskrieg zur nationalen Staatsbildung, von dem viele Patrioten geträumt hatten, durch die Bundesakte versperrt war, mußten sie einen eigenständigen Weg gehen. Sie hatten den erhofften Nationalstaat nicht als ein Geschenk der günstigen Stunde und einsichtiger Fürsten erhalten; nun mußten sie ihn über eine Bewegung von unten, aus eigenen Kräften zu erreichen versuchen. Damit standen sie vor einem schwierigen Handlungsprogramm, das im wesentlichen drei Ziele und Aktionsbereiche umfaßte:

1. die *Nationsbildung*, d. h. das Zusammenfinden der Deutschen zu einer Nation,
– über die weitere Beförderung der nationalen Bewußtseinsbildung in allen Bevölkerungsschichten und
– durch den Ausbau der Kommunikation und der Organisierung im nationalen Rahmen und mit nationaler Tendenz;
2. die *Demokratisierung*, also die politische Durchsetzung der bürgerlichen Nation über die Verwirklichung von Freiheits- und Mitspracherechten;
3. die *Nationalstaatsbildung*.

Von diesem nationalen Programm, das die sich neu orientierenden Patrioten vor sich hatten, befand sich der Prozeß der Nationsbildung bereits in einem fortgeschrittenen Stadium, die Demokratisierung jedoch erst in den Anfängen, und eine Lösung der nationalen Staatsbildung lag in weiter Ferne. Es war im Jahre 1815 noch völlig offen, wohin und wieweit der Impuls von 1813 tragen würde, und ob die Patrioten es aus eigener Kraft schaffen würden, die großen Ziele zu erreichen. Durch den Deutschen Bund waren die Rahmenbedingungen gesetzt, die Regierungen waren aber nicht nur Gegenspieler. Das Verhältnis zu ihnen und zum Deutschen Bund war nicht grundsätzlich auf Opposition festgelegt.

Stichwort: Kaiser und Reich

Als der Wiener Kongreß tagte, waren noch nicht zehn Jahre vergangen, seitdem Franz von Habsburg die deutschen Kaiserinsignien niedergelegt hatte. Die Traditionen des Reiches waren noch lebendig und spielten in der nationalpolitischen Diskussion eine starke Rolle. Die Positionen der Fürsten und der nationalpatriotischen Bewegung unterschieden sich hier sehr charakteristisch.

Die Fürsten, die Träger jenes Reiches, hatten es an ihrem nationalpolitischen Desinteresse zugrundegehen lassen (vgl. S. 52). Bei ihren Wiener Verhandlungen hatten sie sich vielfach mit der Abwicklung ehemaliger Reichsinstitutionen zu befassen; die Bundesakte mit ihren vielen Übergangsregelungen zeugt davon. Über ein neues Kaisertum (vom Stein), über die Wiedererrichtung des Deutschen Reiches z. B. als ein ‚Reich deutscher Nationen (!)‘ wurde in Wien wohl diskutiert (v. Gagern). Doch letztlich nahm man von dem Reichsbegriff bewußt Abstand. Er paßte nicht zu der Verfassungswirklichkeit des 18. Jahrhunderts, die man fortsetzen wollte: eine weitgehende Souveränität der Einzelstaaten im Rahmen eines politischen Gesamtsystems, das geprägt war von dem Dualismus der Großmächte Österreich und Preußen. Der Begriff des Bundes war hier angemessener. Metternich beanspruchte für das alte Kaiserhaus zwar den Vorsitz in der Bundesversammlung, doch den Kaisertitel lehnte er ab. Das Haus Habsburg wollte ihn ebensowenig wieder aufnehmen wie die Fürsten den Reichsbegriff. Man wollte die mittelalterlichen Formen hinter sich lassen und die deutsche Verfassungswirklichkeit auf eine modernere Basis stellen.

Es gehört zu den Paradoxien der nationalen Entwicklung Deutschlands im 19. Jahrhundert, daß die Begriffe *Kaiser* und *Reich* nun um so mehr von den bürgerlichen Patrioten und der nationalen Bewegung aufgegriffen wurden. Fast alle Richtungen bedienten sich des Reichsbegriffs, um ihre nationalen Verfassungsvorstellungen zum Ausdruck zu bringen. Dabei wurde das Reich *gegen* seinen ursprünglichen Charakter als eine nationaldeutsche Institution verstanden und dementsprechend idealisiert. Das geschah vor allem durch eine historisierende Vergegenwärtigung des mittelalterlichen Reiches und seines Kaisertums. ‚Kaiser und Reich‘ war als Parole auf jeder Titelseite des ‚Rheinischen Merkur‘ zu lesen. Auch die burschenschaftliche Bewegung bekannte sich zu dieser Losung: „Die Sehnsucht nach Kaiser und Reich ist ungeschwächt in der Brust jedes frommen und ehrlichen deutschen Mannes und Jünglings“, heißt es in deren ‚Grundsätzen‘.

Die deutsche Nationalbewegung sollte, in allen ihren Lagern vom Begriff des Reiches nicht mehr loskommen (vgl. S. 310 ff.). Einen deutschen Nationalstaat konnte man sich, auch in der revolutionären Situation von 1848, nur als ‚Reich‘ vorstellen. Sobald sich die deutsche Nationalversammlung in der Paulskirche konstituiert hatte, setzte sie einen ‚Reichsverweser‘ aus dem alten Kaiserhaus ein! Die politische Hypothek, die damit verbunden war, wurde nur von wenigen gesehen. Der Reichsbegriff war in Deutschland nicht zu trennen von der Tradition des alten Reiches, in dem unter der Herrschaft des deutschen Hochadels mehrere Völker und Volksgruppen zusammenlebten. Dieses Staatsmodell aus vormoderner Zeit war mit einem modernen Nationalstaat nicht zu vereinen. Übersetzt in die Gegenwart, mußte das Modell des alten Deutschen Reiches auf einen nationalen Machtstaat hinauslaufen, dessen Grenzen weit über das deutsche Siedlungsgebiet hinausgingen. Der Reichsbegriff war in Deutschland eng verbunden mit hegemonialen Vorstellungen.

Nationsbildung und Fürstenstaat

Von dem Erlebnis des Jahres 1813 her war es für die Patrioten ausgemacht, daß die politische Entwicklung in Deutschland auf einen Nationalstaat hinauslaufen mußte. Doch im Jahre 1815 hatte sich gezeigt, daß die Machtverhältnisse durchaus nicht in diese Richtung tendierten. Die Patrioten waren eine Minorität, und die aktuelle gesellschaftliche Bewegung konzentrierte sich auf die Fürstenstaaten. Diese waren vergrößert und gestärkt aus der napoleonischen Epoche hervorgegangen und standen erneut vor der Chance, durch eine aktive Reformpolitik eine Nationsbildung in ihrem Sinne zu betreiben, also eine Nationsbildung innerhalb des Fürstenstaates. Die Verfassung des Deutschen Bundes eröffnete dafür den notwendigen politischen Spielraum.

Die *Verfassungsbewegung* war das Feld der Bewährung. Bereits unmittelbar nach 1806, entlassen aus dem Rahmen der Reichsverfassung, hatten fast alle deutschen Fürstenstaaten die Ausarbeitung einer Verfassung in Angriff genommen. Sie war das Herzstück der großen Reformprojekte, die nicht zuletzt deshalb betrieben wurden, um die neu erworbenen Territorien in den Staat zu integrieren. Ob im Gefolge oder in Abgrenzung von Napoleon: der moderne Nationalstaat, der sich in Frankreich durchgesetzt hatte, stand allen als Modell vor Augen. Diese Politik einer ‚nationalen‘ Staatsbildung von oben war durch das Engagement der Bevölkerung im antinapoleonischen Kampf von unten her bestätigt worden. Nach dem Ende des Krieges stand sie unter einem erhöhten Erwartungsdruck.

Verheißungsvoll beginnend mit Nassau und dem Staat Carl Augusts von Sachsen-Weimar, erhielten insgesamt 15, vor allem mittel- und süddeutsche Staaten bis zum Jahre 1824 eine Verfassung. Doch diese blieben hinter den Erwartungen der Verfassungsbewegung weit zurück. In den Herrschaftsschichten der Fürstenstaaten grassierte die Furcht vor einem neuen ‚1789‘, vor einer nationalrevolutionären Bewegung von unten. Das prägte die weitere Behandlung der Verfassungsfrage. Wie die restaurierten Bourbonen in Frankreich, so ‚gewährten‘ auch die deutschen Fürsten ihren Völkern eine Verfassung, in der sie ihnen zwar eine elitäre Repräsentation zubilligten, sich selbst aber alle politischen Rechte vorbehielten. Die progressive Linie der einzelstaatlichen Verfassungsbewegung war damit seit 1815 gebrochen. In Preußen wagte man trotz einer wiederholten Zusicherung den Schritt zu Verfassung und Gesamtparlament gar nicht, und durch die Teplitzer Punktation (1. 8. 1819) ließ man sich durch Metternich binden, „zur Repräsentation der Nation keine allgemeine... Volksvertretung einzuführen". Friedrich Gentz, Metternichs wichtigster Mitarbeiter, hatte in einer Schrift von 1819 auf den entscheidenden Punkt hingewiesen: mit einer Nationalrepräsentation sei auch immer schon der „verkehrte Begriff von der Volks-Souveränität" anerkannt.

So versäumten es die deutschen Fürstenstaaten in einer entscheidenden Situation der nationalen Entwicklung, die Möglichkeiten einer weitergehenden Nationsbildung in ihren Staaten wahrzunehmen. In den neu erworbenen Gebieten, die weit von der Hauptstadt entfernt lagen (die preußische Rheinprovinz, die bayrische Rheinpfalz), wurde es deutlich: Hier ließ sich die Bevölkerung, die 20 Jahre lang zur französischen Nation gehört hatte, nicht mehr für den Fürstenstaat gewinnen. Sie orientierte sich in ihrer politischen Identitätsbildung an dem neuen Projekt einer deutschen Nation.

Dieses nationale Projekt befand sich in den Jahren um 1815 in einer schwierigen Situation. Obwohl in der verfassungspolitischen Diskussion nach dem Ende der napoleonischen Herrschaft ein hoher nationaler Erwartungsdruck bestand, konnte weder von den Regierungen noch von der Nationalbewegung ein realistisches Konzept für eine nationale Staatsbildung vorgelegt werden. Es wurde die Stunde von Einzelaktionen und die Stunde der Jugend.

Mit Elan und Einfallsreichtum hatten die Patrioten nach dem Sieg über Napoleon versucht, den nationalen Impuls des Befreiungskampfes durch neue Aktivitäten fortzusetzen und zu vertiefen. Nach einem Vorschlag von Ernst Moritz Arndt organisierten sich *Deutsche Gesellschaften* im Rheinland, und am Jahrestag der Völkerschlacht von Leipzig kam es zu dem ersten Nationalfest (vgl. S. 78). Die im Jahre 1811 begründete *Turnbewegung* wurde von den heimkehrenden Kriegsteilnehmern aufgegriffen und über Berlin hinaus mit großem Widerhall in mehr als hundert Städten verbreitet. Unter den Studenten setzte sich die aufgeklärte Reformgesinnung in eine patriotische Erneuerungsbewegung um und führte zu der Organisationsform der

Burschenschaft, die alle deutschen Studenten einer Universität vereinigen und die bisherige landsmannschaftliche Organisierung ablösen sollte. „Die Studenten sind eins; sie gehören alle zu einer einzigen Landsmannschaft, der deutschen", hieß es in deren Aufruf.

Das von den protestantischen Studenten vieler deutscher Universitäten am 18. Oktober 1817 veranstaltete *Wartburgfest* stand bereits im Zeichen des nationalen Protestes gegen Kleinstaaterei und Neoabsolutismus. Es löste ein gewaltiges Echo aus und wurde zum demonstrativen Beginn einer nationalpolitischen Oppositionsbewegung. Aus dem Impuls des Festes heraus wurde die *Allgemeine Deutsche Burschenschaft* gegründet, die erste gesamtdeutsch konzipierte Organisierung innerhalb der Nationalbewegung. Mit ihrem jährlich stattfindenden ‚Burschentag', einem nach demokratischen Grundsätzen gebildeten Nationalparlament der deutschen Studenten, wollten die Burschenschaftler für die weitere Entwicklung der Nation ein Zeichen setzen. In ihren ‚Grundsätzen und Beschlüssen des 18. Oktober' waren nationale und radikaldemokratische Aussagen zu einem Programm vereinigt: „Die Lehre von der Spaltung Deutschlands in Norddeutschland und Süddeutschland..., in das katholische und das protestantische Deutschland ist irrig, falsch, unglückselig... Der Wille des Fürsten ist nicht das Gesetz des Volkes, sondern das Gesetz des Volkes soll der Wille des Fürsten sein... Freiheit und Gleichheit ist das Höchste, wonach wir zu streben haben... Von dem Ländchen, in welchem wir geboren sind, wollen wir niemals das Wort ‚Vaterland' gebrauchen. Deutschland ist unser Vaterland." Solche Grundsätze verbanden die Studenten mit einer starken Aktionsbereitschaft; bei dem Jenaer Theologiestudenten Sand führte sie im März 1819 zu einem politischen Attentat, der Ermordung des Schriftstellers August v. Kotzebue.

Die Aktivitäten dieser ‚nationalpolitischen Jugendbewegung' (Wolfgang Hardtwig) signalisierten eine erhöhte Spannung in der deutschen Gesellschaft. Nicht nur bei den Regierungen, auch bis weit in die bürgerliche Gesellschaft hinein war man beunruhigt über die Perspektiven einer nationalen Entwicklung, vor der man zurückschreckte: eine revolutionäre Volksbewegung von unten. *Nation und Revolution* nannte Joseph Görres eine 1819 publizierte Schrift, mit der er einmal mehr die Stimmungslage der öffentlichen Diskussion in Deutschland auf den Punkt brachte. Im Hintergrund stand eine Krise mit mehreren Symptomen: Mißernten und Hungersnöte auf dem Lande, die 1817 ihren Höhepunkt erreichten; eine Krise der gewerblichen Wirtschaft, die nach dem Ende der Kontinentalsperre mit englischen Industriewaren konkurrieren mußte; die ersten Auswirkungen der lokalen Mobilität der Landbevölkerung nach dem Ende der Leibeigenschaft, sich äußernd in einer ersten Massenauswanderung nach Amerika und einem verstärkten Zustrom aus den östlichen Gebieten. Darunter waren viele *Juden*, deren neue soziale Entfaltung infolge von rechtlicher Emanzipation, religiöser Säkularisierung und kultureller Assimilation in bürgerlichen Schichten erstmals als mögliche Bedrohung empfunden wurde, – nicht zuletzt auch innerhalb der jungen Intelligenz, die auf der Universität plötzlich mit einer bemerkenswerten Konkurrenz von literarisch gebildeten Juden konfrontiert war.

Metternich nutzte diese Krise und das mit ihr verbundene Interesse an Stabilität für seine Ziele der Restauration. Es gelang ihm, beginnend mit dem Aachener Kongreß von 1818, dem Deutschen Bund eine neue Funktion zu geben. Er nutzte die Empörung über das Sand-Attentat zu einem ,Bundes-Staatsstreich' (E. R. Huber), indem er Ende Juli 1819 in direkten Verhandlungen mit der preußischen Regierung ein verschärftes Vorgehen gegen die nationale Bewegung vereinbarte (Teplitzer Punktation), um im August in Karlsbad mit zehn Regierungen vier neue Bundesgesetze auszuhandeln, die vom Frankfurter Bundestag im September nur noch zu verabschieden waren.

Diese *Karlsbader Beschlüsse* bedeuteten für die nationale Entwicklung in Deutschland in zwei Hinsichten eine Weichenstellung: Sie ermöglichten ein koordiniertes Vorgehen gegen die nationale Bewegung (durch eine Überwachung der Universitäten und der Presse sowie die Errichtung einer eigenen Bundesbehörde, der ‚Zentral-Untersuchungskommission‘ in Mainz, zur Verfolgung von ‚Demagogen‘), und der Deutsche Bund veränderte sich grundlegend: Der Bundestag verlor seine nationale Funktion. Er war nicht mehr der zentrale Ort einer Beratung und Entscheidungsfindung der deutschen Regierungen, sondern nur noch ein Koordinierungs- und Akklamationsorgan für Entscheidungen, die von den Hegemoniemächten außerhalb der Bundesinstitution getroffen wurden.

Seit den Karlsbader Beschlüssen gab es keinen Zweifel mehr über die politische Tendenz des Bundes. Alle diejenigen, die noch an nationale Entwicklungsmöglichkeiten im Rahmen des Bundes geglaubt hatten, wurden eines Besseren belehrt: sowohl Staatsvertreter, wie der württembergische Gesandte Karl August von Wangenheim, die den Bundestag verlassen mußten (sogenannte Epuration des Bundes 1823), wie auch die Vertreter bürgerlicher Initiativen. Die Gedenkfeiern an die Völkerschlacht von Leipzig, auf Kontinuität hin konzipiert, hatten schon im Jahre 1815 nur noch eine vereinzelte Fortsetzung gefunden. Sie wurden von den Regierungen nicht mehr genehmigt, und die Patriotengruppen standen vor der Frage: Sollten die Feiern des 18. Oktober auch gegen die Regierungen durchgeführt werden? In ihrer Mehrheit steckten sie zurück; nur die Studenten und die Turner setzten die Tradition fort.

Auch in der Folgezeit kam es noch zu Vorstößen aus den Reihen der bürgerlichen Bewegung, die den Deutschen Bund in seinem nationalen Charakter ernst nahmen und herausforderten. Am bekanntesten wurde die Initiative des württembergischen Publizisten *Friedrich List*, dem es 1819 auf der Frankfurter Frühjahrsmesse gelungen war, einen ‚*Allgemeinen Deutschen Handels- und Gewerbsverein*‘ ins Leben zu rufen. Dieser Verein erinnerte die Regierungen an das in Artikel 19 der Bundesakte avisierte Projekt einer nationalen Verkehrs-, Handels- und Zollpolitik. Er wurde vom Bundestag abgewiesen; auch im wirtschaftspolitischen Bereich war der Deutsche Bund nicht zu einem gemeinsamen Handeln bereit und vergab einmal mehr die nationalpolitischen Entwicklungschancen, die in seiner Verfassung angelegt waren.

Die Reaktionspolitik des Deutschen Bundes war so effektiv, daß alle patriotischen Initiativen, die einen politischen Akzent hatten, zum Erliegen kamen. Von den 1819 einsetzenden Verfolgungen waren vor allem die Burschenschaften und in Preußen auch die Turnbewegung betroffen, darüber hinaus auch führende Vertreter des preußischen Patriotenkreises, Ernst Moritz Arndt z. B., inzwischen Professor an der neu eröffneten Universität Bonn, der nun als ‚Demagoge' diskriminiert und seines Amtes enthoben wurde. Es zeigte sich, daß die Nationalbewegung noch keine starke gesellschaftliche Kraft darstellte, daß sie in ihrem Kern aus einem Kreis aktiver Patrioten bestand, den man isolieren konnte.

Doch zum Schweigen gebracht werden konnte die Bewegung, die der Befreiungskrieg ausgelöst hatte, nicht mehr. Eine Möglichkeit weiterer Aktivität war die geheime Organisierung; sie gelang für kurze Zeit den Burschenschaften und ihren ‚Engeren Vereinen'. Diese mußten vor der Verfolgung jedoch ins Ausland ausweichen, vor allem in die Schweiz, wo es zu ersten Kontakten mit Patrioten anderer Nationen kam. Sie bewährten sich bereits 1821 beim Aufstand in Piemont, vor allem aber seit 1822, als der nationale Befreiungskampf der Griechen in Deutschland ein überraschend starkes Echo in breiten Bevölkerungsschichten fand – eine Sympathiebewegung in Erinnerung an die eigene nationale Befreiungsbewegung, deren Anliegen auf diese Weise wachgehalten wurden. An vielen Orten bildeten sich *Griechen-Vereine*, die Gelder sammelten und junge Patrioten unterstützten, die nach Griechenland zogen. Sogar Fürstenhäuser und Regierungsstellen wirkten bei dieser philhellenischen Bewegung mit, z. B. Ludwig I. von Bayern, dessen Sohn Otto im Jahre 1830 erster König von Griechenland wurde. In der Sympathie für eine ausländische Nationalbewegung gab es überraschende Allianzen!

Auch in anderen Bereichen zeigte sich, daß nationale Intentionen weiterhin im Denken und Handeln der deutschen Bevölkerung eine Rolle spielten, daß die Nationsbildung keineswegs rückläufig war. 1822 vereinigten sich ‚Deutsche Naturforscher und Ärzte' über die Staatsgrenzen hinweg in einer gemeinsamen

Gesellschaft; im Jahre 1825 wurde in Leipzig der ,Börsenverein der Deutschen Buchhändler' gegründet, und weitere solcher Verbände sollten folgen. Obwohl Friedrich Lists ,Handels- und Gewerbsverein' am Deutschen Bund gescheitert war, blieb noch ein weiter Spielraum für Initiativen. Die bürgerliche Gesellschaft nutzte ihn und ging entschlossen dazu über, ihre wirtschaftlichen, sozialen, religiösen und kulturellen Interessen durch *Organisierung* eigenverantwortlich in die Hand zu nehmen. Eine nationale Initiative, wie sie der Freiherr vom Stein 1819 mit der Gründung einer ,Gesellschaft für Deutschlands ältere Geschichtskunde' und der Herausgabe von ,Monumenta Germaniae Historica' betrieb, war zunächst die Ausnahme. Die zahlreichen Vereine, die in dieser Epoche entstanden, wurden meist auf lokaler und regionaler Ebene gegründet. Doch überall war das Bestreben vorhanden, überregionale Kommunikationsformen zu entwickeln und möglichst auch zu institutionalisieren. Die Männergesangvereine, die sich als die am meisten verbreitete Vereinsform in dieser Zeit durchsetzten, seien als Beispiel genannt. In Württemberg, wo sich diese Vereine von der Schweiz her zuerst durchsetzten, fand 1827 ein erstes regionales Sängerfest statt; schon bald folgte die Gründung eines Schwäbischen Sängerbundes. Die Sängerfeste wurden so beliebt, daß 1845 schließlich in Würzburg ein Deutsches Sängerfest stattfinden konnte (vgl. S. 108 f.).

Das organisierte öffentliche Fest mit überregionaler Beteiligung bewährte sich bereits 1828 in Nürnberg, als dort ein Dürer-Jubiläum gefeiert wurde, zu dem an alle deutschen Künstler eine Einladung ergangen war. Bevor die Vereinsbildung in Deutschland die nationale Ebene erreichen konnte – was bei den Sängern z. B. erst im Jahre 1862 möglich wurde –, war *das öffentliche Fest* zu einer bevorzugten Ausdrucksform nationalen Verhaltens geworden: Einerseits durch die Inhalte der Reden und Lieder, die hier vorgetragen wurden, andererseits durch die soziale und regionale Zusammensetzung der Teilnehmer. An der Festtafel waren die Organisatoren, Honoratioren und Vereinsmitglieder versammelt, und im Freien gab es Veranstaltungen, die für alle zugänglich waren. Sowohl innerhalb wie außerhalb des Festzeltes wurde die soziale Exklusivität der Stände und Berufe in Richtung einer neuen Öffentlichkeit aufgebrochen, die alle Mitglieder der Nation umfaßte. Aufgebrochen wurde auch die lokale Begrenzung des Vereinslebens durch die Einladung auswärtiger Vereins- und Gesinnungsgenossen.

Nimmt man die Vereinsbildung und die öffentlichen Feste als Maßstab, dann zeigt sich, daß sich regionale und gesamtdeutsche Identität nebeneinander ausbildeten, und die Vorgaben aus der Zeit des alten Reiches spielten dabei eine wichtige Rolle. Regionale und nationale Identität dürfen nicht in Spannung zueinander gesehen werden; sie ergänzten sich und gingen ineinander über. Auch die Entwicklungsperspektiven des deutschen Einzelstaates lagen nicht in einem Beharren auf der eigenen Souveränität, sondern in einer Verbindung beider Interessensebenen.

Das war das Erfolgsrezept der Zollpolitik Preußens seit 1818. Einer kleinen Gruppe von Reformbeamten war es in Berlin gelungen, eine Handelspolitik durchzusetzen, die als Sonderweg eines Einzelstaates begann (Zollgesetz von 1818, das den Protest von Patrioten wie List hervorrief), aber seit 1828 zu Vereinbarungen mit süddeutschen und 1833 auch mit mitteldeutschen Staaten führte, so daß am 1. Januar 1834 ein *Deutscher Zollverein* ins Leben treten konnte. Die Grundkonzeption dieser langfristig angelegten Politik wurde von Mitgliedern des preußischen Patriotenkreises entwickelt, vor allem Johann Friedrich Eichhorn, Friedrich Christian von Motz, Karl Georg Maaßen. Preußen gab hier seine Großmachtposition auf, verhandelte auch mit dem kleinsten Staat auf der Basis der Gleichberechtigung und leistete damit einen Beitrag zur Errichtung eines nationalen Wirtschaftssystems, von dem Metternich sofort erkannte, daß es die ‚Präponderanz Preußens‘ wie auch die ‚höchst gefährliche Lehre von der deutschen Einheit‘ befördern müßte. In der Tat: „Ein in Wahrheit verbündetes, von innen und außen festes und freies Deutschland unter dem Schutz und Schirm von Preußen" war in den Worten von Motz das erklärte Ziel dieser Poltik, mit der die preußischen Patrioten ihren wichtigsten Erfolg erzielten und die bürgerliche Gesellschaft in ganz Deutschland aufhorchen ließen.

Die Jahre der nationalpolitischen Zuspitzung

Die Jahre um 1830, in denen der Deutsche Zollverein entstand, waren eine Zeit erhöhter politischer Sensibilität und Bewegung in ganz Mitteleuropa. Gegenüber den herrschenden Kräften des Spätabsolutismus setzten die an einem Fortgang der gesellschaftlich-politischen Modernisierung interessierten Schichten das Prinzip der Volkssouveränität durch und korrigierten damit das System von 1815. Der parlamentarische Verfassungsstaat wurde nun in Westeuropa zum Muster des Nationalstaats, und nach dem Signal der Julirevolution in Frankreich wurde auch in den deutschen Staaten schlagartig deutlich, welches politische Protestpotential in der Bevölkerung der angeblich so unpolitischen Biedermeierzeit vorhanden war.

Die *Protestbewegung* erfaßte in den Jahren 1830–1833 fast alle Staaten Mittel- und Süddeutschlands. Hier waren die Parlamente schon seit längerem zum Kristallisationspunkt und zur Plattform der bürgerlichen Opposition geworden. Nach der Pariser Julirevolution gingen sie zu einer mutigeren Gangart über. Durch spontane Protestaktionen aus der Bevölkerung, von Studenten, Handwerksbürgern und Arbeitern, wurden sie vorangetrieben. Erstmals wurden Staatsverfassungen in Deutschland vom Volke erkämpft (in Sachsen und Kurhessen); es ging um weitere Rechte für das Parlament und für die Bürger, um die Durchsetzung von mehr Volkssouveränität. Diese Forderungen waren stets auf den Einzelstaat bezogen, und überall hatten das Besitz- und Bildungsbürgertum und seine Parlamentsvertretung das Heft in der Hand. Auch wenn in einigen deutschen Staaten der regierende Fürst zurücktreten mußte: es kam nicht zu einer Revolution in Deutschland. Eine solche, das war allen deutlich, konnte nur im nationalen Rahmen Erfolg haben.

Die am häufigsten wiederkehrende Forderung jedoch, die nach Pressefreiheit, hatte unverkennbar eine über den Einzelstaat hinausgehende Dimension; denn nicht eine regionale Berichterstattung war hier gemeint, sondern die Freiheit für eine öffentliche Meinungsbildung im nationalen Rahmen. Daß die bürgerlichen Führungsschichten zunehmend auch in diesem Rahmen agierten, wurde vielfach deutlich: an dem auffälligen Gleichtakt ihrer Proteste und deren Inhalte; an der in ganz Deutschland sich verbreitenden Sympathie für die kämpfende polnische Nationalbewegung, die sich in unzähligen *Polenkomitees* niederschlug; und nicht zuletzt auch daran, daß die Führungsgruppe dieser Bewegung nun daranging, die gemeinsame Ideologie des Liberalismus systematisch auszuarbeiten und in einem *Staats-Lexikon* zu dokumentieren.

Nach den Erfahrungen des ersten Protestjahres wurde die nationale Frage im Jahre 1831 auch direkt angegangen. Am weitesten ging *Karl Theodor Welcker*, der im badischen Landtag die Regierung aufforderte, beim Deutschen Bund einen Antrag auf Errichtung eines Parlamentes, einer Zweiten Kammer neben dem Bundestag, einzubringen. Welckers Antrag erregte großes Aufsehen, aber er stand nicht allein; über eine ‚organische Entwicklung des Deutschen Bundes‘ wurde innerhalb der Liberalen viel diskutiert und geschrieben; in Wilhelm Schulz' Schrift ‚Deutschlands Einheit durch Nationalrepräsentation‘ (1834) war die Haupttendenz auf eine bündige Formel gebracht.

Daneben standen auch bereits Überlegungen über eine nationale Staatsbildung. Hier war der ‚Briefwechsel zweier Deutscher‘ des schwäbischen Liberalen *Paul A. Pfizer* der am meisten beachtete Beitrag. Neben dem Plädoyer für ein Nationalparlament enthielt er die Aufforderung an Preußen, die deutsche Nationalstaatsbildung in die Hand zu nehmen, – die preußische Zollvereinspolitik zeitigte Folgen! Bemerkenswert jedoch, daß diese Aufgabe einem Fürstenstaat anvertraut wurde, der noch nicht einmal eine Verfassung besaß, während man im eigenen Staat bereits um die Durchsetzung von Volkssouveränität kämpfte. Warum scheute sich dieser Liberale, auch im nationalen Rahmen auf dieses Prinzip zu setzen? Wahrscheinlich aus Angst vor einer Volksrevolution, deren Führung und Steuerung man nicht sicher sein konnte.

An der im Einzelstaat erkämpften Rechtsbasis wollte man in jedem Fall festhalten; man war nicht bereit, sie zugunsten eines Einheitsstaates mit zweifelhafter Rechtsgarantie aufzugeben. „Ich will die Einheit nicht anders als mit Freiheit... Ich will lieber Freiheit ohne Einheit, als Einheit ohne Freiheit... Ich will keine Einheit unter den Flügeln des preußischen oder des österreichischen Adlers; ich will keine unter der Form einer allgemeinen deutschen Republik, weil der Weg, zu einer solchen zu gelangen, schauerlich und der Erfolg höchst ungewiß erscheint", so formulierte Karl von Rotteck, der Senior der südwestdeutschen Liberalen, zum ersten Mal die Spannung zwischen *Freiheit und Einheit*, die das Denken des deutschen Liberalismus lange bestimmen sollte. Im Hintergrund stand die Angst vor den Risiken einer nationalen Revolution. Deshalb erhoffte man die nationale Staatsbildung von den Fürsten, war zu Kompromissen mit ihnen bereit und konzentrierte sich auf die Sicherung von Freiheitsrechten im Einzelstaat. Es entstand eine Spannung zwischen den Zielen der Demokratisierung und der Staatsbildung, und die Souveränitätsfrage blieb in der Schwebe.

In dieser Situation nutzte eine jüngere Generation der süddeutschen Bildungsschichten die Lockerung der Pressezensur, von den süddeutschen Parlamenten erstritten, zu neuen Initiativen, mit denen die in den Kreisen des bürgerlichen Liberalismus verbreitete Scheu vor der nationalpolitischen Aktion überwunden wurde. Man gründete Zeitungen wie die ‚Deutsche Tribüne' (herausgegeben von dem Rechtsanwalt Johann G. A. Wirth), um ein nationalpolitisches Diskussionsforum zu schaffen, und man benutzte die von den Polenkomitees neu eingebürgerte Kommunikationsform des Festbanketts, um dieser Presse einen überregional organisierten Unterstützungsverein an die Seite zu stellen. Im Januar 1832 wurde auf einem Fest für den rheinbayrischen Oppositionsabgeordneten Friedrich Schüler der regionale ‚Vaterlandsverein' in einen *Deutschen Preßverein* umgewandelt. In einem begleitenden Flugblatt (‚Deutschlands Pflichten') konstatiert Wirth, daß es „zur Zeit noch keine deutsche Nation gibt". Die Presse habe von daher die Aufgabe,

„die Notwendigkeit der Organisation eines deutschen Reiches, im demokratischen Sinne, zur lebendigen Überzeugung aller deutschen Bürger zu erheben". Außerdem gehe es darum, „eine europäische Staatengesellschaft durch ein treues Bündnis des französischen, deutschen und polnischen Volkes" vorzubereiten.

Das waren völlig neue nationalpolitische Zielvorstellungen! Sie wurden zudem in neuen Dimensionen propagiert: 50 000 Exemplare sollen von dem Flugblatt im Frühjahr 1832 verbreitet worden sein. Zugleich wurde eine Massenversammlung gegen den Widerstand der Behörden für den 27. Mai auf der Burgruine Hambach bei Neustadt an der Weinstraße vorbereitet. In der von dem Journalisten Philipp Siebenpfeiffer verfaßten Einladung unter dem Titel ‚Der Deutschen Mai' (‚für den Deutschen liegen die großen Ereignisse noch im Keim') heißt es zum Schluß: „Auf, ihr deutschen Männer und Jünglinge jedes Standes, welche der heilige Funke des Vaterlandes und der Freiheit die Brust durchglüht, strömet herbei! Deutsche Frauen und Jungfrauen, deren politische Mißachtung in der europäischen Ordnung ein Fehler und ein Flecken ist, schmücket und belebet die Versammlung durch eure Gegenwart!"

Auf dem *Hambacher Fest* sollen mehr als 20 000 Menschen versammelt gewesen sein. Angesichts der wirtschaftlichen Not der Pfälzer Weinbauern und der regionalen Probleme repräsentierten sie nicht nur nationalpolitische Anliegen. Die schwarz-rot-goldene Fahne jedoch, die über allen wehte und sich damit als Symbol der demokratischen Nationalbewegung durchsetzte, zeigte an, in welchem Maße die Nationalbewegung zum Integrationszentrum von Interessen und Erwartungen verschiedener Bevölkerungsgruppen hatte werden können. Die Organisatoren nannten die Versammlung, die ein gewaltiges Echo auslöste, ein ‚Nationalfest der Deutschen' und gaben ihrer schwarz-rot-goldenen Fahne die Aufschrift ‚Deutschlands Wiedergeburt'. Von welchem Geist diese Wiedergeburt getragen sein sollte, geht komprimiert aus den Hochrufen hervor, mit denen die beiden Hauptorganisatoren ihre Festreden beendeten. „Es lebe das freie, das einige Deutschland!" rief Siebenpfeiffer. „Hoch lebe jedes Volk, das seine Ketten bricht und mit uns den Bund der Freiheit schwört! Vaterland – Volkshoheit – Völkerbund: Hoch!", und Wirth schloß mit den Worten: „Hoch! dreimal hoch leben die vereinigten Freistaaten Deutschlands! Hoch, dreimal hoch das konföderierte republikanische Europa!"

Hier war unübersehbar eine neue Richtung innerhalb der Nationalbewegung entstanden, die sich von dem vorherrschenden Liberalismus bemerkenswert unterschied. Sie wurde getragen von einer jüngeren Generation, die das napoleonische Zeitalter bereits nicht mehr erlebt hatte und die sich bewußt von der klassisch-idealistischen Epoche abgrenzen wollte. Heinrich Heine und Georg Büchner sind bis heute die wichtigsten literarischen Repräsentanten dieser Bewegung, die in der Literatur auch als *Junges Deutschland* bezeichnet wird. Durch die nach dem Hambacher Fest sofort einsetzende Verfolgung konnte sie sich in Deutschland kaum entfalten; ihre Spuren waren schnell verwischt und blieben allzulange unbeachtet. Erst durch eine intensivere Forschung rund um das Hambacher Fest und die Person Georg Büchners sind in jüngster Zeit einige Umrisse erkennbar geworden, z. B. die Organisationsansätze eines ‚Deutschen Reformvereins', der nach dem Hambacher Fest eine groß angelegte nationaldemokratische Agitation tragen sollte, oder die ‚Gesellschaft der Menschenrechte', die als Geheimbund in Hessen zu wirken begann. Der *Hessische Landbote* Georg Büchners ist das eindrucksvollste uns überlieferte Flugblatt dieses Kreises. Bemerkenswert an ihm ist das Nebeneinander von fürstenstaatlicher und nationaldeutscher Argumentation, vor allem aber eine kompromißlose Frontstellung gegenüber den Fürsten: „Deutschland, das jetzt die Fürsten schinden, wird als ein Freistaat mit einer vom Volk gewählten Obrigkeit wieder auferstehen."

Der Deutsche Bund unter der Leitung Metternichs reagierte sofort auf die nationaldemokratische Herausforderung. Schon einen Monat nach dem Hambacher Fest wurden mit den *Sechs Artikeln* einschneidende Beschlüsse erlassen, wiederum durch einen verfassungswidrigen Oktroi der beiden Großmächte. Der

Konstitutionalismus und die Parlamentsrechte in den deutschen Staaten wurden unter die Aufsicht des Bundes gestellt. Im Verlauf eines Jahres folgten weitere Gesetze, durch die eine strenge Verfolgung und Beaufsichtigung der Nationalbewegung eingeleitet wurde. Die antinationale Politik des Bundes erreichte ihren Höhepunkt. Obwohl in ihren Souveränitätsrechten erheblich eingeschränkt, folgten die Fürsten der Linie Metternichs. Auf den Vorstoß Pfizers im württembergischen Landtag (Februar 1833), mit dem er die Regierung zu einem Protest gegen die Sechs Artikel bewegen und die Oppositionsbewegung im Kampf gegen ihren ‚gemeinsamen Feind' zusammenführen wollte, reagierte der König mit der Auflösung des Parlaments. Noch weitaus härter war die Reaktion auf den *Frankfurter Wachensturm*, durch den eine Gruppe Burschenschaftler Anfang April 1833 eine nationale Revolution auslösen wollte, aber nicht auf die erhoffte Resonanz der Bevölkerung stieß. Auf eine geradezu aufreizende Weise demonstrierten die Fürsten ihre Macht und der nationalen Bewegung deren politische Schwäche.

Die junge demokratische Bewegung wurde gezwungen, das Feld zu räumen. Wer der Verhaftung entgehen wollte, mußte emigrieren. Büchners Schicksal ist eines von vielen. Die *Emigration* wurde nun für längere Zeit zu einem besonderen Faktor in der nationalen Geschichte. In der Schweiz, in Frankreich, Belgien und England versammelte sich eine junge Intelligenz, die in jeder Hinsicht mobilisiert und politisiert war. In den liberalen Gastländern konnte sie sich freier entfalten und neue Strömungen des politischen Denkens kennenlernen, speziell den englischen und französischen Frühsozialismus. Zugleich stieß sie hier auf junge Landsleute aus dem Handwerkermilieu, die bildungsbereit waren und die Vermittlung nach Deutschland übernehmen konnten. Das wurde für die weitere Entwicklung der nationalen Bewegung bedeutsam, zumal die Emigranten dazu übergingen, sich zu organisieren. In Paris entstand 1833 ein ‚Deutscher Volksverein' und 1834 nach Verbotsmaßnahmen der Polizei ein geheimer ‚Bund der Geächteten'; in der Schweiz konstituierte sich ein ‚Junges Deutschland' als Teil des von Mazzini begründeten ‚Jungen Europa' (vgl. S. 76). In diesen

Gesellschaften wirkte der Impuls der Volksbewegungen von 1830–1832 fort, und unter dem Einfluß der Gastländer wurde er fortentwickelt zu einem eigenständigen Programm: revolutionäre Umgestaltung des Deutschen Bundes zu einem modernen republikanischen Nationalstaat, der sich auf das Prinzip der Volkssouveränität gründet und eine freie gesellschaftliche Entwicklung für alle Volksschichten garantiert. Damit existierte für die weitere Entwicklung der Nationalbewegung erstmals ein *nationalrevolutionäres Programm*, wenn auch zunächst nur auf einem Außenposten.

Die Jahre 1830–1834 – das bleibt zusammenfassend festzuhalten – waren eine Zeit der Beschleunigung und der Zuspitzung der nationalpolitischen Entwicklung in Deutschland. Die bürgerliche Gesellschaft geriet politisch in Bewegung und damit erstmals in eine Frontstellung zum Deutschen Bund und seinen Trägern. Die Aktionsebene war der Einzelstaat. Hier setzte die Bewegung an und erreichte in einem Zusammenspiel von Parlamentsopposition und Volksaufstand einen bedeutenden Gewinn an Rechtsstaatlichkeit und Partizipation für die bürgerliche Gesellschaft. In der Konfrontation mit den Regierungen wurde erneut offenbar, daß die Fürstenstaaten zu einer eigenständigen Nationsbildung nicht fähig und willens waren; denn sie waren nicht bereit, ihre Untertanen als Nation zu akzeptieren. Von daher richteten sich die Blicke seit 1831 verstärkt auf die gesamtdeutsche Ebene: in der öffentlichen Meinung kam die Forderung nach einem *Nationalparlament* auf, und das Problem einer nationalen Staatsbildung wurde konkreter ins Auge gefaßt.

Die Oppositionsbewegung der Jahre 1830–1832 – nimmt man alle Aktionen zusammen – war ein gesamtdeutsches Phänomen. In ihrem konkreten Vollzug jedoch ging sie kaum über die Grenzen eines Einzelstaats hinaus, – und sie erfaßte nicht die beiden deutschen Großstaaten! Hier konnten die Regierungen unbehelligt Gegenmaßnahmen organisieren. Der Durchbruch zu einer nationalen Massenbewegung gelang – noch – nicht.

Im südwestdeutschen Raum dagegen kam es zu weiterführenden Initiativen. Hier gelang der Aufbau einer nationalpolitischen Organisation und die Durchführung einer überregionalen Massenversammlung mit nationalpolitischer Thematik. Nachdem diese Ansätze durch Maßnahmen des Deutschen Bundes unterbunden wurden, blieb seit 1832 ein jährliches Treffen führender Oppositioneller aus mehreren deutschen Staaten auf dem Weingut von Johann Adam von Itzstein in Hallgarten: der Keim für ein künftiges Wiederaufleben der Bewegung im nationalen Rahmen.

Wenn auch die verschärfte Reaktionspolitik der Regierungen in eine andere Richtung wies: Das Zeitalter des Absolutismus war in Deutschland gebrochen. Die bürgerliche Gesellschaft hatte sich als politische Kraft durchgesetzt. Sie konnte nicht mehr – wie 1815 – beiseite geschoben werden. Die *Nationsbildung* war vor allem qualitativ vorangekommen. Die Jahre der Zuspitzung waren Jahre einer forcierten Politisierung der bürgerlichen Schichten. Diese waren nun endgültig auf dem Wege, sich als eine politische Willensgemeinschaft, und d. h. als Nation, zu konstituieren. Dieser Prozeß verlief jedoch, das ist das zweite Ergebnis dieser Jahre der Zuspitzung, nicht in *einer* Richtung. Er darf nicht als ein Prozeß der Integration und Sammlung verstanden werden. Es bildeten sich vielmehr – ähnlich wie in anderen fortgeschrittenen Ländern – zwei politische Richtungen heraus, die alternative nationalpolitische Wege repräsentieren: Liberalismus und Demokratie. Deren nationale Grundpositionen sollen abschließend skizziert werden.

Die Vertreter des *Liberalismus* waren in ihrem politischen Denken mehrheitlich geprägt durch die Zeit der napoleonischen Herrschaft und speziell durch die Ereignisse von 1813–1815. Die Basis ihres patriotischen Engagements war der Einzelstaat. Hier ging es ihnen um die Durchsetzung von Rechtsstaatlichkeit, bürgerlichen Freiheiten und Parlamentsrechten und damit auch um ein Stück Volkssouveränität. Aber vor deren voller Durchsetzung schreckte man zurück. Wenn sie – durch den Druck von Volksunruhen – als eine Möglichkeit am Horizont auftauchte, suchte man die Hilfe des Fürstenstaats und war zu einem Machtkompromiß mit ihm bereit. Das politische Verhalten der Liberalen war geprägt durch die Vorstellung von einer Aufgaben- und Machtverteilung zwischen der bürgerlichen Gesellschaft und dem Fürstenstaat. Das galt auch für die nationale Frage.

Die Nation wurde in diesen Jahren ohne Zweifel zur wichtigsten Perspektive des Liberalismus. Ein kulturell fundiertes Nationalbewußtsein war in seinen Reihen seit langem vorhanden. Nun ging es ihm um den organisatorischen Ausbau der Nation im gesellschaftlichen und wirtschaftlichen Bereich. Darüber hinaus wurde der Nationalstaat zu einem politischen Projekt: als ein Rechts- und Machtstaat zur Sicherung der bürgerlichen Gesellschaft nach innen und für ihre Darstellung nach außen. Dessen Durchsetzung, die Nationalstaatsbildung, wurde als eine gemeinsame Aufgabe der bürgerlichen Nation und der Fürsten betrachtet, als ein Prozeß des Aufeinanderzugehens von Volk und Fürsten (Bürgernation und Reichsfürstennation!), wie dies im Bereich von Kultur und Gesellschaft bereits geschehen war.

Der Nationalstaat, davon war man im liberalen Lager überzeugt, konnte nicht ohne und gegen die Fürsten durchgesetzt werden. Deshalb dachte man auch im Hinblick auf den Deutschen Bund in Vorstellungen der Anknüpfung, der ‚organischen Entwicklung‘, nicht aber der Konfrontation. Die bürgerlichen Freiheiten sollten innerhalb der Einzelstaaten, die nationale Einheit aber im Nationalstaat verwirklicht werden. Daher entstand das Problem, ob und wie *Einheit und Freiheit*, auf verschiedenen Ebenen realisiert, dennoch zusammenstimmen und gleichermaßen gesichert werden können. Von den drei großen nationalen Entwicklungsaufgaben wollte der Liberalismus nur die Nationsbildung aus eigener Kraft angehen; die Durchsetzung der Volkssouveränität wurde nur mit halber Kraft betrieben, und in der Frage der Staatsbildung setzte man ganz auf die Fürsten bzw. auf eine Zusammenarbeit mit ihnen. Zwischen Staatsbildung und Demokratisierung wurde im Liberalismus kein notwendiger Zusammenhang gesehen; die nationale Frage wurde reduziert auf das Problem einer gesamtdeutschen Staatsbildung.

Die Vertreter der *Demokratie*, also der neuen liberaldemokratischen Position, waren zumeist jünger und politisch vor allem durch ‚1830' geprägt, das Erlebnis von Volksrevolutionen und erfolgreichen Nationalbewegungen (Griechenland, Belgien). Sie waren der Überzeugung, die Verwirklichung des nationalen Programms sei allein Sache der Nation selbst, und die Durchsetzung des *Prinzips der Volkssouveränität* galt ihnen dabei als der Schlüssel. Eine ‚wahrhaft demokratische Verfassung' (Jacoby) auf allen Ebenen der politischen Gesellschaft war ihr Leitbild. Sie waren die erste Generation, die wieder positiv auf die Französische Revolution zurückgriff und die antiabsolutistische Volksrevolution als den besten Weg zur Selbstverwirklichung einer Nation betrachtete. Die Vorstellungen von der Nation waren nicht allein an der bürgerlichen Gesellschaft orientiert, sondern am Volk, an der Gesamtheit der Volksschichten. Daher bemühte man sich um die Nationsbildung in den Volksschichten durch Agitation und Aufklärung und durch das Aufgreifen der sozialen Probleme. Die Fürsten wurden konsequent als politische Gegner der Nation begriffen, mit denen es letztlich keinen Kompromiß geben durfte, wenn es um die Frage der nationalen Souveränität ging. Die *Republik* tauchte in diesem Zusammenhang bereits als verfassungspolitische Zielvorstellung auf. Die Einheit im Nationalstaat sahen die Demokraten nur durch eine Selbstbefreiung der Nation gewährleistet; Einheit und Freiheit fielen hier nicht auseinander. Für die innere Gestaltung des Nationalstaates war ihnen das Vorbild der USA wichtig, das Modell einer föderalen Republik. Bemerkenswert war schließlich die Perspektive eines Völkerbundes der Nationen; Herders Ideal einer kooperativen Nachbarschaft der Völker Europas wurde hier aufgenommen.

Vormärz

Der ‚Vormärz', die Jahre vor der großen Märzbewegung des Jahres 1848, war die Zeit des Durchbruchs einer gesamtdeutschen Nationalbewegung und die Inkubationszeit einer revolutionären Entwicklung in Deutschland.

In den Staaten des Deutschen Bundes hatte sich der Prozeß der *Nationsbildung* beschleunigt und verdichtet. Die deutsche Bevölkerung war um 1840 bereits zu über 90% lesefähig und damit bis in die Unterschichten hinein in der Lage, Zeitungen, Volkskalender und Bücher zu lesen, und diese vermittelten immer häufiger ‚nationale‘ Inhalte. Die revolutionierende Entwicklung des Verkehrssystems (Dampfschiffahrt und Eisenbahnbau) ermöglichte neue Formen überregionaler Massenkommunikation: die Patriotengruppen und die national mobilisierten Massen konnten zusammenkommen und sich verständigen. Die Industrialisierung beschleunigte sich seit 1835 generell und bedingte eine größere Fluktuation innerhalb der Bevölkerung sowie deren Konzentration in den Industriestädten. Nicht nur eine lokale, eine tiefgreifende soziale Mobilität erfaßte auch die handarbeitenden Schichten der Bevölkerung. Dies alles waren Voraussetzungen für eine breite nationale Bewußtwerdung. Immer mehr Deutsche gingen in ihrem Denken und Verhalten über den regional begrenzten Lebenskreis hinaus; so wie die Studenten im Jahre 1817 betrachteten nun breitere Volksschichten Deutschland als ihr Vaterland. Für den Einzelstaat bürgerte sich der Begriff ‚Partikularstaat‘ ein.

Seit 1837 gab es in Deutschland immer häufiger Ereignisse, die zunächst nur einen einzelstaatlichen Bezug hatten, bald aber in anderen Teilen Deutschlands eine öffentliche Anteilnahme auslösten und damit zu einem *nationalen Ereignis* wurden. Im November 1837 protestierten sieben Göttinger Professoren gegen die eigenmächtige Aufhebung der Hannoverschen Landesverfassung durch den Thronfolger Ernst August und wurden bereits einen Monat später ihres Amtes enthoben. Dieses mutige Insistieren auf der konstitutionellen Rechtsstaatlichkeit löste in vielen deutschen Städten ein engagiertes Echo aus, z. B. in Königsberg, wo die Universität zwei der entlassenen Professoren mit der Ehrendoktorwürde auszeichnete und der jüdische Arzt Johann Jacoby in der Bürgerschaft eine Spendenaktion organisierte.

Fast gleichzeitig mit dem Fall der ‚Göttinger Sieben‘ fand das Kölner Ereignis statt: die Amtsenthebung des Kölner Erzbischofs Droste-Vischering durch die preußische Regierung am 20. November 1837 infolge eines Konfliktes in der Mischehenfrage. Sie wurde zum Anlaß einer gewaltigen publizistischen Auseinandersetzung um die Grenzen der Staatsgewalt und die öffentliche Rolle der Kirche, eröffnet durch die Streitschrift ‚Athanasius‘ von Joseph Görres, dem ehemaligen Wortführer des rheinischen Nationalpatriotismus. Die katholischen Bildungsschichten aller deutschen Länder nahmen an dieser Diskussion teil und wurden durch sie politisiert.

Nimmt man diese Ereignisse des Jahres 1837 und ihre Resonanz zusammen, kann man davon sprechen, daß in den Staaten des Deutschen Bundes jetzt eine Öffentlichkeit existierte, die eine gesamtdeutsche Dimension hatte und jederzeit zu einer nationalen Bewegung werden konnte. Sie ließ es sich nicht nehmen, eigenständig und engagiert auf interessierende Ereignisse zu reagieren. Das zeigt auch das dritte hier zu nennende Beispiel, die Schrift ‚Vier Fragen, beantwortet von einem Ostpreußen‘ (1841). Ihr Verfasser, der bereits erwähnte *Johann Jacoby* in Königsberg, bezog zur preußischen Verfassungsfrage Stellung und rief dazu auf, „das, was bisher als Gunst erbeten, nunmehr als erwiesenes Recht in Anspruch zu nehmen“. Diese in Preußen sofort verbotene Schrift, gegen deren Autor ein langes Gerichtsverfahren eröffnet wurde, konnte überhaupt nur durch das Engagement des Leipziger Verlegers Otto Wigand und die große Resonanz, die sie im gesamten Deutschland auslöste, innerhalb Preußens die Wirkung erzielen, die sie intendierte: endlich auch im größten deutschen Staat die Oppositionsbewegung zu eröffnen, zu der die bürgerliche Nation in ganz Deutschland inzwischen bereit und gerüstet war.

In der Geschichtsliteratur gelten nicht die hier genannten Protestbewegungen als der Durchbruch der Nationalbewegung, sondern die *Rheinbewegung* des Jahres 1840/41. In der Tat breitete sich im Sommer 1840 als Antwort auf die nationalistische Forderung der Rheingrenze in Frankreich (vgl. oben S. 77 f.) eine breite patriotische Abwehrhaltung der deutschen Bevölkerung aus. Noch heute ist diese Bewegung in vielen patriotischen Liedern greifbar, beginnend mit dem Rheinlied von

Nikolaus Becker („Sie sollen ihn nicht haben, den freien deutschen Rhein!"). Dem unerwartet breiten Echo in der Bevölkerung konnten sich auch die Regierungen nicht entziehen. Die beiden deutschen Großmächte verabredeten einen gemeinsamen militärischen Operationsplan, und der Deutsche Bund errichtete zwei neue Bundesfestungen. Erstmals seit 1813 – und wiederum in einer defensiven Frontstellung gegenüber Frankreich! – beteiligten sich die Fürsten an einer nationalen Bewegung. In der Beteiligung des preußischen Königs und Ludwigs I. von Bayern an der Kölner Dombau-Bewegung fand diese Tendenz 1842 ihre Fortsetzung.

Was hatte dieses überraschende ‚nationale‘ Engagement deutscher Fürsten für die Nationalbewegung zu bedeuten? Im liberalen Lager wurden Hoffnungen wach auf ein neues nationales Bündnis zwischen Fürsten und Volk, genährt auch von den Erwartungen, die sich mit der Thronbesteigung Friedrich Wilhelms IV. verbanden. Es waren Hoffnungen auf ein starkes, wehrhaftes Deutschland, zu dessen Legitimierung auch die Legende vom ‚Erbfeind‘ wiederbelebt wurde (in Liedform, z.B. durch die ‚Wacht am Rhein‘ von Max Schneckenburger mit dem eingängigen Refrain: „Lieb Vaterland, magst ruhig sein, fest steht und treu die Wacht am Rhein"). Auch nationalistische Äußerungen waren bereits zu hören.

Im demokratischen Lager wurde vor solchen Tendenzen gewarnt, z.B. durch Robert Prutz, der in einem stark verbreiteten ‚Rheinlied‘ auf Nikolaus Becker antwortete. „Wer hat ein Recht, zu sagen und zu singen vom freien Rhein, dem freien deutschen Sohn? O diese Lieder, die so mutig klingen, beim ew'gen Gott, sie dünken mich wie Hohn..." Statt auf den Rhein wendet Prutz den Freiheitsbegriff auf die Presse an. Von den Fürsten wird gefordert: „Gebt frei das Wort, ihr Herrn auf euren Thronen! Die Presse frei!... Das Volk ist reif! ich wag's und sag es laut:...Sei deutsch, mein Volk! Verlern den krummen Rücken, an du selbst unwürdig dich gewöhnt!" Auch das 1841 geschriebene Deutschlandlied Hoffmanns von Fallersleben entstand in diesem Zusammenhang. Es gehört jedoch mehr der liberalen als der demokratischen Richtung an, und die nationale Einigkeit, die in seiner dritten Strophe beschworen wird, macht indirekt auf eine Gefahr aufmerksam: die nationale Parole ist dazu geeignet, politische und gesellschaftliche Gegensätze zu überspielen, statt sie auszutragen und zu lösen.

Unter den deutschen Emigranten ging man in kritischer Richtung noch einen Schritt weiter. Man erlebte die Rheinbewegung und ihr Pathos in Paris von beiden Seiten und gelangte zu einer generellen *Kritik des Nationalpatriotismus* und seiner Ideologie. Wilhelm Weitling, der sozialistisch engagierte Handwerker, wandte sich scharf gegen nationalistische Tendenzen; Arnold Ruge widmete dem Thema eine eigene Schrift (Der Patriotismus, 1844). Er warnte vor einem nur nach außen gewandten Patriotismus, der die innenpolitischen Frontstellungen in der Auseinandersetzung um Menschenrechte (,Humanismus') überspielt: „Die Aufhebung des Patriotismus in Humanismus ist eine Frage, die zur Aufräumung der Köpfe und zur Erweiterung der Herzen diskutiert zu werden verdient!... Der Patriotismus nimmt die Völker als Parteien und abstrahiert von den Parteien in den Völkern; der Humanismus setzt die Parteien über die Völker". Ruges bemerkenswerte Patriotismus-Schrift ist nicht nur vom Erlebnis der Rheinbewegung geprägt, sondern ebenso von der Situation des politischen Emigranten, der an seiner eigenen Nation verzweifelt (der Begriff der ,deutschen Misere' stammt von ihm). Von diesen Erfahrungen her formulierte er einen konsequenten *Internationalismus*. Nachdem das Programm der politischen Modernisierung im Zeichen der Nation seit 1789 Europa erobert hatte, war dies eine erste grundsätzliche Gegenposition in Anknüpfung an den Kosmopolitismus des 18. Jahrhunderts, jedoch in einer völlig neuen, politisierten Form. Es war ein Internationalismus des politischen Kampfes, orientiert am Ideal einer Weltgesellschaft, bald auch einer Weltrevolution, geprägt von der Verachtung gegenüber dem Nationalstaat. Von dieser antinationalen Position eines kämpferischen Internationalismus sollte in nationalen Krisensituationen noch oft eine faszinierende Wirkung ausgehen.

In der Rheinbewegung des Jahres 1840 kam einmal mehr die *nationalpolitische Aufbruchstimmung* zum Ausdruck, die nach dem Thronwechsel in Preußen nun auch den größten deutschen Staat erfaßt hatte. Friedrich Wilhelm IV., der nationalkonservative Romantiker auf dem Thron, kam ihr zu Beginn seiner Regierungszeit durch liberale und nationale Gesten entgegen. Dazu zählte eine Lockerung der Pressepolitik, woraufhin sich sofort eine öffentliche Meinung mit großer Ausstrahlung artikulierte, – Zeitungen, die von allen Gruppen der bürgerlichen Opposition getragen, aber zunehmend von der demokratisch orientierten Intelligenz geprägt wurden, so die ‚Rheinische Zeitung‘ im Westen, die ‚Königsberger Zeitung‘ im Osten. Auch das Vereinswesen erhielt nun in Preußen einen größeren Spielraum. Die Turnbewegung konnte wieder aktiv werden; sie hatte ihren Schwerpunkt aber bereits in Südwestdeutschland und wurde hier zunehmend kämpferisch und nationaldemokratisch. In einer anderen Form ‚national‘ war der 1841 gegründete Dombau-Verein in Köln. Er entwickelte sich unter königlicher Protektion als ein sogenannter Zentralverein, dem sich überall im Lande Zweigvereine anschließen konnten, um das nationale Prestigeprojekt der Domvollendung zu unterstützen. Die Regierungen, voran die preußische, kehrten jedoch schon bald zu einer reaktionären Politik zurück und verfolgten die oppositionelle Presse; dennoch kam es in den folgenden Jahren nicht mehr zu koordinierten Maßnahmen des Deutschen Bundes gegen Aktivitäten der Nationalbewegung.

Das zeigen auch *die öffentlichen Feste*, die zu einer besonderen Ausdrucksform der Nationalbewegung wurden. Seit den Feiern des 18. Oktober 1814 waren nationale Feste in verschiedenen Formen veranstaltet worden (vgl. S. 96), obwohl sie stets begleitet waren vom Mißtrauen und den restriktiven Maßnahmen der Regierungen. Um so mehr hebt sich davon eine neue Folge von Festen ab, die seit 1837 zu beobachten ist. Es waren zunächst kulturgeschichtliche Jubiläen, die wegen ihres unpolitischen Charakters aufgegriffen wurden, ungehindert organisiert werden konnten, unter der Hand aber eine nationalpolitische Bedeutung erhielten und von der Bevölkerung auch so verstanden wurden. Zu dem 1837 in Mainz veranstalteten Gutenberg-Fest versammelten sich etwa 30 000 Teilnehmer, und ebenso viele sollen es 1839 in Stuttgart gewesen sein, als dort ein Schiller-Denkmal eingeweiht wurde. „Seine wahre Bedeutung erhielt dieser Tag", so ein Bericht aus Stuttgart, „durch das Bewußtsein, das sich überall kundtat, daß ganz Deutschland dieses Fest mitfeierte, daß die dabei Handelnden und Genießenden nur die Stellvertreter des ganzen Volkes waren..." Im Jahre 1840 wurde erneut ein Gutenberg-Fest gefeiert, jedoch – wie schon 1814 – in dezentralisierter Form, und hier sind die Massen, die sich in über 80 Städten versammelten, nicht zu zählen. Die bürgerlichen Schichten nahmen nun jeden sich bietenden Anlaß wahr, um sich auf diese Weise zu versammeln und sich als eine nationale Gesellschaft darzustellen: 1838 die Grundsteinlegung für das Hermanns-Denkmal bei Detmold, 1840 die Einweihung der Dürer-Statue in Nürnberg, des restaurierten Rolandsbogen am Rhein, 1841 das Jean-Paul-Denkmal in Bayreuth, 1842 ein Mozart-Denkmal in Salzburg und die Bonifatius-Statue in Fulda, 1843 das Bach-Denkmal in Leipzig, 1844 das Goethe-Denkmal in Frankfurt usf. Von jedem Jahr ließen sich noch weitere solcher Feste nennen, die jeweils von einem Komitee vorbereitet und von den Kommunen lebhaft unterstützt wurden.

Die Vereine der Sänger, Turner und Schützen kannten seit ihren Anfängen die Tradition des Vereinsfestes. Sie gaben sie nun weiter und organisierten selbst überregionale Feste, die Sänger seit 1845 auch ein ‚Deutsches Sängerfest'. Das kulturnationale Fest war zur bevorzugten Ausdrucksform der nationalen Bewegung geworden. Die bürgerlichen Schichten verlangten geradezu nach dieser Massenkommunikation. Sie wollten sich als Nation erfahren und darstellen. Im Fest wurde die Nationsbildung zu einem Massenerlebnis. Die deutsche Nation des Vormärz war in der Tat eine große Festgemeinschaft. Sie hatte ein elementares Bedürfnis nach nationaler Selbstdarstellung und Selbstbestätigung.

Die Nationalbewegung war im Vormärz zu einer Sammlungsbewegung aller mobilisierten Bevölkerungsschichten geworden. Sie konnte sich zwar nicht politisch organisieren, konnte nicht zentralisiert und explizit politisch auftreten, doch sie nahm sowohl kommunikativ wie auch thematisch jeden Anlaß wahr, sich als eine gesellschaftliche Kraft, als *nationale Öffentlichkeit* darzustellen. Mit dem großen Brand von Hamburg (1842), vor allem aber mit dem schlesischen Weberaufstand von 1844 rückten die sozialen Probleme, vor allem der Pauperismus in den Unterschichten, stark in den Vordergrund und beunruhigten das Bürgertum. Auch sie wurden so wahrgenommen und behandelt, daß ihre Lösung nur im nationalen Rahmen als möglich erschien. Selbst eine religiöse Protestbewegung, wie die der aufgeklärten Katholiken, die sich 1844 gegen die klerikale Inszenierung der Ausstellung des Heiligen Rocks in Trier richtete, bekam eine nationale Dimension. Sie wurde zu einer betont *deutsch-katholischen Bewegung*, die 1845 und 1847 ein nationales ‚Konzil‘ veranstaltete und eine von Rom gelöste Nationalkirche anstrebte. Auch politische Akzente zeigten sich in dieser Bewegung immer unverhüllter.

Einen zusätzlichen politischen Impuls erhielt die nationale Bewegung seit 1844 von außen, durch das Aufbrechen des *Schleswig-Holstein-Konflikts*. Die deutschsprachige Bevölkerung in diesen zum Königreich Dänemark gehörenden Provinzen hatte im Jahre 1830 eine eigene Verfassungsbewegung ins Leben gerufen, besorgt um ihre regionale Autonomie angesichts der erwachenden dänischen Nationalbewegung. Diese deklarierte im Jahre 1844 und verstärkt mit dem ‚Offenen Brief‘ von König Christian VIII. im Juli 1846 die Absicht, das weitgehend deutschsprachige Herzogtum Schleswig fest in den dänischen Nationalstaat zu integrieren. In den nach einem mittelalterlichen Vertrag ‚auf ewig ungeteilten‘ Herzogtümern Schleswig und Holstein erhob sich ein Sturm der Entrüstung. Er fand in allen deutschen Ländern seinen Widerhall, rückte z. B. 1845 in den Mittelpunkt des Würzburger Sängerfestes, als sich das Lied ‚Schleswig-Holstein meerumschlungen‘ als Massengesang durchsetzte und zu einer großen nationalen Verbrüderung führte. Der Kampf um das nationale Selbstbestimmungsrecht der Deutschen in Schleswig und Holstein wurde zu einem gemeinsamen Anliegen aller Richtungen der deutschen Nationalbewegung; es wurde deren Katalysator, aber auch zu deren Schicksal (vgl. S. 143 f.).

Alle diese Anlässe und Aktionen mit nationaler Dimension trugen dazu bei, daß die Oppositionspolitiker in den deutschen Staaten nun verstärkt über ihre Landesgrenzen hinausgingen, die Zusammenarbeit mit Gleichgesinnten in anderen Staaten organisierten und ihr Aktionsfeld zunehmend auf die nationale Ebene verlagerten. Südwestdeutschland blieb weiterhin der Kristallisationsraum dieser nationalen Entwicklungen. Hier traf sich schon seit den 1830er Jahren der sogenannte *Hallgarten-Kreis*, der sowohl liberale wie demokratische Oppositionelle umfaßte (vgl. S. 100); mit Beginn der 1840er Jahre erweiterte er sich um Oppositionsvertreter aus Sachsen, Ostpreußen und der preußischen Rheinprovinz: eine gesamtdeutsche Opposition formierte sich. Doch ein gemeinsames nationalpolitisches Aktionsprogramm konnte nicht mehr formuliert werden. Auf dem Hintergrund der sich verschärfenden sozioökonomischen Krise wurden die beiden politischen Richtungen, die nach 1830 entstanden waren, zu gegensätzlichen Positionen.

Die liberale Opposition konnte bereits 1846 ein nationales Presseorgan herausbringen: die in Mannheim erscheinende, von dem Literaturhistoriker Gottfried Gervinus herausgegebene *Deutsche Zeitung*. Im Jahre 1847 stand zunächst der Vereinigte Landtag, das erste preußische Gesamtparlament, im Mittelpunkt der Aufmerksamkeit. Ausschließlich liberale Vertreter bildeten hier die Opposition und gaben zu erkennen, wie sich der Liberalismus gegenüber einem fürstlichen Machtstandpunkt zu verhalten gedachte, selbst wenn er so anmaßend praktiziert wurde wie durch Friedrich Wilhelm IV.. Im Oktober des Jahres trafen sich führende Vertreter des rheinisch-südwestdeutschen Liberalismus in Heppenheim zur Formulierung von nationalpolitischen Reformvorstellungen. Sie plädierten mehrheitlich für einen parlamentarischen Ausbau des Deutschen Zollvereins. Damit knüpften sie bewußt an die handelspolitische Nationsbildung der preußischen Reformbürokratie an und respektierten die Fürstenstaaten und deren politische Institutio-

nen, – in der Hoffnung, diese zu einer gemeinsamen nationalpolitischen Aktion gewinnen zu können.

Innerhalb der demokratischen Opposition bestanden solche
Hoffnungen kaum noch. Hier hatten die Führer der badischen
Demokratie, Friedrich Hecker und Gustav Struve, schon im
September die Initiative ergriffen und in Offenburg eine Volks-
versammlung durchgeführt, auf der erstmals in konkreten
Punkten ein nationalpolitisches Programm beschlossen wurde.
„Wir verlangen Vertretung des Volks beim Deutschen Bund",
heißt es lapidar in dessen sechsten Artikel, und in den anderen
werden ebenso provozierend weitgehende bürgerliche Rechte
eingefordert, die im Rahmen der bestehenden Machtverhältnisse kaum einzulösen waren. Das Programm zielte auf eine
nationaldemokratische Revolution.

Innerhalb der deutschen Emigration war die politisch-pro-
grammatische Entwicklung seit 1830 kontinuierlich in dieser
Richtung verlaufen. Dabei spielten der Austausch und die Zusammenarbeit mit anderen nationalrevolutionären Bewegungen,
vor allem der polnischen und der italienischen, eine wichtige
Rolle. Es entstand hier ein Internationalismus, der zunehmend
auch auf sozialistischen Grundsätzen beruhte, den nationalen
Patriotismus jedoch nicht beiseite schob, sondern ihn voraus-
setzte. In der wichtigsten Programmschrift aus diesem Umkreis, dem *Kommunistischen Manifest* (1847), findet sich der
vielzitierte Satz „Die Arbeiter haben kein Vaterland". Marx
wollte damit jedoch nicht einen Patriotismus für Arbeiter generell in Frage stellen. Er erinnerte vielmehr daran, daß Patriotismus eine rechtliche und politische Emanzipation voraussetzt,
die für die Arbeiter noch keineswegs gegeben war. Daß das
Proletariat im Zuge seiner revolutionären Selbstbefreiung „sich
selbst als Nation konstituieren muß", schrieb Marx bereits im
Kommunistischen Manifest, und zu Beginn der Revolution von
1848 formulierte der ‚Bund der Kommunisten' ein konkretes
nationales Programm mit dem Leitsatz: „Ganz Deutschland
wird zu einer einigen, unteilbaren Republik."

5. Die deutsche Nation im revolutionären Umbruch

5.1 Die Revolution von 1848/49

Die zunehmenden politischen und sozialen Probleme in den Staaten des Deutschen Bundes waren der Auslöser eines revolutionären Umbruchs, der über die politische Revolution von 1848/49 weit hinausging. Der seit langem schon angelaufene Prozeß der Modernisierung beschleunigte sich in den 1840er Jahren so stark, daß er bald revolutionäre Ausmaße annahm. Er hatte mehrere Dimensionen: eine ökonomische, eine politische und eine geistig-kulturelle. Hans-Ulrich Wehler bezeichnet diesen großen Zusammenhang als *Doppelrevolution*; es handelte sich jedoch nicht nur um eine industrielle Revolution, sondern auch um eine agrarische, nicht nur um eine Revolution der politischen Verfassung, sondern auch der sozialen Verhältnisse, der geistigen Orientierung und der Mentalitäten. In den drei Jahrzehnten von 1845 bis 1875 erlebte die deutsche Bevölkerung den wohl tiefgreifendsten Wandel in ihrer neuzeitlichen Geschichte; sie wurde endgültig zu einer modernen Industriegesellschaft. Auch die Nationalbewegung erreichte in dieser Epoche ihren Höhepunkt. Auch sie jedoch stand in einem größeren internationalen Zusammenhang.

Europäische Vorgeschichte

Das 1815 auf dem Wiener Kongreß geschaffene Staatensystem sollte für die Völker Europas, obwohl sie sich in ihrer Entwicklung sehr unterschieden, relativ gleiche Rahmenbedingungen schaffen. Doch sie erhoben sich bald gegen den Legitimismus ihrer Regierungen unter Führung der Bildungsschichten. Durch die revolutionäre Welle nach der Pariser Juli-Revolution von 1830 erfuhr das Herrschaftssystem der europäischen Pentarchie eine erste Differenzierung: den drei absolutistischen Regierungen des Ostens standen nun zwei liberal orientierte Westmächte gegenüber. Zudem sahen sich die Regierungen mit einer neuen Entwicklung in den nationalen Gesellschaften konfrontiert. Neben dem Liberalismus setzte sich eine demokratische Bewegung durch, und diese griff erneut auf die Revolution von 1789/1792 zurück. Sie entwickelte ein nationalrevolutionäres Programm, in dem das politische System von 1815 grundsätzlich in Frage gestellt wurde.

Neben der politischen beschleunigte sich auch die ökonomische Entwicklung in West- und Mitteleuropa seit den 1830er Jahren. Sie stand im Zeichen einer forcierten *Industrialisierung*. Nach einer in den europäischen Wirtschaftsregionen sehr unterschiedlich verlaufenen Anfangsphase trat dieser Prozeß mit dem Beginn des Eisenbahnbaus in ein neues Stadium. Die Schwerindustrie wurde nun zum Leitsektor, und neben England spielte der junge belgische Nationalstaat eine Führungsrolle als Innovationsland der kontinentalen Industrialisierung. Die revolutionierenden Veränderungen auf dem Agrarsektor, die große Produktionssteigerungen ermöglichten, dürfen in diesem Zusammenhang nicht übersehen werden. Sie waren eine wesentliche Ursache für das enorme Wachstum der Bevölkerung, die *demographische Revolution*. Der ,Überschuß' vom Lande drängte zunehmend in die Städte und leitete hier eine neue Etappe der Urbanisierung in Europa ein.

Das Gefüge der alteuropäischen Gesellschaften erlitt auf diesem Hintergrund starke strukturelle Verwerfungen. Die bürgerliche Gesellschaft in ihrer bisherigen, die gesamte nicht-adlige Bevölkerung übergreifenden Bedeutung löste sich auf in Klassen, Schichten und Interessengruppen, die nur noch gegebenenfalls gemeinsame Interessen hatten. Gegenüber den aufsteigenden Schichten des Kapitalbesitzes und der Bildung geriet die traditionelle Handwerker- und Heimarbeiterbevölkerung in eine Krise. Ihre Verarmung wurde ein zunehmendes Problem, weil bei weitem nicht alle in den neuen Industriebetrieben eine Lohnarbeit fanden. Die *soziale Frage* rückte mehr und mehr in den Mittelpunkt, und in der philosophisch-politischen Diskussion entwickelte sich der Sozialismus als eine neue Antwort darauf.

Als in den Jahren 1846–1847 in vielen europäischen Ländern eine Ernährungskrise ausbrach, die letzte internationale Hungerkrise alten Typs, verschärften sich die sozialen Probleme in einer bedrohlichen Weise. Sie führten zu einer erhöhten Protestbereitschaft auch in den handarbeitenden Schichten, und ein Wiederaufleben national-revolutionärer Bewegungen war ihr sichtbarer Ausdruck.

Im Umfeld der Deutschen signalisierte der Aufstand von Krakau schon im Februar 1846 neue nationale Konflikte. Die polnische Nationalbewegung startete von dieser Stadtrepublik aus einen neuen Versuch zur nationalen Erhebung. Zwar wurde der Aufstand von Österreich in Absprache mit Rußland und Preußen niedergeschlagen, doch die Westmächte erhoben Einspruch, und die öffentliche Meinung Europas empörte sich. Die Pentarchie der Großmächte war nicht mehr in der Lage, gemeinsam zu agieren. Die Protestbewegungen wurden mutiger.

Im Jahre 1846 kam auch Italien erneut in Bewegung. Der Amtsantritt Papst Pius IX., der mit einigen liberalen Reformmaßnahmen im Kirchenstaat verbunden war, wurde zum Anlaß für organisatorische Initiativen und neue Protestaktionen. Sie wurden nicht nur von der neoguelfischen Strömung getragen, die stets auf eine nationale Führungsrolle des Papsttums gehofft hatte. Metternich forderte die Bewegung zusätzlich heraus, indem er im August 1847 Truppen in Ferrara einmarschieren ließ. Im Jahre 1847 ging auch das Königreich Piemont-Sardinien zu einer liberalen Politik über. Hier konnte die Zeitung erscheinen, die der Bewegung ihren Namen gab: *Il Risorgimento*. Mit einem erfolgreichen Aufstand in Palermo gegen die absolutistische Herrschaft der Bourbonen eröffnete Italien am 12. Januar 1848 das große Revolutionsjahr in Europa.

In ihrer unmittelbaren Nachbarschaft war die deutsche Öffentlichkeit schon seit längerem auch durch andere Ereignisse mobilisiert worden. Die dänische Nationalbewegung erhob im Jahre 1844 erstmals öffentlich die Forderung, die weitgehend deutschsprachige Provinz Schleswig in den dänischen Staat einzugliedern (vgl. S. 109). Die besonders protestbereite südwest-deutsche Bevölkerung wurde seit 1846 zudem durch die innen-politischen Auseinandersetzungen in der benachbarten Schweiz in Atem gehalten. Hier kämpfte eine liberale Bewegung gegen die altständischen Verhältnisse und forderte eine national-demo-kratische Verfassungsreform. Als sieben katholische Kantone sich zur Wahrung ihrer Interessen zu einem ,Sonderbund' zu-sammenschlossen, war für die von den Protestanten getragene Nationalbewegung der casus belli gegeben. Am Ende des Jahres 1847 kam es zum *Sonderbundskrieg*. Der Sieg der Reformkan-tone der ,Tagsatzung' wurde von allen nationalreformerischen Kräften in Europa als eine Ermutigung verstanden. Einmal mehr hatten sich patriotische Freischarenzüge bewährt, an denen süd-westdeutsche Demokraten beteiligt waren. Die Reaktion der europäischen Regierungen hatte wiederum gezeigt, daß die Großmächte untereinander weder einig noch aktionsbereit wa-ren. Die eidgenössische Nationalbewegung konnte die Wiener Verträge von 1815 verletzen, ohne geahndet zu werden.

Die deutsche Revolution

Als der Abgeordnete Bassermann am 12. Februar 1848 in der Zweiten Kammer des badischen Landtages die Forderung stellte, neben dem Bundestag der Fürsten eine ,Ständekammer' des Volkes zu errichten, wurde deutlich, daß die Führungs-schichten der Nationalbewegung zu einer neuen Initiative über-gehen und die Reform des Deutschen Bundes auf die politische Tagesordnung setzen wollten. Zwei Wochen später – auf die Nachricht hin, in Paris sei eine Revolution ausgebrochen – wurde die Bevölkerung aller deutscher Staaten von einer ele-mentaren Protestbewegung erfaßt. Bereits nach zwei Monaten war die Bundesversammlung des Deutschen Bundes aufgelöst, und eine *Nationalversammlung des deutschen Volkes* konnte in der Frankfurter Paulskirche zusammentreten.

Dieser radikale Wechsel nationaler Institutionen wurde durch den Druck von Versammlungen, Petitionen und revolutionären Kämpfen erzwungen, die in ganz Deutschland stattfanden. Die

Märzbewegung des Jahres 1848 ist eine der größten Massenerhebungen in der deutschen Geschichte. Sie war eine Selbstbefreiung des Volkes in allen seinen Schichten. Die politische Dichtung erreichte noch einmal einen Höhepunkt, und bis zu welchen nationalrevolutionären Forderungen sie vorstieß, zeigt eine Strophe aus Ferdinand Freiligraths ‚Schwarz-Rot-Gold‘ vom 17. März:

> „Die Freiheit, das ist die Nation,
> ist aller gleich Gebieten.
> Die Freiheit ist die Auktion
> von dreißig Fürstenhüten.
> Die Freiheit ist die Republik!
> Und abermals die Republik!
>> Pulver ist schwarz,
>> Blut ist rot,
>> Golden flackert die Flamme!"

Die Märzbewegung hatte den Charakter einer nationalen Revolution; denn sie erreichte sofort eine gesamtdeutsche Dimension. Ausgehend von den Städten am Rhein hatte die Volkserhebung innerhalb von zwei Wochen Wien und Berlin, die Hauptstädte der beiden deutschen Großstaaten erobert. Sie führte in Wien zum Rücktritt Metternichs und zwang in Berlin den preußischen König, das Militär aus der Stadt zurückzuziehen und vor den aufgebahrten Barrikadenkämpfern das Haupt zu entblößen. Kein Bundesstaat blieb unberührt. Auch die Deutschen im Ausland nahmen lebhaft an dem Geschehen teil. Die politischen Emigranten kehrten schon in den ersten Wochen fast vollständig nach Deutschland zurück und schalteten sich promovierend in die Bewegung ein. Alle Schichten der Bevölkerung, die ganze Nation, erhoben sich mit eigenen Forderungen. Neben dem Bürgertum beteiligten sich vor allem die handarbeitenden Volksschichten aktiv an den Kämpfen und ermöglichten mit ihrem Einsatz deren Erfolg. Auch die bäuerliche Landbevölkerung meldete sich mit eigenen antifeudalen Forderungen zu Wort.

Die Märzbewegung war in ihrem ersten Anlauf überraschend erfolgreich. Die von ihr durchgesetzten Bürgerrechte ermöglichten allen gesellschaftlichen Gruppen, sich öffentlich zu versammeln und zu organisieren. In ungezählten Versammlungen kamen Interessensgruppen zusammen und gründeten Komitees, Vereine und Verbände. Einige von ihnen – voran die Turner, die Studenten und die Demokraten – riefen schon bald zu einem gesamtdeutschen Kongreß auf, andere gaben durch die Gründung einer nationalen Dachorganisation zu erkennen, daß sie fortan im nationalen Rahmen tätig sein wollten. Eine Spendensammlung für Schleswig-Holstein war die erste gemeinsame Aktion (vgl. S. 120 f.).

Das Jahr 1848 wurde auch zu einem Höhepunkt der politischen Organisierung in Deutschland. Die deutsche Nation konstituierte sich in dieser Revolution als eine sich organisierende Gesellschaft, als eine Nation von Vereinen, Klubs und Gesellschaften. Stärker als es für einen Erfolg der Revolution gut war, kam es damit schon an deren Beginn zu einer Aufsplitterung der Kräfte. Folgende Richtungen standen sich mit eigenen nationalpolitischen Zielvorstellungen gegenüber:

Der *Konservativismus* der herrschenden Schichten. Sie organisierten sich auf der Basis alter Verbindungen zur Abwehr der national-revolutionären Tendenzen. Nur eine kleine Gruppe von National-Konservativen plädierte für einen monarchischen Bundesstaat mit föderaler Verfassung.

Der *Liberalismus* des Bürgertums von Besitz und Bildung. In einer Vereinbarung mit den Fürsten wollte er einen konstitutionellen Nationalstaat mit monarchischer Spitze errichten. Dieser sollte bürgerliche Freiheitsrechte gewähren und eine nationale Machtentfaltung nach außen ermöglichen.

Der *Katholizismus*, der im Jahre 1848 im Interesse kirchlicher Anliegen eine konsequente und erfolgreiche Organisierung des Kirchenvolkes betrieb (Piusvereine; Deutscher Katholikentag). Er plädierte für einen föderalen Nationalstaat und orientierte sich vielfach am alten Heiligen Römischen Reich.

Die *demokratische Bewegung*. Sie war der Vorreiter bei den politischen Aktionen und auch in der gesamtdeutschen Organisierung (Demokratenkongreß zu Pfingsten 1848 in Frankfurt). Ihre nationalpolitische Leitidee war das Prinzip der Volkssouveränität. Sie kämpfte für einen parlamentarisch, u. U. sogar republikanisch geprägten Nationalstaat, für die Gleichberechtigung der Bürger (Abschaffung des Adels), der Nationalitäten und der Religionen.

Eine *Frauenbewegung*, die durch ihre Bereitschaft zum patriotischen Engagement geprägt war. Sie äußerte sich in Vereinsgründungen, einer eigenständigen Publizistik und in der Unterstützung politischer Aktionen. Gegenüber den Anfängen während des Befreiungskriegs von 1813–1815 war sie wesentlich breiter, erfaßte auch handarbeitende Frauen und war meist demokratisch orientiert. Die Frauen erwarteten von der nationalen Revolution eine Verbesserung ihrer sozialen Rechtslage sowie neue Möglichkeiten persönlicher und gesellschaftlicher Entfaltung, erst in Ansätzen auch eine politische Gleichberechtigung.

Die *Arbeiterbewegung*. Mit Hilfe des Engagements der demokratisch orientierten Intelligenz organisierten sich politisch bewußte Handwerker und Arbeiter gleichsam aus dem Stand heraus und schufen einen nationalen gewerkschaftlichen Dachverband (‚Arbeiter-Verbrüderung‘). Ihre nationalpolitischen Vorstellungen waren mit denen der Demokraten im wesentlichen identisch, doch erhofften sie vom Nationalstaat vor allem soziale und politische Emanzipation und eine Lösung der sozialen Frage.

Trotz dieser starken Differenzierung der sozialen Interessen und politischen Standpunkte: Die Schaffung eines deutschen Nationalstaats war das Ziel, das allen vor Augen stand.

Die *Liberalen* gingen über ihre Forderung einer Reform des Deutschen Bundes (Bassermannscher Antrag) schon bald hinaus. Auf einem Treffen in Heidelberg am 5. März schwenkten sie auf die Forderung der Märzbewegung nach einem ‚Volksparlament‘ ein und forderten eine Nationalversammlung. In dem von ihnen zusammengerufenen *Vorparlament*, das vom 31. Mai bis 2. April bereits in der Frankfurter Paulskirche tagte, konnten die Liberalen sich gegenüber den Demokraten durchsetzen und die weiteren Schritte der nationalen Reform nach ihren Vorstellungen prägen: gesamtdeutsche Wahlen zu einer konstituierenden Nationalversammlung, Sistierung der Institutionen des Deutschen Bundes, Ausarbeitung einer Reichsverfassung als Hauptaufgabe der Nationalversammlung, Bildung einer provisorischen Reichsregierung bei gleichzeitiger Anerkennung der Souveränität der Fürstenstaaten. Bei alledem war man bemüht, zu *Vereinbarungen* mit den Fürsten zu gelangen und sie nicht revolutionär herauszufordern. Die Mehrheit der Abgeordneten machte ,Halt vor den Thronen'.

Das ermöglichte den *Fürsten*, mit einer hinhaltenden Politik auf die nationale Bewegung einzugehen. In vielen Staaten wurden Regierungsumbildungen vorgenommen und Vertreter des Liberalismus in die neuen ,Märzministerien' aufgenommen. Die Bundesversammlung des Deutschen Bundes erklärte sich für die Pressefreiheit, übernahm Schwarz-Rot-Gold als Bundesfarben und setzte gemäß ihres Stimmenschlüssels einen 17er-Ausschuß ein, der einen nationalen Verfassungsentwurf ausarbeiten sollte. Gleichzeitig empfahl sie den Regierungen die Durchführung von Wahlen für eine Konstituierende Nationalversammlung und stellte sich damit als politische Institution selbst in Frage. Die nationale Bewegung war in der Folgezeit allein mit den Fürsten und ihren Regierungen konfrontiert. Friedrich Wilhelm IV. machte am lautesten von sich reden. Er empfahl in einem Aufruf ,An mein Volk und an die deutsche Nation' vom 21. März die „innigste Vereinigung der deutschen Fürsten und Völker unter Einer Leitung", und er erklärte: „Preußen geht fortan in Deutschland auf".

Die *revolutionäre Bewegung* hatte in ihren Märzforderungen mit dem Ruf nach Einberufung eines Nationalparlaments und nach Volksbewaffnung unübersehbar die nationale Souveränitätsfrage gestellt. Angesichts der fürstenstaatlichen Pluralität in Deutschland konnte sie am besten durch die Errichtung einer Republik gelöst werden. Einige demokratische Abgeordnete versuchten, bereits das Vorparlament für dieses nationaldemokratische Ziel zu gewinnen – vergeblich. Friedrich Hecker, der populärste südwestdeutsche Demokrat, ging danach den Weg einer organisierten revolutionären Erhebung. Er rief am

12. April in Konstanz eine *Deutsche Republik* aus und zog mit einem Freischarenzug in Richtung Frankfurt, um sie durchzusetzen. Hecker bekam Unterstützung von vielen Seiten, u. a. aus Basel und Straßburg, doch sein Unternehmen scheiterte in Kämpfen mit Truppen des Deutschen Bundes, der zur Sicherung der fürstlichen Souveränität weiterhin aktionsfähig war. Es kam nicht zu einer antimonarchischen Volksrevolution wie im Februar in Frankreich. (Dort konnten sich die Kämpfe auf eine Hauptstadt konzentrieren, und es mußte nur ein Fürst gestürzt werden!)

In der Märzbewegung hatte das deutsche Volk erstmals seinen Anspruch auf politische Souveränität zur Geltung gebracht. Im Vorparlament jedoch und mit dem Scheitern der badischen Aprilrevolution war deutlich geworden, daß die Macht- und die Mehrheitsverhältnisse in Deutschland eine revolutionäre Durchsetzung der Volkssouveränität nicht zuließen. Die Mehrheit der Bevölkerung wünschte eine Zusammenarbeit mit den Fürsten bei der Lösung der nationalen Probleme. Der Inhalt und die Formen einer solchen nationalen Vereinbarung waren jedoch noch völlig offen. Deren Erfolg hing außerdem davon ab, ob die Fürsten mehrheitlich überhaupt dazu bereit waren, ihre Macht mit der erwachten Nation zu teilen.

In *Schleswig-Holstein* hatten sich nach dem Regierungsantritt des dänischen Königs Friedrich VII. im Januar 1848 die Dinge erneut verschärft (vgl. S. 109). Herausgefordert durch königliche Erklärungen und beflügelt durch die deutsche Märzbewegung, hatte die nationaldeutsche Bewegung in den beiden Herzogtümern am 24. März eine provisorische Landesregierung gebildet und sich damit in einem nationalrevolutionären Akt von ihrem Landesherrn losgesagt. Der Einmarsch dänischer Truppen war die unmittelbare Folge: eine brisante Herausforderung für die deutsche Nation und ihre politischen Kräfte. Der Deutsche Bund war am 12. April noch in der Lage, Dänemark den ‚Bundeskrieg' zu erklären, doch Preußen hatte bereits gehandelt und mit seinen Truppen Holstein besetzt. Die Nationalbewegung erlebte einen erneuten Aufschwung; sie hatte die Chance, mit einer großen nationalen Unterstützungsaktion zu einer Vereinigung aller Kräfte zu gelangen und gegenüber den Fürsten sogar die Führung zu übernehmen. Im April 1848 liefen bereits mehrere Aktionen an: Geldsammlungen großen Ausmaßes, Initiativen für den Aufbau einer deutschen Flotte zum Kampf gegen die Seemacht Dänemark (mit problematischen machtpolitischen Deklarationen!). Freiwillige strömten nach Norden und machten aus dem preußischen Feldzug einen deutschen Krieg, der für die nationale Revolution zu einer Schicksalsfrage werden sollte.

Zunächst jedoch war der Zusammentritt der *Nationalversammlung* am 18. Mai in der Frankfurter Paulskirche, gewählt von der männlichen Bevölkerung aller Gebiete des Deutschen Bundes, ein sichtbarer Höhepunkt der nationalen Bewegung. Deren vordringlichste, seit 1830 anstehende Forderung, war damit in Erfüllung gegangen. Erstmals hatte die deutsche Nation einen frei gewählten, demokratisch legitimierten Repräsentanten. Dessen Auftrag ging in zwei Richtungen: Ausarbeitung einer Verfassung für den zu gründenden Nationalstaat und bis zu dessen Konstituierung die Wahrnehmung nationaler Souveränität. In beiden Richtungen ging man sofort an die Arbeit: Es wurden ein Verfassungsausschuß eingesetzt und eine provisorische Reichsregierung gebildet, an deren Spitze ein ‚Reichsverweser' stand: Erzherzog Johann aus der alten Kaiserdynastie der Habsburger.

Nationalversammlung und Reichsregierung standen schon im August 1848 vor schwerwiegenden Entscheidungen. Dabei machten sich die nationalpolitischen Grundpositionen, die nationalliberale und die nationaldemokratische, mit ihren alternativen Lösungsmodellen neu geltend: Vereinbarung einer nationalen Verfassung mit den Fürsten oder Durchsetzung des Prinzips der Volkssouveränität. Es darf indes nicht übersehen werden, daß außerhalb Frankfurts noch eine dritte Position existierte: die der Herrschaftseliten in den Einzelstaaten. Deren Wille zur Selbstbehauptung der fürstlichen Souveränität im Rahmen eines neu zu definierenden Fürstenbundes wurde gestärkt durch die Unentschiedenheit der bürgerlichen Bewegung.

Die deutsche Nationalbewegung geriet aufgrund dieser Konstellation schon bald in schwere politische Krisen. Sie stand vor einer Reihe kaum lösbarer Probleme, die sich in drei Punkten zusammenfassen lassen:

1. Obwohl ein Nationalstaat oberstes Ziel dieser Bewegung war, wurde die politische Souveränität der Einzelstaaten nicht ernsthaft angetastet. In der Märzbewegung wurde die Fürstenherrschaft zu Konzessionen gezwungen und oft auch in Frage gestellt, aber nirgendwo wirklich beendet: Die Machtbasen für eine mögliche Konterrevolution blieben erhalten. Die Kräfte der Nationalbewegung engagierten sich sogar selbst in den Einzelstaaten! Sie gingen in die regionalen Reformparlamente, die in Berlin und Wien ebenso wie in Frankfurt als Konstituierende Nationalversammlungen fungierten. Es gab im Revolutionsjahr 1848/49 also nicht eine, sondern drei Nationalversammlungen in Deutschland, von denen ein Erfolg der Revolution abhing. Der Kölner Abgeordnete Franz Raveaux hatte in der Paulskirche schon am 19. Mai mit einem Initiativantrag auf dieses Grundsatzproblem aufmerksam gemacht, doch ohne Erfolg. Alte territorialstaatliche und föderale Strukturen kamen hier zur Geltung, die auch die Nationalbewegung mit ihrem Elan nicht überspringen konnte und wollte. Die deutsche Nationalbewegung war auch auf ihrem Höhepunkt im Jahre 1848 keine Einheitsbewegung.

2. Von daher konnte auch die machtpolitische Entscheidungsfrage nicht gelöst werden: Sollte die in der Nationalversammlung repräsentierte Nation der politische Souverän in Deutschland sein oder weiterhin die Fürsten? Bei der Eröffnung der Frankfurter Nationalversammlung hatte deren Präsident Heinrich von Gagern erklärt: „Wir sollen schaffen eine Verfassung für Deutschland, für das gesamte Reich. Der Beruf und die Vollmacht zu dieser Schaffung, sie liegen in der *Souveränität der Nation* ... Deutschland will Eins sein, ein Reich, regiert vom Willen des Volkes, unter Mitwirkung aller seiner Gliederungen; die Mitwirkung auch der Staaten-Regierungen zu erwirken, liegt in dem Beruf dieser Versammlung." Das war ein deutliches Bekenntnis zur Volkssouveränität und zur Überord-

nung der Nationalversammlung über die Fürsten. Doch wie war dieser Anspruch durchzusetzen?

Nachdem der republikanische Ansatz der badischen Aprilrevolution gescheitert war, gab es noch zwei weitere Ansätze, zu einer Lösung dieser nationalen Machtfrage zu gelangen. Zunächst im Spätsommer 1848: Die Unterstützung des Aufstandes der Schleswig-Holsteiner durch die deutsche Nationalbewegung war seit dem Mai zu einer Sache der Nationalversammlung geworden. Sie hatte in einem offensiven ‚Reichskrieg‘ unter Beteiligung von Freiwilligen und anderen Bundestruppen zur Besetzung Jütlands geführt; das hatte eine Intervention auswärtiger Mächte, vor allem Englands, ausgelöst. Wer sollte die Beilegung des Konflikts auf deutscher Seite in die Hand nehmen und das sich vereinigende Deutschland außenpolitisch vertreten? Die preußische Regierung benutzte ihr militärisches Mandat zu einer Herausforderung der Nationalbewegung: eigenmächtig vereinbarte sie am 26. August in Malmö mit dem dänischen König einen Waffenstillstand, den die Nationalbewegung jedoch nicht akzeptieren konnte. Nach harten Debatten ging die Mehrheit der Frankfurter Nationalversammlung dieser Herausforderung aus dem Wege und verlor damit das Vertrauen der revolutionstragenden Schichten. Von einer Protestversammlung in Frankfurt am 17. September wurde sie ‚für Verräter des deutschen Volkes, der deutschen Freiheit und Ehre‘ erklärt. Die nationaldemokratischen Kräfte versuchten daraufhin, durch revolutionäre Aufstände, die sich im Rheinland – von Düsseldorf bis Lörrach – konzentrierten, in einer *zweiten Revolution* die politische Souveränität der Nation doch noch durchzusetzen. Dieser Versuch scheiterte; im Gegenlager standen nicht nur die fürstlichen Regierungen, sondern auch die nationalliberalen Kräfte des Besitz- und Bildungsbürgertums. Die nationale Bewegung war sichtbar gespalten. Das ermutigte die Fürsten zur Gegenrevolution. Sie erfolgte im Oktober in Wien und im November in Berlin; der österreichische Reichstag wurde verlegt und vertagt, die preußische Nationalversammlung aufgelöst.

Die Nationalbewegung gab sich jedoch noch keineswegs geschlagen. Die Frankfurter Nationalversammlung, obwohl in

mehrere Fraktionen gespalten, intensivierte ihre Verfassungs-
arbeit, und die oppositionellen Gruppen setzten nach dem
Scheitern der Aufstände auf das Prinzip der Organisation, ihre
alte Stärke. Seit dem November 1848 wurden alle Kräfte in
einem Dachverband, dem *Zentralmärzverein* zusammengefaßt:
eine Anknüpfung an die schon zum Mythos gewordene Märzbewegung. Die Bewährungsprobe kam im Mai 1849, als die
nationaldemokratische Bewegung für die Durchsetzung der
Reichsverfassung kämpfte, die von der Nationalversammlung
im März 1849 verabschiedet worden war. Diese *Reichsverfas-
sungskampagne* war der letzte Versuch, die Machtfrage der politischen Souveränität kämpferisch im Sinne der Bürgernation
zu entscheiden. Auch dieser Kampf fand an vielen Orten statt,
unter denen Dresden besondere Erwähnung verdient. Noch
einmal war es Baden, wo die Entscheidung fiel, als preußische
Truppen Ende Juli 1849 die letzten Kämpfer für eine souveräne
deutsche Nation in Rastatt zusammenschossen.

3. Die Grenzen der nationalen Staatsbildung waren bis zum
Schluß umstritten. Es ging um die prinzipielle Frage, ob der zu
errichtende Nationalstaat ein Staat der Deutschen sein sollte
oder wiederum ein ‚Reich‘, in dem auch andere Nationalitäten
– mit welchen Rechten? – sich entwickeln können. Schon in den
ersten Wochen der Revolution wurden die Deutschen mit dem
nationalen Erwachen der anderen Völker konfrontiert, die auch
innerhalb des Deutschen Bundes lebten: Polen, Tschechen, Slo-
waken, Slowenen, Italiener. Diesen Nationalbewegungen gegenüber waren die Deutschen das Volk der herrschenden Eliten, im Schleswig-Holstein-Konflikt dagegen waren sie das sich
befreiende Volk. Sie standen in den nationalen Auseinandersetzungen des Jahres 1848/49 also in gegensätzlichen Frontstellungen; das sollte für ihre schwierige Situation in Mitteleuropa
über 1848 hinaus kennzeichnend bleiben. In der Paulskirche
gab es daher unterschiedliche Positionen bei der Diskussion
über die Rechte der nichtdeutschen Nationalitäten innerhalb
des zu schaffenden Reiches. Mit dem Artikel 13 der Grundrechte gelang der Nationalversammlung eine wegweisende Formulierung des nationalen Minderheitenrechtes.

Bei der Festlegung der Grenzen des zu schaffenden Nationalstaats tat man sich jedoch sehr viel schwerer. Die Grenzen des Deutschen Bundes, die denen des alten Reiches weitgehend entsprachen, erwiesen sich in den Debatten der Paulskirche immer wieder als problematisch; denn sie stimmten mit den Grenzen der deutschen Nation kaum überein. Die Mehrheit der Frankfurter Nationalversammlung war jedoch nicht bereit, Grenzkorrekturen zugunsten anderer Nationen vorzunehmen. Das wurde in der Debatte über die Grenzziehung in der preußischen Provinz Posen besonders deutlich, wo nationalistische Tendenzen offenkundig wurden, als der Abgeordnete Wilhelm Jordan sich auf einen ‚gesunden Nationalegoismus‘ berief und die Mehrheit gegen den Antrag der Nationaldemokraten entschied. Sie war gefangen von der Idee eines nationalen Machtstaates und durch ihren Rückbezug auf das deutsche Kaiserreich (vgl. S. 83 f.). Das politisch-militärische Gewicht der beiden deutschen Großstaaten wirkte sich in gleicher Richtung aus. Mit dem Anspruch auf das Herzogtum Limburg (19. Juli 1848) beschwor die Nationalversammlung sogar einen internationalen Konflikt herauf.

Die *Habsburgische Monarchie* wurde in diesem Zusammenhang zu einem besonderen Problem; denn sie wurde als Vielvölkerstaat durch das nationale Erwachen der Völker besonders herausgefordert. Die Herrschaftseliten in Österreich reagierten sofort militärisch, und es gelang ihnen schon im Sommer, die nationalen Aufstände in Böhmen und Italien niederzuschlagen. Damit wurde eine antinationale Gegenbewegung eingeleitet, die sich auf die Entwicklung in Deutschland verhängnisvoll auswirkte. Sie ermutigte die fürstenstaatlichen Regierungen zur Gegenrevolution und verführte die deutschen Liberalen zu machtpolitischen und nationalistischen Einstellungen. Als Österreich nach den militärischen Siegen über die nationale Revolution unter der Regierung des Fürsten Schwarzenberg im Herbst zu einem neuen Staatsabsolutismus überging, die deutsche Nationalversammlung durch die Hinrichtung ihres Delegierten Robert Blum am 9. November provokativ herausforderte und schließlich ihre Abgeordneten aus der Paulskirche zurückbeorderte (vgl. S. 131), entschied sich die deutsche Nationalversammlung notgedrungen im März 1849 für die *kleindeutsche Lösung*, eine Nationalstaatsbildung ohne die Habsburgischen Territorien. Mit dieser Reduzierung einer zentralen Zielvorstellung vollzog die nationale Revolution eine erhebliche Selbstbeschränkung. Doch der preußische König lehnte am 3. April die ihm von der Nationalversammlung angetragene Kaiserkrone ab und seine Truppen schlugen die Revolution dort, wo sie noch Widerstand leistete, endgültig nieder.

Die deutsche Revolution von 1848 gilt als eine *‚gescheiterte‘ Revolution*. Dieses Urteil kann mit guten Gründen auf deren nationales Hauptziel bezogen werden: Es gelang nicht, die politische Souveränität der Nation durchzusetzen und einen Nationalstaat zu schaffen. Die Fürsten konnten ihre Macht behaupten; der Staatenpluralismus in Deutschland blieb erhalten. Die größte Chance, die eine demokratische Nationalbewegung zur Verwirklichung ihrer Ziele in Deutschland je gehabt hat, konnte nicht genutzt werden; das lastete schwer auf dem weiteren Schicksal der Demokratie in Deutschland.

Auch im europäischen Rahmen war für die Durchsetzung liberaldemokratischer Verfassungsstrukturen damit eine große Chance vertan. Die liberalen Staaten Westeuropas waren in ihrer Deutschlandpolitik nicht auf die nationalen Institutionen in Frankfurt zugegangen; sie blieben auf die antiliberalen deutschen Großmächte orientiert.

Über die Gründe des Scheiterns der nationalen Staatsbildung in Deutschland ist viel nachgedacht worden; denn selten war eine nationale Bewegung in einem Volke so verbreitet wie die deutsche des Jahres 1848. Nicht deren Schwäche ist daher für das Scheitern der nationalen Revolution verantwortlich zu machen, sondern paradoxerweise ihre fortgeschrittene Entwicklung. Die Modernisierung der deutschen Gesellschaft war bereits so weit vorangekommen, daß nicht mehr eine Schicht allein die Führung der nationalen Revolution in die Hand nehmen konnte. Es gab eine *Konkurrenz von drei nationalpolitischen Führungsgruppen*. Sie sind nacheinander politisch gescheitert, und oft genug standen sie sich gegenseitig im Wege.

Die *nationaldemokratische Bewegung*, deren Erfolg wesentlich vom Schwung revolutionärer Massenaktionen abhing, erlitt bereits in der badischen Aprilrevolution eine erste Niederlage. In den Parlamenten blieb sie meist in der Minderheit. Um so wichtiger wurde ihre außerparlamentarische Organisierung, die breit und stark entwickelt war und auch die Arbeiterbewegung und Frauenbewegung mit umfaßte. Sie wurde bald zum Hauptziel gegenrevolutionärer Regierungsmaßnahmen, und deren Strategie mußte sie auf die Dauer erliegen. Im September 1848 und im Mai 1849 initiierte die demokratische Bewegung noch einmal nationale Volksaufstände. Nach deren Scheitern gingen Tausende in die Emigration, aus der nur wenige zurückkehrten. Die demokratische Bewegung hat sich nach dieser frühen Niederlage nie wieder im deutschen Bürgertum breit entfalten können. In den Emigrationsländern haben deutsche Demokraten mit Erfolg weitergewirkt; die politische Karriere des Bonner Studenten Carl Schurz in den USA ist ein bekanntes Beispiel dafür.

Das *nationalliberale Bürgertum*, stark verwurzelt in den kulturnationalen Organisationen, konnte sich schon in der Märzbewegung mehrheitlich durchsetzen. Durch seine Beteiligung an den Märzministerien und seine Dominanz in den Parlamenten verfügte es über die entscheidenden Positionen in den politischen Institutionen des Revolutionsjahres. Es gelang ihm jedoch nicht, weiterführende nationalpolitische Entscheidungen in Vereinbarung mit den Fürsten durchzusetzen. Die Auseinandersetzungen über den Waffenstillstand von Malmö wurden zum politischen Desaster des Liberalismus, und die entwürdigende Ablehnung der Kaiserkrone durch den preußischen König war die sichtbarste Bloßstellung seiner erfolglosen nationalpolitschen Strategie. Seine Hoffnungen auf einen großdeutschen Machtstaat mußten im Verlaufe des Revolutionsjahres zugunsten einer kleindeutschen Lösung zurückgenommen werden.

Die deutschen *Fürsten* dürfen nicht nur auf der Gegenseite der nationalen Bewegung des Jahres 1848 verbucht werden. Die Maßnahmen des Deutschen Bundes und das Verhalten einzelner

Monarchen in den Monaten März und April 1848 zeigen bereits, daß auch die alte Reichsfürstennation und ihre Umgebung von der nationalen Bewegung erfaßt waren. Noch deutlicher zeigte dies im April 1849 die Erklärung von 28 deutschen Regierungen, die Reichsverfassung der Nationalversammlung und die Wahl des preußischen Königs zum deutschen Kaiser anerkennen zu wollen.

Doch die Fürsten waren in ihrer nationalpolitischen Option gespalten, und die Macht lag bei einer Minorität, zu der Friedrich Wilhelm IV. von Preußen gehörte. Dieser vereitelte die große Chance einer nationalen Staatsbildung auf der Basis der Reichsverfassung, ließ die letzte nationale Volksbewegung niederschlagen und versuchte dann, beraten durch Joseph Maria von Radowitz, über eine *Deutsche Union* der Fürstenstaaten doch noch zur Errichtung eines Nationalstaates zu gelangen: das Satyrspiel der Revolution. Es war nicht nur ein Nachspiel, vielmehr: der ernsthafte Versuch, mit den Mitteln fürstenstaatlicher Politik die Nationalstaatsbildung zu verwirklichen, die die bürgerliche Revolution nicht geschafft hatte. Auf eine parlamentarische Absicherung dieses Weges wollte man nicht verzichten. Im Januar 1850 fanden in den beteiligten Staaten Wahlen zu einem konstituierenden ‚Reichstag‘ statt, allerdings nach dem preußischen Dreiklassenwahlrecht. Demzufolge versammelten sich im März 1850 im Erfurter ‚Parlament der Deutschen Union‘ nur liberal-konservative Abgeordnete. Sie berieten eine von oben vorgelegte Verfassung und offenbarten damit, daß die bürgerliche Bewegung aus eigenen Kräften zu einer nationalen Staatsbildung nicht in der Lage war.

Doch auch der preußisch-nationalkonservative Ansatz einer föderalen Staatsbildung von oben scheiterte. Die Machtrivalität zwischen den Großstaaten Preußen und Österreich erwies sich als stärker; sie führte bis an den Rand eines Krieges und ermöglichte nicht mehr an Gemeinsamkeit als das, was man 1815 bereits erreicht hatte. Das antinationale Österreich unter der Führung Schwarzenbergs brachte die preußischen Unionspläne zu Fall (Vertrag von Olmütz im November 1850) und leitete die Wiedererrichtung des Deutschen Bundes in die Wege. Die Errichtung eines deutschen Nationalstaats war damit auf absehbare Zeit gescheitert. Sie war nicht gelungen, weil drei große politische Interessengruppen sich mit konkurrierenden Konzeptionen gegenüberstanden und sich gegenseitig blockierten. Die Probleme einer deutschen Nationalstaatsgründung in Mitteleuropa erwiesen sich auf dem Wege der Vereinbarung als unlösbar, und so endete das nationale Revolutionsjahr bei allen Beteiligten in einer großen politischen Ratlosigkeit.

Das Urteil über die nationale Erhebung der Jahre 1848 bis 1850 darf jedoch nicht auf das Problem der Staatsbildung fixiert bleiben. Die anderen nationalen Entwicklungsbereiche, Demokratisierung und Nationsbildung, sind in die Bilanz einzubeziehen.

Die Märzbewegung des Jahres 1848 hatte einen Prozeß der Demokratisierung eröffnet, der sich in allen gesellschaftlichen Bereichen auswirkte. Die bürgerliche Nation brachte sich erstmals gegenüber den alten Herrschaftseliten als eine siegreiche politische Kraft zur Geltung. Es gelang ihr zwar nicht, zum politischen Souverän in Deutschland zu werden. Doch sie konnte den *konstitutionellen Rechtsstaat* endgültig in Deutschland durchsetzen und – z.B. in den Parlamenten – weitere politische Partizipationsrechte erlangen. Von großer nationaler Relevanz war hier die Tatsache, daß *Preußen* seit 1848 zu einem Rechts- und Verfassungsstaat geworden war. Obwohl vom König oktroyiert und 1849 noch einmal reaktionär revidiert (Umwandlung des gleichen in ein Drei-Klassen-Wahlrecht), die preußische Verfassung von 1850 beruhte in ihrem liberal-rechtsstaatlichen Kern auf der Arbeit der preußischen Nationalversammlung des Revolutionsjahres 1848!

Mit der *Reichsverfassung* hatte die Frankfurter Nationalversammlung am 28. März 1849 ihre Arbeit erfolgreich zum Abschluß gebracht. Diese Verfassung war damals das in Richtung Demokratie am weitesten fortgeschrittene Verfassungsmodell in Europa. Sie enthielt eine Sicherstellung parlamentarischer Souveränität und ein allgemeines gleiches Männerwahlrecht. In ihren Grundrechten wurde durch die Einführung eines einheitlichen Reichsbürgerrechts die moderne Staatsbürgernation geschaffen und alle ständischen Vorrechte aufgehoben (§§ 132 und 137) – ein epochemachender Schritt für die Durchsetzung der modernen Nation. Ebenso bemerkenswert ist die grundgesetzliche Verankerung einer Existenzgarantie für nationale Minderheiten (§ 188). Für die weitere Entwicklung des Konstitutionalismus in Europa spielte sie auch deshalb eine wichtige Rolle, weil in ihr erstmals das *Modell eines föderalen Nationalstaats* niedergelegt war.

Ein wesentlicher Ertrag der Revolution lag im Bereich der nationalen Identität, der *Nationsbildung*. Das dramatische Geschehen dieses Jahres und die Anteilnahme aller Volksschichten daran vereinigten die Deutschen zu einer politischen Schicksalsgemeinschaft und schuf Bindungen unter ihnen, die nicht wieder zu lösen waren. Im Revolutionsjahr 1848/49 sind die Deutschen in den Staaten des Deutschen Bundes endgültig zu einer Nation geworden. Nur aufgrund dieser fortgeschrittenen Nationsbildung konnte die Reichsgründung der Jahre 1866 bis 1871 gelingen.

Diese Nationsbildung war jedoch keine politische Sammlungsbewegung. Die handarbeitenden Schichten begannen sich eigenständig zu organisieren, und nimmt man die Organisierung des Katholizismus hinzu, sollte konkreter von einer *fraktionierten Nationsbildung* entlang der Trennungslinien von Klasse, Konfession und politischer Option gesprochen werden. Sodann ist kennzeichnend für Deutschland die *regionale* Differenzierung. Obwohl sich eine gesamtdeutsche Nationsbildung eindeutig durchgesetzt hatte, wurden die regionalen Institutionen niemals in Frage gestellt. Sie waren eine so selbstverständliche Gegebenheit, daß man ihnen selbst dann Rechnung trug, wenn die Schlagkraft der nationalen Bewegung dadurch beeinträchtigt wurde. Die deutsche Nationalbewegung war auch auf ihrem Höhepunkt im Jahre 1848 niemals eine zentralisierende Einheitsbewegung, obwohl nationaldemokratische Kräfte oft in diese Richtung drängten. Die nationale Revolution hatte in jeder Region ein anderes Gesicht, und es machte die Stärke der nationalliberalen Position aus, daß sie dem Rechnung trug.

Die regionale Differenzierung ging in dieser Revolution so weit, daß sich *Österreich* mit einem eigenen Landespatriotismus absonderte. Das war in der deutschen Geschichte kein ungewöhnlicher Vorgang (vgl. S. 22). Der Verlauf der Revolution und deren politische Programmatik hatten in den Habsburgischen Ländern eine eigene, kämpferische Richtung. Neben dem deutschen Zentrum Wien gab es durch die nationale Erhebung der beherrschten Völker weitere Revolutionszentren in Oberitalien (besonders Mailand und Venedig), in Prag und in Budapest. Das konstituierende Parlament war ein multinational zusammengesetzter ‚Reichstag', nicht eine Nationalversammlung. Die deutschsprachigen Herrschaftseliten fühlten sich durch die nationale Erhebung der Völker als Österreicher besonders herausgefordert. Durch die Erfolge der Feldherren Radetzky und Windischgrätz und die Politik des Fürsten Schwarzenberg, deren Nimbus lange nachwirkte, konnten sie sich ein letztes Mal behaupten. Das Staatsinteresse der Habsburgischen Monarchie führte zu einer besonderen staatsnationalen Identität unter den Deutsch-Österreichern. Die spätere Entwicklung erst sollte zeigen, daß die österreichische Nationsbildung noch lange nicht zu einem Abschluß gekommen war (vgl. S. 188 ff.).

Neben den Habsburgischen Ländern wurden auch fast alle Nachbarstaaten Deutschlands von der revolutionären Welle erfaßt. Die deutsche Märzbewegung von 1848 war getragen von dem Gefühl eines gemeinsamen Aufbruchs der europäischen Völker und von der Hoffnung auf eine gemeinsame Front gegen die absolutistischen Regierungen. Diese Hoffnungen konzentrierten sich in den ersten Monaten auf *Frankreich*, das Mutterland der Revolution. Hier hatte das Bürgertum in den letzten Februartagen gemeinsam mit den Volksschichten die Monarchie gestürzt und sich als republikanische Nation etabliert. In einer neuen nationalen Gemeinsamkeit wurden durch eine ‚Organisation der Arbeit' und die Gründung von ‚Nationalwerkstätten' die Probleme der handarbeitenden Bevölkerung angepackt. Doch schon im April, bei den Parlamentswahlen, brachen die sozialen Gegensätze wieder auf. Sie verschärften sich bis zu dem Juniaufstand der Pariser Arbeiterbevölkerung, der mit Hilfe der Nationalgarden von dem republikanischen Kriegsminister Cavaignac niedergeschlagen wurde. Diese sichtbare Spaltung der führenden republikanischen Nation und der Übergang des liberalen Bürgertums zu einer Politik der Gegenrevolution machte tiefen Eindruck in Europa, vor allem innerhalb des deutschen Bürgertums.

Mit dem Pariser Juni-Aufstand war bereits die Wende der europäischen Revolutionen von 1848 eingeleitet. Die Großmacht Frankreich stand nicht mehr als eine Hilfe für nationalrevolutionäre Bewegungen zur Verfügung. Das bekam zuerst die italienische Nationalbewegung zu spüren (vgl. bereits S. 125). Sie hatte in den ‚Fünf Tagen‘ des Mailänder Aufstandes vom 18.-23. März die Habsburgische Herrschaft zurückgedrängt, hatte sich mit Hilfe König Alberts von Piemont-Sardinien weitere Siege ohne die Mitwirkung der Volksmassen erhofft und war im Juli bei Custozza und nach einem zweiten Anlauf im März 1849 bei Novara von Radetzkys Armee geschlagen worden. Österreichische Truppen hatten im Juni 1848 schon den nationalen Aufstand der Tschechen in Prag niedergeschlagen. Auch Preußen hatte Anfang Mai die Verläßlichkeit seiner Truppen getestet, als es den von einem polnischen Nationalkomitee unter Mierosławski geleiteten Aufstand in der Provinz Posen besiegte. Der soeben noch von der Berliner Revolution aus einem Gefängnis befreite General wollte eigentlich mit der Hilfe der befreiten deutschen Nation gegen die Zarenherrschaft kämpfen!

Im Herbst 1848, als die Gegenrevolution in Deutschland einsetzte, waren die nationalen Revolutionen in der Nachbarschaft bereits weitgehend niedergeschlagen. Ungarn jedoch stellte noch eine Hoffnung dar. Hier kam es zu einem Akt internationaler Solidarität, als die Wiener Revolutionäre Anfang Oktober das Ausrücken der Truppen nach Budapest verhinderten. Doch am Ende war die Solidarität der gegenrevolutionären Kräfte stärker: Russische Truppen halfen bei der endgültigen Niederwerfung der ungarischen Revolution im Sommer 1849, und danach konnte das Habsburgische Militär auch die letzte Bastion der italienischen Revolution in Venedig besiegen.

Die Bilanz der nationalen Revolutionen in Europa ist also durchweg negativ. Keiner ist es gelungen, zu einer Staatsgründung zu gelangen. Die drei antinational agierenden östlichen Großmächte konnten sich durchsetzen; ihre Truppen blieben gehorsam und siegreich. Die Nationalbewegungen waren nicht in der Lage, ihnen eine überlegene Macht entgegenzusetzen, – vor allem deshalb, weil das liberale Bürgertum eine revolutionäre Zusammenarbeit mit den Volksschichten scheute und aus Angst vor diesen eher bereit war, die Revolution zu beenden.

5.2 Der Übergang zur Industriegesellschaft

Durch die Revolution von 1848 hatte die deutsche Nation sich selbst aus ihren bisherigen Lebensverhältnissen herausgerissen. Sie erlebte eine Mobilisierung ohnegleichen, erprobte die Möglichkeiten eigenständiger Aktion und Organisierung, setzte konstitutionelle Rechtsverhältnisse durch und war damit in der Lage, in die zweite Etappe ihrer ‚Doppelrevolution‘ einzutreten.

Schon seit der Mitte der 1840er Jahre war eine verstärkte *Industrialisierung* in den deutschen Staaten zu beobachten, in Gang gebracht vor allem durch das große Projekt des Eisenbahnbaus (vgl. S. 103). Nach dem konjunkturellen Rückschlag durch die Hungerkrise von 1847 und die politische Revolution erlebte dieser Prozeß nun eine konstante Beschleunigung; Deutschland veränderte sich binnen kurzem. Bergbau und Metallindustrie wurden die neuen Leitsektoren der wirtschaftlichen Entwicklung; die Gewinnung und Verarbeitung von fossilen Energiereserven und Rohstoffen nahm bisher nicht gekannte Ausmaße an und beeinflußte die anderen Industriezweige. Das Fabriksystem, verbunden mit neuen maschinellen Produktionstechniken, setzte sich endgültig durch. Für die Mehrheit der deutschen Bevölkerung wurde die freie Lohnarbeit zur maßgeblichen Erwerbsform.

Auch in der *Landwirtschaft* vollzog sich in der Mitte des Jahrhunderts eine revolutionierende Intensivierung der Anbau- und Produktionsformen. Sie ermöglichte dauerhafte Ertragssteigerungen, und so konnte es sogar gelingen, die Ernährung der sich rasant vermehrenden Bevölkerung sicherzustellen. Die Wirtschaftskrisen, eine nächste stand schon 1857 an, waren nicht mehr landwirtschaftlich, sondern industriell bedingt: es waren Konjunkturkrisen modernen Stils. Das Gewicht der wirtschaftlichen Sektoren verschob sich bemerkenswert zugunsten der industriell-gewerblichen Produktion (vgl. Anhang S. 338), die durch eine starke Kapitalakkumulation in privater Hand und ein sich rasant entwickelndes Bankensystem mit den notwendigen Investitionsmitteln versorgt wurde. Das Nettosozialprodukt der deutschen Wirtschaft steigerte sich von 1848 bis 1873 bereits um 90 %.

Die industrielle Revolution in Deutschland war nicht zuletzt auch eine *Revolution der Kommunikation.* Der Eisenbahnbau blieb das führende Projekt der Industrie; er ermöglichte eine gewaltige Steigerung und Beschleunigung wie auch eine erhebliche Verbilligung des Transportes von Gütern und Personen. Für neue Dimensionen in der Nachrichtenkommunikation sorgten die Erfindung der Telegraphie und ein wesentlich verbessertes Post- und Pressewesen. Damit waren die technischen Bedingungen vorhanden, die regionale Begrenzung und die Provinzialität der Lebensverhältnisse in Deutschland zu überwinden.

Alle diese Umstände trugen dazu bei, daß sich die deutsche Gesellschaft in den Jahrzehnten nach der Revolution von 1848 grundlegend veränderte; sie wurde eine moderne Industriegesellschaft. Aufgrund der sich stetig verbessernden Hygiene- und Ernährungsbedingungen beschleunigte sich noch einmal das Bevölkerungswachstum (vgl. Tabelle S. 330, Anhang), und diese Bevölkerung kam in mehrfacher Hinsicht in Bewegung. Der Zuzug in die Städte nahm große Ausmaße an. Dementsprechend vergrößerten und veränderten sich die Städte. Es entwickelten sich klassenspezifische Baustile, realisiert in unterschiedlichen Wohngebieten. Die sozialen Schichten wohnten nicht mehr durchmischt beisammen; neben den Villenvierteln der Oberschicht entstanden die Arbeiterviertel. Städte und benachbarte Dörfer wuchsen zu Stadtlandschaften zusammen, die neue Infrastrukturmaßnahmen notwendig machten. In eigentlichem Sinne kann man jetzt von einer *modernen Urbanisierung* in Deutschland sprechen. Bisher hatte die ländlich-kleinstädtische Lebensweise das Erscheinungsbild der deutschen Gesellschaft geprägt, nun wurde es zunehmend die moderne Großstadt.

Neben der kontinuierlichen Binnenwanderung innerhalb der deutschen Staaten darf die *Auswanderung* nicht übersehen werden. Sie erreichte in den 1850er Jahren bisher nicht gekannte Ausmaße (vgl. Tabelle S. 335 im Anhang). Es war die resignative Antwort der Mittel- und Unterschichten, vor allem in den ländlichen Regionen, auf die geringen Perspektiven einer nationaldemokratischen Entwicklung in Deutschland, aber auch eine Folge der Tatsache, daß die Industrialisierung zunächst eher zu einer Verschlechterung der Lebensverhältnisse der handarbeitenden Schichten führte. Nach einer jahrhundertelangen Auswanderung von Deutschen in den Osten Europas wurde jetzt Nordamerika das große Ziel, zunächst für die politische Emigration der Demokraten, sodann für eine Massenauswanderung, die nun offen organisiert und mit Dampfschiffen bewältigt werden konnte.

Neben der lokalen Mobilität stand die soziale: die deutsche Bevölkerung änderte sich in ihrer Struktur. Das Bürgertum, das seit dem 18. Jahrhundert im Mittelpunkt der Gesellschaft gestanden hatte und in allen Bereichen der Träger ihrer Modernisierung gewesen war, verlor seine Geschlossenheit und seine zentrale Position. Es zerfiel in einzelne Schichten mit divergierenden Interessen; der umfassende Begriff einer bürgerlichen Gesellschaft löste sich auf. Die handarbeitende Bevölkerung wurde mehr und mehr zu industriellen Lohnarbeitern. Das ‚Proletariat' in den Städten, das sich ständig vergrößerte, entwickelte ein eigenes soziales Selbstbewußtsein: es wurde zur Arbeiterklasse, die sich ihrer Interessen bewußt wurde und diese selbständig zu organisieren begann. Um so mehr setzten sich alle die Schichten, die nicht zur Arbeiterklasse gehören wollten, von dieser ab und orientierten sich gesellschaftlich nach ‚oben'. Der Adel wurde nun für das Bürgertum von Besitz und Bildung zu einer Schicht, deren Nähe man suchte, von der man sich nicht mehr abgrenzte. Die Institution der Nobilitierung, das Vorrecht der Könige, stieg gewaltig in ihrem gesellschaftlichen Wert (nachdem man in der Paulskirche noch die Abschaffung des Adels beschlossen hatte!).

Das soziale und mentale Verhalten der Bevölkerung veränderte sich unter all diesen Umständen grundlegend. Die bürgerliche Gesellschaft legte ihre biedermeierliche Beschaulichkeit ab; sie wurde zu einer Wettbewerbs- und Leistungsgesellschaft, in der man von der Machbarkeit des Fortschritts und von der Notwendigkeit einer stetigen Modernisierung überzeugt war. Es waren nicht mehr die Systeme der Philosophie, von denen die Führungsschichten den Rahmen ihrer Orientierung bezogen, sondern die Grundgesetze der Ökonomie, der Naturwissenschaften und der Technik. Nicht mehr eine politische Revolution galt als idealer Weg zur Veränderung der Verhältnisse, sondern die Organisierung der Kräfte, die Modernisierung des Lebens.

Die Wirtschaft wurde zum Leitsektor der gesellschaftlichen Entwicklung, auch in nationaler Hinsicht. Bevor die Deutschen zu einer staatlich geeinten Nation wurden, waren sie eine Wirtschaftsnation. Der *Deutsche Zollverein* (vgl. S. 92) hatte nicht aufgehört zu existieren; im Gegenteil: Er bewährte sich durch weitere Beitritte als Rahmen der ökonomischen Entwicklung der deutschen Gesellschaft. Die Handelspolitik behielt ihre nationalpolitische Brisanz. Sie stand erneut im Zeichen der Rivalität der deutschen Großmächte: die von Österreich, aber auch von Bayern gewünschte Aufnahme der Habsburgischen Länder in den Deutschen Zollverein (Plan einer mitteleuropäischen Zollunion des Handelsministers v. Bruck) konnte von der preußischen Diplomatie verhindert werden. Der 1853 um Hannover und Oldenburg erweiterte und vertraglich erneuerte Zollverein blieb ‚kleindeutsch': eine entscheidende Vorgabe für die deutsche Staatsbildung.

Auch im internationalen Rahmen präsentierte sich das Zoll-vereins-Deutschland immer mehr als eine Einheit. Das wurde auf den Weltausstellungen der 1860er Jahre (1862 in London, 1867 in Paris) deutlich, die mit großer deutscher Beteiligung stattfanden. Im internationalen Vergleich rangierte Deutschland nach England und Belgien bald an dritter Stelle im Übergang zu einer modernen Industriegesellschaft.

5.3 Nationale Bewegung und Reichsgründung

Nach dem Sieg der gegenrevolutionären Großmächte über die nationale Volksbewegung des Jahres 1848/49 blieb die deutsche Gesellschaft in der Reaktionszeit der 1850er Jahre erheblichen politischen Behinderungen ausgesetzt. Der Deutsche Bund mit Österreich als Präsidialmacht wurde 1850 wieder konstituiert, und die Regierungen kooperierten wirkungsvoll in der Verfolgung der Revolutionäre und der nationaldemokratischen Vereine.

Die deutsche Nation blieb jedoch eine „Gesellschaft im Aufbruch" (Wolfram Siemann), und es war abzusehen, daß eine Gesellschaft, die derartig in Bewegung geraten war und sich mitten in einer industriellen Revolution befand, auch politisch wieder aktiv werden würde. Die Revolution von 1848 hatte die Voraussetzungen dazu geschaffen, sie hatte jedoch drei ungelöste Probleme hinterlassen: das der nationalen Staatsbildung, der Demokratisierung (Durchsetzung der Nation als Souverän), und die Probleme der sozialen Gerechtigkeit (Gleichberechtigung für die handarbeitenden Schichten, die Frauen und die Juden als Glieder der Nation).

Von den Fragen der Wirtschaftsverfassung gingen die ersten Impulse zu einer neuen nationalen Initiative aus. Der ‚Zentralverein für das Wohl der arbeitenden Klassen' hatte unter der Leitung des Sozialreformers Wilhelm Adolf Lette seine Organisation kontinuierlich ausgebaut und 1858 einen jährlich stattfindenden *Kongreß deutscher Volkswirte* ins Leben gerufen, auf dem sich die Vertreter des Wirtschaftsliberalismus aus allen deutschen Ländern versammelten; das Motto lautete „Reform im Wirtschaftsleben der Nation".

Schon ein Jahr später setzte auch die nationalpolitische Diskussion wieder so stark und vielfältig ein, daß der Schluß naheliegt: Sie war 1850 nicht zu Ende gegangen, hatte vielmehr unter den gegebenen Umständen nur eine Atempause eingelegt. Binnen weniger Monate hatte sie eine Stärke erreicht, die unmittelbar an das Jahr 1848 erinnerte. Es waren auch weitgehend die gleichen Personen, die sich wieder zu Wort meldeten. Der im Frühjahr 1859 ausbrechende nationale Einigungskrieg in Italien löste die neue Bewegung in Deutschland aus. Die Öffentlichkeit war bereits ermutigt durch den Beginn einer *Neuen Ära* der preußischen Politik, die Übernahme der Regentschaft durch Wilhelm I. im November 1858, verbunden mit einer liberal orientierten Kabinettsumbildung und der vieldeutigen Erklärung, Preußen müsse in ganz Deutschland ‚moralische Eroberungen' machen. Nun stürzte man sich in eine große Diskussion über jenen Krieg südlich der Alpen. Die Sympathien gehörten grundsätzlich der italienischen Nationalbewegung. Doch deren Gegner war Österreich, ein Staat des Deutschen Bundes, und ihr Verbündeter der unbeliebte Napoleon III. von Frankreich. Es ging also nicht allein um das Schicksal Italiens, sondern zunehmend auch um die Folgen für Deutschland.

Schon am 5.Mai 1859 stellte in diesem Zusammenhang der Abgeordnete Julius Hölder im Stuttgarter Parlament den Antrag, eine Volksvertretung beim Deutschen Bund einzurichten. Damit war auch in Deutschland die nationale Verfassungsdiskussion wieder voll entbrannt. Vier Monate später gründeten führende Vertreter der nationalen Bewegung nach dem Vorbild der ‚Societá Nazionale Italiana' in Frankfurt den *Deutschen Nationalverein*. Dieser machte sich auf seiner wirkungsvollen 1. Generalversammlung Anfang September 1860 in Coburg zum Sprecher der Haupttendenz in der neu erwachten Nationalbewegung. Er berief sich auf die Reichsverfassung von 1849, forderte „die Schaffung einer einheitlichen Zentralgewalt und eines deutschen Parlaments" und er orientierte sich auf den preußischen Staat, von dem eine Führungsrolle in der nationalen Staatsbildung erwartet wurde. Sowohl liberale wie demo-kratische Abgeordnete der Paulskirche waren im ‚Nationalver-ein' vereint, in dem sichtbar das Modell einer ‚kleindeutschen' Nationalstaatsbildung von 1849 wieder aufgenommen wurde. Die parteipolitischen Differenzen des Revolutionsjahres 1848 schienen überwunden zu sein; die deutsche Nationalbewegung ging geeint und gut organisiert aus der erzwungenen Ruhepause hervor.

Noch im Jahre 1859 hat diese Bewegung unter Beweis ge-stellt, was sie an Geschlossenheit, organisatorischer Kraft und Massenanhang gewonnen hatte. Kurz nach der Gründung des Nationalvereins hatte eine aus 16 Städten gebildete ‚Schiller-stiftung' dazu aufgerufen, in den Tagen vom 9. bis 11. Novem-ber den hundertsten Geburtstag des Dichters mit Feiern zu begehen. Obwohl nur vier Wochen Zeit blieben, um diese An-regung in die Tat umzusetzen, folgten ihr mehr als 500 Städte. Sie organisierten öffentliche *Schillerfeiern*, an denen sich alle Schichten der Bevölkerung auf ihre Art beteiligten (für die Kleinstadt Wolfenbüttel meisterhaft ironisch festgehalten in Wilhelm Raabes ‚Dräumling').

Die bürgerlichen Vereine vor allem die der Sänger, Turner und Schützen, seit der Zeit des ‚Vormärz' überzeugte Träger des nationalen Gedankens, gingen nun dazu über, sich in ge-samtdeutschen Dachverbänden zusammenzuschließen. Der na-tional engagierte Herzog Ernst von Sachsen-Coburg-Gotha stellte auch ihnen seine Residenzstadt Coburg für konstitu-ierende Versammlungen zur Verfügung. Ihre ersten Bundes-treffen wurden zu nationalen Massenveranstaltungen bisher nicht gekannten Ausmaßes: 1860 das Sängerfest in Nürnberg, 1861 das Bundesschießen in Frankfurt, 1863 das Bundestreffen der Turner in Leipzig.

Die deutsche Nationalbewegung war wieder eine Kraft, mit der die Regierungen rechnen mußten. Eine Parallelität zu den 1840er Jahren war nicht zu übersehen, doch man hatte aus den Erfahrungen von damals gelernt. Die Bewegung hatte nun so-wohl ein Leitungsorgan als auch eine gut organisierte, leicht zu mobilisierende Massengefolgschaft. Sie war geprägt von einem neuen Selbstbewußtsein im deutschen Bürgertum, das stärker als 1848 ökonomisch fundiert und auf die ‚realpolitischen‘ Machtverhältnisse hin orientiert war. Im Juni 1861 gab sich die Bewegung in Preußen auch eine parteipolitische Organisationsform, um parlamentarisch für ihre Ziele zu wirken: die *Deutsche Fortschrittspartei*, die in ihrem Gründungsjahr bereits die Parlamentswahlen gewinnen konnte. Von dieser Position aus suchte sie eine nationalpolitische Zusammenarbeit mit den Regierungen.

Angefangen mit dem Großherzogtum Baden, gaben viele deutsche Fürstenstaaten ein positives Echo. Auch in Österreich hatte sich mit der Berufung Anton von Schmerlings und dem Erlaß des Februarpatents von 1861 eine liberale Tendenz durchgesetzt. So entstand im Jahre 1861 eine hoffnungsvolle evolutionäre Perspektive: Die nationale Bewegung schien auf der Plattform des 1848 erkämpften Konstitutionalismus ohne das Risiko einer neuen Revolution ihre nationalpolitischen Zielvorstellungen durchsetzen zu können: die Umwandlung des Deutschen Bundes in einen nationalen Bundesstaat mit parlamentarischer Kontrolle und Legislative. Nur mit dem Wunschpartner Preußen gab es Schwierigkeiten. Dort hatten sich die reaktionären und konservativen Führungsgruppen über eine herausfordernde Heeresreform auf einen *Verfassungskonflikt* mit der Fortschrittspartei eingelassen, in dem diese nur an Stärke gewann. Im Spätsommer 1862 schien der Monarch zu einem Einlenken bereit zu sein. Den Militärkreisen jedoch gelang es, die Berufung eines neuen Ministerpräsidenten durchzusetzen, und damit nahm das nationale Schicksal Deutschlands eine andere Wendung.

Mit *Otto von Bismarck* hatte Preußen seit dem September 1862 einen leitenden Minister, der keinem nationalen Lager zuzurechnen war und von daher aus einer grundsätzlichen Distanz zur Nationalbewegung heraus Politik machen konnte. Noch größer jedoch war seine Distanz gegenüber Parlamentarismus und Demokratie. Die uneingeschränkte Machtposition der preußischen Monarchie gegenüber jeder Form von Volksherrschaft sicherzustellen, war der Leitgedanke seines politischen Handelns. Im Jahre 1848 noch ein radikaler Vertreter der preußischen Konterrevolution, hatte Bismarck inzwischen erkannt, daß sein Ziel besser durch einen taktischen Umgang mit dem Parlament und den Gruppen der Nationalbewegung zu erreichen war. In der Situation des Verfassungskonfliktes sah er nun sogar eine besondere Chance für die preußische Monarchie: Angesichts des ungelösten Problems der nationalen Staatsbildung konnte sie die bürgerliche Bewegung in der politischen Machtfrage überspielen, wenn sie dieses Problem in ihrem Sinne löste. Dabei mußte sie jedoch ihre eigenen Machtinstrumente, Diplomatie und Militär, rigoros einsetzen, und dazu war Bismarck bereit.

In einer ebenso genialen wie skrupellosen Politik, in der der Einsatz der preußischen Armee eine wichtige Rolle spielte, blockierte Bismarck zunächst den verfassungsgemäßen Ablauf des preußischen Verfassungskonfliktes. Und er gewann das Gesetz des Handelns zurück, indem er in der nationalen Politik die Initiative ergriff. „Nicht auf Preußens Liberalismus sieht Deutschland, sondern auf seine Macht", erklärte er schon wenige Tage nach seiner Ernennung vor den Abgeordneten. „Nicht durch Reden und Majoritätsbeschlüsse werden die großen Fragen der Zeit entschieden – das ist der große Fehler von 1848 gewesen – sondern durch *Blut und Eisen.*" Das war für die bürgerliche Bewegung, die in Preußen kurz vor einem Siege stand, eine provozierende Herausforderung. Mit der Androhung militärischer Gewalt brachte Bismarck eine Gangart in die Entwicklung der nationalen Angelegenheiten, die sowohl im liberalen Bürgertum wie auch innerhalb des regierenden Adels bisher tabu gewesen war.

Eine *Reform des Deutschen Bundes* stand seit längerem schon auf der Tagesordnung der Politik. Der sächsische Ministerpräsident v. Beust hatte seit 1859 in drei Würzburger Konferenzen die deutschen Mittelstaaten mobilisiert und Preußen zu diplomatischen Antworten herausgefordert. Sie gipfelten im Dezember 1861 in einer Wiederaufnahme des Unionsplanes von 1849 durch Außenminister v. Bernstorff. Im Juli 1863 schließlich legte auch die österreichische Regierung unter Schmerling einen eigenen Vorschlag zur Reform des Deutschen Bundes vor. 1862 war es in den süddeutschen Mittelstaaten zur Gründung von zahlreichen ‚großdeutschen' Vereinen gekommen, die sich dem kleindeutschen Projekt Preußens und des Nationalvereins widersetzten; im Oktober 1862 schlossen sie sich in Frankfurt zum *Deutschen Reformverein* zusammen. Allen diesen Reformbemühungen setzte Bismarck im Januar 1863 in der Bundesversammlung ein hartes preußisches Nein entgegen, das jedoch mit einer bemerkenswerten Initiative verbunden war: Preußen forderte, über alle Reformvorschläge der deutschen Regierungen hinausgehend, eine nach gleichem Wahlrecht gewählte deutsche Nationalversammlung. Das war ein Bekenntnis zum Erbe der Revolution von 1848! Bismarck signalisierte damit, daß er auf die Nationalbewegung zugehen wollte, an einer Reformpolitik im Rahmen des Deutschen Bundes aber nicht mehr interessiert war. Als der preußische König im August 1863 nicht auf dem deutschen *Fürstenkongreß in Frankfurt* erschien, auf dem eine nationale Reforminitiative des Deutschen Bundes verkündet werden sollte, war für alle sichtbar, daß Preußen die Grundsätze nationaler Gemeinsamkeit aufkündigte, die innerhalb des deutschen Hochadels bisher gegolten hatten. Die Öffentlichkeit war irritiert. Doch Bismarcks Köder gegenüber der Nationalbewegung tat seine Wirkung: Ein Ende August ebenfalls in Frankfurt zusammentretender Abgeordnetentag erklärte sich gegen den Reformplan des Fürstentages, für die Reichsverfassung von 1849 und eine Nationalversammlung.

Der Schleswig-Holstein-Konflikt brach erneut aus und spitzte die Dinge zu. Die dänische Nationalbewegung forderte die deutsche im März 1863 durch eine Staatsverfassung heraus, durch die das Herzogtum Schleswig dem dänischen Staat inkorporiert wurde (vgl. bereits oben S. 120), und durch den Tod des dänischen Königs im November 1863 entzündete sich ein weiterer Konflikt um die Erbfolge zwischen Christian von Sonderburg-Glücksburg und Friedrich von Sonderburg-Augustenburg. In dem Eintreten für die Erbfolge des Herzogs Friedrich von Augustenburg in den deutschsprachigen Provinzen sah die nationalliberale Bewegung eine große Chance zur Durchsetzung ihrer zentralen Zielvorstellung: nicht revolutionär gegen die Fürsten, sondern gemeinsam mit ihnen einen konstitutionellen Nationalstaat zu verwirklichen. In Friedrich von Augustenburg, der der nationalliberalen Bewegung nahestand und auch die liberal orientierten deutschen Fürsten (u. a. den preußischen Kronprinzen) auf seiner Seite wußte, hatte die Bewegung einen idealen Partner. Sie wurde zu einer *Schleswig-Holstein-Bewegung*, in der noch einmal alle Kräfte und Hoffnungen der deutschen Nationalbewegung glücklich zusammenliefen. Überall in Deutschland bildeten sich Komitees und Vereine, die mit Massenversammlungen, Petitionen, Spendensammlungen und in ungezählten schriftlichen Äußerungen für die Errichtung eines von Dänemark unabhängigen Herzogtums Schleswig-Holstein unter dem Herzog von Augustenburg agierten. Großdeutsch und kleindeutsch orientierte Gruppen, Liberale und Demokraten zogen hier am gleichen Strang, und im Dezember 1863 kam es in Frankfurt zu einer großen deutschen Abgeordnetenversammlung, die einstimmige Beschlüsse faßte! Sie konstituierte einen *Zentralausschuß* von 36 Vertretern aller Regionen und Parteirichtungen „als Mittelpunkt der gesetzlichen Tätigkeit der deutschen Nation" und demonstrierte wie nie zuvor eine Geschlossenheit der nationalen Bewegung.

Der Deutsche Bund hatte bereits eine militärische Bundesexekution eingeleitet, die noch im Dezember 1863 zur Besetzung des Herzogtums Holstein führte. Wie aber sollte es nun weitergehen, über die Nordgrenze des Deutschen Bundes hinaus in Richtung Schleswig, das zum dänischen Staat gehörte? Und wie wollte die deutsche Nationalbewegung ihre Forderung nach Einsetzung des Augustenburger Herzogs einlösen? Hier setzte im Januar 1864 die Politik Bismarcks ein. Es gelang ihm, das soeben noch dupierte Österreich zu einer gemeinsamen Kriegserklärung an Dänemark zu veranlassen, diesen Krieg durch preußische Truppen siegreich zu beenden und eine Intervention auswärtiger Mächte (Londoner Konferenz im April 1864) zu verhindern. Im Frieden von Wien (Oktober 1864) trat der dänische König die Herzogtümer Schleswig, Holstein und Lauenburg an die Herrscher von Preußen und Österreich ab. Bismarck hatte damit binnen eines halben Jahres ein Anliegen der Nationalbewegung durchgesetzt, für das diese seit zwanzig Jahren vergeblich gekämpft hatte. Deren Forderung nach Einsetzung des Augustenburger Herzogs jedoch blieb unerfüllt und das politische Schicksal der für Deutschland gewonnenen Herzogtümer ungeklärt. Die Nationalbewegung sah sich von Bismarck ausgeschaltet, brüskiert und zugleich siegreich überholt; sie war erheblich verunsichert.

Nicht nur die Zukunft von Schleswig und Holstein, auch diejenige Deutschlands war weiterhin offen, und die Nationalbewegung blieb aktiv. Doch das Gesetz des Handelns in der deutschen Politik hatte Bismarck an sich gerissen. Innerhalb der Nationalbewegung ging die politische Geschlossenheit allmählich verloren. Obwohl Bismarck deren Option für den Augustenburger offen bekämpfte, erklärten sich viele ihrer Anhänger nun für eine Annexion der Herzogtümer durch Preußen. Das war Bismarcks eigentliches Ziel. Er gab jedoch einer Kooperation mit Österreich den Vorzug und vereinbarte in der Gasteiner Konvention (August 1865) eine gemeinsame Verwaltung der Herzogtümer. Sie war so unbefriedigend und entsprach den Zielvorstellungen der Nationalbewegung so wenig, daß es schon bald zu neuen Unruhen und Protestbewegungen kam. Bismarck benutzte sie für seinen gewagtesten Schritt: die Auslösung eines Krieges gegen Österreich und die Mehrheit der deutschen Fürstenstaaten, um mit einer *nationalen Revolution von oben* die deutsche Frage in seinem Sinne zu lösen. Dieser Coup – bekannt auch unter dem Stichwort ‚Deutscher Bruderkrieg' – wurde eingeleitet durch eine kalkulierte Sprengung des Deutschen Bundes, der sich daraufhin zu einer Bundesexekution gegen Preußen entschließen mußte (14. Juni 1866); er kam machtpolitisch zur Entscheidung in dem vom preußischen Generalstabschef Helmuth von Moltke genial geplanten Sieg in der Schlacht bei Königgrätz (3. Juli) und fand seinen Abschluß im Friedensvertrag von Prag (23. August 1866). Die Habsburger Monarchie wurde in ihren Grenzen nicht angetastet, mußte jedoch auf eine weitere Mitwirkung bei der deutschen Natio-nalstaatsbildung verzichten. Die Herzogtümer Schleswig und Holstein sowie die mit Österreich verbündeten Staaten Hanno-ver, Kurhessen, Nassau und die Stadt Frankfurt wurden von Preußen annektiert, – um „der nationalen Neugestaltung Deutschlands eine breitere und festere Grundlage zu geben", wie eine königliche Botschaft an die preußischen Kammern vom 16. August erklärte, die daraufhin fast geschlossen zu-stimmten.

Mit diesen Entscheidungen hatte sich die nationale Situation in Deutschland innerhalb weniger Wochen fundamental ver-ändert. Die Nationalbewegung, aufgewachsen in den seit 1815 geltenden politischen Rahmenbedingungen, war zunächst völ-lig verwirrt und geradezu betäubt. Bismarck hatte die poli-tischen Faktoren beseitigt, die ihrem wichtigsten Ziel bisher entgegenstanden: den Deutschen Bund der sich gegenseitig stützenden souveränen Fürsten und den Dualismus der Groß-mächte Preußen und Österreich, der jeden Ansatz zur deut-schen Staatsbildung blockiert hatte. Und diese Veränderung der politischen Verhältnisse war erreicht worden ohne die Mitwir-kung der Nationalbewegung und unter Umgehung der ihr eige-nen Aktionsformen! Doch obwohl sie als Akteur ausgeschaltet war, mußte sie Bismarcks Erfolge nicht als eine eigene Nieder-lage empfinden. Im Gegenteil: Wer darüber hinwegsehen konnte, daß die preußische Monarchie unter Führung eines konservativen Junkers die Initiative ergriffen hatte, konnte des-sen Politik durchaus als einen Sieg der Politik des Nationalver-eins begreifen. Innerhalb der preußischen Fortschrittspartei kam es zu einer Spaltung; denn viele Abgeordnete gaben der Politik Bismarcks nachträglich ihre Zustimmung (Indemnitäts-erklärung vom 3. September 1866). Sie konstituierten sich schon bald als eine ‚Neue Fraktion der nationalen Partei', aus der – beflügelt durch die Gründung von zahlreichen ‚Nationa-len Vereinen' vor Ort – in der ersten Hälfte des Jahres 1867 die *Nationalliberale Partei* hervorging: eine Partei des bürgerlichen Liberalismus, die zur Unterstützung von Bismarcks Deutsch-landpolitik bereit war.

Bereits im August 1866 waren die entscheidenden Akte der vom preußischen König angekündigten ‚nationalen Neugestaltung Deutschlands' vollzogen worden. Bismarck nutzte die Gunst der Stunde und das Übergewicht Preußens in dem verbleibenden Deutschland (vgl. Tabelle S. 330 im Anhang!) zu einem revolutionierenden Schritt der national-föderalen Staatsbildung. Er schuf einen deutschen Bundesstaat, der in seiner politischen Homogenität weit über den aufgelösten Deutschen Bund hinausging. Er veranlaßte die beteiligten Fürsten, zugunsten einer nationalen Staatsbildung auf wesentliche Bereiche ihrer territorialstaatlichen Souveränität zu verzichten. Das war ein epochales Ereignis in der nationalen Verfassungsgeschichte: die Umkehrung des zentrifugalen, auf Territorialautonomie ausgerichteten Trends im Verhalten der deutschen Fürsten. Es sollte jedoch nicht übersehen werden, daß die überwiegende Mehrheit der Fürsten schon im Revolutionsjahr 1848/49 zu diesem Schritt bereit war (wenn damals auch der preußische König mitgemacht hätte, wäre der deutsche Nationalstaat gemäß der Reichsverfassung von 1849 schon längst verwirklicht!).

Der neue deutsche Bundesstaat mußte aufgrund außenpolitischer Rücksichten auf Norddeutschland beschränkt bleiben. Der *Norddeutsche Bund*, zu dem sich die deutschen Staaten nördlich des Main am 18. August 1866 vereinigten, umfaßte nur die Hälfte der Nation; er hatte keine klare nationalpolitische Identität. Verfassungsrechtlich jedoch wurde er wie ein föderaler Nationalstaat eingerichtet: als ein Verfassungsstaat, der durch eine Vereinbarung zwischen den Fürsten und einer Volksvertretung (Reichstag) konstituiert wurde. Bismarck kam damit den nationalpolitischen Grundvorstellungen des Liberalismus erstaunlich weit entgegen. Auf der Grundlage des in der Paulskirche ausgearbeiteten Reichswahlgesetzes vom April 1849 wurde im Februar 1867 nach gleichem Männerwahlrecht ein Konstituierender Reichstag des Norddeutschen Bundes gewählt. Die junge Nationalliberale Partei wurde zur stärksten Fraktion; denn sie war zum Sammelbecken der bürgerlich-liberalen Gruppierungen auch in den annektierten Gebieten geworden, die auf eine Vollendung der Nationalstaatsbildung hofften. „Die Einheit Deutschlands zu Macht und Freiheit herzustellen", hatte die Partei in ihrem Gründungsprogramm gefordert.

Im Frühjahr 1867 konnte der *Konstituierende Reichstag* nach harten Debatten einen von Bismarck vorgelegten Entwurf verabschieden, der das Machtverhältnis zwischen preußischer Monarchie und bürgerlicher Nation für die nächsten Jahrzehnte verfassungsrechtlich festlegte; denn die Verfassung des Deutschen Reiches von 1871 unterschied sich von der des Norddeutschen Bundes nur noch geringfügig. Die politische Souveränität lag eindeutig bei dem Bundesrat der Fürsten, d. h. bei dessen exekutivem Organ, dem preußischen Ministerpräsident als *Bundeskanzler*, der mit weitreichenden Vollmachten ausgestattet wurde. Ihm gegenüber stand als parlamentarische Volksvertretung der *Reichstag*, gewählt nach dem damals modernsten Wahlrecht, dem gleichen Männerwahlrecht. Mit dem vollen Budgetrecht und einer legislativen Mitwirkung verfügte er über die klassischen parlamentarischen Kompetenzen, konnte die Regierung jedoch nicht direkt zur Verantwortung ziehen. Gegenüber dem Deutschen Bund von 1815 war der Norddeutsche Bund demnach ein moderner, politisch handlungsfähiger Staat, ein konstitutionell-monarchischer Bundesstaat, der im internationalen Rahmen keinen Vergleich zu scheuen brauchte.

Der Norddeutsche Bund war der Nukleus eines Nationalstaates, aber noch nicht dieser selbst. Vier süddeutsche Staaten standen außerhalb und doch unverkennbar in seinem Einflußbereich. Für das badische Parlament war die nationale Attraktivität des Bundes so groß, daß es einen Beitrittsantrag formulierte, der unter den gegebenen Umständen aber nicht zum Zuge kommen konnte. Es gab viele Bindungen zwischen Nord und Süd, am sichtbarsten auf handelspolitischem Gebiet. Im Sommer 1867 wurde ein neuer Zollvereinsvertrag im kleindeutschen Rahmen abgeschlossen, der den bisherigen Zoll-Staatenbund in einen *Zoll-Bundesstaat* (E. R. Huber) verwandelte; denn er beseitigte das Vetorecht des Einzelstaats und sah neben dem Zoll-Bundesrat der Regierungen auch ein *Zollparlament* vor, das aus öffentlichen Wahlen nach gleichem Männerwahlrecht hervorgehen sollte. Die Wahlen zum Zollparlament im Frühjahr 1868 waren der erste gesamtdeutsche Wahlgang seit dem April 1848. Die Wirtschafts- und Handelspolitik erwies sich einmal mehr als ein Leitsektor der nationalen Einigung.

Es war angesichts dieser Entwicklungstendenz gewiß nicht notwendig, daß noch einmal ein Krieg die Dinge beschleunigte; doch ‚Eisen und Blut' war das selbstgewählte Gesetz, unter dem Bismarck angetreten war. Der Anlaß zu dem nächsten Krieg wurde Bismarck von außen in die Hände gespielt: eine leichtsinnige, von einem übertriebenen Nationalprestige diktierte Herausforderung durch Napoleon III., der Bismarcks diplomatischem Geschick einmal mehr nicht gewachsen war. Auf beiden Seiten spielten nationalistische Ressentiments eine Rolle, und Bismarck, ein Meister in der Benutzung der Presse, mußte die Dinge nur in die von ihm gewünschte Richtung lenken, z. B. am 13. Juli 1870 durch die Emser Depesche und im August, nach den ersten Siegen, in der Elsaß-Frage. Mit der Kriegserklärung Frankreichs an Preußen vom 19. Juli waren die geheimen Schutz- und Trutzbündnisse zwischen den süddeutschen Staaten und Preußen in Kraft getreten, die Bismarck 1866 durchgesetzt hatte. Das deutsche Volk war damit über Nacht zu einer nationalen Verteidigungsgemeinschaft gegen eine französische Herausforderung geworden. Erinnerungen an 1840 (vgl. S. 104f.), vor allem aber an 1813 wurden wach und bewirkten das Aufleben eines nationalen Patriotismus in allen Bevölkerungsschichten. Er wurde zum Motor für die Vollendung der nationalen Staatsbildung.

Nach beeindruckenden militärischen Erfolgen (vor allem der Sieg bei Sedan am 2. September mit der Gefangennahme Napoleons) benutzte Bismarck die nationale Hochstimmung noch während des Krieges dazu, um die kleindeutsch-preußische Nationalstaatsbildung zum Abschluß zu bringen. In bilateralen Verhandlungen mit den vier süddeutschen Regierungen wurden im November 1870 Verträge unterzeichnet, die mit dem 1. Januar 1871 die Vereinigung zu einem *Deutschen Reich* auf der Grundlage der Verfassung des Norddeutschen Bundes vorsahen. Am 18. Januar 1871 wurde dieses denkwürdige Ereignis der nationalen Geschichte von den deutschen Fürsten im Spiegelsaal von Versailles in einer Weise gefeiert, die der Bedeutung der beteiligten Kräfte nicht entsprach, die ideologisch falsche Akzente setzte und eine bis in die heutigen Schulbücher reichende verzerrende Interpretation zur Folge haben sollte.

Was hatte die deutsche Nation am Ende ihrer revolutionären Umbruchphase politisch gewonnen? Dieser Frage soll am Leitfaden der drei nationalen Entwicklungsdimensionen (vgl. S. 82) nachgegangen werden.

1. Die *nationale Staatsbildung* war zu einem erfolgreichen Abschluß gebracht worden. Die führenden Kräfte der deutschen Gesellschaft standen unverkennbar in einer Konkurrenz bei der Einlösung dieses nationalen Nachholbedarfs, und die preußische Monarchie unter Bismarck hatte den Wettbewerb gewonnen. Die bürgerliche Nationalbewegung jedoch hatte Anlaß, sich als der eigentliche Sieger zu fühlen; denn sowohl das Projekt der nationalen Staatsbildung als ,Vereinbarung' wie auch die ,kleindeutsche' Lösung waren vom Liberalismus im Jahre 1848/49 entwickelt worden.

Die preußische Monarchie unter Bismarck und die liberale Nationalbewegung gingen von verfassungspolitischen Grundpositionen aus, die unvereinbar schienen. Daß es dann doch zu einem Zusammenwirken kam, war die Folge eines Lernprozesses auf beiden Seiten. Zunächst hatte Bismarck erkannt, daß das nationalen Grundanliegen des Liberalismus mit den Interessen der preußischen Monarchie vereinbar war, ohne die Machtfrage zu deren Ungunsten entscheiden zu müssen. Der Liberalismus andererseits hatte zwar seit 1864 das Gesetz des Handelns abgeben müssen, doch er hatte ,realpolitisch' zu denken gelernt und im Jahre 1866 schnell die politischen Chancen erkannt, die Bismarcks Weg eröffnete.

Es sollte im Rückblick nicht übersehen werden, daß es zwischenzeitlich eine Entwicklung gab, in der eine *nationale Alternative*, eine gesamtdeutsche und föderal-parlamentarische Lösung möglich schien. Bismarck kam dazwischen. Er war durchaus kein Glücksfall für die Entwicklung der deutschen Nation. Sein

Auftreten im preußischen Verfassungskonflikt hatte den rechtzeitigen Regierungsantritt des liberalen Kronprinzen verhindert und viele weitere Möglichkeiten nicht ausreifen lassen.

Nicht zu übersehen sind auch die außenpolitischen Kosten dieses Vollzugs der Staatsbildung: Der deutsche ‚Einigungskrieg‘ hinterließ ein tiefgreifend gestörtes Verhältnis zu Frankreich, das zu einer *Erbfeindschaft* potenziert wurde. Bismarck hatte die Abtretung des Elsaß und sogar eines Teils von Lothringen durchgesetzt, was nicht durch ein Votum der betroffenen Bevölkerung gedeckt war und in Frankreich einen nationalen Revanchismus auslöste, der bis 1919 nicht zur Ruhe kam. Zu erinnern ist in diesem Zusammenhang auch an die problematischen Staatsgrenzen im Norden (Annexion des dänisch besiedelten Nordschleswig 1864) und im Osten (Annexion polnischer Gebiete seit 1772), bedingt durch frühere Entscheidungen preußischer Politik, die nun der deutsche Nationalstaat zu übernehmen hatte.

2. Für das Problem der *Demokratisierung*, der Durchsetzung der Nation als politischer Souverän, sind zwei Szenen von symbolischer Bedeutung: Sowohl am 3. April 1849 wie am 18. Dezember 1870 erschien eine Abordnung des nationalen Parlaments beim preußischen König, um ihm die Annahme der Kaiserwürde nahezulegen; beide Delegationen wurden geleitet von Eduard von Simson, dem Abkömmling einer jüdischen Familie in Königsberg. Im Jahre 1849 wurde Friedrich Wilhelm IV. ein Kaisertum angetragen, das von der Nationalversammlung durch Mehrheitsbeschluß geschaffen und verfassungsrechtlich eingegrenzt worden war. Im Jahre 1870 dagegen konnte die Delegation des Norddeutschen Reichstages nur eine Entscheidung noch nachträglich akklamatorisch begleiten, die durch Bismarcks Wirken zustande gekommen war, die Entscheidung für ein Kaisertum mit weitreichenden exekutiven Vollmachten. Die bürgerliche Nation hatte mehrheitlich auf die volle Durchsetzung ihrer politischen Souveränität verzichtet. Dieser Verzicht war seit dem Sommer 1848 in vielen harten Auseinandersetzungen vollzogen worden. Zuletzt brachte ihn unter der Alternative *Einheit oder Freiheit* im zweiten Halbjahr 1866 der

liberale Publizist Hermann Baumgarten in einer viel beachteten ‚Selbstkritik' des Liberalismus zum Ausdruck. Darüber kam es zur Spaltung der Deutschen Fortschrittspartei.

Es ist daran zu erinnern, daß dieser Verzicht des Liberalismus auf eine politische Führungsrolle, der die Nation noch lange belasten sollte, bereits während der Revolution von 1848/49 vollzogen wurde und im Erfurter Parlament von 1850 schon Grundlage der Beratungen war. Der viel diskutierte ‚Umfall' der Liberalen gegenüber Bismarck stellt sich von daher weniger dramatisch dar. Auch die Konzeption eines deutschen Kaisertums in einem als ‚Reich' konzipierten Nationalstaat ist bereits 1848/49 entwickelt worden. Die Lösung von 1871 war, mehr als uns heute bewußt ist, eine Erfüllung des liberalen Konstitutionalismus von 1848.

3. Für die weitere *Nationsbildung* wurden durch die vom Liberalismus konzipierte und von Bismarck durchgesetzte Verzichtlösung in der nationalen Frage neue Fronten aufgerissen. Eine Erfüllung nationaler Hoffnungen war die Reichsgründung von 1871 nur für die ‚Sieger', die Nationalliberalen und Nationalkonservativen. Sie repräsentierten nach den Wahlergebnissen von 1867 und 1871 die Mehrheit in den Parlamenten, aber nicht die gesamte Nationalbewegung und erst recht nicht die ganze Nation.

Neben den Siegern von 1871 sollten die Verlierer nicht vergessen werden. Das waren zunächst die durch die kleindeutsche Lösung von 1866/71 Ausgegrenzten: die Deutschen in der Habsburger Monarchie, die 1848 noch zur Nation gehörten, nun aber nicht Bürger des neuen Nationalstaates waren; sodann alle die, die mit der preußischen Lösung der nationalen Frage nicht einverstanden sein konnten, vor allem die Katholiken; schließlich die nichtdeutschen Volksgruppen in den östlichen, nördlichen und westlichen Randgebieten des Reiches. Nicht zu den Siegern gehörten auch diejenigen, die den Machtverzicht zugunsten der Fürsten nicht gutheißen konnten: die Demokraten in der Fortschrittspartei, in den süddeutschen Volksparteien und in den jungen Arbeiterparteien. Hier war bereits eine Klassenspaltung der deutschen Nation angelegt, die sich innerhalb des Nationalstaats der liberal-konservativen Verzichtlösung noch stärker ausbilden sollte (vgl. S. 166f.).

Die wirtschaftliche und politische ‚Doppelrevolution' hatte die deutsche Nation zu einer Industriegesellschaft werden lassen und sie in einem Nationalstaat zusammengeführt, aber sie nicht politisch geeint und nicht zum Souverän gemacht.

5.4 Europa im Übergang

Die deutsche Nationalstaatsgründung war nicht zuletzt auch ein europäisches Ereignis, denn mit ihr veränderten sich die politischen Kräfteverhältnisse in Mitteleuropa. Im 17. Jahrhundert bereits war das Deutsche Reich als Machtzentrum in der Mitte Europas ausgeschaltet und überflügelt worden durch besser organisierte Fürstenstaaten, die zunehmend politischen Einfluß auf das große mitteleuropäische Reichsgebiet erlangt hatten. Auch der Deutsche Bund von 1815 war noch geprägt von diesen konkurrierenden Interessen. Mit der deutschen Reichsgründung nun hatte das deutschsprachige Kerngebiet in Mitteleuropa aufgehört, ein machtpolitisch labiler, krisenanfälliger Raum zu sein. Ohne Zweifel war dies für Europa ein Schritt zur Konsolidierung seiner internationalen Ordnung.

Die europäische Bedeutung der deutschen Staatsgründung hatte auch eine strukturelle Dimension. Mit der Französischen Revolution hatte sich die Staatsbürgernation, der *konstitutionelle Nationalstaat* als neues politisches Verfassungsmodell in Europa durchgesetzt. Es war dann von Napoleon I. pervertiert worden, und auf dem Wiener Kongreß verschworen sich die europäischen Monarchien gegen seine weitere Ausbreitung. Bereits der griechische Unabhängigkeitskampf aber und die nationalen Erhebungen des Jahres 1830, vor allem die Nationalstaatsgründung in Belgien, hatten die Aktualität dieses Verfassungsmodells erneut deutlich gemacht. Nach den Revolutionen von 1848/49 und der Nationalstaatsgründung in Italien (1861) hatte es sich nun auch in Deutschland durchgesetzt. Bisher war der Nationalstaat – auch in seiner frühneuzeitlichen Form – eher für

Westeuropa charakteristisch gewesen; nun bildete er – von Dänemark im Norden bis Italien im Süden – auch in Mitteleuropa das vorherrschende politische Verfassungsprinzip. Selbst die Habsburgische Monarchie, die ihm am wenigsten entsprach, trug ihm im ‚Ausgleich‘ von 1867 partiell Rechnung.

Die europäischen Großmächte waren über die nationalen Revolutionen des Jahres 1848 noch einmal machtpolitisch Sieger geblieben, doch ihr internationales System war dadurch nicht stärker geworden. Im Krimkrieg (1854–1856) brach es in seiner bisherigen Struktur zusammen. Die führende Rolle Rußlands als restaurative Vormacht in Europa ging zu Ende. Der italienische Krieg (1859) machte deutlich, daß sich eine Monarchie auch mit einer nationalen Bewegung verbünden konnte, um sie für eigene Zwecke einzusetzen. Napoleon III. war der Prototyp eines Monarchen, der mit der nationalen Parole auf neue Weise Politik machte *(Bonapartismus)*.

Die Nationalbewegungen nahmen unter diesen Umständen einen anderen Charakter an. In der ersten Hälfte des 19. Jahrhunderts waren sie eng mit dem *Prinzip der Revolution* verbunden. Der politische Durchbruch der modernen Nation in der Revolution von 1789 hatte gezeigt, daß die alten Herrschaftseliten keineswegs bereit waren, ihre Souveränitätsrechte freiwillig mit der bürgerlichen Nation zu teilen. Daher war die Durchsetzung von Volkssouveränität für die Völker Europas nur denkbar als gewaltsamer Herrschaftswechsel im Zuge einer revolutionären Aktion. Die erste siegreiche Nation in Europa enthauptete ihren König; die erste Nationalhymne war ein revolutionäres Kampflied. Die Fürsten Europas, voran die deutschen, hatten diesen Zusammenhang und die mit ihm verbundene Bedrohung verstanden. Seit 1792 führten sie Krieg gegen die nationale Revolution, wo immer sie auftrat, und auf dem Wiener Kongreß schufen sie ein politisches System, das gegen diese Gefahr gerichtet war.

Die weitere Durchsetzung moderner Nationen in Europa stand damit seit 1815 im Zeichen der politischen Systemrevolution. Giuseppe Mazzini kann als der wichtigste Theoretiker der nationalen Volksrevolution bezeichnet werden. In den Revolutionen des Jahres 1848 erlebte dieses Modell der Nationalbewegungen, die Volkssouveränität auf revolutionärem Wege durchzusetzen, seinen Höhepunkt in Europa. Noch einmal wurden revolutionäre Kämpfer zum Idol von Nationen: Friedrich Hekker in Deutschland, Ludwik Mierosławski in Polen, Lajos Kossuth in Ungarn, Giuseppe Garibaldi in Italien.

Garibaldi spielte auch im italienischen Einigungsprozeß von 1859–1861 eine wichtige Rolle. Doch die zentrale Figur in dieser Phase des Risorgimento war nicht er, sondern ein liberaler Adliger: Graf Camillo Cavour. Er sorgte als königlicher Minister dafür, daß Garibaldi 1861 zugunsten eines Königs in den Hintergrund treten mußte . Vittorio Emmanuele von Piemont-Sardinien wurde der gefeierte erste Repräsentant des italienischen Nationalstaats, ein nationaler König neuen Stils.

Die polnische Nationalbewegung, die den Typus des revolutionären Kämpfers besonders ausgebildet hatte (und ihn bis heute kultiviert), machte im Jahre 1863 noch einmal einen revolutionären Aufstandsversuch. Dessen Zusammenbruch ließ seine Unzeitgemäßheit deutlich werden, und auch die polnische Nationalbewegung wechselte ihre Strategie. Sie stand nun unter der Parole der *organischen Arbeit*. Das bedeutete eine Absage an den unproduktiven revolutionären Aktionismus und die Hinwendung zu einem nationalen Entwicklungsprogramm der Modernisierung von Wirtschaft und Gesellschaft.

Nach der Epoche ihres politischen Erwachens und ihrer gesellschaftlichen Organisierung gingen die europäischen Nationen nun zu einer forcierten industriellen Modernisierung über und dementsprechend änderten sich die Formen ihres nationalpolitischen Verhaltens. Die Arbeiterschichten wurden nun zu einem politischen Faktor, den die nationalen Gesellschaften und ihre führenden Kräfte in Rechnung zu stellen hatten, und durch den sozio-ökonomischen Strukturwandel und die Organisierung der Arbeiter wurden bisherige Positionen und Besitzverhältnisse in Frage gestellt.

In dieser Situation bekam *der Staat* für die bürgerliche Nation eine neue Bedeutung. Er war jetzt gefragt als Institution der sozialpolitischen Steuerung im Inneren und einer nationalen

Machtpolitik nach außen. Auch wenn er weiter eine Domäne des Adels blieb: Das Bürgertum betrachtete den Staat nicht mehr als seinen Gegner, es ging auf ihn zu. Die staatstragenden Schichten andererseits erkannten den Nutzen, der sich für die Aufrechterhaltung ihrer Herrschaft ergab, wenn sie die nationalen Kräfte und Legitimationen in den Dienst ihrer Ziele stellten. Napoleon III., Cavour und Bismarck gehörten zu den ersten, die diese Möglichkeiten erkannten und nutzten. Napoleon I., der schon zu Beginn des Jahrhunderts die nationale Ideologie für seine Machtpolitik genutzt hatte, galt nun nicht mehr als ein Usurpator, von dem man sich distanzierte; er wurde zu einer Kultfigur, mit der man – nicht nur in Frankreich – die Massen beeinflussen konnte.

Das Königreich Piemont-Sardinien ist ein gutes Beispiel dafür, wie sich eine Monarchie aktiv in eine nationale Bewegung einschaltete. In Dänemark dagegen hatte sich eine Nationalbewegung eines alten polyethnischen Königsstaates bemächtigt und ihn nationalisiert. Seit der Mitte des 19. Jahrhunderts gab es verschiedene Formen einer Verbindung von nationaler Bewegung und traditionalem Staat.

In der Geschichte der europäischen Staaten und Nationen hatte ein neues Zeitalter begonnen. Sein wichtigstes Merkmal war eine neue Verbindung von Staat und Nation. Die Entwicklung führte zu einer *Nationalisierung der Staaten*; der Nationalstaat wurde zum führenden Staatstyp. Es gab nun nationale Bewegungen, in denen ein Staat der nationalpolitische Akteur war, bzw. von bestimmten ‚staatstragenden‘ Schichten dazu benutzt und gedrängt wurde. Der Charakter einer nationaler Bewegungen mußte sich in diesem Zusammenhang stark verändern; das sollte im Zeitalter des Imperialismus, auf das die Staaten Europas zugingen, noch deutlicher werden (vgl. S. 202 ff.). Der Kampf um nationale Autonomie stand nun nicht mehr allein im Zeichen von Befreiung und Emanzipation, sondern häufiger auch im Dienste von Herrschaftssicherung und Machterweiterung.

Europa war in der zweiten Hälfte des 19. Jahrhunderts in seinen nationalpolitischen Verfassungsstrukturen ein gespaltener Kontinent. Der Prozeß der Nationalstaatsbildung hatte sich in Westeuropa – von Irland abgesehen – weitgehend durchgesetzt; im Osten jedoch sollte er erst mit dem Ende des Weltkriegs zu einem vorläufigen Abschluß kommen. Das junge Deutsche Reich befand sich an der Schnittstelle zwischen den modernen Nationalstaaten und den alten Vielvölkerstaaten. Damit waren sowohl Chancen wie auch Risiken verbunden. Bismarck, der die Politik des jungen Nationalstaats noch über zwanzig Jahre steuerte, hat sie gesehen; war er aber auch der Politiker, sie zu meistern?

6. Das deutsche Kaiserreich

6.1 Der Nationalstaat

Mit der Reichsgründung von 1871 war ein vordringliches Ziel der Nationalbewegung erreicht. Der Nationalstaat war nicht mehr ein Projekt der Zukunft; er war nun für die gesamte Nation der vorgegebene Rahmen des politischen Verhaltens. Zudem wurde er selbst, mit seinen Institutionen und Machtmitteln, zu einem eigenständigen Subjekt nationalpolitischen Handelns, mit dem sich die Nation auseinanderzusetzen hatte.

Der Beginn dieses Nationalstaates war gekennzeichnet von einer charakteristischen Kontinuität: Obwohl hier ein neuer Staat entstanden war, blieben die bisherigen Regierungen bestehen; in keiner kam es zu einem personellen Wechsel. Die Nation konnte ihren neuen Staat nicht politisch gestalten; sie mußte auch die Regierungen und Minister akzeptieren, die sie bisher bekämpft hatten. Das war die Konsequenz des Weges der Vereinbarung. Es darf jedoch nicht übersehen werden, daß in den fürstlichen Regierungen und in der neuen Reichsregierung viele Anhänger der Nationalbewegung vertreten waren und dieser erheblich zugearbeitet hatten. Rudolf Delbrück ist ein herausragendes Beispiel: Er wirkte zunächst im preußischen Handelsministerium für eine nationale Zollvereinspolitik und gestaltete ab 1867 als Leiter des Bundeskanzleramtes und dann des Reichskanzleramtes wesentlich die nationale Staatsbildung.

Das Deutsche Reich entsprach in seiner Struktur nur wenig dem vorherrschenden Modell des Nationalstaates, wie es sich zuerst in Frankreich, sodann in Belgien und Italien ausgebildet hatte: dem unitarisch aufgebauten und von der Hauptstadt aus zentral regierten Einheitsstaat. Die Reichsverfassung von 1871 definierte den deutschen Nationalstaat als einen ‚ewigen Bund‘

deutscher Fürsten; das Reich war ein *nationaler Bundesstaat*. Die nationale Souveränität lag in den Händen eines Bundesrates, in dem 22 Fürstenstaaten und 3 Stadtrepubliken vertreten waren. Diese besaßen ihre je eigene Tradition politischer Kultur, an der sie weiterhin festhielten. Neben Berlin, das sich nur langsam als nationale Hauptstadt durchsetzen konnte, behielten die anderen deutschen Regierungs- und Residenzstädte ihre Funktion als politische Zentren. Das Deutsche Reich war ein föderaler Nationalstaat; es entwickelte erst allmählich gemeinsame Institutionen und einheitliche Strukturen.

Der föderale Charakter des Reiches wurde jedoch durch die überdimensionale Größe eines einzigen Bundesstaates erheblich eingeschränkt: Das Königreich Preußen umfaßte nach den Annexionen des Jahres 1866 etwa zwei Drittel der Fläche des Reiches und seiner Bevölkerung (vgl. Tabelle S. 330 im Anhang). Die dadurch bedingte *hegemoniale Stellung Preußens* war zusätzlich in der Verfassung verankert: Der preußische König war zugleich deutscher Kaiser, und der Reichskanzler war zumeist auch preußischer Ministerpräsident. Das hatte zur Folge, daß die Politik des Reiches, noch mehr als es die Verfassung vorsah, in Berlin gemacht wurde; das konservativ regierte Preußen, in dem das Dreiklassenwahlrecht galt, konnte die Politik des Reiches in vielen Gebieten präjudizieren. War der deutsche Nationalstaat in Wirklichkeit also ein Großpreußen? Diese Frage wird bis heute zu Recht gestellt. Ein ,Borussismus' – dem in den nichtpreußischen Gebieten eine Aversion gegen Preußen und seine Hauptstadt entgegengestellt wurde – gefährdete in der Tat den föderativen Grundkonsens, auf dem dieser Nationalstaat beruhte.

Auch in der *Symbolik* des Deutschen Reiches war die Dominanz Preußens unverkennbar. Eine nationale Hymne wurde offiziell nicht kreiert. Wenn vom Protokoll her eine solche gebraucht wurde, spielte man die preußische: „Heil Dir im Siegerkranz, Herrscher (!) des Vaterlands, Heil, Kaiser, Dir!" Daneben florierten die Landeshymnen der Einzelstaaten, und in den politischen Lagern setzten sich Kampfes- und Bekenntnislieder durch (vgl. S. 193). In der Frage der nationalen Flagge hatte Bismarck schon 1867 im Zusammenhang der Verfassung des Norddeutschen Bundes, der eine Marineflagge brauchte, eine Entscheidung herbeigeführt, die vom Reich einfach übernommen wurde (Art. 55 in beiden Verfassungen!). Es war charakteristisch, daß nicht das Schwarz-Rot-Gold der deutschen Nationalbewegung zum Zuge kam, sondern eine andere, auf den preußischen Farben basierende Trikolore: Schwarz-Weiß-Rot. Sie sollte das alternative Symbolzeichen der Konservativen und des Nationalismus werden (vgl. S. 259).

Für die politischen Entscheidungen des Reiches waren letztlich zwei Personen verantwortlich: der Kaiser und der Kanzler. Ihre fast unangreifbare Machtposition hatte einen zusätzlichen Rückhalt in der Personalunion mit den Spitzenämtern des preußischen Staates. Der *Reichskanzler* stand im Mittelpunkt der nationalen Politik. Er war der einzige und allein verantwortliche Minister der Reichsregierung, ausgestattet mit weitgehenden exekutiven Kompetenzen. Auch der Kaiser war in seiner Amtsführung an dessen Gegenzeichnung gebunden. Die Macht des Reichskanzlers wurde jedoch begrenzt durch die beiden Institutionen, die die Nation repräsentierten: Der Kaiser konnte ihn jederzeit absetzen und einen Nachfolger berufen, und der Reichstag war das Forum, vor dem der Kanzler seine Politik öffentlich zu rechtfertigen hatte.

Der deutsche Nationalstaat war ein Kaiserreich. Zum Begriff des Reiches gehörte das *Kaisertum*; es verkörperte die große Tradition der Reichspolitik seit dem Mittelalter, die in allen Volksschichten als ein nationales Bildungsgut lebendig war (vgl. S. 83f.). Weit mehr jedoch als im alten Reich und mehr auch, als unter Bismarck zunächst sichtbar wurde, stand der Kaiser in diesem Reich an der Spitze der nationalen Machtpyramide. Er hatte durchaus nicht nur repräsentative Funktionen. Mit dem Oberbefehl über die Streitkräfte, mit dem Recht der Einsetzung und Abberufung des Kanzlers, der Einberufung und Schließung von Bundesrat und Reichstag sowie mit der auswärtigen Vertretung des Reiches verfügte der Kaiser auch über entscheidende exekutive Kompetenzen. Der seit 1888 regierende Wilhelm II. hat versucht, die damit gegebenen Möglichkeiten im Sinne eines persönlichen Regiments des Kaisers zu nutzen. Er verstand sich als der einzig legitime Repräsentant der Nation und intendierte ein über den Parteien und Regierungen stehendes ,soziales Kaisertum'. Das Reformklima der 1890er Jahre verleitete viele dazu, in gleicher Richtung zu denken – bis hin zu Friedrich Naumann mit seinem Konzept von ,Demokratie und Kaisertum' (1899). Wilhelm II. fehlten jedoch sowohl die notwendigen politischen Grundeinsichten als auch die Fähigkeiten, um ein solches Konzept erfolgreich in die Tat umzusetzen; es wäre in einem modernen nationalen Verfassungsstaat ohnehin nur als ein Wahlkaisertum denkbar gewesen.

Der *Reichstag*, gewählt nach gleichem und direktem Männerwahlrecht, war gegenüber dem Kaiser und der Reichsregierung die demokratisch legitimierte Repräsentation der Nation. Das preußische Übergewicht kam in ihm nicht zur Geltung, so daß er wie keine andere Institution des Reiches die Einheit der Nation verkörperte. In dieser Funktion stand er in einer latenten Konkurrenz zum Kaiser. Er hatte zwar keine souveränen politischen Befugnisse und keinen Einfluß auf die Regierungsbildung; mit dem Budgetrecht jedoch und einer Mitwirkung bei der Gesetzgebung verfügte er über die klassischen Parlamentsrechte, die es zu nutzen galt. Im Verlaufe des Kaiserreiches gelang es dem Reichstag in der Tat, zu dem zentralen politischen Forum der Nation zu werden, vor dem sich der Kanzler und indirekt damit auch der Kaiser zu verantworten hatten (vgl. S. 184 f.). Der Ausgang der Reichstagwahl von 1912 (vgl. Tabelle S. 332 im Anhang) machte es wahrscheinlich, daß sich die Impulse zu einer nationalpolitischen Reform, die vom Reichstag ausgingen, noch verstärken würden. Das Spannungsverhältnis von autoritärer Staatsführung und freier parlamentarischer Willensbildung, das diesen ,autoritär verformten Nationalstaat' (Wolfgang J. Mommsen) kennzeichnete, ist bis 1914 jedoch erhalten geblieben.

Was leistete dieser Nationalstaat und seine Regierungen für die weitere Entwicklung der Nation, vor allem für die noch ungelösten Probleme ihrer politischen Modernisierung (vgl. S. 150)? Bei der ersten Reichstagswahl (1871) stimmten nur ca. 25 Prozent der Wahlberechtigten für die Parteien, die die Reichsgründung Bismarcks unterstützten; die weit überwiegende Mehrheit des Volkes stand abseits oder in Opposition. Sie mußte für ein Interesse an diesem Staat erst noch gewonnen werden. In den Reichsämtern arbeiteten viele, meist national-liberal geprägte Beamte für eine Modernisierung des Reiches. Sie konnten relativ schnell eine Reihe von Institutionen durchsetzen, die die Integration der reichsdeutschen Bevölkerung befördern mußten: die Vereinheitlichung der Maße, Gewichte und Münzen (1873; Gründung der Reichsbank 1875), des Postwesens (1875) und des Eisenbahnsystems (1873); die Schaffung eines nationalen Rechtswesens (Strafgesetzbuch 1870, Reichsjustizgesetze 1873 und 1877, Eröffnung des Reichsgerichts in Leipzig 1879, Bürgerliches Gesetzbuch 1896); die Einführung von Sozialversicherungen für Arbeiter (1883–1889). Mit den 1890er Jahren setzte sich die Reichsbürokratie zunehmend gegenüber der preußischen durch, und Berlin wurde mehr und mehr zu einer nationalen Hauptstadt. Seit dem Beginn des neuen Jahrhunderts betrachteten mehr oder weniger alle deutschsprachigen Bevölkerungsschichten das Reich in seinen gegebenen Grenzen als ihren Nationalstaat. Als dieser Staat im August 1914 seine Bürger zu den Waffen rief, stand keine Bevölkerungsgruppe abseits. Das Reich war in der Tat zum Vaterland geworden, wie verschieden man auch über dessen Zukunft dachte.

Der *Innenpolitik* der Reichsregierungen indes kann eine solche Integrationsleistung nicht zugeschrieben werden. Sie verstand sich schon unter Bismarck als ein Kampf gegen verschiedene ‚Reichsfeinde‘. Zuerst war es der ultramontane Katholizismus, gegen den unter nationalliberalem Vorzeichen ein Kulturkampf eröffnet wurde. Nicht erst mit dem Sozialistengesetz (1878–1890) betrieb Bismarck auch die Ausgrenzung der politischen Arbeiterbewegung. Mit dem innenpolitischen Kurswechsel hatte er sein Zweckbündnis mit den Liberalen beendet; er stützte sich fortan auf die konservativen Kräfte, die damit in das Zentrum des Nationalstaats rückten und ihn als den ihren beanspruchten (‚zweite Reichsgründung‘; vgl. S. 187). Nach Bismarcks Rücktritt im Jahre 1890 versuchte Kanzler Caprivi (1890–1894) einen ‚Neuen Kurs‘ der nationalen Integration. Doch bald wurde wieder eine Sammlungspolitik gegen links betrieben, die der einflußreiche nationalliberale Politiker Johannes Miquel in den 1880er Jahren konzipiert hatte. Seit 1897, besonders unter Reichskanzler v. Bülow stand sie im Zeichen einer national-imperialistischen Agitation. Die stets konservativ orientierte Reichsregierung verhinderte auch einen Ausbau des National-staates über eine Demokratisierung seiner politischen Verfassung. Sie war zu keiner Zeit bereit, die politischen Mitwirkungsrechte der Nation und des Reichstages auszudehnen. Statt dessen wurden wiederholt Pläne eines antiparlamentarischen Staatsstreiches erwogen, und Preußen hielt eisern am Dreiklassenwahlrecht fest.

Die Politik gegenüber den *nationalen Minderheiten* kann als ein Indikator für die nationale Toleranz und Integrationsfähigkeit des Reiches gelten. Die Bevölkerung des annektierten Elsaß-Lothringen war hier ein Testfall. In ihrer Sprachkultur vielfach noch deutsch geprägt, wäre sie wahrscheinlich für die deutsche Nation zu gewinnen gewesen, wenn ihr das Reich die gleichen demokratischen Entfaltungsmöglichkeiten gewährt hätte, wie sie im Frankreich der Dritten Republik bestanden. Statt dessen jedoch bekam die Provinz den Sonderstatus eines ‚Reichslandes‘, wurde von einem ‚Statthalter‘ regiert und erhielt erst im Jahre 1911 ein Parlament und eine Verfassung. – Die polnische Bevölkerung in den preußischen Provinzen Posen und Westpreußen mußte sogar eine erhebliche Verschlechterung ihrer Lage hinnehmen. Sie war zunächst von den antikatholischen Maßnahmen des Kulturkampfes betroffen und geriet seit Mitte der 1880er Jahre unter den Druck einer forcierten Germanisierungspolitik. Diese Nationalitätenpolitik im Deutschen Reich war immer wieder von Spannungen zu den Nachbarnationen im Westen, Osten und Norden geprägt; Rückwirkungen auf das Außenverhältnis konnten nicht ausbleiben.

Die *Außenpolitik* wurde zum Schicksal dieses Nationalstaates. Erstmals seit Jahrhunderten konnte wieder eine nationale Außenpolitik betrieben werden, das war eine Herausforderung. Auch hier ging es um eine Integrationsaufgabe: die Eingliederung des neuen Deutschen Reiches in das internationale Staatensystem. Sie wurde erschwert durch ein Klima des nationalen Prestigedenkens in Europa (vgl. dazu S. 201 f.). Die Reichsregierung hat jedoch nie den ernsthaften Versuch unternommen, den Teufelskreis dieses Denkens zu durchbrechen. Die sogenannte ,Erbfeindschaft' gegenüber Frankreich war eine Grundposition, die durch den französischen Revanche-Nationalismus zusätzlich legitimiert wurde. Schon in der ,Krieg in Sicht'-Krise des Jahres 1875 hatte Bismarck erkennen müssen, daß eine hegemoniale Position des Deutschen Reiches in Europa nicht zu realisieren war. Doch er und seine Nachfolger zogen daraus problematische Folgerungen: einerseits ein Bündnis mit den konservativen Dynastien Österreich und Rußland, das sich schon bald auf den ,Zweibund' mit Österreich-Ungarn reduzierte, andererseits die Flucht in eine expansive Prestigepolitik des Kolonialerwerbs und des Flottenbaus, im Zeichen eines neuen Nationalismus und Imperialismus (vgl. S. 205).

Eine nationalpolitische *Selbstbeschränkung* war die Grundlage der erfolgreichen Nationalstaatsgründung von 1866–1871 gewesen; sie war von der Deutschen Nationalversammlung 1848/49 erarbeitet und von Bismarck dann zur raison d'etre des Deutschen Reiches gemacht worden. Er verstand sie vor allem in zwei Richtungen: als Beschränkung auf einen ,kleindeutschen' Nationalstaat, und als Verzicht auf weitere Gebietserwerbungen in Europa und Übersee. Bei seiner Kaiserproklamation hatte Wilhelm I. am 18. Januar 1871 dem deutschen Volk gelobt „allzeit Mehrer des Deutschen Reiches zu sein, nicht an kriegerischen Eroberungen, sondern an den Gütern und Gaben des Friedens, auf dem Gebiet nationaler Wohlfahrt, Freiheit und Gesittung". Diese beachtliche Erklärung ist schon zu seinen Lebzeiten in Vergessenheit geraten. Bismarck, der wiederholt behauptete, das Deutsche Reich sei ,saturiert', leitete eine Kolonialpolitik ein, und er blieb untätig, als die kleindeutsche

Selbstbeschränkung, auf der das Reich beruhte, zunehmend in Frage gestellt wurde. Seine Nachfolger betrieben mit Stolz und Eifer ,Weltmachtpolitik'.

Das Deutsche Reich ist von vielen seiner Bürger als ein *unvollendeter Nationalstaat* betrachtet worden, und dieses Urteil hat sich bis in die heutige Forschungsliteratur gehalten. Es sind in der Tat mehrere Gesichtspunkte, die dieses Urteil nahelegen:

1. Der Staatsbildungsprozeß des Reiches beruhte auf einer ,kleindeutschen' Selbstbeschränkung; ein für die moderne Nation grundlegendes Prinzip, die Übereinstimmung der Siedlungsgrenzen mit den politischen Grenzen (vgl. S. 14), war in diesem Staat also nicht eingelöst worden. Einerseits gingen die Reichsgrenzen im Osten, Norden und Westen in fremdnational besiedeltes Gebiet hinein; andererseits gab es größere Teile deutscher Bevölkerung jenseits der Reichsgrenzen.

2. Das Reich war verfassungsrechtlich ein Bund deutscher Fürsten und noch kein moderner Nationalstaat. Auch das nationale Grundprinzip der Volkssouveränität war in ihm nicht verwirklicht. Seine Staatsbürger waren politisch nicht gleichberechtigt (die Frauen hatten kein Wahlrecht; in Preußen gab es ein Dreiklassenwahlrecht), und der Reichstag als Repräsentant der Nation hatte keinen direkten Einfluß auf die Reichsregierung.

3. Die Reichsnation stellte – schon wegen des fehlenden Wahlrechts für Frauen – noch keine politische Willensgemeinschaft dar. Die Reichsbevölkerung war eine durch den Klassengegensatz gespaltene Nation. Sie verfügte nicht über einen gemeinsamen Grundkonsens hinsichtlich ihrer politischen Verfassung und Kultur.

Der unvollendete Charakter des Reiches als Nationalstaat war offensichtlich. Sowohl demokratisch wie nationalistisch orientierte Kräfte mußten dies als eine Herausforderung zum Handeln verstehen, – ein Ausgangspunkt für neue nationale Bewegungen. In welcher Richtung und mit welchen Mitteln dieser Nationalstaat zu vollenden sei, darüber gingen die Meinungen jedoch weit auseinander.

6.2 Die Reichsnation

Mit der Reichsgründung von 1871 war aus der Nation, die die Nationalbewegung getragen hatte, eine *Staatsnation* geworden. Wie war diese Reichsnation, die nun die gesamte wahlberechtigte männliche Bevölkerung des Reiches umfaßte, sozial strukturiert und nationalpolitisch ausgerichtet?

Zur Zeit der Reichsgründung stand die deutsche Gesellschaft mitten in einer revolutionären Umbruchphase. Auch ihre weitere nationalpolitische Entwicklung blieb stark von den konjunkturellen Daten geprägt. Nach der überhitzten Konjunktur des sogenannten Gründerbooms setzte schon mit dem Jahre 1873 eine Krise ein, die bis in die 1890er Jahre anhielt. Diese von Hans Rosenberg scharfsichtig analysierte ‚große Depression‘ hatte gravierende Folgen für das nationalpolitische Verhalten der Bevölkerung (vgl. unten S. 186 f.). Im letzten Jahrzehnt des Jahrhunderts erst kam es zu einem neuen Wirtschaftsaufschwung, der so durchschlagend war, daß Deutschland als Industriestaat zu einem führenden Platz in der Welt aufrückte. Erst jetzt kamen auch die strukturellen Veränderungen im Gesamtgefüge von Wirtschaft und Gesellschaft voll zum Durchbruch. Zur Zeit der Reichsgründung war noch die Hälfte aller Beschäftigten in der Landwirtschaft tätig; nun übernahm der gewerblich-industrielle Sektor die führende Position (vgl. Tabelle S. 338 im Anhang). Die Kommunikation innerhalb der Reichsbevölkerung verdichtete sich weiter, beförderte die Nationsbildung, und auch der Grad der Verstädterung steigerte sich noch einmal gewaltig. Um 1870 lebten noch zwei Drittel der deutschen Bevölkerung in Dörfern, 1914 nur noch knapp 40 % und mehr als 20 % bereits in Großstädten! Die Deutschen wurden eine vorwiegend städtisch lebende Nation, und sie vermehrten sich weiterhin stark (vgl. Tabelle S. 330). In den Krisenjahren um 1880 erreichte die Auswanderung nach den USA ihren letzten, absoluten Höhepunkt (vgl. Tabelle S. 335). Diejenigen, die blieben, erlebten mit dem Konjunkturaufschwung seit 1890 auch einen Anstieg der Arbeitseinkommen. Das Reich wurde dann bald ein Zuwanderungsland für Arbeitskräfte.

Die Bevölkerung des Deutschen Reichs, die dermaßen im Banne von Wirtschaftskonjunkturen stand, war eine *Klassengesellschaft*. Das Bürgertum war nicht mehr die umfassende Basis der Nation, sondern nur noch deren eine Hälfte. Es ließ sich in seinem nationalpolitischen Verhalten zunehmend von den eigenen Klasseninteressen leiten, die darauf ausgerichtet waren, den sozialen Besitzstand nach innen zu sichern und nach außen zur Geltung zu bringen. Neben dem Besitzbürgertum tendierte auch das Bildungsbürgertum jetzt überwiegend in diese Richtung. Das Nationalbewußtsein dieser Schichten, von jeher mit einem besonderen Ehrgefühl (Nationalstolz) verbunden, konzentrierte sich nun auf den soeben erreichten Nationalstaat. Das Militärische spielte im Leben der bürgerlichen Nation jetzt eine zunehmend positive Rolle. Der Adel, der weiterhin die Führungspositionen innerhalb von Militär und Diplomatie innehatte, wurde nicht mehr als Konkurrent oder gar Gegner empfunden; man näherte sich ihm an. Die adligen Umgangsformen und Ehrbegriffe (das Duell!) wurden zum Richtwert des eigenen sozialen Verhaltens.

Den bürgerlich-adligen Besitzschichten stand die handarbeitende Bevölkerung gegenüber. Viel stärker als jene war sie in ihrem Leben und Verhalten von dem großen Industrialisierungsprozeß geprägt, der sie in Bewegung hielt und ständig zu Reaktionen herausforderte. Vor allem die Industriearbeiter entwickelten ein eigenes Klassenbewußtsein, das sie dazu befähigte, eigene politische Interessen und soziale Bedürfnisse zu formulieren und sich für deren Durchsetzung zu organisieren. Bürgerliche Gebildete, die sich seit der Mitte des Jahrhunderts der sozialen Frage zugewandt hatten, spielten dabei als Meinungsführer und Organisatoren eine wichtige Rolle. Doch die überwiegende Mehrheit des Bürgertums distanzierte sich in ihrem gesellschaftlichen Verhalten von der Arbeiterbevölkerung. Die Emanzipation der handarbeitenden Bevölkerung weckte in ihren Reihen die Furcht vor einer Revolution der Besitzverhältnisse und der politischen Strukturen des von ihnen getragenen Nationalstaates. Die sozialdemokratische Arbeiterbewegung trat in der Tat in sozialer und politischer Hinsicht mit alternativen Vorstellungen über einen Nationalstaat auf (vgl. dazu unten S. 178 ff.). Sie erfaßte jedoch nicht die gesamte handarbeitende Bevölkerung. Deren soziale Emanzipation artikulierte sich parallel zur politischen in einer gewerkschaftlichen Bewegung, und seit den 1890er Jahren ging auch die katholische Kirche dazu über, die Arbeiter zu organisieren.

Für das nationalpolitische Verhalten der Reichsbevölkerung war die Klassenspaltung von fundamentaler Bedeutung; denn sie stand mit ihren verhaltensprägenden Wirkungen einer Nationsbildung im Wege. Die bürgerlichen Schichten betrachteten sich als die eigentlichen Träger des Reiches und die Arbeiterschichten als national inferior und unzuverlässig. Die politischsoziale Organisierung der neuen Reichsnation war jedoch nicht nur von der sozialen Klassendifferenz, sondern auch von anderen, verfassungspolitischen, konfessionellen und geschlechtsspezifischen Differenzen geprägt. In seiner Grundstruktur lebten die Richtungen fort, die sich schon in der Revolution von 1848 herausgebildet hatten:

1. Der *Konservativismus* war seit der Revolution von 1848 (vgl. S. 117) das Sammelbecken derer, die Traditionswerte und Machtpositionen in Staat, Kirche und Gesellschaft bewahrt sehen wollten. Ihnen war das Konzept der modernen Nation im Grunde fremd. Sie hatten deshalb zunächst große Schwierigkeiten mit der nationalliberalen Politik Bismarcks. Im Jahre 1871 konnte nur eine Minorität (Deutsche Reichspartei) der Reichsgründung zustimmen. Nach Bismarcks Kurswechsel von 1878 jedoch wurden die Konservativen (Deutschkonservative Partei) zum wichtigsten parlamentarischen Rückhalt der Reichsregierung. Ihr nationales Konzept fand in den Begriffen ‚Kaiser und Reich‘ seinen Ausdruck, geprägt von den vormodernen Traditionen einer monarchisch repräsentierten und ständisch gegliederten Gesellschaft. Die Behauptung einer solchen Position, hinter der nach wie vor erhebliche Machtpotentiale in der deutschen Gesellschaft standen, wurde jedoch im Zeitalter der nationalen Massengesellschaft zunehmend zu einem Problem, das zu neuen Initiativen herausforderte. Hier

bot sich seit den 1880er Jahren der organisierte Nationalismus an (vgl. S. 188 ff.).

2. Der *Nationalliberalismus* (Nationalliberale Partei) war in den Jahren der Reichsgründung der Partner Bismarcks. In seinen Reihen sammelte sich das Bürgertum von Besitz und Bildung, das seit dem Vormärz auf eine Allianz der bürgerlichen Nation mit den reformbereiten Fürstenstaaten gesetzt hatte (vgl. S. 100 f.). Obwohl dieser Liberalismus die demokratischen und antiaristokratischen Traditionen der Fortschrittspartei, aus der er hervorgegangen war, hinter sich gelassen hatte, war er weiterhin an einer Modernisierung von Wirtschaft und Gesellschaft und an dem Ausbau des Verfassungsstaates interessiert. Um so mehr wurde er vom Umschwung der Wirtschaftskonjunktur und der Regierungspolitik in den 1870er Jahren überrascht: Er verlor seine parteipolitische Geschlossenheit (Abspaltung eines rechten und eines linken Flügels) und nach den Wahlen von 1881 auch seine führende Rolle im Reichstag. Durch eine konservative Wendung und den Eintritt in die nationalkonservative Sammlungsbewegung konnte die Nationalliberale Partei jedoch eine eigene Position im politischen Leben des wilhelminischen Deutschland behaupten. Sie wurde zum Hauptträger des Imperialismus, war also weniger liberal als rechts orientiert und tendierte auch zu Nationalismus und Antisemitismus.

3. Der *demokratische Liberalismus*. Er bildete seit 1848 den politischen Gegenpart des Nationalliberalismus und bestand gegenüber diesem auf der Durchsetzung des Prinzips der Volkssouveränität (vgl. S. 117 f.). Von daher verweigerte der linke Flügel der Fortschrittspartei im Jahre 1866 den Kompromiß mit der Regierung Bismarck und blieb auch über 1871 hinaus deren konsequenter Kritiker. Doch die demokratische Linke war organisatorisch und regional zersplittert und blieb parlamentarisch in einer Minderheitsposition (neben der Deutschen Fortschrittspartei gab es seit 1868 die Deutsche Volkspartei, seit 1880 die Liberale bzw. Freisinnige Vereinigung, seit 1893 die Freisinnige Volkspartei, seit 1896 der Nationalsoziale Verein). Erst mit dem Antritt einer neuen Generation bürgerlicher Intel-

ligenz und dem Aufschwung der Demokratiebewegung zu Beginn des neuen Jahrhunderts erreichten die linksliberalen Parteien (seit 1910 vereinigt als ‚Fortschrittliche Volkspartei') eine Stärke, die dem Nationalliberalismus gleichwertig war. Problematisch blieb das Verhältnis zur Arbeiterbewegung, von der man sich sozialpolitisch abgrenzte, im Kampf für eine Demokratisierung des Reiches jedoch verbunden war.

4. Der *politische Katholizismus*. Schon 1848 hatten die deutschen Katholiken ihre Bereitschaft zu einer eigenen politischen Organisierung unter Beweis gestellt (vgl. S. 117). Noch mehr mußte die von einem protestantischen Kaisertum repräsentierte und von einer liberalen Partei getragene Reichsgründung dazu herausfordern. Sie traf auf einen Katholizismus, der durch einen kämpferischen Antimodernismus und Antiliberalismus geprägt war, sich in einer Minderheitsposition (etwa ein Drittel der Reichsbevölkerung) befand und durch die Kulturkampfpolitik zusätzlich herausgefordert wurde. So konnte die im Jahre 1870 gegründete Deutsche Zentrumspartei schnell ein Viertel der Wählerstimmen auf sich vereinigen, und der kirchliche Einfluß auf die katholische Bevölkerung war stark genug, um diesen Anteil auch weiterhin zu sichern. Nach der Beendigung des Kulturkampfes und dem konservativen Kurswechsel der Reichspolitik baute die Zentrumspartei ihre Distanz zum Nationalstaat allmählich ab und wurde ein begehrter Gesprächspartner der Reichsregierung.

5. Die *politische Arbeiterbewegung*. Bedingt durch das Zusammentreffen von industrieller und politischer Revolution formierte sich in Deutschland früher als in anderen Ländern eine eigenständige politische Arbeiterbewegung (Allgemeiner Deutscher Arbeiterverein, gegr. 1863 von Ferdinand Lassalle; Sozialdemokratische Arbeiterpartei, gegr. 1869 von August Bebel und Wilhelm Liebknecht; seit 1875 vereinigt als Sozialistische Arbeiterpartei, seit 1890 Sozialdemokratische Partei). Geprägt von ihrem nationaldemokratischen Engagement in der Revolution von 1848/49 (vgl. S. 118) waren die Arbeitervereine auch in die nationale Bewegung der 1860er Jahre mit nationalrevolutionären Zielvorstellungen hineingegangen. Obwohl es anfangs

Gemeinsamkeiten mit der Fortschrittspartei gab, besonders aber mit den Volksparteien in Sachsen und Südwestdeutschland, kam es zu einer Trennung von den Parteien des Bürgertums; denn diese schreckten vor revolutionären Implikationen, und dazu zählte bereits das gleiche Wahlrecht, nun mehr und mehr zurück. In den nationalen Zielvorstellungen der Arbeiterbewegung war das demokratische Programm, basierend auf den Prinzipien der Volkssouveränität und der Rechtsgleichheit, verbunden mit den sozialpolitischen Anliegen der sich emanzipierenden Arbeiterklasse. Damit übernahm sie das Erbe der demokratischen Nationalbewegung, deren Zielvorstellungen durch die Reichsgründung noch nicht eingelöst waren. Für die politische Strategie dieses Kampfes wurde es jedoch zu einem Problem, daß sich marxistisches Gedankengut in der Sozialdemokratie durchsetzte; denn es erschwerte mit seiner revolutionären Klassenkampfideologie den Weg zu einer demokratischen Nationsbildung.

6. Die *Frauenbewegung* verdient eine besondere Erwähnung. In ihr kämpfte die eine Bevölkerungshälfte, die in der bürgerlichen Gesellschaft noch nicht gleichberechtigt und von der politischen Nation ganz ausgeschlossen war, um ihre bürgerliche und politische Emanzipation, um ihre Anerkennung als gleichberechtigter Teil der Nation. Nach den Ansätzen in der Revolution von 1848 war der 1865 in Leipzig gegründete Allgemeine Deutsche Frauenverein die erste gesamtnationale Frauenorganisation, mit der die emanzipationsbereiten Frauen ihre Ziele organisiert angingen. Weitere überregionale Vereine folgten, seit 1894 waren mehr als 2000 Frauenvereine zusammengeschlossen im ‚Bund Deutscher Frauenvereine‘. Viele von ihnen engagierten sich in den Kriegsjahren – wie schon 1813 – patriotisch: 1870/71 als ‚Vaterländischer Frauenverein‘ und 1914/18 als ‚Nationaler Frauendienst‘. Wichtiger in nationaler Hinsicht war jedoch der seit 1902 existierende ‚Deutsche Verband für Frauenstimmrecht‘, der den Kampf um das Wahlrecht für Frauen organisierte.

7. Das Spektrum der nationalpolitischen Positionen im Kaiserreich wäre unvollständig ohne die *fremdnationalen Parteien*,

die in einer grundsätzlichen Opposition zu diesem Nationalstaat standen. Sie vertraten die Bevölkerungsgruppen in den
Randgebieten des Reiches, die sich nicht der deutschen Nation
zugehörig fühlten, sondern der benachbarten jenseits der
Reichsgrenze: Polen, Dänen, Franzosen. Sie erreichten bei den
Reichstagswahlen stets zwischen 5 und 9% der Stimmen, und
waren damit ernstzunehmende Minorität.

Die Geschichte der deutschen Reichsnation wurde von den
fünf zuerst genannten politischen Lagern geprägt, die auch über
den Umbruch von 1918/19 hinweg erhalten blieben: ein früh
ausgeprägtes und stark differenziertes nationalpolitisches Mei-
nungsspektrum. Es war das besondere Charakteristikum dieser
nationalen Parteienstruktur, daß sich neben den drei klassischen Grundpositionen (konservativ – liberal – demokratisch)
der Katholizismus und die Arbeiterbewegung als eigenständige
politische Lager konstituierten. Soziale und weltanschauliche
Frontstellungen aus der Epoche der forcierten Industrialisierung und Modernisierung hatten sich hier parteipolitisch ver-
festigt. Für die Bildung eines nationalpolitischen Konsens'
bedeutete dies eine erhebliche Erschwerung.

Unverkennbar ist eine zunehmende *Politisierung* der reichsdeutschen Bevölkerung. Mit der ersten Reichstagswahl (1871)
hatte auch auf nationaler Ebene das Zeitalter des Parlamentarismus begonnen. Die Wahlbeteiligung lag im Jahre 1871 bei 51%,
stieg nach der großen Mobilisierung der ,Kartellwahlen' (1887)
für dauernd über die 70%-Marke und erreichte in den letzten
Wahlen des Kaiserreichs einen Höchststand von 85% (vgl. Tabelle S. 332, Anhang). Auch in den zunächst abseits stehenden
handarbeitenden Schichten war im Laufe von drei Jahrzehnten
die überwiegende Mehrheit dazu übergegangen, ihre politischen Rechte zu nutzen – und Versuche zu deren Erweiterung
zu unternehmen; das zeigen die Kampagnen für das Stimmrecht
der Frauen und gegen das Dreiklassenwahlrecht in Preußen zu
Beginn unseres Jahrhunderts.

Festzuhalten ist ebenso ein neues *Organisationsverhalten* innerhalb der Reichsnation. Für die in Deutschland von jeher
ausgeprägte Bereitschaft zur Vereinsbildung eröffnete das

Reichsvereinsgesetz von 1908 neue Möglichkeiten. Doch schon vorher standen die sozialen Gruppierungen vor der Notwendigkeit, ihre Interessen auf nationaler Ebene organisatorisch zu bündeln und politisch zur Geltung zu bringen. Nach den Organisationswellen von 1848/49 und 1859–1863 kam es seit den späten 1870er Jahren wiederum zu einer verstärkten Gründung von Vereinen und Verbänden, die sich in neuer Weise der nationalen Argumentation bedienten (vgl. eingehender S. 186 ff.). Die Parteien wandelten sich von Wahlvereinigungen der politischen Elite zu modern organisierten Mitgliederparteien. Die politische Arbeiterbewegung war zuerst diesen Weg gegangen und bezog daraus ihre Stärke; nun wurde auch die Konjunktur des organisierten Nationalismus durch diese Entwicklung ermöglicht (vgl. S. 188 f.).

War die Bevölkerung des Kaiserreiches wirklich eine Nation? Angesichts der Gegensätze der sozialen Interessen und der politischen Lager entsteht die Frage nach ihrer nationalen Homogenität, nach dem Stand der *Nationsbildung*. Gab es in dieser Bevölkerung einen Grundkonsens der politischen Kultur, der es ermöglichte, den gemeinsamen Staat zu bejahen?

Trotz einer weitgehenden Identifizierung mit dem Krieg von 1870 und der sich aus ihm ergebenden Reichsgründung war die Zustimmung zum Staate Bismarcks anfangs durchaus nicht allgemein. Die Mehrheit der Konservativen und der Katholiken, der demokratische Liberalismus und die Arbeiterbewegung mußten für diesen Staat erst noch gewonnen werden. Das wurde dort besonders schwierig, wo die politische Parteibildung parallel zu einer der großen sozialen Abgrenzungen verlief, von denen die Reichsbevölkerung geprägt war: in der Arbeiterbewegung und im Katholizismus.

Obwohl die kaiserliche Regierung beim Abbau der sozialpolitischen Barrieren nur sehr bedingt erfolgreich war, entwickelte sich auch in den anfangs abseits stehenden Gruppen eine erstaunliche Bereitschaft, das Reich als Nationalstaat zu akzeptieren: zuerst bei den Konservativen, dann unter den Katholiken und schließlich auch in den Reihen der Arbeiterbewegung. Die modernisierende Arbeit der Reichsbürokratie, die Aktivität des Staates auf wirtschafts- und sozialpolitischem Gebiet, nicht zuletzt aber die Tätigkeit des Reichstages, die ein immer größeres öffentliches Echo fand, trugen dazu bei, daß die Reichsbevölkerung allmählich zu einer politischen Schicksalsgemeinschaft zusammenwuchs.

Dennoch kann man nicht von einer geglückten Nationsbildung sprechen. Es blieben große ungelöste Probleme bestehen, von denen vor allem drei die nationale Identitätsbildung belasteten:

1. Der Klassengegensatz wirkte sich unmittelbar auf das Nationalbewußtsein aus und führte zu problematischen Ausgrenzungen. Die bürgerlich-adligen Schichten waren nicht bereit, die Arbeiterschichten in die nationale Solidargemeinschaft ‚ihres‘ Reiches aufzunehmen, mit ihnen eine Nation im Sinne einer Willens- und Solidargemeinschaft zu bilden. Die Sozialdemokratie antwortete darauf mit revolutionären Parolen. Seit den 1890er Jahren trat auch die Frauenfrage immer stärker als ein Phänomen nationalpolitischer Ausgrenzung in das öffentliche Bewußtsein.

2. Die Identität der Reichsnation schwankte zwischen *Staatsnation* und *Volksnation*. Von der ethnischen Struktur der Reichsbevölkerung her gesehen, hätte deren Nationsbildung in die Richtung einer Staatsnation verlaufen müssen. Dem stand die Nationalitätenpolitik der Reichsregierung und das Verhalten der nichtdeutschen Minderheiten entgegen. Andererseits war die Bildung einer ethnisch homogenen Volksnation für diesen Staat angesichts seiner Grenzen und der ihm zugrundeliegenden kleindeutschen Selbstbeschränkung (vgl. S. 163) ein unrealistisches Ziel. Es war für seine Zukunft verhängnisvoll, daß sie von den Kräften des Nationalismus dennoch ins Auge gefaßt wurde.

3. Die Position und die Rolle der deutschen Nation in Europa wurde nur von der Sozialdemokratie in einer produktiven und kooperativen Weise gestaltet. Sowohl innerhalb der Reichsregierung als auch im Bürgertum blieb sie unklar und führte zu überzogenen Einschätzungen und Verhaltensweisen.

In den letzten Jahren der Regierung Bismarck kam immer mehr zum Bewußtsein, daß die Bevölkerung, die der Reichsgründer in einem Nationalstaat zusammengeführt hatte, in Wirklichkeit noch keine Nation war, daß nicht nur der Nationalstaat, sondern auch die Nation unvollendet seien. Dies war der Hintergrund für neue nationale Initiativen und Bewegungen.

6.3 Reichspatriotismus und Nationalismus

Die deutsche Nationalbewegung war bis zum Jahre 1866 eine politische Oppositionsbewegung gegen das System des Deutschen Bundes. Mit der kleindeutschen Staatsgründung hatte Bismarck eine nationalpolitische Alternative durchgesetzt, die den Wünschen der bürgerlichen Mehrheit entsprach. Für sie gab es nun keinen Anlaß mehr zu einer nationalen Opposition. Der Deutsche Nationalverein konnte sich im November 1867 auflösen; die nationalliberale Bewegung war an ihr Ziel gekommen.

Das nationalliberal eingestellte Bürgertum entwickelte nun einen Patriotismus, der sich weitgehend mit dem neuen Reich identifizierte. Seine Partei war seit ihrem Einschwenken auf die Politik Bismarcks zu einer Regierungspartei geworden, und damit hatte sich der Charakter ihres nationalpolitischen Verhaltens gewandelt. Die bisher für das liberale Bürgertum charakteristischen antifeudalen Einstellungen, die Vorbehalte gegenüber den militärisch-bürokratischen Machtinstitutionen der Fürstenstaaten traten in den Hintergrund. Der neue Nationalstaat wurde gerade als Staat wahrgenommen; man suchte die Kooperation mit den ihn regierenden und repräsentierenden Kräften und verehrte vor allem den Reichsgründer, von dessen Reformwilligkeit man überzeugt war.

Ein solcher Reichspatriotismus verbreitete sich seit 1870 in breiten bürgerlichen Schichten, aber auch in der handarbeitenden Bevölkerung. Die Bismarck-Kritik der Demokraten wurde nur noch von einer kleinen, politisch bewußten Minderheit getragen (vgl. S. 182 f.). Die seit langem erhoffte und nun so erfolgreich realisierte Reichsgründung wurde von der großen Mehrheit der deutschen Bevölkerung begrüßt. Es entstand ein *affirmativer Reichspatriotismus*. Die Massenvereine der bürgerlich geprägten Nation, die Sänger, Turner und Schützen, gingen spontan und enthusiastisch auf das große Ereignis ein. Sie verstanden das von Preußen beherrschte Reich als ihren Nationalstaat.

Der Krieg gegen das Frankreich Napoleons III., in dem sich die Grundkonstellation der deutschen Nationalbewegung von 1813 zu wiederholen schien, spielte für diesen Reichspatriotismus eine konstitutive Rolle. Der *Krieg von 1870/71* war gleichsam die erste gemeinsame Tat der neuen Reichsnation, und dementsprechend tief prägte er sich als Erlebnis im Bewußtsein der Deutschen ein. Diese Bedeutung kann verglichen werden mit der Rolle, die die Schlachten Napoleons I. noch heute im Nationalbewußtsein der Franzosen spielen. Der 2. September, an dem die Armee Napoleons III. bei Sedan kapitulierte, konnte zum Nationalfeiertag des Kaiserreiches werden ('Sedantag'). Die Armeen der Fürsten, voran die preußische, bekamen durch diesen Krieg eine nationale Weihe, und der Dienst in ihnen – vor allem der Dienst in der Marine, die seit 1848 in besonderem Maße mit der bürgerlichen Nationalbewegung verbunden war – wurde zu dem bevorzugten Bewährungsfeld dieses Patriotismus.

In der Bildung von *Kriegervereinen* fand der neue Reichspatriotismus seinen sichtbarsten Ausdruck. Der Wunsch der Kombattanten nach einem zivilen, selbstorganisierten Zusammenschluß wurde in allen Schichten nach Kriegsende in erstaunlich breitem Umfang in die Tat umgesetzt. Kriegervereine wurden zur ersten neuen Organisationsform in der Reichsbevölkerung. Das *Kriegerdenkmal*, das nun in fast jeder Kommune errichtet wurde, ist ein noch heute sichtbares Symbol jenes Engagements. Es wurde zum Ausdruck einer Identifizierung mit dem Nationalstaat, wie dies im 19. Jahrhundert in vielen Nationen üblich war.

Die Kriegerdenkmäler des ausgehenden 19. Jahrhunderts waren jedoch häufig bereits von einer neuen nationalen Frontstellung und Abgrenzung getragen. Der affirmative Reichspatriotismus der ersten Jahre war seit 1880 zunehmend in ein innenpolitisches Spannungsfeld geraten. Dieses war entstanden aus den kontroversen Erfahrungen mit dem ‚unvollendeten‘ Nationalstaat und seinen offenen Problemen (vgl. S. 164). In der Auseinandersetzung mit der Politik der Reichsregierung konnte sich daher aus nationalen Motiven heraus eine neue politische Opposition aufbauen, es konnten *neue nationale Bewegungen* entstehen. In den bereits konsolidierten Nationalstaaten Europas, etwa in Frankreich und Dänemark, sind solche nationalen Oppositionsbewegungen bereits in der ersten Hälfte des Jahrhunderts zu beobachten.

Träger einer nationalen Opposition im Kaiserreich waren die Gruppen der Bevölkerung, die mit der bisherigen nationalen Entwicklung nicht einverstanden sein konnten, unter ihnen die Benachteiligten und Geschädigten jener großen ‚Doppelrevolution‘. Das waren auf der einen Seite die weiterhin gegen Bismarck opponierenden demokratischen Gruppen des Bürgertums und vor allem die Arbeiterbewegung, andererseits aber auch die durch den Modernisierungsprozeß gefährdeten Mittelschichten in Stadt und Land, die um die Erhaltung ihres mentalen, sozialen und ökonomischen Besitzstandes besorgt waren. Zwischen diesen beiden Lagern einer nationalen Opposition bestand eine klar verlaufende Frontlinie, und zwar entlang der Einstellung zur gesellschaftlichen Emanzipation. Das eine Lager berief sich auf das Erbe der Revolution von 1848, das andere verdrängte es. Dementsprechend war die nationalpolitische Position der beiden Lager diametral verschieden: Auf der einen Seite ein nationaldemokratischer Patriotismus, auf der anderen ein antidemokratischer Nationalismus. Die soziale Interessenslage und die Klassenspaltung der deutschen Gesellschaft prägten also auch die nationale Oppositionshaltung.

Eine nationaldemokratische Opposition begleitete die Politik Bismarcks seit ihren Anfängen. Bereits 1859, im Zusammenhang der Debatte über den italienischen Krieg (vgl. S. 138), hatte sich eine ‚Stimme der Demokratie‘ zu Wort gemeldet, die die Grundposition dieser Richtung formulierte: „Das Prinzip der freien, unabhängigen Nation ist also die Basis und Quelle, die Mutter und Wurzel des Begriffs der Demokratie überhaupt. Die Demokratie kann nicht das Prinzip der Nationalität mit Füßen treten, ohne selbstmörderisch die Hand an ihre eigene Existenz zu legen, ohne sich von Grund aus zu verraten." Von dieser Einsicht her rief jene Flugschrift zur Unterstützung der italienischen Nationalbewegung auf und zur Freundschaft mit dem französischen Volk. *Ferdinand Lassalle*, der Verfasser, schlug einen Bogen zu Fichtes ‚politischem Vermächtnis‘ im Befreiungskrieg von 1813, den dieser als einen nationalen ‚Volkskrieg‘, nicht als einen Krieg der Fürsten verstanden wissen wollte. Die Fürstenherrschaft und die privilegierte Position des Adels benannte Lassalle als die wichtigsten Hindernisse einer deutschen Nationswerdung; sein Ziel war der Nachweis, „daß die Monarchie in Deutschland einer nationalen Tat nicht mehr fähig ist." Er plädierte für eine aus der Volksrevolution hervorgehende gesamtdeutsche Republik. Das war gegenüber dem im gleichen Jahr gegründeten ‚Nationalverein‘ eine diametrale Gegenposition.

Die Mehrheit der Demokraten von 1848, zu denen auch Lassalle gehört hatte, fand sich 1859 jedoch in den Reihen des Deutschen Nationalvereins ein. Sie ordnete ihre nationaldemokratischen Zielvorstellungen den ‚realpolitischen‘ Gegebenheiten unter, d. h. einer kleindeutschen Lösung und einem Arrangement mit der preußischen Monarchie, womit im Kern auch schon die Bindung an Bismarcks Weg entschieden war (vgl. S. 142 f.). Es war nur eine Minorität, unter ihnen Johann Jacoby aus Königsberg, die nach der Gründung der Nationalliberalen Partei (1867) in der preußischen Fortschrittspartei verblieb und in der nationalen Frage für eine Alternative zu

Bismarcks Reichsgründung votierte. Sie hatte angesichts des Reichspatriotismus von 1870 zunehmend Probleme, für ihre Position in den bürgerlichen Schichten Gehör zu finden (vgl. unten S. 182).

Lassalle war schon im Jahre 1863 zu der Überzeugung gelangt, daß „niemals und unmöglich durch das Bürgertum der Durchbruch in eine nationale Existenz vollbracht werden" kann und hatte seine Hoffnungen auf die Arbeiterschichten gesetzt. Früher als in anderen Ländern war in Deutschland eine *politische Arbeiterbewegung* entstanden; das hatte unmittelbare Folgen für die Nationsbildung. „Ein zweifaches Ideal hat mir von Jugend an vorgeschwebt: das freie und einige Deutschland und die Emanzipation des arbeitenden Volkes, das heißt die Abschaffung der Klassenherrschaft",– in diesem Bekenntnis Wilhelm Liebknechts aus dem Jahre 1872 kommt ein ganz anderer Zugang zur nationalen Frage zum Ausdruck.

Die nationale Position der jungen Arbeiterbewegung stellte nicht nur gegenüber der Politik Bismarcks, sondern auch gegenüber der des Nationalvereins eine wirkliche Alternative dar. Das wurde schon 1863 deutlich, als der Nationalverein nicht bereit war, den Aufstand der polnischen Nationalbewegung zu unterstützen, sodann 1864 im Schleswig-Holstein-Konflikt, als Liebknecht vor „der falschen deutschen Einheit des Herrn von Bismarck und der preußischen Liberalen" warnte. Als Bismarck sich 1866 mit seiner ‚Revolution von oben' durchgesetzt hatte, blieb die Arbeiterbewegung bei ihrem nationalen Protest „gegen einen Bund, der nicht die Einheit, sondern die Zerreißung Deutschlands proklamiert, einen Bund, der dazu bestimmt ist, Deutschland zu einer großen Kaserne zu machen, um den letzten Rest von Freiheit und Volksrecht zu vernichten" (August Bebel im Norddeutschen Reichstag).

Die sozialdemokratische Arbeiterbewegung schrieb mit ihrer politischen Position ein wichtiges Kapitel in der Geschichte der deutschen Nationalbewegung. Die demokratische Tradition der Revolution von 1848 aufgreifend und fortführend, formulierten die Vertreter der Arbeiterbewegung nun die Konzeption eines „deutschen Volksstaat, der alle Stämme des großen Vaterlandes unter dem gemeinsamen Banner der Freiheit vereinigt" (Liebknecht). Dieses *Projekt eines gesamtdeutschen Volksstaates* war die große nationaldemokratische Alternative zu dem Nationalstaat von 1871, dem Staat Bismarcks und der Nationalliberalen. Es machte deutlich, daß dieser Nationalstaat auf einem zweifachen Defizit beruhte: dem Verzicht auf nationale Demokratie (Volkssouveränität) und der Ausgrenzung von Millionen Deutscher in der Habsburgischen Monarchie. Also mußte die Nationalbewegung als Kampf um einen demokratischen Staat für die gesamte deutsche Nation fortgesetzt werden. Mit den Grenzen des kleindeutschen Reiches konnte sich die Arbeiterbewegung zwar abfinden, nicht aber mit dem politischen System dieses autoritären Staates und ebenfalls nicht mit dem wachsenden Nationalismus.

Als dieser im Jahre 1870 mit einem um sich greifenden Franzosenhaß bereits einen Höhepunkt erreichte, wies der Braunschweiger Ausschuß der Sozialdemokratischen Arbeiterpartei darauf hin, „eingedenk dessen zu sein, daß wir nicht nur Deutsche sind und nicht nur Deutschland freiheitlich einigen wollen, sondern daß unsere französischen Nachbarn, daß alle Völker der Erde unsere Brüder sind". Die Sozialdemokratie protestierte als einzige politische Kraft gegen die Annexion von Elsaß-Lothringen, und sie kämpfte weiterhin für die Rechte der nichtdeutschen Nationalitäten innerhalb des Reiches, für deren Gleichberechtigung als Staatsbürger. „Eins aber steht weit über dem Nationalitätsprinzip: das ist das Prinzip der Humanität", erklärte Liebknecht 1886 in der Polendebatte des Reichstages. „Erst sind wir Menschen und dann Glieder einer Nation!" Er sorgte in seiner Partei für den Ausbau freundschaftlicher Kontakte zu den Arbeiterbewegungen in anderen Ländern. Bei der Begründung der II. Internationale der europäischen Arbeiterparteien im Jahre 1889 war die deutsche Sozialdemokratie die führende Kraft. Ein auf Gleichberechtigung beruhender kooperativer *Internationalismus* war für sie die natürliche Ergänzung ihrer nationaldemokratischen Grundposition.

Es war nicht einfach, eine solche Position im kaiserlichen Deutschland öffentlich zur Geltung zu bringen. Die Trägerschichten des Reiches und dessen Repräsentanten versagten der Arbeiterpartei die Anerkennung als eine nationale Opposition. Im Reichstag und in der Presse wurden Sozialdemokraten als ‚Reichsfeinde‘, von Wilhelm II. sogar als ‚vaterlandslose Gesellen‘ denunziert. Eine Form dieser nationalen Ausgrenzung war das Verbot der SPD mit Hilfe des Sozialistengesetzes, das von 1878 bis 1890 in Kraft war. „Wir sind Reichsfeinde, weil wir Feinde des Klassenstaates sind", konstatierte Liebknecht. Den Vorwurf eines mangelnden Patriotismus jedoch wies man entschieden zurück. „Das Vaterland ist uns mindestens so lieb wie Ihnen" erklärte Bebel gegenüber den bürgerlichen Parteien im Reichstag. „Ich behaupte, noch weit lieber, denn diesem Vaterland zuliebe scheuen wir, um die Zustände in demselben zu verbessern, keine Opfer und keine Verfolgungen, und zwar schon seit Jahrzehnten". Das war die Position des Reformpatriotismus der Aufklärung im Gewande der Arbeiterbewegung.

Ausgegrenzt aus der Nation der reichstragenden Schichten, entwickelten die Sozialdemokraten ein eigenes *alternatives Nationalbewußtsein*. Es war getragen von dem Selbstbewußtsein einer sich emanzipierenden Majorität. „Das Proletariat bildet schon heute nach seiner Zahl und seiner sozialen Bedeutung die Grundlage der Nation; es ist der Erzeuger des Reichtums, es ist die Grundlage unserer Wohlhabenheit, die Grundlage unserer Verteidigungsfähigkeit, die Grundlage von all und jedem…", so Bebel im Jahre 1905. Die Analogie dieser Argumentation zu der des Abbé Sieyès im Jahre 1789 (vgl. S. 46 f.) ist unverkennbar. Wie der Dritte Stand damals, so beanspruchte jetzt die Arbeiterbewegung gegenüber den Herrschaftsschichten der mehrheitliche und produktive Teil der Bevölkerung, d. h. die eigentliche Nation zu sein. In Aufnahme eines Satzes von Disraeli behauptete Bebel 1901 im Reichstag: „Es gibt leider in Deutschland, wie in allen modernen Kulturstaaten, zwei Nationen, eine Nation der Ausbeuter und Unterdrücker, und eine Nation der Ausgebeuteten und Unterdrückten." Bebel interpretierte den sozialpolitischen Klassengegensatz als ein Gegenüber zweier Nationen. Der Klassenkampf wurde hier verstanden als ein Kampf dieser zwei Nationen um den Staat.

Diese Aussagen waren nicht nur ein schönes rhetorisches Bild, ihnen entsprach eine gesellschaftliche Wirklichkeit. Die Sozialdemokratie war im Wilhelminischen Deutschland weit mehr als eine politische Partei. Sie hatte sich zu einer umfassenden Organisation der Selbsthilfe entwickelt, nachdem die Vereine der bürgerlichen Gesellschaft seit den 1870er Jahren dazu übergegangen waren, Arbeiter, vor allem sozialdemokratisch orientierte, von der Mitgliedschaft auszugrenzen. Im Umfeld der Partei entstanden eine Arbeitersportbewegung, eine Arbeitersängerbewegung, die Freie Volksbühne, eine sozialistische Frauenbewegung, die Arbeiterjugendbewegung. Wie das moderne Bürgertum im Jahrhundert seines Aufstiegs sich vereinsbildend entfaltete und dadurch zu einer Nation wurde, so organisierte nun die Arbeiterbewegung die Bereiche des gesellschaftlichen Lebens, in denen sie sich entfalten wollte; sie entwickelte und repräsentierte eine eigene Kultur und wurde zu einer eigenen ‚Nation' neben der bürgerlichen.

Die kontinuierlichen Wahlerfolge der Sozialdemokraten seit der Aufhebung des Sozialistengesetzes waren eine zunehmende Selbstbestätigung dieser anderen Nation (vgl. Tabelle S. 332). Zugleich zeigten sie ihr, daß es einen legalen Weg gab, sich als alternative politische Kraft zur Geltung zu bringen. Der Reichstag und das ihm zugrundeliegende Wahlrecht bewährten sich als Institutionen nationaldemokratischer Durchsetzung. „Das Reich ist nicht mehr von Bismarcks Gnaden", erklärte Wilhelm Liebknecht schon 1886. „Das allgemeine Stimmrecht hat mit Millionen von Wurzelfasern das deutsche Reich festwurzeln lassen im deutschen Volke. Wenn das Reich jetzt stark ist, so ist es das kraft des allgemeinen Wahlrechts, kraft des Prinzips der Volkssouveränität. Dieses Prinzip ist im deutschen Volke zur lebendigen Wahrheit geworden." Ein Grundrecht der modernen Nation wurde in den sozialdemokratischen Wählerschichten verstanden und praktiziert. Angesichts dieser Entwicklung stand die Partei vor der Notwendigkeit, das Verhältnis zum Deutschen Reich sowie die eigene Revolutionstheorie neu zu überdenken; denn es zeigte sich ein Weg, das Reich auf dem Wege der Reform umzugestalten und es zu einem Nationalstaat zu machen, der den eigenen Vorstellungen entsprach.

Das war die Perspektive, die *Eduard Bernstein* seiner Partei in der Revisionismusdebatte zu Beginn unseres Jahrhunderts eröffnete. Zielsicher kritisierte er den berühmten und suggestiven Satz des Kommunistischen Manifestes „Der Proletarier hat kein Vaterland" (vgl. S. 111), mit dem die Position eines revolutionären Internationalismus legitimiert wurde, der die Nation als ein Produkt der Bourgeoisie verachtete. Dieser Satz habe „seine Wahrheit zum großen Teile schon eingebüßt und wird sie immer mehr einbüßen, je mehr durch den Einfluß der Sozialdemokratie der Arbeiter aus einem Proletarier ein – Bürger wird, ... gleichberechtigter Wähler und dadurch Mitinhaber am Gemeingut der Nation." Bernstein interpretierte das Deutsche Reich bereits als eine alle Schichten umfassende nationale Solidargemeinschaft. Er war sich jedoch bewußt, daß die nationale Gleichberechtigung für die Arbeiter nicht von selbst kommt, sondern erkämpft werden mußte. Er plädierte dafür, „Klasseninteresse und nationales Interesse gleich entschieden wahrzunehmen", und erklärte 1913 im Reichstag: „Wir wollen unserem Volke, soweit es ein Vaterland noch nicht hat, ein Vaterland schaffen: durch gleiches Recht, durch demokratische Einrichtungen."

Mit solchen, auf eine Demokratisierung des Reiches ausgerichteten Reformvorstellungen stießen die Sozialdemokraten seit Beginn des Jahrhunderts auf ein wachsendes Echo im bürgerlichen Lager. Die *liberaldemokratischen Parteien* – im Norden die Deutsche Fortschrittspartei um ihren Vorsitzenden Eugen Richter, im Süden die Volksparteien mit Schwerpunkt in Württemberg – gehörten seit 1867 zu den Verlierern der Reichsgründung, hielten aber die Fahne des nationaldemokratischen Protestes im Zeichen der Volkssouveränität unermüdlich aufrecht. In den 1880er Jahren schienen sie durch einen Nationalismus von rechts (vgl. S. 195) fast überrollt zu werden, bekamen jedoch auch Unterstützung: zunächst 1880 durch die ‚Sezession' gewichtiger Mitglieder aus der Nationalliberalen Partei, sodann durch neue demokratisch orientierte Kräfte und Gruppierungen (vgl. S. 168 ff.). Einer der Kristallisationspunkte dieser Reformbewegung war die Zeitschrift *Die Nation*, die schon mit ihrem Titel deutlich machte, daß es hier um eine nationale Opposition ging: gegen den ‚Staatssozialismus‘ der Regierung Bismarck, für eine Stärkung der Selbstverwaltung und eine ‚Mitbeteiligung des Volkes an der Regierung‘, für eine ‚parlamentarische Regierung‘ und den Ausbau der Verfassung ‚nach den Bedürfnissen der Nation‘. Bemerkenswert war vor allem die Gründung des *Nationalsozialen Vereins* 1896 durch Friedrich Naumann, in dem junge Liberale nach einem neuen Weg der nationalen und sozialen Reform suchten. Er artikulierte die Hoffnungen auf eine national integrative Rolle des Kaisers in der Gestalt eines ‚Volkskaisertums‘, zugleich aber auch die Erkenntnis, daß eine nationale Reform nur über die Lösung der sozialen Probleme zu erreichen sei. Auch hier verriet der Name das Programm: ‚national-sozial‘ stand gegen das ‚national-deutsch‘ von rechts (vgl. unten S. 188). Naumann bekannte sich zu einem ‚nationalen Sozialismus‘; er begrüßte die Reformströmungen in der Sozialdemokratie. Noch deutlicher geschah dies im Jahre 1908 durch die ‚Demokratische Vereinigung‘.

Für die verstärkten *nationaldemokratischen Tendenzen* im Deutschen Reich seit den 1890er Jahre steht nicht zuletzt das Anwachsen von außerparlamentarischen Organisationen und Bewegungen in der Gesellschaft, vor allem der Frauenbewegung und der Gewerkschaften. In beiden ging es um die Emanzipation von großen Teilen der Bevölkerung, die bisher nicht gleichberechtigte Glieder der Gesellschaft waren und damit im eigentlichen Sinne nicht zur Nation gehörten.

Die *Frauenbewegung* hatte bereits in den 1860er Jahren im Rahmen der Nationalbewegung auch zu gesamtdeutschen Organisationsformen gefunden: der 1865 in Leipzig von Luise Otto-Peters gegründete ‚Allgemeine Deutsche Frauenverein‘, der sich als Teil der demokratischen Bewegung betrachtete, daneben der mehr liberal orientierte ‚Lette-Verein‘. Mit der Gründung des ‚Bund deutscher Frauenvereine‘ (1894) setzte eine Ausweitung und Politisierung der Frauenbewegung ein, die nicht mehr zu übersehen war und die gleichberechtigte Teilhabe der Frauen an den Rechten der Nation einforderte. Seit 1902 organisierte der ‚Deutsche Verband für Frauenstimmrecht‘ den Kampf um das Wahlrecht für Frauen. Die SPD hatte als einzige Partei diese Forderung schon 1891 in ihr Erfurter Programm geschrieben. Sie wirkte mit einer eigenen Frauenbewegung und der Zeitschrift ‚Gleichheit‘ in derselben Richtung, jedoch getrennt von der bürgerlichen Bewegung.

Einen großen Aufschwung nahm seit den 1890er Jahren auch die *gewerkschaftliche Organisierung* der Arbeiter und Angestellten. Sie entstand durch Initiativen im sozialdemokratischen, im katholischen und im liberalen Lager, und dementsprechend verschieden waren die nationalpolitischen Haltungen. Auch nationalistische Tendenzen konnten dabei im Spiele sein (vgl. S. 195). Insgesamt jedoch sind die gewerkschaftlichen Anfänge der demokratischen Bewegung zuzuordnen; der Wille zur nationalen Integration der arbeitenden Schichten war ein zentraler Impuls, vor allem bei den Organisatoren dieser Verbände.

Unübersehbar war damit das Anwachsen einer großen Bewegung für eine *demokratische Reform des Nationalstaates* zu Beginn des neuen Jahrhunderts. Die Reichstagswahlen erbrachten eine stetige Zunahme der oppositionellen Parteien. Im Jahre 1910 gelang die Vereinigung des zersplitterten linksliberalen Lagers in der ‚Fortschrittlichen Volkspartei‘, und innerhalb der Zentrumspartei gewannen junge, demokratisch orientierte Kräfte an Boden. Nach der Reichstagswahl von 1912 konnte man die Mehrheit der Abgeordneten bereits dem Lager der nationaldemokratischen Reform zurechnen. Sie waren aber – trotz Stichwahlabkommen – noch weit davon entfernt, eine nationalpolitische Aktionsgemeinschaft zu bilden. Es gab jedoch Ereignisse, die in diese Richtung wiesen: die sich seit 1906 verstärkende Protestbewegung gegen das Dreiklassenwahlrecht in Preußen, die stetig wachsende Agitation für die politische Gleichberechtigung der Frauen, die Kritik am politischen Verhalten des Kaisers im Zusammenhang der Daily-Telegraph-Affäre (1908), das wachsende ‚Mitregieren‘ des Reichstages, etwa beim Kanzlerwechsel von 1909 oder bei der Ausarbeitung einer Verfassung für Elsaß-Lothringen (1911).

Die Chancen für eine Durchsetzung der Staatsbürgernation als politischem Souverän waren unverkennbar gestiegen. Der Ausgang der nächsten, 1915 anstehenden Reichstagswahl war unschwer vorherzusagen. Die herrschenden Eliten des Reiches kamen in Bedrängnis. Sogar in ihrer Lebenskultur wurden sie aus den eigenen Reihen zunehmend in Frage gestellt: von einem großen innovatorischen Aufbruch der Künste und von der *Jugendbewegung*. Dieser neuartige und elementare Protest der jungen Generation des gebildeten Bürgertums gegen die wilhelminische Gesellschaft hatte auch eine nationale Dimension. In Absetzung von den pompösen Hundertjahrfeiern der Leipziger Völkerschlacht trafen sich die Gruppen der wandernden Jugend im Oktober 1913 auf dem Hohen Meißner und proklamierten eine ,eigene Verantwortung' der ,Freideutschen Jugend'. Auch dieses ,freideutsch' stand gegen das ,deutsch-national' der Nationalisten. Eine konkrete politische Orientierung der in Bewegung geratenen Jugend war indes noch nicht zu erkennen. Zögerte sie deshalb, weil auch im Lager der Opposition die Klassenspaltung noch immer dominanter war als die national-demokratische Gemeinsamkeit?

Organisierter Nationalismus

Bevor die nationaldemokratische Opposition zu Beginn des Jahrhunderts allmählich zu einer Massenbewegung wurde, war sie bereits durch einen neuartigen Nationalismus von rechts herausgefordert worden. Dieser organisierte Nationalismus war das eigentliche Novum in der politischen Geschichte des Kaiserreiches. Auch die Geschichtswissenschaft hat sich bisher fast ausschließlich in seinen Bann ziehen lassen.

Zunächst war im neuen Reich ein *affirmativer Reichspatriotismus* vorherrschend, der sich aus dem Nationalliberalismus des Bürgertums von Besitz und Bildung entwickelte, nach der Reichsgründung in breiten Bevölkerungsschichten zur Grundstimmung wurde und sich in der Bildung von Kriegervereinen niederschlug (vgl. oben S. 174 ff.). Im Jahre 1873 bereits konstituierte sich ein ,Deutscher Kriegerbund' als Dachverband. Doch die weitere Geschichte dieses Reichspatriotismus von unten verlief nicht ohne Probleme. Die norddeutschen Vereine unter Führung der preußischen beherrschten den ,Kriegerbund', und es dauerte bis zum Jahre 1896, bis die Bedenken der süddeutschen Kriegervereine gegenüber der preußischen Dominanz überwunden waren. Auch die Reichsregierung machte wiederholt Schwierigkeiten, denn sie sah in dieser Massenorganisierung die Gefahr einer möglichen Volksrevolution, ein Wiedererwachen der nationaldemokratischen Tradition der preußischen Landwehr.

Im Jahre 1896 endlich gelang die Gründung eines nationalen Dachverbandes, des ,Kyffhäuserbund der deutschen Kriegervereine', der etwa anderthalb Millionen Mitglieder umfaßte. Er errichtete auf dem Kyffhäuser in Thüringen eines der zentralen Denkmäler des deutschen Reichspatriotismus. Von Symbolen militärischer Wehrhaftigkeit und monarchischer Gesinnung waren sie alle geprägt, vom Hermanns-Denkmal im Teutoburger Wald (1875) bis zum Völkerschlachts-Denkmal in Leipzig (1913). Die Führung des Kyffhäuserbundes hatte sich sofort aktiv in die Propaganda für die Heeresverstärkung eingeschaltet und zunehmend eine Vereinspolitik der Ausgrenzung von Sozialdemokraten betrieben. Aus dem Reichspatriotismus der Anfangsjahre war ein antidemokratisch agierender Nationalismus geworden.

Man muß in die späten 1870er Jahre zurückgehen, um erste Anzeichen dieser Tendenz in Kreisen des konservativen Bürgertums wahrzunehmen. Im Hintergrund stand eine Wirtschafts- und Mentalitätskrise, die mit dem ,Gründerkrach' von 1873 einsetzte. Das Deutsche Reich war in eine Gesamtkrise seiner forcierten Industrialisierung geraten. Landwirte, Handwerker und konservativ orientierte Intelligenz spürten verstärkt die negativen Folgen der Modernisierung, und auf der Suche nach den Ursachen entwickelten sie eine *neue Oppositionshaltung*. Die konjunkturgeschwächten Industriezweige gründeten 1876 einen ,Centralverband deutscher Industrieller zur Beförderung und Wahrung nationaler Arbeit'. Der Begriff ‚national' wurde hier in einem neuem Zusammenhang benutzt: Eine Organisation der Wirtschaft nahm ihn für ihre Interessen in Anspruch, obwohl er eigentlich die Gesellschaft als ganze meint.

Dieser ‚nationale' Protest war gegen die liberale Wirtschaftspolitik der Regierung Bismarck gerichtet – und Bismarck ging positiv auf ihn ein. Mit seinem innenpolitischen Kurswechsel von 1878 wandte sich Bismarck den sozialen Kräften zu, die ihn bisher kritisiert hatten. Er stellte seine Politik konzeptionell und gesellschaftlich auf eine neue Basis. Stützte er sich bisher vor allem auf die nationalliberalen Vertreter der Modernisierung, so rekrutierte sich diese nun aus den Verlierern der Modernisierung, den konservativen Kräfte. Sie wurden quasi von oben dazu ermutigt, sich als die eigentlichen Träger des Reiches, als Kern der Nation zu fühlen. Der Nationalstaat erhielt ein neues soziales Fundament, und das bedeutete in der Tat eine *zweite Reichsgründung*. Bismarck legitimierte damit zu einem unerwartet frühen Zeitpunkt die national-konservative Opposition. Das war für deren weitere Entwicklung ein wegweisender Impuls.

Verhängnisvoll war diese Ermutigung jedoch deshalb, weil diese ‚nationale' Opposition in ihren Anfängen von ersten Formen des *Antisemitismus* begleitet war. Der Antisemitismus war eine neue Form des antijüdischen Verhaltens (Antijudaismus), das im christlichen Europa eine lange Tradition hatte. Die Juden wurden hier nicht wegen ihrer besonderen Religion, sondern wegen ihrer führenden Rolle im Prozeß der Modernisierung angegriffen, und hinzu kam oft die Ideologie eines biologistischen Rassismus. In Deutschland, wo auch für Juden aus dem Osten seit den Zeiten Moses Mendelssohns trotz aller Behinderungen eine erfolgreiche Emanzipation möglich war und wo durch die Reichsverfassung von 1871 alle jüdischen Einwohner zu gleichberechtigten Bürgern des Nationalstaates geworden waren, veränderte sich die öffentliche Meinung seit den 1870er Jahren: Einige Publizisten der konservativen Intelligenz, aber auch ein führender Nationalliberaler wie der Historiker Heinrich von Treitschke, begannen eine antisemitische Agitation. Diese gewann schon bald eine politische Relevanz; denn in den Zeiten der Krise wurde sie erfolgreich zur politischen Mobilisierung in kleinbürgerlich-agrarischen Mittelschichten verwendet.

Die antisemitischen Parteien und Vereine, die in diesem Zusammenhang seit 1879 entstanden, waren somit die ersten Formen eines *organisierten Nationalismus* in Deutschland; ihr programmatisches Ziel war die Ausgrenzung der Juden aus der deutschen Nation. Die 1886 gegründete ‚Deutsche Antisemitische Vereinigung' verstand sich als „der Grundstein zu einer künftigen großen deutsch-nationalen Partei". Die prononcierte Verwendung des Terminus *‚deutsch-national'* ist charakteristisch. Er sollte eine besondere Qualifizierung des Nationalen zum Ausdruck bringen; denn ‚deutsch' bedeutete hier ‚nichtjüdisch'. Diese Ausgrenzung machte Schule. Die politische Ideologie des Nationalismus in Deutschland wurde durch diesen antisemitischen Sprachgebrauch dauerhaft beeinflußt. ‚Deutsch' war hier nicht mehr ein Begriff nationaler Integration; er sollte vielmehr eine ethnische Ausgrenzung markieren und wurde dadurch umgeprägt durch nationalistische Intoleranz.

Der Begriff ‚deutsch-national' war vor allem in *Österreich* verbreitet, dessen Entwicklung für die Reichsnation eine ganz neue Bedeutung gewonnen hatte. Hier war die deutschsprachige Bevölkerung seit den Entscheidungen von 1866/67 (Ende des Deutschen Bundes, Ausscheiden Österreichs aus der deutschen Nationalstaatsbildung, nationalstaatliche Zweiteilung des Habsburgischen Kaiserreiches im österreich-ungarischen ‚Ausgleich') zunehmend in Schwierigkeiten geraten. Einerseits stellte sie die herrschenden Eliten des Staates, andererseits wurde sie gegenüber den anderen Nationalitäten und deren Emanzipation zunehmend zu einer Minderheit im eigenen Staat. Bis zum Jahre 1866 konnte sie sich als ein Teil der deutschen Nation verstehen; seitdem stand sie vor der Notwendigkeit einer eigenen Nationsbildung, und zwar unter erschwerten Bedingungen. Die Deutschen lebten nur in den österreichischen Kernlanden in einem geschlossenen Territorium, sonst waren sie über viele Sprachinseln verstreut. Außerdem wurden sie seit den 1880er Jahren zunehmend mit dem Zustrom von Juden aus dem Osten konfrontiert, die sich zur deutschen Schriftkultur bekannten bzw. sich dieser zunehmend anschlossen.

Nur die ‚Sozialdemokratische Arbeiterpartei‘ schaffte es nach langen Auseinandersetzungen, ein politisches Konzept der nationalen Gleichberechtigung zu entwickeln (*Programm von Brünn* 1899). Die bürgerlichen Schichten verwickelten sich zunehmend in einen ‚Volkstumskampf‘ um die Wahrung ihres ‚nationalen Besitzstandes‘, – eine defensive Position, die um so aggressiver vertreten wurde. Das *Linzer Programm von 1882* war das erste Manifest einer politischen Sammlungsbewegung, die sich von der liberalen ‚Verfassungspartei‘ absetzte und sich in allen ihren Organisationsformen als ‚deutsch-national‘ verstand und bezeichnete. Ein betonter *Antisemitismus* war das besondere Markenzeichen der zwei großen Sammlungsparteien, sowohl der deutsch-nationalen unter der Führung von Georg von Schönerer wie der christlich-sozialen unter Karl Lueger in den 1890er Jahren. Die starke Protestbewegung, die in Österreich *und* in Deutschland gegen die ausgleichende Sprachenverordnung des Ministerpräsidenten Badeni in Böhmen (1897) entstand, machte deutlich, wie eng die Verbindungen zum Deutschen Reich noch waren. In den meisten Vereinen des bürgerlichen Deutschland waren Reichsdeutsche und Österreicher vereinigt, und so konnten die neuen Orientierungen und Frontstellungen in Österreich, sowohl die völkischen wie die antisemitischen, unmittelbar auf die Vereinsbildung im Reich einwirken. Außerdem konnte diese großdeutsche Gemeinsamkeit zum Wiederaufleben eines entsprechenden politischen Programms führen.

Die *großdeutsche Orientierung* spielte für die weitere Entwicklung des nationalen Denkens im Deutschen Reich eine nicht zu unterschätzende, eine geradezu schicksalshafte Rolle. Sie beruhte auf alter, geschichtlich legitimierter Grundlage: der Gemeinsamkeit der Deutschen innerhalb des Heiligen Römischen Reiches. Trotz verschiedener Ansätze zur Ausbildung einer eigenen österreichischen Identität (vgl. S. 131) hatte sich diese Gemeinsamkeit in der Nationalbewegung des Vormärz fortgesetzt und war in der Revolution von 1848 auch von der modernen deutschen Nation demonstrativ bestätigt worden. Das Schicksal von Robert Blum indes hatte bereits eine ambivalente symbolische Bedeutung (vgl. S. 125): seine Hinrichtung als Abgesandter der Deutschen Nationalversammlung war einerseits ein Zeichen der großdeutschen Gemeinsamkeit, andererseits Ausdruck einer österreichischen Eigenständigkeit. Trotz der Bejahung der kleindeutschen Staatsgründung von 1871 in allen Schichten der deutschen Reichsbevölkerung blieb eine großdeutsche Verbundenheit bestehen. Sie beruhte ausschließlich auf einer historisch-politischen Gemeinsamkeit, und diese war 1848 noch einmal bestätigt worden. Nun aber wurde die Gemeinsamkeit zunehmend im Sinne einer ethnischen, volksdeutschen Gemeinsamkeit – einer ‚Blutsgemeinschaft‘, wie man bald sagte – verstanden. Diese konzeptionelle *Umprägung einer politischen in eine ethnische Verbundenheit* war folgenreich. Denn die Gemeinsamkeit des Volkstums konnte von ihrem konzeptionellen Ansatz her nicht auf die Österreicher beschränkt bleiben. Sie war tendenziell auf alle Deutschen, auf die gesamte deutsche Sprachgemeinschaft ausgerichtet; sie hatte eine volksdeutsche, eine alldeutsche Tendenz. Erinnert sei an das Vaterlandslied Ernst Moritz Arndts, an dessen Sentenz ‚So weit die deutsche Zunge klingt..‘ (vgl. S. 68 f.): das offene Problem der deutschen Selbstabgrenzung hatte nun eine neue Antwort im Zeichen des Volkstums- und Rassedenkens gefunden. Welche politischen Folgerungen sollten daraus gezogen werden?

Die Situation der deutschen Sprachinseln innerhalb der ungarischen Monarchie und des russischen Reiches stellte hier eine erste Herausforderung dar. Denn diese Staaten gingen seit den 1880er Jahren im Zeichen des erwachenden Nationalismus zunehmend zu einer aktiven Nationalisierungspolitik über, und die deutschen Siedlungsgebiete gerieten unter den Druck ihrer fremdnationalen Umgebung; sie wurden zu einer bedrängten Minorität. In dieser Situation erwachte eine neue Solidarität innerhalb der deutschen Sprachgemeinschaft, die nun jedoch bereits im Sinne des neuen Volkstumsdenkens als ‚Volksgemeinschaft' verstanden wurde. Gegen die Bedenken der österreichischen und der deutschen Regierung wurden *nationale Schutzvereine* zur Unterstützung der deutschsprachigen Minderheiten gebildet. Der bekannteste von ihnen, der ‚Deutsche Schulverein', entstand 1880 in Wien und 1881 in Berlin. Er bekräftigte auf seine Art eine großdeutsche Gemeinsamkeit, die 1879 durch den ‚Zweibund' der beiden Kaiserreiche offiziell deklariert worden war. Der Schulverein war urspünglich auf Hilfen für die deutschen Schulen im Ausland ausgerichtet. Doch schon in der Satzung war der Vereinszweck weiter gefaßt, nämlich „die Deutschen außerhalb des Reiches dem Deutschtum zu erhalten und sie nach Kräften in ihren Bestrebungen, Deutsche zu bleiben oder wieder zu werden, zu unterstützen". Orientiert nicht nur auf die Versorgung von Schulen, sondern auf weitergehende Ziele zur ‚Erhaltung des Deutschtums', nannte sich der Schulverein seit 1908 *Verein für das Deutschtum im Ausland*. Inzwischen waren bereits radikalere nationale Schutzvereine entstanden, so der ‚Verein zur Förderung des Deutschtums in den Ostmarken', gerichtet gegen die sogenannte ‚polnische Gefahr', die Nationalbewegung der Polen im Deutschen Reich und die Massenwanderung von polnischen Arbeitern in die westdeutschen Industriegebiete. Er betrieb mit allen Mitteln der Agitation, des Boykotts, der Boden- und Siedlungspolitik eine aggressive Germanisierung und drängte die preußische Regierung in diese Richtung.

Wesentlich weiter in seiner ‚deutsch-nationalen' Zielorientierung als die bisher genannten Organisationen ging der 1891 gegründete Allgemeine Deutsche Verband, seit 1893 *Alldeutscher Verband*, der wichtigste, inzwischen gut erforschte Agitationsverein des neuen Nationalismus. Er verstand sich als eine ‚nationale Opposition', nicht zuletzt auch gegenüber der Politik der Reichsregierung, und kämpfte für eine „tatkräftige deutsche Interessenspolitik in Europa und über See". Dieser Verband beanspruchte, ein neuer ‚Nationalverein' zu sein, doch er war nicht mehr nur auf die Reichsnation orientiert, sondern auf ein deutsches ‚Volkstum', das als ‚Rassen- und Kulturgemeinschaft' verstanden wurde. „Die nationale Zusammenfassung des gesamten deutschen Volkstums in Mitteleuropa, d. h. die schließliche Herstellung Großdeutschlands" wurde schon 1894 als politisches Ziel genannt. Ein solches großdeutsches Programm, für das sich der Begriff *Mitteleuropa* einbürgerte, schien äußerlich in seinen Grenzen von den Reichsvorstellungen der Paulskirche nicht sehr verschieden zu sein; doch im Zeitalter der erwachten Nationen war es nur durch die Zurückdrängung und Beherrschung von Nachbarvölkern zu verwirklichen. Dieses, den Grundlagen der modernen Nation zuwiderlaufendes Programm konnte nur durch eine gezielte Beeinflussung der Bevölkerung, bzw. durch ein Einwirken auf die Regierung durchgesetzt werden. Der Alldeutsche Verband entwickelte manipulative Methoden der Organisation, der Agitation und der Einflußnahme. Die Argumentation mit nationalen Parolen war hier zu dem Mittel einer Politik geworden, die sich gegen die emanzipatorischen Grundanliegen moderner Nationen richtete.

Die bisher genannten Organisationen waren keine Massenvereine. Doch sie gaben eine Richtung nationalistischen Denkens und Verhaltens vor, von deren Einfluß auf die reichspatriotisch eingestellte Bevölkerung man erst einen Eindruck bekommt, wenn man die gleichzeitig entstandenen gesellschaftlichen *Interessensverbände* ins Auge gefaßt hat, die zunehmend öffentlichen Einfluß gewannen und den neuen nationalistischen Forderungen Raum gaben.

Studentische Verbindungen hatten für die politische Kultur des bürgerlichen Deutschland von jeher eine Leitfunktion – so auch hier: Im Jahre 1881 wurde der ‚Verein Deutscher Studenten‘ gegründet, der – wie die Burschenschaften im Jahre 1815 – eine nationale Sammlungsbewegung deutscher Studenten sein wollte. Nachdem das im Jahre 1815 noch ersehnte Deutsche Reich nun Wirklichkeit geworden war, ging es diesen Studenten um den *inneren Ausbau des Nationalstaates.* Sie verstanden ihn als einen Kampf gegen Feinde im Inneren, gegen das Weltbürgertum, das Judentum, die Sozialdemokratie. Diese Kräfte der

Modernisierung wurden für die Entwicklung der deutschen Nation als schädlich betrachtet; sie sollten zurückgedrängt werden. Der Göttinger Orientalist Paul de Lagarde hatte seit 1878 mit seinen kulturkritischen, antisemitischen ‚Deutschen Schriften‘ in dieser Richtung vorgearbeitet. Es ging um eine radikale Kritik des Liberalismus, der die Reichsgründung der Jahre 1866–1871 getragen hatte.

Der *Begriff ‚deutsch‘*, den dieser Studentenverein als Selbstbezeichnung verwendete, wurde nicht integrativ, sondern ausgrenzend verstanden; die liberalen, sozialdemokratischen und jüdischen Deutschen sollten nicht dazugehören. Hervorgegangen aus der antisemitischen ‚Berliner Bewegung‘ von 1880, übernahmen diese Studenten auch deren Begrifflichkeit. Sie verstanden sich als ‚deutsch-national‘ und ‚deutsch-christlich‘ und waren der erste Verein, der einen Ausschluß von Juden in seine Satzung aufnahm. Sie erklärten das Deutschlandlied Hoffmanns von Fallersleben zu ihrem ‚Bannerlied‘, veranstalteten demonstrative Feiern am ‚Reichsgründungstag’ (18. Januar), erkoren den Kyffhäuser zu ihrem Symbol und telegraphierten an den Kaiser „von der Höhe des deutschesten der deutschen Berge“. Die Steigerung von ‚deutsch‘ zum Superlativ ist charakteristisch für das gesamte Verhalten dieser nationalistischen Aktivisten. In ihrem ‚Kampf für das Deutschtum‘ arbeiteten sie eng mit der deutsch-nationalen Bewegung in Österreich zusammen, und schon bald war die Reichsgründung von 1871 für sie nur eine Etappe auf dem Wege zu einem größeren Deutschland, zu ‚Mitteleuropa‘.

In diesem studentischen Programm eines ‚inneren Reichsausbaus‘ trat der organisierte Nationalismus in Deutschland erstmals in der Gestalt auf, wie er sich in Frankreich bald schon als *nationalisme intégrale* bezeichnete (vgl. S 201): eine kämpferische antimodernistische Sammlungsbewegung von rechts, die eine qualitativ *andere Nation* im Visier hatte, eine Nation, die nicht mehr auf Menschenrechte und Gleichberechtigung gegründet sein sollte, sondern auf ein elitär verstandenes Volkstum. Die Feinde der Nation befanden sich für diesen Nationalismus vor allem innerhalb der nationalen Grenzen. Obwohl er zu einer nationalen Sammlung aufrief, spaltete er mit seinem Aktionismus die Nation; denn an der Stellung zu ihm schieden sich die Geister. Die nationale Argumentation wurde zu einer ideologischen Waffe der innenpolitischen Auseinandersetzung, ‚deutsche Nation‘ und ‚deutsches Volkstum‘ zu Kampfbegriffen einer neuen Parteienbildung. Mit dem jugendlichen Schwung und Eifer einer Studentenbewegung wurde hier das *Zeitalter des volksnationalen Denkens und des Nationalismus* eröffnet.

Der ‚Verein deutscher Studenten‘ konnte natürlich nicht zu einer nationalen Sammlungsbewegung aller Studenten werden; durch seinen unermüdlichen programmatischen Aktivismus hatte er jedoch eine über die Mitgliederzahl weit hinausgehende Bedeutung für die Durchsetzung des neuen Nationalismus im bürgerlichen Deutschland. Bismarck lobte „den ganz anderen nationalen Schwung" dieser Studenten; war ihm bewußt, welche Tendenzen nationalen Denkens er damit sanktionierte? Die geradezu verantwortungslose Rolle, die der alternde Bismarck bei der Durchsetzung des Nationalismus in Deutschland gespielt hat, wird von den Bewunderern dieses politischen Genies meist übersehen. Sie war für die Zukunft des Reiches ein Verhängnis. Der junge Theologe Friedrich Naumann hatte den ‚Verein deutscher Studenten‘ mitbegründet. Im Jahre 1906 endlich kritisierte er den „formelhaften und inhaltslosen Gebrauch des Wortes national" und löste damit innerhalb des Vereins eine Richtungsdebatte aus. Doch der Samen war bereits aufgegangen, das zeigte der ‚Alldeutsche Verband‘.

Zwei berufsorientierte Massenorganisationen, beide im Jahre 1893 gegründet, seien in diesem Zusammenhang dem Studentenverein zur Seite gestellt. Der ‚Bund der Landwirte‘, ein von den preußischen Großagrariern ins Leben gerufener Interessensverband, der auch kleinere Bauern einbinden und dadurch zu einer Massenorganisation von 330 000 Mitgliedern (1914) werden konnte. Das gelang über eine straffe Organisation und mit Hilfe einer volksdeutsch-nationalistischen Ideologie, die alle bäuerlichen Ressentiments gegen die moderne Industriegesellschaft wachrief. Sie stellte die bodenverbundenen Bauern als Träger nationalen Volkstums dar und vermittelte ihnen so ein neues Selbstbewußtsein. – Der ‚Deutschnationale Handlungs-gehilfen-Verband', von Hamburger Antisemiten ins Leben gerufen, ging mit einem völkischen Nationalismus auf die antimodernistischen Ressentiments in den städtischen Mittelschichten ein, und er mobilisierte den Neid auf die erfolgreiche jüdische Berufskonkurrenz mit antisemitischen Parolen. Seit 1906 setzte auch in diesem Verband eine kritische Revision des Nationalismus ein, die unter anderem zum Austritt aus dem ‚Alldeutschen Verband' führte und eine stärker gewerkschaftliche Orientierung zur Folge hatte.

Diese Daten zeigen, daß der neue Nationalismus als politische Bewegung durchaus seine eigenen Konjunkturen hatte. Trotz der organisierten und programmatischen Form seines Auftretens war ein Erfolg nicht gesichert. Sein bemerkenswerter Rückgang zu Beginn des neuen Jahrhunderts war, wie wir wissen, nicht endgültig. Schon deshalb ist es wichtig, seine Charakteristika abschließend auf den Punkt zu bringen:

1. Im Unterschied zu dem Nationalismus, der in fast allen Nationalbewegungen als eine radikalisierende Denk- und Verhaltensweise der Abgrenzung auftritt, war der neue Nationalismus ein *organisierter Nationalismus*. Systematisch organisiert war seine Programmatik (Ideologie), seine Gruppenbildung, seine politische Strategie und seine Agitation. Diese neuartige Organisierung verlieh ihm seine Durchschlagskraft.

2. Der organisierte Nationalismus verstand sich nicht als eine Fortsetzung der deutschen Nationalbewegung, sondern trat zu ihr in Konkurrenz. Programmatisch kündigte er die menschenrechtlichen Grundprinzipien der modernen Nation auf. Er usurpierte die nationale Begriffssprache, um ein neues, *elitäres Nationsverständnis* durchzusetzen.

3. Dieser Nationalismus war *volksdeutsch* geprägt: Nicht mehr das Staatsvolk galt ihm als die Nation, sondern das durch seine besonderen Merkmale charakterisierte ‚Volkstum'. Der politische Nationsbegriff wurde umgeprägt in einen ethnischen, und dieser wurde politisiert.

4. Der Nationalismus eröffnete eine *neue nationalpolitische Frontstellung*. Als eine Sammlungsbewegung von rechts er-

klärte er die Vertreter liberaler und demokratischer Positionen gleichermaßen zu seinen Gegnern und negierte damit die nationalpolitischen Frontstellungen, der die bisherige Nationalbewegung geprägt hatte. Er reklamierte das Nationale als seine Parteibezeichnung und verstand sich stets als eine kämpferische Bewegung, die auf ihre Feindbilder fixiert war.

5. Der neue Nationalismus wurde entwickelt von antimodern eingestellten Gruppen der Intelligenz. Er fand zunehmende Unterstützung in konservativen Besitz- und Herrschaftsschichten und eine temporäre Massenresonanz in den Bevölkerungsschichten, die vom Modernisierungsprozeß benachteiligt und von Wirtschaftskrisen verunsichert waren.

6. Dieser Nationalismus war eine Antwort auf den unvollendeten deutschen Nationalstaat (vgl. S. 164). Er versuchte ihn zu ,vollenden' mit einem volksdeutsch legitimierten Irredentismus nach außen und im Inneren durch eine Ausgrenzung von Gegnern, zu denen auch die Juden gerechnet wurden.

7. Der organisierte Nationalismus war geprägt von dem imperialistischen Denken seiner Epoche (vgl. dazu S. 202).

Das heute verbreitete Bild vom nationalen Denken im kaiserlichen Deutschland ist geprägt von diesem neuen organisierten Nationalismus. Ein Rückblick auf die nationalen Verhaltensweisen der deutschen Reichsbevölkerung aber macht deutlich, daß dieses Bild einseitig ist. In Wirklichkeit kennzeichnete ein Nebeneinander verschiedener Positionen und Entwicklungen das nationale Denken und Verhalten in dieser Epoche. Die sozialen Klassengegensätze in der deutschen Bevölkerung waren auch für deren nationale Einstellungen prägend.

Die handarbeitenden Volksschichten lebten zur Zeit der Reichsgründung noch immer primär in ihren regionalen Lebensbezügen, und das bedeutete: in einer Distanz zu dem neuen Nationalstaat. Sie wuchsen jedoch im Zusammenhang ihrer politischen Bewußtwerdung in diesen Staat hinein, so daß seit den 1890er Jahren in ihren Reihen auch ein wachsender Patriotismus zu beobachten ist. Es war ein links orientierter Patriotismus, basierend auf einer eigenständigen Arbeiterkul tur und politisch artikuliert von Führungsgruppen, die ihren Patriotismus als einen Kampf für einen sozialen und demokratischen Volksstaat verstanden. Mit wachsender Stärke und politischen Erfolgen entstand in diesem Lager ein *linker Reichspatriotismus*, der das Deutsche Reich als das eigene Vaterland betrachtete.

Durchaus anders verlief die Entwicklung in den bürgerlichen Schichten. Hier ist zunächst die Existenz eines eigenständigen katholischen Sozialmilieus zu konstatieren, das alle kirchentreuen Volksschichten umfaßte. Eine Distanz zum preußisch-protestantisch geprägten Reich war in diesem Lager die Ausgangssituation. Seit den 1880er Jahren jedoch entwickelte sich im katholischen Bürgertum bereits ein *konservativ geprägter und großdeutsch tendierender Reichspatriotismus*, der für die Regierung zu einem begehrten Partner wurde. Mit der Hinwendung zur sozialen Frage ist seit der Jahrhundertwende das Anwachsen einer nationaldemokratischen Orientierung in der jüngeren Generation und in den katholischen Arbeiterschichten zu beobachten.

Die protestantisch geprägten bürgerlichen Schichten sind nach dem Erlebnis des Jahres 1870 mit einem *affirmativen Reichspatriotismus* in den Nationalstaat hineingegangen, geführt von einem modernisierungsfreudigen Nationalliberalismus. Die Wirtschaftsdepression, die konservative Wende der Politik Bismarcks und der aufkommende radikale Nationalismus führten jedoch seit 1878 zu einer erheblichen Irritation in diesen Schichten und stellten sie immer wieder vor eine Entscheidung über die Orientierung ihres nationalpolitischen Verhaltens. Der organisiert und programmatisch auftretende *Nationalismus* übte besonders in Krisenzeiten auf die bürgerliche Reichsbevölkerung, auch auf ihre Führungsschichten, eine große Faszination aus.

Obwohl in der deutschen Nationalbewegung seit 1813 immer wieder auch nationalistische Tendenzen zu beobachten waren (vgl. S. 69), das Auftreten des *organisierten Nationalismus* bedingte in der Entwicklung der modernen deutschen Nation den wohl gravierendsten Einschnitt. Heinrich A. Winkler hat die-

sen Umbruch als einen Wandel ‚vom linken zum rechten Nationalismus' interpretiert. Es handelte sich jedoch nicht nur um
eine Veränderung des Nationalismus, vielmehr um die Entstehung einer fundamental neuen Grundposition. Der organisierte
Nationalismus knüpfte nicht an bisherige nationale Positionen
an, er trat in Konkurrenz zu ihnen. Selbst der sozial konservative Nationalliberalismus basierte noch auf dem rechtspoliti-
schen Grundkonsens der modernen Nation. Der neue National-
lismus aber forderte alle zur Stellungnahme heraus. Die ‚Sezession' aus der Nationalliberalen Partei war ein Zeichen dafür,
daß diese Herausforderung verstanden wurde; denn es formierte sich im gebildeten Bürgertum nun ein neuer *nationaldemokratischer Reichspatriotismus*.

Zu Beginn unseres Jahrhunderts war es eine offene Frage, in
welche Richtung sich die nationalpolitische Kultur im Deutschen Reich entwickeln würde. Der unvollendete Nationalstaat
und die Klassenspaltung der Nation waren belastende Vorgaben. Doch es gab unverkennbar eine Tendenz zur *Bildung
von zwei nationalen Lagern*, über die Klassen- und Konfessionsgrenzen hinweg: Einerseits ein konservativer Reichspatriotismus, der in Krisenzeiten in einen Massen-Nationalismus
übergehen konnte, auf der anderen Seite ein linker Reichspatriotismus, der für die Demokratisierung des Nationalstaates
aktiv wurde.

Für die Zukunft aber waren zwei besondere Gefahrenmo-
mente nicht zu übersehen. Sie lagen einerseits in der Durchsetzung des *volksdeutschen* Denkens, das die Tendenz hatte, die
Grenzen des Reiches und seiner Staatsnation zu negieren, und
daher jeden Reichspatriotismus destabilisieren mußte. Andererseits stellte das neue *imperialistische* Denken für den militärisch
und wirtschaftlich so erfolgreichen, aber kolonialpolitisch zu
spät gekommenen Nationalstaat eine große Versuchung dar.

6.4 Nationalismus und Imperialismus in Europa

In der zweiten Hälfte des 19. Jahrhunderts schien das Zeitalter der klassischen Nationalbewegungen in Europa abgelaufen zu sein. Wohl gab es weiterhin Nationen, die um ihre politische Selbstbestimmung, um eine eigene Staatsbildung kämpften. Sie lebten jedoch mehr an den Randzonen des Kontinents (Irland, Norwegen, Finnland) bzw. in den alten Vielvölkerreichen im Osten und Südosten. Durch den Zerfall der osmanischen Herrschaft konnten sich einige von ihnen erfolgreich durchsetzen (Rumänien, Serbien, Bulgarien, Montenegro). Im Zentrum der europäischen Politik aber standen diese Vorgänge nicht mehr.

Mit den Staatsgründungen in Italien und Deutschland hatte sich der *Nationalstaat als neues politisches Strukturprinzip* in Europa endgültig durchgesetzt; er ging sogar bereits über die europäisch geprägte Welt hinaus (Japan 1868/1905, China 1911). „Jede Nation ist berufen und daher berechtigt, einen Staat zu bilden", so faßte der Schweizer Staatsrechtler Johann Kaspar Bluntschli das neue Prinzip bündig zusammen. „Jede Nation ein Staat. Jeder Staat ein nationales Wesen." In fast allen Nationalstaaten standen zwar noch Könige an der Spitze; doch das Zentrum der Politik war nicht mehr der Hof, sondern das Parlament als Forum einer neuen Öffentlichkeit, die eine nationale Legitimierung der Politik einforderte und diese auch selbst betrieb. Damit veränderte sich der Charakter der Politik, im Inneren der Staaten wie auch zwischen ihnen.

Die Staaten selbst verstanden sich nun in einem dezidierten Sinne als Sachwalter nationaler Interessen. Auch eine Vielvölkermonarchie alten Stils wie Rußland ging dazu über, ‚nationale' Politik zu betreiben. Die Regierungen bemühten sich in diesem Zusammenhang, ihre Zuständigkeit auf weitere Bereiche auszudehnen. Die Wirtschaftspolitik bekam im Zeitalter der forcierten Industrialisierung eine wesentlich größere Bedeutung. Sie stand nun immer häufiger im Zeichen eines nationalen Protektionismus: der Nationalstaat wurde mit den Mitteln der Zoll- und Strukturpolitik zu einem Beschützer der Wirtschaft.

Zu neuen Bereichen nationalstaatlichen Handelns wurden das Erziehungs- und Bildungssystem, die Kultur und die Wissenschaften. Das nationale Prestige wurde hier zu einem dominierenden Faktor.

Hinter der Tendenz einer forcierten nationalstaatlichen Interessenspolitik standen gesellschaftliche Interessensgruppen, die einer neuen nationalpolitischen Bewegung zuzurechnen sind: dem *organisierten Nationalismus*. Wie in Deutschland (vgl. S. 187), setzte er sich fast zeitgleich auch in den europäischen Ländern durch, die sich in einem fortgeschrittenen Stadium der gesellschaftlichen Modernisierung befanden. Neue Institutionen der Demokratie waren hier eingeführt worden und die distributive Etappe der politischen Modernisierung stand an: die Durchsetzung von sozialer Gerechtigkeit für alle Schichten der Nation. Der neue Nationalismus kann weitgehend als eine Bewegung verstanden werden, die den Gefahren begegnen wollte, welche sich für die Besitzschichten aus diesem Prozeß ergaben. Er verstand sich als eine oppositionelle Nationalbewegung innerhalb des existierenden Nationalstaates, die dessen Politik neue Ziele setzen wollte. Kennzeichnend für ihn ist einerseits seine organisierte Form, andererseits eine neue Programmatik (Ideologie), die von dem politischen Grundmodell der modernen Nation erheblich abwich (vgl. auch S. 195 f.).

Das von den bisherigen Nationalbewegungen radikal abweichende Programm dieses Nationalismus wurde in *Italien* an der 1910 gegründeten ‚Associazione Nazionalista Italiana‘ sichtbar. Diese hatte die Form einer Parlamentspartei, während in anderen Ländern außerparlamentarische Organisationen für den neuen Nationalismus charakteristisch waren. Dessen Ziel war einerseits eine innenpolitische Sammlungsbewegung im Kampf sowohl gegen die Arbeiterbewegung wie gegen den Liberalismus. Andererseits ging es ihm um die Durchsetzung einer forcierten Macht- und Interessenspolitik nach außen, z. B. durch die Einforderung angrenzender Gebiete. Ein solcher *Irredentismus* – der italienische Nationalismus sprach von der ‚terra irredenta‘, dem noch nicht erlösten Gebiet – war in Italien auf die

Gebiete um Triest und das Trentino gerichtet und darüber hinaus auch auf die Brennergrenze und die Küstenländer der Adria, das ‚mare nostra'. Elsaß-Lothringen war in Frankreich das wichtigste irredentistische Ziel; in Deutschland konnten konkrete irredentistische Forderungen erst nach dem Weltkrieg aufkommen (vgl. S. 222).

Im *Frankreich* der Dritten Republik mit seiner stark demokratisierten Verfassung hat sich der neue Nationalismus nach der Niederlage gegen Deutschland vor allem als eine innenpolitische Oppositionsbewegung entwickelt. Nach der ‚Ligue des Patriotes', die seit 1882 den Gedanken der Revanche propagierte, und nach den Massenbewegungen um General Boulanger errreichte der Nationalismus in den 1890er Jahren im Zusammenhang der Dreyfus-Affäre einen Höhepunkt. Erst danach fand er in der ‚Action Française' eine dauerhafte Organisation. Sie war eine Sammlungsbewegung gegen die Ideale und Institutionen von ‚1789': antiliberal, antiparlamentarisch, monarchistisch und stärker als in Deutschland auch antisemitisch (nach der großen Wirkung von ‚La France juive' von E. Drumont 1886). Auf Charles Maurras, den Führer der Action Française, geht wohl auch die Selbstbezeichnung dieser Bewegungen als ‚Nationalismus' zurück, die sich zu Beginn des Jahrhunderts in vielen Ländern durchsetzte. Maurras prägte außerdem den affirmativen Begriff *'integraler Nationalismus'* (nationalisme intégral), der in der Wissenschaft paradoxerweise Anklang gefunden hat.

Die erhebliche Wirkung des organisierten Nationalismus auf die Politik der Nationalstaaten beruhte nicht zuletzt auf den neuen propagandistischen Methoden und manipulativen Strategien, die er praktizierte. Auch die von alten Adelseliten geführten Regierungen ließen sich beeindrucken und beeinflussen. Es änderte sich nun z. B. die Politik gegenüber den ethnischen Minderheiten: Viele Regierungen gingen dazu über, mit den Machtmitteln des Staates die Minderheiten unter den eigenen Staatsbürgern nationalsprachlich und -kulturell zu assimilieren. Die Polenpolitik der preußischen Regierung, die Russifizierungsmaßnahmen der Zarenregierung und die von ihr geduldeten Judenpogrome, die Magyarisierung im Königreich Ungarn, aber auch die unionistische Irlandpolitik in Großbritannien sind Beispiele eines solchen *gouvernementalen Nationalismus* in der zweiten Hälfte des 19. Jahrhunderts.

Noch stärker mußte sich die Außenpolitik unter dem Einfluß des neuen Nationalismus verändern. Schon seit der Mitte des Jahrhunderts (Krimkrieg) wurde Europa nicht mehr als eine Gesamtheit, als ein System von Staaten verstanden. Die Regierungen gingen dazu über, Außenpolitik allein unter dem Gesichtspunkt der eigenen nationalstaatlichen Interessen zu betreiben, und so wurde der ‚sacro egoismo‘ des Nationalstaates zum Gesetz der internationalen Politik. Dieser *Antagonismus der Nationalstaaten* wurde häufig sogar in sozialdarwinistischer Einkleidung zum Prinzip erhoben: Nicht mehr der Interessensausgleich zwischen den Staaten war Tenor der internationalen Politik, sondern der ‚Kampf ums Dasein‘ zwischen den Nationen.

Zwei neue große Nationalstaaten, Deutschland und Italien, mußten in der internationalen Politik ihren Platz finden. Vor allem für das Deutsche Reich mit seiner Lage in der Mitte Europas war dies keine einfache Sache, und bei Bismarck und Wilhelm II., den Vertretern des preußischen Egoismus und der reichsdeutschen Arroganz, war sie gewiß nicht in den besten Händen. Bereits 1875, in der Krieg-in-Sicht-Krise, mußte Bismarck lernen, daß hegemoniale Ambitionen Deutschlands den Widerstand der europäischen Mächte herausforderten. So ging er den Weg des geringsten Widerstandes, reaktivierte die Bindungen der alten deutschen Reichsnation und band den jungen deutschen Nationalstaat an die überalterte und labile, mit nationalen Problemen reichlich versorgte Habsburgische Monarchie und immer wieder auch an das Zarenreich. Das war ein Bärendienst für das weitere Schicksal der Nation.

In den 1880er Jahren bekam die Konkurrenz unter den europäischen Nationalstaaten eine neue Dimension durch die Bewegung des *Imperialismus*. Schon seit Beginn der Neuzeit hatten einzelne europäische Regierungen und Gesellschaften überseeische Kolonien erworben. Nun aber wurde der Besitz von Kolonien zu einer Prestigeangelegenheit der Nationen. Als Träger solcher Forderungen traten durchaus progressive bürgerliche Gruppen und Kolonialpioniere auf. Benjamin Disraeli, Premier der größten europäischen Kolonialmacht, skizzierte 1872 in einer Rede im Londoner Kristallpalast eine „große Politik imperialer Konsolidierung", die die „Nation groß machen" würde, und er fand ein überraschendes Echo, nicht nur in Großbritannien. Der Historiker J. R. Seeley forderte seine Landsleute dazu auf, „unsere Kolonien als einen Teil von uns selbst anzusehen" und damit ein „größeres Britannien" (Greater Britain) zu begründen.

Das war das Neue dieses Imperialismus: Die europäischen Nationen identifizierten sich jetzt selbst mit ‚ihren' Kolonien, sie bezogen sie ein in das nationale Territorium und machten sie zu einem Punkt des nationalen Prestiges (Greater Britain, La France outre mère, La Grande Italia; ‚Großdeutschland' allerdings hat einen charakteristisch anderen Sinn (vgl. S. 70)). Der koloniale Besitz galt nun als Maßstab für die Größe, die Lebenskraft, die Modernität einer Nation. „Ein Volk, das kolonisiert, ist ein Volk, welches das Fundament für seine künftige Größe und Vormachtstellung legt", schrieb der einflußreiche französische Publizist Leroy-Beaulieu, und er wies darauf hin, daß der Imperialismus auch eine innenpolitische Dimension hatte: „Um eine große Nation zu bleiben und um die Einheit der Nation zu erreichen, muß ein Volk kolonisieren". Kolonialistische Aktivität lenkte ab von den sozialpolitischen Spannungen und suggerierte eine Einheit der Nation, die deren soziale Gegensätze vergessen ließ (Hans-Ulrich Wehler spricht von ‚Sozialimperialismus').

Die europäischen Nationalstaaten traten nun ein in einen Wettbewerb um Kolonien. Es waren meist koloniale Agitationsvereine, die diesen Prozeß einleiteten und ihn dann beschleunigten, indem sie auf die Regierungen einwirkten. Diese koloniale Agitation war von ihrem Ansatz her nationalistisch; machtpolitische und expansive Motive waren vorherrschend. Die europäischen Nationen gingen mit ihrem Imperialismus generell über das eigene Siedlungsgebiet hinaus, und d. h.: sie verdrängten und beherrschten andere Völker. Da sie diese zudem nicht als gleichwertig anerkannten, hatte dieser Imperialismus stets auch eine rassistische Komponente. „Ich behaupte, daß wir die erste Rasse der Welt sind und es für die Menschheit um so besser ist, je größere Teile der Welt wir bewohnen", schrieb der berühmte Cecil Rhodes. Der europäische Imperialismus war demnach eine besondere Form des Nationalismus. Durch ihn kam nicht nur ein neuartiger Antagonismus in das Zusammenleben der europäischen Nationen, sondern auch der Ungeist eines globalen *Rassismus*.

Das junge *Deutsche Reich* konnte nicht abseits stehen; es mußte als prosperierende Wirtschaftsmacht den kolonialen Wettbewerb geradezu als eine Herausforderung empfinden. „Wir müssen begreifen, daß die Einigung Deutschlands ein Jugendstreich war, den die Nation auf ihre alten Tage beging und seiner Kostspieligkeit halber besser unterlassen hätte, wenn sie der Abschluß und nicht der Ausgangspunkt einer deutschen Weltmachtpolitik sein sollte." Dieser oft zitierte Satz stammt aus der Antrittsvorlesung Max Webers von 1895 und zeigt, wie stark die modern denkende junge Intelligenz von dem imperialistischen Denken erfaßt war, und diese Faszination reichte bis in die Sozialdemokratie hinein (vgl. die seit 1896 erscheinenden ‚Sozialistischen Monatshefte‘). *Weltmachtpolitik* wurde in den 1890er Jahren zum beherrschenden Stichwort der politischen Diskussion, und der ‚junge‘ Kaiser verstand es auf seine Weise, dem Ausdruck zu geben.

Schon unter Bismarck war Deutschland eine Kolonialmacht geworden. Im Gründungsaufruf der ‚Gesellschaft für deutsche Kolonisation‘, 1884 von dem führenden Kolonialagitatoren Carl Peters verfaßt, lesen wir: „Es gilt, das Versäumnis von Jahrhunderten gutzumachen, der Welt zu beweisen, daß das deutsche Volk mit der alten Reichsherrlichkeit auch den alten deutsch-nationalen Geist der Väter übernommen hat!" Zwei Aussagen sind charakteristisch: Zunächst der Hinweis auf die ‚alte Reichsherrlichkeit‘. Obwohl Deutschland bisher keine Kolonien besessen hatte, besaß es doch eine *imperiale Tradition*. 1870 hatte der Nationalstaat mit dem Reichstitel bewußt

an die deutschen Herrschaftstraditionen in Mitteleuropa angeknüpft. Das war bereits für seine Nationalitätenpolitik ein
Omen und prägte nun auch das imperialistische Denken. Trotz
dieser Tradition aber heißt es bei Peters, daß Deutschland zu
spät gekommen sei und etwas nachzuholen habe. Diese Auf-
fassung war weit verbreitet und beherrschte geradezu zwang-
haft die politische Argumentation. „Auch wir haben Anspruch
auf ein größeres Deutschland", erklärte Reichskanzler Bülow
1899 im Reichstag und begründete damit – das Stichwort vom
‚Greater Britain' aufnehmend – das Programm eines deutschen
Schlachtflottenbaus.

Die Kolonialpolitik der sich industrialisierenden Nationalstaaten muß auf dem Hintergrund des sich herausbildenden
Weltmarktes gesehen werden. Sie machte den Flottenbau zu
einem neuen Faktor nationaler Politik und hatte Rückwirkungen auf die Beziehungen der Staaten und Nationen untereinander. Die kolonialpolitische Konkurrenz der Nationalstaaten
konnte auf der von Bismarck geleiteten Kongokonferenz 1884
in Berlin noch in zahlreiche diplomatische Vereinbarungen umgesetzt werden. Seit Beginn des 20. Jahrhunderts führte sie jedoch immer mehr zu machtpolitischen Herausforderungen und
einem sich steigernden Wettrüsten. Auch hier wurden die Regierungen gedrängt von nationalistischen Organisationen. Der
1894 gegründeten ‚Navy League' in Großbritannien folgte die
‚Ligue Maritime Française' und die ‚Lega Navale' in Italien. Im
Jahre 1898 wurde der ‚Deutsche Flottenverein' gegründet, der
eine besonders effektive Agitation betrieb, im Jahre 1908 schon
mehr als eine Millionen Mitglieder umfaßte und durch das von
Alfred von Tirpitz geleitete Reichsmarineamt wirkungsvoll unterstützt und geleitet wurde. Die Gründung des ‚Deutschen
Wehrvereins' im Jahre 1912 war eine weitere Aktion im Umfeld
dieses ‚nationalistischen Imperialismus' (Wolfgang J. Mommsen); sie zeigte, daß der deutsche Nationalismus immer mehr
auch zu einem *Militarismus* geworden war.

Daß diese Entwicklung zu einem großen Krieg führen mußte,
kam der europäischen Öffentlichkeit immer mehr zum Be-

wußtsein. Am Ende des 19. Jahrhunderts kam es erstmals auch zu organisierten gegenläufigen Aktionen. Durch den Massenerfolg von Berta von Suttners Roman ‚Die Waffen nieder!' (1889) erhielt die organisierte *Friedensbewegung* in Europa einen großen Aufschwung und in deren Gefolge die Suche nach neuen Formen einer geregelten Verständigung zwischen den Nationen. Sie führte unter anderem zur Gründung einer ‚Interparlamentarischen Union', und 1899 sowie 1907 kam es über diese Fragen in Den Haag zu zwei großen diplomatischen Konferenzen. Deren Projekt einer internationalen Schiedsgerichtsbarkeit konnte allein wegen der Verweigerungshaltung des Deutschen Reiches nicht sehr weit gedeihen.

Diese Vorgänge machen deutlich, daß die Kommunikation zwischen den Staaten und Nationen in Europa noch nicht vergiftet war. Man sprach noch miteinander, veranstaltete Weltausstellungen und betrieb einen regen Kultur- und Wissenschaftsaustausch. Die Initiativen gingen jedoch immer weniger von Deutschland aus; vor allem die politischen Führungseliten des Reiches hatten Schwierigkeiten, in der internationalen Welt einen produktiven Part zu übernehmen. Ganz anders die Situation im Bereich der *Arbeiterbewegung*. Hier spielte die deutsche Sozialdemokratie eine führende Rolle in der Verständigung zwischen den Verbänden der einzelnen Länder. Mit ihrem Engagement in der 1889 gegründeten ‚Zweiten Internationale' setzte die SPD bewußt einen Kontrapunkt zu den nationalistischen Tendenzen in der bürgerlichen Nation. Das betraf auch die deutsch-französische Verständigung! Der Beitrag, den die österreichische Sozialdemokratie mit dem Konzept eines multinationalen Staates leistete (Programm von Brünn 1899; Schriften von Otto Bauer und Karl Renner), darf in diesem Zusammenhang gleichfalls nicht unerwähnt bleiben.

In den politisch-militärischen Führungseliten der europäischen Staaten jedoch wurde der Krieg als eine Form des Kräftemessens der Nationen immer konkreter ins Kalkül gezogen. Es wurden bündnispolitische und militärische Vorbereitungen getroffen, und dabei geriet die deutsche Reichsregierung immer mehr in eine außenpolitische Isolierung. Begünstigt durch die

Pannen der deutschen Außenpolitik seit der Marokkokrise von 1905 bildete sich in Europa ein antideutsches Ressentiment. Ein trotziger Wille zur ‚nationalen‘ Selbstbehauptung war die Reaktion bei den Trägergruppen des deutschen Weltmachtstrebens. Allen war klar, daß diese nur militärisch erfolgen konnte. ‚Deutschland und der nächste Krieg‘ hieß ein Erfolgstitel des Jahres 1912, in dem der Major Friedrich von Bernhardi unter anderem erklärte: „Der Krieg ist in erster Linie eine biologische Notwendigkeit, ein Regulator im Leben der Menschheit, der gar nicht zu entbehren ist.“

7. Der Erste Weltkrieg

Kaum eine Nation in Europa, in deren Geschichte der Erste Weltkrieg nicht einen tiefen Einschnitt markiert. Für die deutsche Nation – und darüber hinaus für die Deutschsprachigen in aller Welt – wurde dieser Krieg zu einem Verhängnis; die Folgen sind bis heute spürbar.

Als der Krieg zwischen den europäischen Großmächten in den ersten Tagen des August 1914 ausbrach, kam er für keine Seite überraschend. Selten ist über einen Krieg in den beteiligten Gesellschaften vorher so intensiv geredet worden. Ehe die Truppen marschierten, existierte dieser Krieg bereits in den Köpfen der Nationen. Wie schon die Kriege des 19. Jahrhunderts erhielt auch dieser in jedem Land eine nationale Legitimation, doch nirgendwo (das okkupierte Belgien vielleicht ausgenommen) war es ein nationaler Befreiungskrieg. Es war ein Krieg der nationalen Konkurrenz, ein großes Kräftemessen zwischen den führenden Staaten, das die kleineren in Mitleidenschaft zog.

Der große Krieg war ermöglicht worden durch ein neuartiges nationales Denken in den Kultur(!)völkern Europas; es ist charakterisiert durch die Stichworte Nationalismus, Militarismus, Imperialismus und Rassismus. Die bürgerlichen Schichten waren beherrscht von der Idee eines ‚Kampfes ums Dasein‘ zwischen den Klassen, den Nationen und den Rassen. Im Zeichen des technischen Fortschritts und der wirtschaftlichen Expansion war im europäischen Bürgertum ein Gefühl der Überlegenheit gegenüber den Arbeitern, den Frauen und den außereuropäischen Völkern verbreitet. Man verkannte die noch anstehenden großen Aufgaben nationaler Modernisierung: die Verwirklichung von politischer Demokratie sowie den sozialen Ausgleich der Klassen. Man hatte sich weit entfernt von der emanzipatorischen Grundeinstellung, mit der die modernen Nationen einst angetreten waren. Inzwischen hatten die Arbeiter und die Frauen ihre Ansprüche auf nationale Gleichberechtigung deutlich angemeldet. Wählten die bürgerlich-adligen Führungsgruppen deshalb den Krieg, weil sie glaubten, nur so ihre privilegierten Positionen sichern zu können?

7.1 Das Kriegserlebnis

Für alle Schichten der deutschen Bevölkerung bedeutete das Durchleben der vier Kriegsjahre eine Erfahrung, die ihr nationalpolitisches Verhalten grundlegend veränderte. Am stärksten in Erinnerung ist das Erlebnis des Kriegsbeginns, das als *Wunder des August 1914* beschrieben wird. Es bestand im wesentlichen in der freudigen Verwunderung der bürgerlichen Nation darüber, daß die Arbeiterschaft sich zum Kriegsdienst bereitfand. Noch in den letzten Tagen des Juli 1914 hatten sozialdemokratische Massenversammlungen gegen den Krieg in vielen deutschen Städten stattgefunden. Nun aber strömten seit dem 1. August – in der Meinung, in einen Verteidigungskrieg zu ziehen – auch die Arbeiter zu den Waffen, und im Reichstag stimmte die Fraktion der SPD einstimmig dem Kriegs-Ermächtigungsgesetz und der Bewilligung der Kriegskredite zu.

Das Protokoll dieser denkwürdigen Sitzung vom 4. August vermerkt: Erklärung des Reichskanzlers Bethmann-Hollweg: „Unsere Armee steht im Felde, unsere Flotte ist kampfbereit, – hinter ihr das ganze deutsche Volk! (Andauernder lebhafter Beifall auf allen Seiten des Hauses und auf den Tribünen. Der Reichstag erhebt sich.) Das ganze deutsche Volk (zu den Sozialdemokraten) einig bis auf den letzten Mann! (erneuter minutenlanger jubelnder Beifall).“ Der Kaiser hatte diese Stimmung bereits am 1. August auf die Formel gebracht: „Ich kenne in meinem (!) Volke keine Parteien mehr; es gibt unter uns nur noch Deutsche.“ Erstmals seit dem Bestehen des Reiches wurde die Nation als eine einheitliche Willensgemeinschaft erlebt, einig in dem Willen zur Verteidigung des Vaterlands. Es war die Einheit eines Burgfriedens: dieser zeitgenössische Begriff brachte die Stimmung auf den Punkt: Deutschland schien sich in der Situation einer von allen Seiten eingekreisten, umlagerten Burg zu befinden; da war ein gemeinsames, einheitliches Handeln im Inneren das Gebot der Stunde. Das Verhalten der Sozialdemokratie konnte nur für die eine Überraschung sein, die damals noch immer das Klischee von den ‚vaterlandslosen Gesellen' im Kopfe hatten und heute das Vorurteil der Besserwissenden (vgl. eingehender dazu S. 225 f.).

Dennoch wird das Bild vom ‚Nationalrausch' des August 1914 auch heute noch zu einseitig gezeichnet. Blickt man genauer in das Reichstagsprotokoll jenes 4. August, dann ist ein Unterschied gar nicht zu übersehen: Auf der einen Seite der SPD-Sprecher Hugo Haase, der nicht nur den stets zitierten Satz verkündete „Wir lassen in der Stunde der Gefahr das eigene Vaterland nicht im Stich", sondern auch zurückblickte auf die „verhängnisvolle Entwicklung der imperialistischen Politik und des Wettrüstens", die zum Kriege geführt habe, der vorausblickte auf die „unermeßliche Not... der Frauen und Kinder" und der zum Schluß sagte: „Wir hoffen, daß die grausame Schule der Kriegsleiden in Millionen den Abscheu vor dem Krieg wecken und sie für das Ideal des Sozialismus und des Völkerfriedens gewinnen wird." Das war weder Kriegsbegeisterung, noch Nationalrausch, sondern das Bekenntnis einer kritischen Solidarität.

Dem standen die Worte des Reichstagspräsidenten Kaempf gegenüber: „So zieht das Volk in Waffen im Bewußtsein seiner Stärke hinaus in den heiligen Kampf. Aus den Augen unserer Brüder und Söhne blitzt der alte deutsche Kampfesmut." Hier also Nationalrausch, die Euphorie der bürgerlichen Nation, die in der Erinnerung von Thomas Mann so klingt: „Krieg! Es war eine Reinigung, Befreiung, was wir empfanden und eine ungeheure Hoffnung... Es war der gewaltige und schwärmerische Zusammenschluß der Nation in der Bereitschaft zu tiefster Prüfung." In diesem Geiste stürzten sich im Oktober 1914 bei *Langemarck* Tausende von Freiwilligen mit dem Lied ‚Deutschland, Deutschland über alles!' in das englische Maschinengewehrfeuer, und die Schriftsteller des bürgerlichen Deutschland verklärten auch diesen sinnlosen Tod. – Als die Mannheimer Arbeiter ihren sozialdemokratischen Reichstagsabgeordneten jüdischer Herkunft, Ludwig Frank, der sich als Kriegsfreiwilliger gemeldet hatte, am Bahnhof verabschiedeten, riefen sie nicht ‚Sieg!‘, sondern ‚Wiederkommen!‘.

Die unterschiedliche Einstellung zu diesem Krieg ist nicht zu übersehen. Sie bestimmte auch das Erlebnis des Krieges, das schon bald geprägt war von Ernüchterungen und Rückschlägen, die im September 1914 mit der verlorenen Marneschlacht einsetzten und im Jahre 1916 mit dem Stellungskrieg vor Verdun und an der Somme gewaltige Ausmaße annahmen. 8 Millionen Männer kamen im Verlaufe des Krieges an die Front, jeder zweite Wehrfähige: eine neue Form nationaler Kommunikation und Meinungsbildung im Schützengraben. Die Zivilbevölkerung, an erster Stelle die Frauen, wurde in einem bisher nicht gekannten Ausmaß in den Krieg einbezogen, jedoch in unterschiedlicher Form: Die Arbeiterfrauen waren gezwungen, in den Munitionsfabriken zu arbeiten, die vermögenden Frauen lieferten unter dem Motto ‚Gold gab ich zur Wehr, Eisen nahm ich zur Ehr‘ ihren Schmuck ab. Sogar die Kirchenglocken wurden zu Hunderten von den Türmen geholt und eingeschmolzen. Jede Gemeinde und jeder einzelne waren von diesem Krieg geprägt und betroffen.

Der Krieg zwang die Reichsbevölkerung in eine *nationale Solidargemeinschaft*. Dazu aufgerufen waren besonders die Bevölkerungsschichten, die bisher noch nicht voll zur Reichsnation gehörten: Arbeiter, Sozialdemokraten, Katholiken, Juden. Sie zeigten, in den beiden ersten Kriegsjahren vor allem, eine große Bereitschaft, sich in die Solidargemeinschaft der herausgeforderten Nation zu integrieren. Für das Verhalten der Sozialdemokratie spielten die Gewerkschaften eine entscheidende Rolle. Bereits am 2. August 1914 hatten deren Vorstände beschlossen, die laufenden Streiks abzubrechen und mit der Reichsregierung zusammenzuarbeiten. Dafür erhielten sie die Zusicherung, daß ihre Organisationen im Krieg nicht angetastet würden. Das war für die Arbeiterbewegung eine erste offizielle und positive Bestätigung von seiten der Regierung. Entsprechendes geschah gegenüber der SPD und bewirkte, daß die Integrationsbereitschaft der Arbeiterbewegung sich über den August hinaus fortsetzte. Der Reichspatriotismus, der sich auch innerhalb der sozialdemokratischen Wählerschaft entwickelt hatte (vgl. S. 180 f.), wurde nun eingelöst durch einen Kriegspatriotismus. Und die SPD konnte erfahren, daß sie vom Reichskanzler herab bis zu den Militärkommandanten vor Ort ernstgenommen und zu Beratungen und Kommissionen hinzugezogen wurde. Dabei darf nicht übersehen werden, daß die Sorge um den Erhalt ihrer Organisationen den Kriegspatriotismus der Arbeiterfunktionäre wesentlich geprägt hat (vgl. zur SPD-Fraktion unten S. 225 f.).

Die Integration der Katholiken in die Reichsnation hatte bereits nach der Beendigung des Kulturkampfes eingesetzt. Sie erlebte nun jedoch eine wesentliche Beschleunigung. Eine führende Rolle spielte der ‚Volksverein für das katholische Deutschland‘, der sich in seiner propagandistischen Tätigkeit, unter anderem mit der Veranstaltung von ‚vaterländischen Sonntagen‘, sofort auf die Kriegssituation einstellte. Soweit es die Forschungslage heute zuläßt, kann gesagt werden, daß erst durch das Weltkriegserlebnis die nationale Integration der katholischen Bevölkerung zu einer Massenerfahrung wurde, die nun auch die Arbeiterbevölkerung erfaßte.

Die nationale Integration der Juden hatte von jeher unter erschwerten Bedingungen gestanden. Sie war im 19. Jahrhundert zunächst durch deren rechtliche Ungleichbehandlung behindert und hatte seit den 1870er Jahren unter der antisemitischen Agitation zu leiden. Die Juden hatten darauf mit einer eigenen nationalen Organisation reagiert (Centralverein deutscher Staatsbürger jüdischen Glaubens, gegründet 1893). Deren Zeitschrift mit dem charakteristischen Titel ‚Im Deutschen Reich‘ wandte sich schon am 1. August 1914 mit einem ‚Aufruf‘ an die deutschen Juden, forderte sie zum freiwilligen Wehrdienst auf und erklärte: „Die deutschen Juden stehen nun Schulter an Schulter in Reih und Glied mit ihren christlichen Kameraden“. Es war der erste Krieg, an dem Juden als gleichberechtigte Bürger teilnehmen konnten.

Von diesen Erfahrungen her prägte sich ein neuer Begriff ein: *Volksgemeinschaft*. Er bezog sich zunächst auf den August 1914. „Als auch die Sozialdemokratie sich mannhaft in Reih und Glied stellte, da kam über viele ein beseligendes Gefühl: jetzt sind wir wahrhaft, jetzt sind wir endlich eine einige Nation." So der Historiker Hermann Oncken im Jahre 1915. Er knüpfte daran einen nationalpolitischen Ausblick: „Jetzt handelt es sich darum, daß nach den deutschen Stämmen auch die deutschen Klassen zu einer einzigen sozialen und nationalen Gemeinschaft sich für immer verschmelzen." Von dieser Erwartung war auch der Kriegspatriotismus vieler Arbeiter und Sozialdemokraten getragen. Die in sich gespaltene Reichsnation hatte in der Tat die Chance, über das Kriegserlebnis einen neuen Grundkonsens zu finden, zu der ‚Volksgemeinschaft' eines nationalen Volksstaates zu werden. Voraussetzung dafür allerdings war die Einleitung politischer und sozialer Reformen (vgl. dazu unten S. 224 ff.).

‚Volksgemeinschaft' konnte jedoch auch nationalistisch verstanden werden. Das zeigte sich am schwächsten Glied dieser Gemeinschaft zuerst. Im Oktober 1916 wurde vom preußischen Kriegsministerium eine ‚Judenzählung' im Heer angeordnet, um einer antisemitischen Agitation zu begegnen, die Juden seien Drückeberger. Die sozialpsychologische Wirkung dieser Maßnahme war verheerend; denn sie machte den Juden bewußt, daß sie nicht als integriert galten, und sie löste eine neue antisemitische Strömung aus. Als eine Parole des Nationalismus konnte der Begriff der Volksgemeinschaft einerseits volksdeutsch-antisemitisch angewandt werden, andererseits großdeutsch (die Deutschen der Habsburgischen Monarchie waren Verbündete und Waffenbrüder gegen die gleichen Kriegsgegner!). In beiden Versionen mußte er sich für die Reichsnation wie ein Sprengsatz auswirken.

Die Geschichte der preußischen Judenzählung zeigt, daß am Ende des schweren Kriegsjahres 1916 eine Situation erreicht war, in der die nationale Solidarität der Nation nicht mehr vorausgesetzt, sondern für bestimmte Schichten bereits in Zweifel gezogen wurde. Damit war das Kriegserlebnis der

Reichsbevölkerung in eine ganz andere *zweite Phase* übergegangen, deren Wirkung prägender und folgenreicher sein sollte als die viel beschworene erste. Sie stand im Zeichen einer permanenten Überanstrengung der Bevölkerung, einer zunehmenden Diskrepanz zwischen nationaler Ideologie und politisch-militärischer Wirklichkeit. Unter den politischen Kräften kam es mehr und mehr zu einer Entfremdung, vor allem zwischen dem Lager des Nationalismus und den Kräften des Reformpatriotismus. Auch hier aber, innerhalb der SPD, zerstritt man sich über die Frage des richtigen patriotischen Verhaltens im Krieg (vgl. S. 226). Innerhalb der arbeitenden Bevölkerung war die Grenze der Opferbereitschaft bereits erreicht; der Umschlag der Stimmung in ein Protestverhalten stand unmittelbar bevor.

7.2 Kriegsnationalismus in Europa

Am 31. Juli 1914, dem Vorabend des Krieges, wurde Jean Jaurès, der große französische Sozialist, von einem Nationalisten ermordet. Er war ein Vorkämpfer der deutsch-französischen Verständigung; sein Tod war Symbol für das, was folgen sollte: ein Abbruch der Kommunikation zwischen der deutschen Nation und der Mehrzahl ihrer europäischen Nachbarn. Auch die Zweite Internationale der Arbeiterbewegung konnte nicht weiterarbeiten. In Frankreich erklärten die Vertreter der Arbeiterbewegung gleichfalls ihre patriotische Solidarität, und der Ausbruch des Krieges war auch hier von Massenkundgebungen und einer nationalen Hochstimmung begleitet. Sie waren geprägt von der Entschlossenheit zur Verteidigung des Vaterlandes, aber ebenso von dem Geist der Revanche und von nationalistischen Parolen. „Zu dieser Stunde gibt es keine Parteien mehr; es gibt nur noch das einige Frankreich", verkündete Präsident Poincaré am 1. August, und er proklamierte die ‚union sacrée' aller Franzosen. Die Parallelität zu der Erklärung des deutschen Kaisers ist frappierend.

Die mobilisierende und integrierende Wirkung, die von dem Kriegsausbruch 1914 ausging, war nicht auf Deutschland be schränkt, sie war ein europäisches Phänomen. Sie ergab sich aus der nationalstaatlichen Konkurrenz, aus dem imperialistischen und militaristischen Denken in den expandierenden Industriegesellschaften Europas. Wie im Falle Deutschlands (vgl. S. 210f.) ist jedoch auch für andere Nationen die kritische Rückfrage zu stellen, wie weit das Bild von der Einheit der sich verbrüdernden Nation für alle Volksschichten seine Gültigkeit hat. Jüngste Untersuchungen zu Frankreich und Italien zeigen in den Arbeiterschichten ein erheblich anderes Bild. Der Nationalrausch des August 1914 war weitgehend ein Phänomen von Bürgertum und Adel, vor allem aber der Bildungsschichten, zu denen auch die Publizisten der Arbeiterbewegung zu rechnen sind.

Bei den westeuropäischen Kriegsgegnern des Deutschen Reiches, zu denen sich im Sommer 1915 nach einer langen innenpolitischen Auseinandersetzung Italien gesellte, hatten die Parlamente einen unmittelbaren Einfluß auf die Regierung, und das bedingte in der Kriegssituation eine stärkere Nationalisierung der Regierungspolitik. Anders als im Deutschen Reich, wo die Parteien bis 1917 außerhalb der Regierung standen, kam es in diesen Staaten zum Eintritt der tragenden Parteien in die kriegführende Regierung, zur Bildung von Allparteienkabinetten mit um so größeren Vollmachten. Damit stiegen die Möglichkeiten der Regierungen in ihrem Einfluß auf die Meinungsbildung und in der Beanspruchung der Bevölkerung gewaltig. Georges Clemenceau in Frankreich und David Lloyd George in Großbritannien wurden auf diesem Hintergrund zu den politischen Führern ihrer Nation. Sie konnten deren Kräfte in einer bisher nicht gekannten Weise beanspruchen, zusammenfassen und steigern. Die beteiligten Nationen gingen strukturell verändert aus diesem Krieg hervor; denn in technischer, sozial-organisatorischer und nicht zuletzt auch in geistiger Hinsicht nahm er die Form des *totalen Krieges* an.

Die geistig-ideologische Dimension dieses Krieges trug wesentlich dazu bei, daß der anfängliche Patriotismus immer mehr zu einem Nationalismus wurde. Seit dem Eintritt der ersten modernen Nation in einen Krieg – im Jahre 1792 in Frankreich (vgl. S. 48) – hatte die nationale Ideologie bei der Legitimierung von Kriegen eine wichtige Rolle gespielt; die Nationalisierung dieses Krieges jedoch stellte alles Bisherige in den Schatten. In England und in Frankreich ebenso wie in Deutschland wurde der Krieg hochstilisiert zu einer Auseinandersetzung, in der sich nicht nur Armeen gegenüberstanden, sondern auch Völker, nicht nur Staaten, sondern auch grundverschiedene Verfassungssysteme und Weltanschauungen. Auf der westlichen Seite hieß es: die westliche Kultur steht gegen die deutsche (teutonische!) Barbarei, der westliche Rationalismus gegen den deutschen romantischen Irrationalismus, die westliche Demokratie gegen die deutsche Autokratie, die westliche Zivilisation gegen den deutschen Militarismus, den man vor allem in Preußen verkörpert sah. Demgegenüber standen in Deutschland die Antithesen: deutsche Kultur gegen westliche Zivilisation, deutscher Idealismus gegen westlichen Rationalismus, deutsche Volksgemeinschaft gegen westlichen Parteienstaat. Neben dem Krieg der Waffen gab es also den *Krieg der Ideen*, und an diesem beteiligten sich nicht nur Politiker und Journalisten, sondern auch Wissenschaftler, Künstler, Literaten, praktisch die gesamte Intelligenz, nicht zuletzt auch die Geistlichen. Innerhalb des Katholizismus z. B. kam es zu einer scharfen deutschfranzösischen Auseinandersetzung, nachdem im April 1915 eine vom Pariser Erzbischof abgesegnete antideutsche Schrift in mehreren Ländern verbreitet wurde, in der Deutschland als ‚Gegner des Katholizismus, ja oft des ganzen Christentums‘ bezeichnet wurde. Die Wirkungen, die von diesem Krieg der Ideen ausgingen, standen der der Granaten nicht nach; sie gingen tiefer und hielten bedeutend länger an. Hier zerbrach in vielen Bereichen die Gemeinsamkeit der europäischen Kultur, und sie konnte über eine lange Zeit nicht wiederhergestellt werden.

Vom Geist des Nationalismus waren auch die *Kriegsziele* geprägt, die in diesem Krieg verkündet wurden. Da die deutschen Armeen während des gesamten Krieges in feindlichem Gebiet standen, war die Situation Deutschlands hier wenig vorteilhaft. Zudem hatte sich die Reichsregierung unter dem Diktat der

Militärstrategie leichtfertig über die international garantierte Neutralität Belgiens hinweggesetzt und dieses Nachbarland okkupiert. So galt Deutschland in mehrfacher Hinsicht als Aggressor. Für England wurde die Befreiung Belgiens zum wichtigsten Kriegsgrund, in Frankreich stand die Rückgewinnung von Elsaß-Lothringen an erster Stelle. Hinzu kamen die Motive der kleineren Kriegspartner, Belgien, Italien und die osteuropäischen Nationalbewegungen, die alle im Deutschen Reich und in Österreich-Ungarn die Mächte sahen, die ihren nationalen Forderungen entgegenstanden. Schließlich erfuhr die Legitimierung des Krieges auf seiten der West-Alliierten – und über sie hinaus in der gesamten Weltöffentlichkeit – noch einmal eine wesentliche Verstärkung durch den Kriegseintritt der USA im April 1917. „Die Welt muß sicher gemacht werden für die Demokratie", erklärte Präsident Woodrow Wilson in diesem Zusammenhang. „Wir werden kämpfen für Demokratie; für das Recht derer, die einer Obrigkeit Untertan sind, um eine Stimme in ihrer eigenen Regierung zu haben; für die Rechte und Freiheiten der kleinen Nationen; für eine allgemeine Herrschaft des Rechts durch einen Bund freier Völker." In den ‚Vierzehn Punkten', die er am 8. Januar 1918 verkündete, waren die politischen Forderungen, die sich aus diesen Grundsätzen ergaben, konkret benannt.

Auf deutscher Seite hatte man diesen Legitimierungen wenig entgegenzusetzen. Die Reichsregierung war aufgrund einer Bündniszusage und in der Hoffnung auf eine erfolgreiche Demonstration ihrer Großmachtrolle in den Krieg hineingegangen, aber ohne konkrete politische Zielvorstellungen im Falle des Sieges, mit dem man ja rechnete. Es fehlte vor allem eine national motivierte Sinngebung in diesem patriotistisch und nationalistisch so aufgeladenen Krieg, es sei denn die der Vaterlandsverteidigung; doch Deutschland war nicht angegriffen worden, und es stand nun als Eroberer im Feindesland. Die sofort nach Kriegsbeginn einsetzende, auf verschiedenen Ebenen, geheim und öffentlich geführte und lang andauernde Auseinandersetzung um die deutschen Kriegsziele ist in diesem legitimatorischen Vakuum begründet. Es wurde von nationalistischer Seite, besonders vom Alldeutschen Verband, mit gefährlichen annexionistischen Projekten aufgefüllt, so daß die Debatte über Annexionen schließlich zum Kernpunkt der innenpolitischen Auseinandersetzung wurde.

Die deutsche Seite befand sich von Anfang an in einer fatalen Defensive; das mußte sich zu ihren Ungunsten auswirken. Hinzu kam, daß der wichtigste Verbündete des Reiches ebenfalls eine ‚deutsche‘ Macht war, so daß der Kriegsnationalismus der Gegner zu einer volksnationalen Argumentation überging: aus dem Krieg gegen das Deutsche Reich wurde ein Krieg gegen die Deutschen und alles Deutsche. Ein Welle antideutschen Ressentiments ging um die Welt; von ihr waren besonders die Deutschstämmigen in den Ländern der Kriegsgegner betroffen, vor allem in Rußland und in den USA. Wie das englische Königshaus Sachsen-Coburg-Gotha während des Krieges sich in ‚Haus Windsor‘ umbenannte, so sahen sich viele Deutschstämmige zur Verleugnung ihrer Herkunft veranlaßt.

Der Kriegsnationalismus verhinderte nicht zuletzt auch eine schnellere Beendigung des Krieges. Die westlichen Kriegsziele wurden allmählich um solche erweitert, die ideologisch geprägt waren und das politische System des Gegners betrafen (das ‚Preußentum‘, die Autokratie des Kaisers, den ‚Militarismus‘). Schon in den Verhandlungen mit Italien, zu Beginn des Jahres 1915, waren die westlichen Kriegsalliierten bereit, für den italienischen Kriegseintritt die ethnisch nicht gerechtfertigte Brennergrenze zuzugestehen. Als die Mittelmächte nach den Millionenverlusten des Jahres 1916 sich zu einem, wenn auch nicht sehr überzeugenden Friedensangebot entschlossen, hatte Lloyd George sich bereits auf das ‚knock out‘ des Gegners festgelegt. Als dieses Ziel im Herbst 1918 erreicht war, sollte sich zeigen, daß mit den Waffen keineswegs auch die nationalistische Argumentation niedergelegt wurde.

7.3 Die nationalen Lager

So sehr in der nationalistisch aufgeladenen Frontstellung des europäischen Krieges die Nationen im Inneren zusammenrückten und so sehr auch in Deutschland die Nation als eine Solidargemeinschaft erlebt wurde: die sozialen Gegensätze und die politischen Lager bestanden auch nach dem August 1914 weiter, und die nationalen Kontroversen waren nicht erledigt. Je stärker die Belastungen des Krieges empfunden wurden, desto mehr mußten sie wieder zum Vorschein kommen.

Die Reichsregierung

Im Kriege standen die Außenbeziehungen der Nation im Vordergrund, das Kriegsgeschehen bestimmte primär das nationale Verhalten. Die Regierung und die militärische Führung waren die entscheidenden Akteure; sie setzen für die Gesellschaft den Rahmen. Während in den westeuropäischen Staaten auch oppositionelle Parteien in die nationalen Kriegskabinette einbezogen wurden, behauptete die kaiserliche Regierung in Deutschland weiterhin ihre Position *gegenüber* den Parteien. Im Zeichen des nationalen Burgfriedens mußte sie jedoch um einen Ausgleich zwischen den gesellschaftlichen Interessensgruppen und den politischen Parteien besorgt sein. Vor allem Reichskanzler Bethmann Hollweg hat sich darum bemüht, das Entgegenkommen der Gewerkschaften und der Sozialdemokraten zu honorieren.

Doch um eine nationale Führungsrolle zu spielen, war diese Regierung zu schwach. Bethmann Hollweg war kein Bismarck; er war institutionell abhängig von einem Kaiser, der seinen Aufgaben nicht gerecht wurde, und er konnte den Primat des Politischen nicht behaupten gegenüber einer Armeeführung, deren Einfluß seit Übernahme der Obersten Heeresleitung durch die Generäle Hindenburg und Ludendorff im August 1916 sich so steigerte, daß der Kanzler im Juli 1917 demissionieren mußte. Die Nachfolger waren noch schwächer; Deutschland hatte seinen Kriegsgegnern mit ihren starken politischen Führern (Clemenceau, Lloyd George, Wilson) nichts Gleichwertiges entgegenzusetzen. Es war das Verhängnis der deutschen Politik im Weltkrieg, daß von der Regierung keine nationalpolitische Führungsrolle wahrgenommen wurde und im Hintergrund Militärs, vor allem Ludendorff, dieses Vakuum ausfüllten. Die im Oktober 1916 angeordnete Judenzählung z. B. war von der Armeeführung ohne Rückfrage in der Reichskanzlei veranlaßt worden (vgl. S. 213).

Die Politik der Reichsregierung war immer wieder von militärischen Zwängen, aber nicht von politischen Entscheidungen geprägt. Das galt schon für die Eröffnung des Krieges, wo militärstrategische Überlegungen eine große Rolle spielten. Bereits am zweiten Tage, mit dem politisch schwer zu begründenden Angriff auf das neutrale Belgien, war die Legitimierung des Krieges als nationaler Verteidigungskrieg nicht mehr glaubwürdig, und diese Legitimierungsschwäche wurde nicht geringer im Verlaufe des Krieges (vgl. S. 217). Das hatte zur Folge, daß zwischen der Regierung und der Nation eine zunehmende *Kluft des Mißtrauens* entstehen mußte. Sie vergrößerte sich mit den wachsenden Opfern, die man nicht nur dem Heer, sondern der gesamten Bevölkerung auferlegte. Auch das ständige Verdrängen der wahren militärischen Lage gehört in diesen Zusammenhang; es führte am 3. Oktober 1918 schließlich zum Eklat (vgl. unten S. 230 f.).

Neue Möglichkeiten einer progressiven *Nationalitätenpolitik* ergaben sich für die deutsche Regierung durch die Eroberungen an der Ostfront. Von den Finnen im Norden bis zu den Albanern im Süden meldeten sich viele Nationalbewegungen zu Wort und drängten auf eine nationalstaatliche Unabhängigkeit. Hier bot sich die Chance, als Protektor dieser Bewegungen aufzutreten und die jungen osteuropäischen Nationen für sich zu gewinnen. Außer in Finnland, wo diese Unterstützung aber nur den konservativen Kräften zugute kam, und dem sehr problematischen Engagement gegenüber der flämischen Bewegung in Belgien hat die Reichsregierung diese Möglichkeiten nicht zu nutzen verstanden.

Polen war der herausragende Fall: Mit der Eroberung des polnischen Kerngebietes durch die deutsche Armee bestand die

Möglichkeit, der seit mehr als einem Jahrhundert um ihren Staat kämpfenden Nationalbewegung der Polen zu ihrem Recht zu verhelfen und damit einen befreundeten Nachbarn im Osten zu gewinnen. Doch erst im November 1916, lange nach der Eroberung, wurde hier ein ‚Königreich Polen‘ proklamiert, das zudem nur das russische Gebiet, sogar noch verkleinert, umfaßte und dessen Autonomie zudem sehr beschnitten war. So wandten sich die modernen Kräfte der polnischen Nationalbewegung von Deutschland ab und den Westmächten zu, und ähnlich geschah es in anderen Fällen. Das Deutsche Reich verpaßte die Chance, zu einer nationalen Befreiungspolitik in Europa beizutragen. Es war vor allem der amerikanische Präsident, der sie ergriff. Deutschland isolierte sich von dem großen Trend der Zeit. Die mit dem Ende des Weltkrieges einsetzende Welle der Nationalstaatsbildung in Europa war gegen die Mittelmächte Deutschland und Österreich-Ungarn orientiert.

Deutscher Nationalismus im Kriege

Die Reichsregierung stand in ihrem nationalpolitischen Handeln seit Ausbruch des Krieges unter dem verstärkten Druck der nationalistischen Kräfte. Für diese und für alle Vertreter des konservativen Reichspatriotismus war dieser Krieg *ihr* Krieg – der Krieg, zu dem man schon immer bereit war, dessen Sinnhaftigkeit außer Frage stand, den man selbst herbeigeredet hatte. Der Krieg war für diese Gruppierungen deshalb von Anfang an eine Prestigesache. Zur Bestätigung der eigenen Position mußte er siegreich enden; ein anderer Ausgang des Krieges mußte in diesem Lager schwere Probleme auslösen.

Zu ihm gehörten in erster Linie die Verbände des organisierten Nationalismus, voran der Flottenverein und der Wehrverein, die mit ihrer Rüstungsagitation direkt auf den Krieg hingearbeitet hatten. Im Umkreis des Wehrvereins war noch vor Kriegsausbruch eine ‚Vaterländische Kriegsvereinigung‘ entstanden, die sich aktiv in die Diskussion um die deutschen Kriegsziele einschaltete. Nach wie vor aber liefen die Fäden im ‚Alldeutschen Verband‘ zusammen, der sich bereits im ersten

Kriegsmonat mit einem Memorandum über weitgehende Kriegsziele zu Wort meldete. Der Impuls des August 1914 brachte zutage, welche Kräfte, Gruppen und Institutionen außerdem zu einer nationalistischen Legitimierung und Unterstützung des Krieges bereit waren: von den Professoren über die Berufsverbände bis zu den christlichen Kirchen. An dem gut untersuchten Verhalten der Professoren und der Kirchen kann man ablesen, wie breit, bis in das liberale Lager hinein, diese Bereitschaft ging. Auch hier, im Übergang *vom Reichspatriotismus zum Kriegsnationalismus*, zeichnete sich die Spaltung der reichsdeutschen Gesellschaft in zwei nationale Lager ab. Es gab sogar manchen Überläufer aus den Reihen der Gewerkschaften und der Sozialdemokratie in das kriegsnationalistische Lager, nur sehr vereinzelt jedoch in den ersten beiden Kriegsjahren demokratisch-pazifistische Gegenstimmen.

Der deutsche Kriegsnationalismus stand in der Tradition des volksdeutschen und des imperialistischen Denkens; deren weite Verbreitung in der wilhelminischen Gesellschaft wurde nun deutlich. Der Antagonismus, nicht das Nebeneinander der Nationen war der Ausgangspunkt dieses Denkens, und der Krieg war in einem solchen Zusammenhang eine geradezu natürliche Konsequenz, die das konkurrierende Verhältnis unter den Nationen zur Entscheidung brachte. Es ging in diesem Krieg daher weniger um konkrete politische Ziele als um die Existenz des Deutschen Reiches als Großmacht. Der Krieg war nicht die große Ausnahme, sondern die besondere Form eines schon immer bestehenden Verhältnisses. Er konnte daher hochstilisiert werden zum Kampf der Nation um ihre Existenz, um die Behauptung und Durchsetzung ihres Wesens in der Welt. Die Zusammenfassung aller Kräfte wurde zum Gebot der Stunde. So wie der Krieg nationalisiert, so wurde die Nation militarisiert.

Der militärische Sieg wurde in diesem Lager zum obersten nationalen Ziel. Und was war der Preis? Diese Frage stellte sich sofort, und nur *Annexionen* waren denkbar. Ein Katalog von Kriegszielen, der vom Alldeutschen Verband schon im August 1914 ausgearbeitet wurde, macht deutlich, in welcher Richtung man den erhofften Sieg zu verwerten gedachte: durch Annexionen gegenüber Belgien, Frankreich, Polen und im Baltikum, durch rassistische Maßnahmen im Inneren („Der Boden des Reiches soll saubergehalten werden...").

Indem der Sieg sich verzögerte, mußte die Haltung der nationalistischen Kreise sich versteifen und auch innenpolitisch aggressiv werden. Als die Reichsregierung sich am Ende des Jahres 1916 zu dem Angebot eines Verhandlungsfriedens entschloß, war der Punkt erreicht, an dem der organisierte Nationalismus den ‚Burgfrieden‘ aufkündigte. Er unterstützte nicht mehr die Regierung, sondern stellte sich hinter die Politik der Obersten Heeresleitung und wurde zu einer offenen Agitations- und Oppositionsbewegung. Damit veränderte sich das politische Klima in Deutschland grundlegend. Nicht mehr die Einheit der Nation im Kampf gegen den äußeren Feind stand nun im Vordergrund, sondern die innenpolitische Auseinandersetzung um den Weg zum Frieden. Der Reichstag rückte in den Mittelpunkt des Geschehens. Im Mai 1917 kam es zu scharfen kontroversen Debatten zwischen den nationalen Lagern. Die Rechte konnte sich einen Frieden nur als ‚Siegfrieden‘ denken; der von der Reichsregierung angebotene Verhandlungsfrieden wurde als ‚Verzichtfrieden‘ diffamiert. Als die Mehrheit des Reichstages am 19. Juli 1917 eine aufsehenerregende Friedensresolution verabschiedete, mußte das nationalistische Lager erkennen, daß es sich in der Minderheit befand, – eine Herausforderung zu neuen Anstrengungen.

Sie mündeten im September 1917 in die Gründung der *Deutschen Vaterlandspartei*. Schon ein Jahr zuvor war eine ‚Hauptvermittlungsstelle Vaterländischer Verbände‘ geschaffen worden. Der organisierte Nationalismus hatte erkannt, daß er seine propagandistischen Anstrengungen verstärken mußte, wenn er nicht eine Minderheitspartei bleiben sollte. In ihrem ‚Großen Aufruf‘ nannte sich die Vaterlandspartei eine „große, auf weiteste vaterländische Kreise gestützte Volkspartei". ‚Vaterland‘ und ‚vaterländisch‘ waren die Begriffe, die der organisierte Nationalismus nun besetzte. Er politisierte damit einen Begriff, der im ganzen Volk mit hohen patriotischen Gefühlswerten besetzt war. Diese Agitation war ausgerichtet auf eine Wirkung in den bürgerlichen Schichten und bei den Arbeitern, die von der Sozialdemokratie nicht erfaßt waren. Auffällig ist auch eine verstärkte Aufnahme von rassistischen Argumenten. „Die rassische Ertüchtigung des deutschen Volkes" wurde im Oktober 1917 als ein Ziel dieser Partei im Reichstag verkündet. Die Vaterlandspartei konnte innerhalb eines Jahres über eine Million Mitglieder, wenn auch meist indirekt, vereinigen. Damit gelang es dem organisierten Nationalismus, noch im Soge des Kriegspatriotismus zu einer Massenpartei zu werden.

Reformpatriotismus

Die Einheit des nationalen ‚Burgfriedens' wurde im Jahre 1917 nur noch wie eine propagandistische Formel beschworen. Sie war längst zerfallen, z. B. auch unter den Professoren: Der Historiker Dietrich Schäfer hatte den Vorsitz eines rechtsnationalen ‚Ausschuß für einen deutschen (!) Frieden' übernommen; zwei andere Historiker, Friedrich Meinecke und Hermann Oncken, waren unter den Gründungsmitgliedern des ‚Volksbund für Freiheit und Vaterland'. Dieser wurde im November 1917 als Antwort auf die Vaterlandspartei mit gewerkschaftlicher Unterstützung geschaffen, – ein Versuch, die Besetzung des Begriffs ‚Vaterland' durch das nationalistische Lager rückgängig zu machen. Schon im November 1914 hatte eine Gruppe der deutschen Friedensbewegung dem Kriegsnationalismus der ersten Monate einen ‚Bund Neues Vaterland' entgegengestellt, geprägt von „dem Gedanken des friedlichen Wettbewerbs und des überstaatlichen Zusammenschlusses" der Nationen und der Durchsetzung voller staatsbürgerlicher Gleichberechtigung. Dieser Vaterlandsbund gehörte zu den wenigen Vereinen, die aufgrund des Kriegs-Ermächtigungsgesetzes verboten wurden.

Noch vor dem ‚Vaterland' stand im Titel jenes Volksbundes der Begriff ‚Freiheit'. Mit ihm war das große Thema einer *nationaldemokratischen Reform des Reiches* gemeint, das im Jahre 1914 nur vorübergehend in den Hintergrund getreten war. Der ‚Volksbund' forderte in seinem Gründungsaufruf eine

,sofortige innenpolitische Neuordnung'; es gelte, „die notwendigen Folgerungen aus dem Wesen des modernen Staates zu ziehen, die heute jede Nation ziehen muß". Gemeint war die verfassungsrechtliche Durchsetzung eines demokratischen Nationalstaats, die zentrale Forderung des nationaldemokratischen Lagers.

Die Sozialdemokratie war seit Beginn des Jahrhunderts der führende Vertreter dieses nationalen Reformprogramms. Sie hatte sich im August 1914 in kritischer Solidarität dem Aufbruch in den Weltkrieg angeschlossen und gab im Dezember 1916 sogar ihre Zustimmung zu dem einschneidenden Gesetz über den ,Vaterländischen Hilfsdienst'. Das verführte einige Interpreten auf dem rechten Flügel dazu, von der Durchsetzung eines nationalen ,Kriegssozialismus' zu sprechen. Wesentlich wichtiger war es, daß die Sozialdemokratie die kritische Funktion ihres Patriotismus weiterhin wahrnahm. Angesichts des anschwellenden Kriegsnationalismus von rechts war Anlaß dazu bald gegeben, vor allem gegenüber den Annexionsforderungen in der Diskussion über deutsche Kriegsziele.

Im März 1915 prangerte der Abgeordnete Ledebour im Reichstag den chauvinistischen Ton eines Heeresberichts von der Ostfront an und erklärte: „Wir haben das größte Interesse daran, daß die Polen und andere Fremdvölker Freunde des deutschen Volkes werden, und deshalb halte ich es für meine Pflicht, auch in dieser Zeit zu verlangen, daß die deutsche Polenpolitik Bahnen einschlägt, die das ermöglichen." Auf den sofort einsetzenden Tumult von rechts eingehend, fügte er hinzu, er habe gesprochen „als Sozialdemokrat und als deutscher Patriot, im Interesse meines von mir geliebten Volkes, im Interesse Europas, auf dessen Zusammenschluß in einer nahen Zukunft eine solche Politik hinzielt." Ledebours Ausführungen wurden als ,Landesverrat' bezeichnet; der Parlamentspräsident untersagte ihm jedes weitere kritische Wort über ,Maßnahmen der Obersten Heeresleitung'.

Drei Monate später sahen sich drei führende Sozialdemokraten (Eduard Bernstein, Hugo Haase, Karl Kautsky) dazu veranlaßt, einen Schritt weiterzugehen. Sie wiesen öffentlich auf

Bestrebungen hin, „dem gegenwärtigen Krieg den Stempel eines Eroberungskriegs aufzudrücken", und forderten ihre Partei zu einem entschiedenen Protest dagegen auf. Man kann nicht sagen, die Partei sei dieser Empfehlung nicht gefolgt. Doch es gab harte Diskussionen innerhalb der Reichstagsfraktion darüber, was als patriotische Pflicht der SPD wichtiger sei: die Wahrung des innenpolitischen Burgfriedens oder die Fortführung ihrer nationalen Oppositionsrolle. Schon im Juni 1915 erklärte eine Mehrheit der Fraktion, „die Wahrung der Interessen des eigenen Landes und Volkes" verbiete einen solchen Protest. Sie schloß dann im März 1916 diejenigen, die der Reichsregierung weitere Kriegskredite verweigerten, aus ihrer Fraktionsgemeinschaft aus. Die Ausgeschlossenen, aus denen im Frühjahr 1917 die *Unabhängige Sozialdemokratische Partei* hervorging, haben den Protest gegen den Kriegsnationalismus zweifellos konsequenter zum Ausdruck gebracht. Schon mit der Teilnahme an der Zimmerwalder Konferenz der europäischen Sozialisten im September 1915 gelang es ihnen, wieder internationale Verbindungen herzustellen. Sie qualifizierten sich als Führer des seit 1916 anschwellenden Volksprotestes, doch ihnen fehlten die notwendigen Kräfte, und sie waren den Einflüssen des Leninismus ausgesetzt, von dessen internationalistischer Position seit der Kriegszeit eine faszinierende Wirkung ausging (vgl. S. 238 und 253).

Nicht über das Revolutionsverständnis oder die sozialistische Theorie spaltete sich die SPD-Fraktion, sondern über die Orientierung ihres nationalen Verhaltens. In der Situation des Krieges lautete die Frage: Bedeutet *sozialdemokratischer Patriotismus* den Verzicht auf Opposition im Zeichen eines innenpolitischen Burgfriedens oder besteht er in der Wahrnehmung der erhöhten Chancen einer nationaldemokratischen Reformpolitik? Der Sozialdemokratie ist es mehrheitlich nicht gelungen, die nationale Alternative, die sie im wilhelminischen Reich verkörperte, auch im Krieg überzeugend durchzuhalten. Sie verwechselte nationale Solidarität mit ‚Burgfrieden' und zeigte mit ihrer fortgesetzten bedingungslosen Zustimmung zu den Kriegskrediten nur die Solidarität, die von rechts gewünscht wurde. Sie übte zwar noch Kritik, verzichtete aber darauf, Politik zu machen. Die selbstverschuldete Parteispaltung kostete sie ihre führende Rolle in der nationaldemokratischen Opposition.

Die Schwächung der Sozialdemokratie als nationaler Opposition zeigte sich vor allem im wichtigsten Bereich der Reform, der Durchsetzung der parlamentarischen Demokratie. Unter der Parole vom ‚Volksstaat' war diese Zielvorstellung stets mit der Sozialdemokratie verbunden. Auch während des Krieges mahnte die SPD bereits in den Reichstagssitzungen des Frühjahrs 1915 an, daß „noch immer nicht allen Staatsbürgern ohne Unterschied der Klasse, der Partei, der Konfession, der Nationalität volle Gleichberechtigung gewährt" sei, und im August 1915 lieferte Philipp Scheidemann in einem programmatischen Artikel ‚Zur Neuorientierung der inneren Politik' das entscheidende Stichwort für die Auseinandersetzungen der folgenden Jahre. Es waren dann jedoch bürgerliche Politiker, die die Führung übernahmen. Friedrich Naumann brachte die nationaldemokratische Bedeutung des Kriegserlebnisses auf den Punkt. Im ganzen Volke habe sich die Einsicht durchgesetzt, „es ist unser Staat, wir sind der Staat, der Staat sind wir alle!", und so sei es erst jetzt „zu einer gewissen Vollendung der deutschen Nationalität" gekommen. Es gehe nun darum, „daß der Bürokratstaat mit dem Volksstaat zusammengebracht, daß dabei der Volksstaat stärker, der Bürokratstaat aber kleiner werden soll". Naumann nahm den sozialdemokratischen Begriff vom ‚nationalen Volksstaat' auf und prangerte diejenigen an, die in den vergangenen Jahren „das Wort ‚national' zur Einseitigkeit herabgezogen", es zur Parteiagitation mißbraucht hätten.

7.4 Kriegsausgang, Reichsreform und nationale Aporie

Als nach den sinnlosen Millionenverlusten der Kriegsoffensiven von 1916 die Forderung nach einer Beendigung des Krieges dringender wurde, erreichte in den Reichstagsdebatten des Oktober 1916 die Auseinandersetzung um eine nationalpolitische

‚Neuorientierung' ihre entscheidende Zuspitzung. Eingeleitet durch den Sozialdemokraten Philipp Scheidemann, ging es um die volle Durchsetzung politischer Gleichberechtigung (Wahlrechtsreform in Preußen und Stimmrecht für Frauen) und um die Parlamentarisierung der Reichsregierung, deren Bindung an die Zustimmung des Reichstages. Damit stand der wichtigste Schritt einer *nationaldemokratischen Reform des Reiches* auf der Tagesordnung: die Demokratisierung der Reichsverfassung, der Übergang der Souveränität an das Parlament, den Repräsentanten der Nation. Der Protest von rechts kam sofort, doch überraschend breit war auch die Bereitschaft der bürgerlichen Parteien, sich an einer nationaldemokratischen Initiative zu beteiligen; neben der Fortschrittlichen Volkspartei waren es die Mehrheit der Zentrumspartei und Teile der Nationalliberalen. Hier wurde Gustav Stresemann zum Promotor einer Parlamentarisierung, in der Zentrumspartei war es Matthias Erzberger. Der Reichstag gewann binnen kurzem eine neue politische Potenz; er wurde zu einer eigenständigen politischen Kraft. Der Haushaltsausschuß konstituierte sich als ‚Hauptausschuß', und im Frühjahr 1917 wurde zusätzlich ein Verfassungsausschuß eingesetzt, um die nationale Reform voranzutreiben. Durch die vom Reichskanzler durchgesetzte ‚Osterbotschaft' des Kaisers gab es sogar eine Ermutigung von oben.

Diese nationale Reformtendenz wurde dann jedoch in eine andere Richtung gedrängt durch den Sturz des Reichskanzlers Bethmann Hollweg im Juli 1917, durchgesetzt durch die Oberste Heeresleitung im Zusammenspiel mit anderen konservativen Kräften, und auch die Parlamentsopposition erprobte hier ihre Kraft. Ein *Interfraktioneller Ausschuß*, gebildet aus Vertretern der vier reformwilligen Parteien, hatte die Führung in der Parlamentarisierungsfrage übernommen. Daß er vom Reichstag nicht offiziell legitimiert war und den Verfassungsausschuß überspielte, war mehr als ein Schönheitsfehler. Der Interfraktionelle Ausschuß erzielte unter den schwachen Nachfolgern Bethmann Hollwegs schon im Herbst 1917 weitere Erfolge bei der Durchsetzung der Parlamentarisierung. Er agierte jedoch weiterhin hinter den Kulissen des Reichstages und ohne einen durchsetzungsfähigen Partner in der Regierung. Obwohl die Reformparteien in ihrem politischen Auftreten stärker wurden, kam die Demokratisierung verfassungsrechtlich nicht voran.

Die andere große nationale Frage war die nach der Beendigung des Krieges. Hier nahmen die Reformparteien mit der *Friedensresolution* des Reichstages (19. Juli 1917) die Linie der Sozialdemokratie auf und formulierten einen wirkungsvollen Protest gegenüber dem Kriegsnationalismus. „Nicht Eroberung, nicht wachsende Verfeindung der Völker, sondern Rückkehr zu Friedensarbeit und die dauernde Versöhnung der Völker" war der erklärte Tenor dieser Resolution. Einzelne bürgerliche Politiker, voran Erzberger als Promotor der Resolution, nahmen damit ihre frühere Beteiligung am Nationalismus der Kriegszieldebatte wieder zurück, andere, wie Stresemann, konnten innenpolitische Reform und außenpolitischen Annexionismus gut miteinander verbinden. Auch hier aber blieb es bei den Worten; die Reichsregierung war nach dem Scheitern ihres Friedensangebotes vom Dezember 1916, der Eröffnung des unbeschränkten U-Boot-Kriegs durch die Heeresleitung und dem Kriegseintritt der USA kaum noch zu erfolgversprechenden Schritten in der Lage. So mußten die Reformparteien erleben, daß sich als Antwort auf ihre Friedensresolution der Kriegsnationalismus noch einmal steigerte und das innenpolitische Klima vergiftete. „Der Haß unter den Nationen hatte zum Haß in der Nation" geführt, stellte der Sozialdemokrat Otto Landsberg im Reichstag bald fest.

Inzwischen hatten sich die Arbeiterschichten zu Wort gemeldet. Nach dem verlustreichen Kriegsjahr 1916 und dem folgenden Hungerwinter war der Unmut in der Bevölkerung gestiegen, und die weitere Überanstrengung der Kräfte hatte zu einer während des Jahres 1917 nicht abreißenden spontanen *Streikbewegung* geführt. Nach dem militärisch und politisch so erfolglosen Jahr 1917, an dessen Ende jedoch von der Oktoberrevolution in Rußland neue Signale für die Organisierung eines revolutionären Widerstandes ausgingen, erreichte die Protestbewegung im Januar 1918 einen weiteren Höhepunkt: ein untrügliches Zeichen dafür, daß die Arbeiterbevölkerung nicht länger bereit war, die im Zeichen einer nationalen Solidarität zugemutete Opferbereitschaft aufzubringen. Der vom Kriegsnationalismus nicht erfaßte Teil der Nation forderte sein elementares Lebensrecht ein, das nur im Frieden gewährleistet war. ‚Frieden! Freiheit! Brot!' war die Losung der Streikenden. Es ging dieser ersten großen Friedensbewegung in Deutschland nicht nur um ein Ende des Krieges und des Hungerns, sondern auch um eine freiheitliche Verfassung. Welche Partei war in der Lage, diese Massenforderung von unten in eine konsequente Politik umzusetzen?

Oberste Heeresleitung und Reichsregierung antworteten im Frühjahr 1918 im Wissen um das nationale Risiko mit einer letzten großen Offensive an der Westfront. Sie hatten soeben mit der russischen Revolutionsregierung in Brest-Litowsk einen Friedensvertrag abgeschlossen, der einem imperialistischen Diktat gleichkam, die Nationalbewegungen der Völker mißachtete und der deutschen Heeresleitung im Osten einen verführerischen Handlungsspielraum eröffnete. Die hier zutage tretende *nationalpolitische Verantwortungslosigkeit* bestimmte auch die riskanten Entscheidungen an der deutschen Westfront, d.h. gegenüber dem eigenen Volk. Nicht nur die militärische, auch eine politische Katastrophe wurde voll in Kauf genommen. Seit Anfang August wußten die Verantwortlichen von dem bevorstehenden Zusammenbruch der Westfront, seit dem 21. August auch die Parteiführer. Doch der Nationalismus und ein falsch orientierter Patriotismus führten zu einer Verdrängung der wahren Situation und zu einer Lähmung der politischen Kräfte. Seit dem 15. September unternahmen die Reformparteien neue Initiativen in der Friedensfrage und in Richtung einer Verfassungsreform. Die Reichsregierung und der Kaiser reagierten jedoch erst auf den Druck der Heeresleitung, die am 28. September nicht nur ein deutsches Waffenstillstandsgesuch, sondern auch eine neue, parlamentarisch gestützte Regierung einforderte. Erst als diese garantiert war, leistete sie am 2. Oktober vor den Parlamentariern den Offenbarungseid. Er wirkte auf alle wie ein Keulenschlag und verstärkte die Lähmung der politischen Kräfte.

Wiederum wurde deutlich, in welchem Maße auch die Führungsgruppen des nationaldemokratischen Lagers in den Grenzen des Kriegspatriotismus befangen waren. Obwohl die militärische Niederlage offenkundig und die Kräfte des Kriegsnationalismus total desavouriert waren, verzichtete man innerhalb der Opposition auf eine Klärung der nationalpolitischen Verantwortlichkeiten. Beide Seiten flüchteten sich in Illusionen über eine Rolle des Präsidenten Wilson als Vermittler eines Friedens der nationalen Gleichberechtigung. Am 3. Oktober war die neue Regierung unter Prinz Max von Baden und der Beteiligung aller Reformparteien angetreten, doch erst durch eine dritte Note Wilsons veranlaßt, vollzog diese Regierung am 28. Oktober eine definitive Verfassungsänderung.

Weder damals noch heute wird diese Demokratisierung der Reichsverfassung als ein Sieg der nationaldemokratischen Kräfte betrachtet. Eine ultimative Forderung der geschlagenen Heeresleitung hatte sie letztlich durchgesetzt, und der amerikanische Präsident hatte sie zusätzlich mit der Kaiserfrage verbunden. Geprägt von dem Wunsch nach einem Waffenstillstand, vollzog sie sich ohne eine direkte Konfrontation der Kontrahenten im Stile der alten Erlaßpolitik des Kaisers, der sich noch am Tage dieses wichtigen Schrittes aus dem Entscheidungszentrum Berlin ins militärische Hauptquartier zurückzog.

Die politische Bilanz, die der verantwortliche Monarch hinterließ, war verheerend. Alle Hoffnungen, mit denen das Reich in diesen Krieg hineingegangen war, mußten als gescheitert betrachtet werden. Von einer führenden Großmacht in Europa war das Reich zu einer abhängigen Mittelmacht geworden und dem Diktat der Sieger ausgeliefert. Im Zeichen des Kriegsnationalismus sollte das Verhältnis zu den Nachbarn auf eine nicht absehbare Zeit belastet bleiben.

Noch schwerer jedoch wog die *nationale Krise*, in die das Reich geraten war. Die militärische Führung, auf der während des Krieges das Ansehen des Reiches beruhte, war total desavouriert, und aufgrund ihrer nationalistischen Voreingenommenheit war sie nicht dazu in der Lage, zu ihrer Verantwortung zu stehen. Der Kaiser war ebenfalls aus seiner politischen Verantwortung als Oberbefehlshaber und Reichsoberhaupt entflohen. Er beteiligte sich im militärischen Hauptquartier an letzten Staatsstreichplänen des Militärs und war im übrigen froh, die politische Verantwortung auf den Reichskanzler abwälzen zu können. Aber auch der Reichstag und die ihn tragenden Reformparteien waren politisch gelähmt. Hier war seit 1916 eine Basis für eine neue Nation entstanden, die nicht mehr von dem Klassengegensatz geprägt war, doch sie war offensichtlich noch nicht gefestigt genug, um in den kritischen Wochen des Herbst 1918 die nationalpolitische Führung zu übernehmen.

In dieser Situation spielten die Kräfte des konservativen Nationalismus, noch im Besitz der militärischen Befehlspositionen, mit letzten Möglichkeiten einer Erhaltung ihrer Macht. Der Befehl zum Auslaufen der Hochseeflotte war eine Variante in diesem Spiel einer letzten ,nationalen' Selbstbehauptung. Er löste einen erneuten *Volksprotest von unten* aus, der unmittelbar überging in einen revolutionären Systemwechsel. Mit ihm artikulierten sich die unteren Volksschichten erstmals seit 1848 wieder erfolgreich als eine politische Kraft. Die aufständischen Soldaten und Arbeiter, politisch beraten von kleinen Gruppen linkssozialistischer Intelligenz, verstanden sich nur in Hamburg unter Heinrich Laufenberg ausdrücklich als nationale Bewegung. Sie beanspruchten jedoch spontan, wenn auch nur vorübergehend, die politische Souveränität für die arbeitenden Volksschichten, um den Krieg zu beenden und die Verantwortlichen zur Rechenschaft zu ziehen. Von der SPD erwarteten sie die politische Führung, doch diese war auf die Möglichkeit einer Republikgründung und einer revolutionären Entmachtung der Herrschaftseliten nicht vorbereitet. Die nationale Aporie war in der Tat vollständig; sie umfaßte alle politischen Lager.

8. Die Republik von Weimar

8.1 Durchsetzung und Krise des demokratischen Nationalstaates in Europa

Der Erste Weltkrieg hat die Entwicklung Europas zu einer Gemeinschaft von demokratischen Nationalstaaten sehr beschleunigt, zugleich aber gewaltig durcheinandergebracht und bis heute belastet. – In der Ausnahmesituation dieses Krieges war deutlich geworden, welche Probleme in jeder Nation und für den Kontinent als ganzen noch gelöst werden mußten, um zu einer tragfähigen nationalstaatlichen Ordnung zu gelangen. Für viele Nationen, besonders in Osteuropa, stand die nationale Staatsbildung noch an. In ganz Europa aber war die Frage der nationalen Demokratie noch nicht befriedigend gelöst, und die Arbeiterparteien setzten das Problem einer gerechten sozialen Ordnung der Nationen auf die Tagesordnung der Politik.

Im letzten Kriegsjahr wurde das nationalstaatliche Europa von außen eindringlich auf seine ungelösten Probleme hingewiesen. Jenseits des Ozeans mahnte Präsident Wilson das Prinzip der Volkssouveränität, das Selbstbestimmungsrecht der Völker an; er reklamierte die noch nicht abgeschlossene Nationalstaatsbildung in Europa. Mit seinem Vorschlag eines Völkerbundes drängte er auf eine neue institutionelle Anstrengung für ein geregeltes Zusammenleben der Nationen. Schon einige Monate vorher hatte Lenin in den ersten Dekreten des Sowjetstaates der europäischen Gesellschaften deutlich gemacht, daß die Integration der Arbeiterschichten in den Nationalstaat überall ungelöst war und ein Problem mit revolutionärem Zündstoff darstellte.

Nicht nur begriffsgeschichtlich ist darauf aufmerksam zu machen, daß der *Begriff des Volkes* in diesen Appellen im Mittelpunkt stand. Er war nicht nur in Deutschland (vgl. S. 264),

233

sondern international zu einem politischen Leitbegriff geworden. Bisher waren die vom männlichen Bürgertum geprägten Nationen das Subjekt der Politik und der Geschichte, nun endlich sollten die Völker, zu denen auch die Arbeiterschichten und die Frauen gehörten, zum nationalen Souverän und Prinzip der nationalen Demokratie eingelöst werden.

Die große Beschleunigung der nationalstaatlichen Entwicklung in Europa, die der Weltkrieg mit sich brachte, ist vor allem an drei Punkten festzumachen:

1. Der moderne *Nationalstaat* erlebte im internationalen Maßstab seinen entscheidenden Durchbruch. Nie wurden in kurzer Zeit so viele Nationalstaaten gegründet wie am Ende des Weltkrieges. Die letzten Vielvölkerstaaten alten Stils brachen als politische Systeme zusammen. Die Auflösung der Habsburgischen Monarchie ermöglichte die Staatsgründung der Tschechoslowakei, Jugoslawiens, Ungarns und eine nationale Arrondierung Italiens und Rumäniens. Durch den Zusammenbruch des Zarismus in Rußland kam es zur Nationalstaatsgründung in Polen, Litauen, Lettland, Estland und Finnland, und am Rande Europas löste der Zusammenbruch des Osmanischen Reiches nicht nur in der Türkei eine nationale Bewegung aus.

Es sollte auch nicht übersehen werden, daß sich im englischen Imperium ein ähnlicher Vorgang vollzog, der in seiner Wirkung weit über Europa hinausging: Die Dominions unter Führung von Südafrika und Kanada emanzipierten sich von der britischen Vorherrschaft und setzten ihre nationale Gleichberechtigung durch. "That is the fundamental fact we have to bear in mind that the British Commonwealth of Nations does not stand for standardization or denationalization, but for the fuller, richer und more various life of all the nations that are comprised in it." Diese Erklärung des südafrikanischen General Smuts aus dem Jahr 1917 macht deutlich, daß das *Prinzip der nationalen Selbstbestimmung und Gleichberechtigung* dem Imperialismus der europäischen Nationalstaaten Grenzen setzte. Davon profitierte auch die irische Nationalbewegung (Dominionstatus für den irischen Freistaat 1921).

2. Mit der Einführung des allgemeinen gleichen Wahlrechts kam es in ganz Europa zur *Durchsetzung der nationalen Demokratie*. Hierin lag die größte Neuerung, die der Krieg mit sich brachte. Vor 1914 war kein Nationalstaat in Europa ein demokratischer Staat. Auch in den parlamentarisch regierten Ländern gehörten zu der herrschenden, das Wahlrecht ausübenden Nation nur die Männer, und auch für diese galt in den meisten Staaten ein durch Zensus eingeschränktes Wahlrecht. Hier brachte der Krieg, in dem alle Volksschichten, auch die Frauen, direkt gefordert waren, den großen Durchbruch. Sowohl die Arbeiterbevölkerung wie die Frauen erhielten nun das Wahlrecht und wurden damit zu gleichberechtigten Mitgliedern der Nation. Diese Demokratisierung der Nation wurde zuerst bei den Verlierern des Krieges vollzogen (Rußland 1917, Deutschland 1918) und erst allmählich bei den Siegern (USA 1920, Großbritannien 1928, Frankreich 1944), und sie war in vielen Staaten verbunden mit einer gesellschaftlichen und politischen Aufwertung der Organisationen der Arbeiterbewegung.

3. Die *Gründung des Völkerbundes* bedeutete einen Durchbruch des Grundsatzes der Gleichwertigkeit und Gleichberechtigung der Nationen sowie eine erste institutionelle Realisierung internationaler Konfliktregelung und Kooperation. Die zurückliegenden Jahrzehnte, vor allem aber der Weltkrieg, hatten gezeigt, wohin ein nur von den politischen Kräfteverhältnissen bestimmtes Nebeneinander der Nationalstaaten führen mußte. Die antagonistische Konkurrenz der Nationalstaaten führte zur Destabilisierung. Der unabhängige Nationalstaat konnte nicht länger oberste politische Organisationsform bleiben. Zur Verhinderung weiterer Kriege, zur Eindämmung des Nationalismus und zur Ermöglichung neuer Entwicklungen in der Welt bedurfte es einer konzeptionell und institutionell neuen Plattform oberhalb der Nationalstaaten.

Die von Präsident Wilson angeregte Gründung eines Völkerbundes (1920) bedeutete eine erste Realisierung dieser aus dem Weltkrieg gewonnenen Einsicht. Gegenüber dem Modell des auf den Haager Konferenzen entwickelten Schiedsverfahrens brachte der Völkerbund eine wesentliche Verbesserung; denn hier waren die Nationalstaaten selbst die Träger der Institution und gingen mit ihrer Mitgliedschaft eine Selbstbindung ein: im Konfliktfalle mußten sie auf die Anwendung ihrer außenpolitischen Souveränität verzichten und sich einer Konfliktregelung durch den Völkerbund, einschließlich seiner Sanktionen, unterwerfen. Die Autonomie des Nationalstaats war damit nicht mehr der oberste Wert internationaler Politik; sie wurde erstmals, wenn auch nicht völlig, zugunsten einer supranationalen Institution eingeschränkt. Nachdem bis zur Mitte des 19. Jahrhunderts die internationale Konfliktregelung in den Händen des europäischen Hochadels lag, hatten nun auch die modernen Nationen einen Weg der internationalen Kooperation gefunden.

Alle diese bemerkenswerten Fortschritte waren durch die Erfahrungen und als Ergebnis des Weltkrieges entstanden. Aber auch der Nationalismus, der diesen Krieg verursacht und ihn entscheidend geprägt hatte, war mit dem Kriegsende nicht überwunden, sondern fast überall geradezu bestätigt worden. Er bewirkte nun, daß die neuen Errungenschaften mit erheblichen Mängeln verbunden waren, die ihren Erfolg in Frage stellten.

Der Völkerbund war eine Allianz der Siegermächte; vor allem in seiner Entstehungszeit war er nicht von einem Geist der Gleichberechtigung getragen. Seine Satzung wurde den Friedensverträgen inkorporiert und damit mißbraucht zu einer Status-quo-Garantie für die Gewinner des Krieges. Vor allem aber: Der Völkerbund war nicht universal. Deutschland durfte und die Sowjetunion wollte zunächst nicht beitreten, und die Initiativmacht USA hat sich nie zu einem Beitritt entscheiden können. Vor allem in den 1930er Jahren kam es zu einer ständig wechselnden Ein- und Austrittsbewegung der Staaten, so daß die Wirksamkeit des Bundes immer wieder in Frage gestellt wurde und im Vorfeld des Zweiten Weltkriegs ganz zum Erliegen kam. Im Widerspruch zu den Grundprinzipien stand auch das Mandatssystem, das der Bund über die ehemaligen deutschen Kolonien und die aus dem Osmanischen Reich hervorgegangenen Gebiete des Vorderen Orients errichtete. Die Siegermächte setzten hier ihren Kolonialismus fort, wenn auch in einer eingeschränkten Form.

Bei der Konstituierung der neuen Nationalstaaten und bei den in den Pariser Verträgen festgelegten Staatsgrenzen war das Selbstbestimmungsrecht der Völker durchaus nicht das einzig maßgebende Prinzip. Historische Staatsgrenzen (wie im Falle der Tschechoslowakei) und Siegermachtinteressen (wie im Falle der Brennergrenze oder des polnischen Korridors) spielten häufig die wichtigere Rolle und führten zu Grenzen, die dem Nationalitätsprinzip zuwiderliefen. Bei den Unterlegenen mußte ein nationaler Revisionismus die Folge sein.

Die Fortdauer und sogar Ausbreitung nationalistischer Tendenzen in Europa war nicht zuletzt dadurch bedingt, daß es in fast allen neuen Nationalstaaten Osteuropas, bedingt durch deren ethnisch gemischte Siedlungsstruktur, erhebliche *Minderheitenprobleme* gab. Die Minderheiten-Schutzverträge, die im Rahmen der Pariser Friedenskonferenz 1919/20 mit einigen dieser Staaten abgeschlossen und unter eine Garantie des Völkerbundes gestellt wurden, erwiesen sich als wenig wirksam.

Die Einführung des allgemeinen gleichen Wahlrechts war die tiefgreifendste Neuerung der Epoche. Sie betraf die alten wie die neuen Nationalstaaten, und in allen bedeutete sie eine grundlegende Umstellung der politischen Machtverhältnisse.

Bisher wurden die Nationen von einer Oligarchie der männlichen Eliten politisch repräsentiert. Nun wurden die Nationalstaaten zu wirklichen Volksstaaten, und keiner konnte wissen, welche Folgen diese Umstellung mit sich bringen würde. In den bürgerlich-adligen Führungsschichten verbreitete sich eine große Unsicherheit; sie verleitete dazu, liberale Grundsätze und zivilisierte politische Umgangsformen aufzugeben und in kämpferischen Verhaltensformen eine Rettung zu suchen.

Dies war die Situation, in der das politische Programm der modernen Nation in Europa seine größte Krise erlebte. Seine demokratischen Grundprinzipien wurden von zwei Seiten her fundamental in Frage gestellt: vom leninistischen Kommunismus und vom nationalistischen Faschismus. Für viele Jahrzehnte sollte die internationale Politik nun im Zeichen dieser antinationalen und antidemokratischen Alternativen stehen.

Der *Marxismus-Leninismus*, der sich nach der Oktoberrevolution in Rußland als eine neue politische Bewegung etablierte, stellte sowohl für die links orientierte Intelligenz wie für die Arbeiterschichten eine suggestive Alternative zum Programm der modernen Nation dar. Dieses hatte in seinen bisherigen Verwirklichungsformen zur Lösung der sozialen Frage, die immer dringender anstand, noch keinen überzeugenden Beitrag geliefert. Die bürgerlich dominierten Nationen und Nationalstaaten hatten auch die Grundsätze einer demokratischen Partizipation bisher nur in Ansätzen und zögernd verwirklicht. Am Ende des 19. Jahrhunderts hatten bürgerliche Führungsgruppen die anstehenden sozialen Probleme dann sogar durch Nationalismus und Imperialismus zu lösen versucht, und der Weltkrieg war die Folge. In dieser Situation bot der Marxismus ein Programm an, das in einem revolutionären Internationalismus den Nationalismus zu überwinden und das Grundproblem der sozialen Gerechtigkeit zu lösen versprach. Angesichts dieser verlockenden Perspektiven wurde von denen, die sich dieser Bewegung anschlossen, übersehen, daß der Leninismus geistig auf Dogmatismus und Intoleranz beruhte und politisch auf einer Parteidiktatur. Eine Grundeinsicht der sozialistischen Bewegung wurde verdrängt: daß soziale Gerechtigkeit ohne politische Demokratie und geistige Toleranz nicht zu verwirklichen ist.

Durch die ersten Erfolge der kommunistischen Bewegung mobilisiert, entstanden in vielen europäischen Staaten *faschistische Bewegungen* als eine andere Alternative zur nationalen Demokratie, vor allem für die bürgerlichen Schichten in den krisengezeichneten Ländern (dazu eingehender S. 274 ff.).

Die Jahrzehnte nach dem Ersten Weltkrieg standen demnach für die Nationen Europas im Zeichen eines *krisenhaften Übergangs*. Als Gesellschaften der nationalen Demokratie mußte in ihnen der nationale Grundkonsens neu formuliert und in neue soziale Umgangsformen umgesetzt werden. Die Organisationen der Arbeiterbewegung waren nun nicht mehr die Außenseiter eines bürgerlich geprägten Nationalstaats, sondern dessen gleichberechtigte Teilhaber. Der Nationalstaat konnte die sozialen Probleme nicht mehr ausklammern, er mußte zum Wohlfahrtsstaat, zum Sozialstaat werden. Die Wahlresultate führten zu ersten linken Regierungsbildungen, und die bürgerlichen Schichten mußten lernen, das zu akzeptieren. Angesichts der Verwirrung, die durch das Auftreten von kommunistischen Konkurrenzparteien im linken Lager entstand, war dies nicht immer einfach.

Der *Nationalismus* blieb angesichts der unbewältigten sozialen Probleme, die weitgehend durch den Weltkrieg erst entstanden waren, ein Signum der Epoche, doch er wandelte sich in seinen Formen. Geprägt von den Erfahrungen des Weltkrieges, entwickelte er besonders kämpferische und militante Formen der Auseinandersetzung, und er favorisierte autoritäre Herrschaftsformen. In den faschistischen Bewegungen und ihren paramilitärischen Organisationen entstand eine neue, konservativ-revolutionäre Variante, der Nationalismus einer jungen Generation.

Der *Imperialismus* der westeuropäischen Mächte war von Lenin und Wilson fundamental kritisiert worden, doch er prägte weiterhin die Politik dieser Staaten. Die dem Deutschen Reich entrissenen Kolonien wurden nicht befreit, sondern in der Form von Mandatsgebieten den kolonialen Systemen der Siegerstaaten inkorporiert. Diese sahen sich jedoch einer zunehmenden Kritik ausgesetzt, von außen durch die beginnende antikoloniale Bewegung der Völker Afrikas und Asiens, in der Indien eine führende Rolle übernahm (Indian National Congress, gegründet 1885, seit 1915 unter Führung von Mahatma Gandhi), von innen durch die Kritik der sozialistischen Parteien. Großbritannien reagierte mit einer Reform des Empire (British Commonwealth of Nations 1926, sanktioniert im Westminsterstatut 1931); Sowjetrußland konzedierte nur Finnland und den baltischen Völkern nationale Unabhängigkeit und kehrte schon unter Lenin zu einer imperialen Großmachtpolitik zurück.

Europa fand nach dem Krieg nicht zu einem stabilen internationalen System. Frankreich errichtete auf dem Kontinent eine gegen Deutschland gerichtete Allianz, zu deren Erhaltung ihm jedoch die Kraft fehlte. Die angelsächsischen Mächte zogen sich machtpolitisch weitgehend vom Kontinent zurück, und die durch den Krieg reduzierten Großmächte Deutschland und Rußland blieben allzulange sich selbst überlassen. Hier, wie auch in Ungarn, Österreich, Italien und der national reformierten Türkei konnte sich ein starker nationaler Revisionismus entfalten – Nährboden für neuen Nationalismus und für faschistische Bewegungen.

Die Autonomie der europäischen Nationalstaaten, die ideologisch in allen Nationen einen hohen Stellenwert einnahm und häufig bis zu einem neuen Nationalismus gesteigert wurde, stand realpolitisch bereits auf tönernen Füßen. Das Finanzsystem der europäischen Staaten befand sich nach dem Krieg in einer permanenten Krise, auch bei den Siegermächten. Durch die aufwendige Kriegführung hatten sich alle verschuldet, und durch das Reparationsproblem waren neue finanzielle Abhängigkeiten entstanden, die schließlich nur noch von den USA als Gläubigerland gelöst werden konnten.

So mußte die Finanz- und Wirtschaftskrise der USA am Ende der 1920er Jahre sofort auf Europa zurückwirken. Sie bedingte hier nicht nur wirtschaftliche, sondern auch schwere politische Krisen, in denen die ungelösten nationalen Probleme ihren Niederschlag fanden.

8.2 Der neue Nationalstaat und die Folgen des Krieges

Nicht nur für viele Völker in Osteuropa, auch für die Deutschen war das Ende des Weltkrieges mit der Schaffung eines neuen Nationalstaates verbunden. Dieses fundamentale Datum der nationalen Geschichte wird jedoch – bis heute – durch andere Gesichtspunkte verdunkelt: einerseits durch den Hinweis auf die Reichsgründung von 1870; aber galt dieses Reich nicht allen als ein unvollendeter Nationalstaat (vgl. oben S. 164)?

Andererseits wird auf die Einwirkungen von außen hingewiesen, unter denen dieser Nationalstaat im Jahre 1918 durchgesetzt wurde: den Druck der Obersten Heeresleitung und die Forderungen des Präsidenten Wilson in seinen Noten an die kaiserliche Regierung. In der Tat war bei den nationalpolitischen Akteuren im Herbst 1918 unter dem Eindruck des sich abzeichnenden militärischen Zusammenbruchs die Lähmung und Aporie allgemein, und die entscheidenden Reformschritte zwischen dem 28. September und dem 28. Oktober wurden durch die genannten Faktoren ausgelöst. Es wird jedoch meist übersehen, was diesen Wochen an nationaler Reformarbeit vorausging und was ihnen folgte. Die Durchsetzung des demokratischen Nationalstaates darf nicht auf einen Monat verkürzt werden; sie war in ihrem Kern ein Prozeß, der 1916 in Gang gekommen war und der nach der Befreiung von Krieg und Monarchie erst in sein entscheidendes Stadium trat und erstaunliche nationale Handlungsenergien freisetzte.

Deshalb sollen hier zunächst die drei Etappen der innenpolitischen Entwicklung festgehalten werden, die zur Durchsetzung des ersten demokratischen Nationalstaates in Deutschland geführt haben:

1. Die *Parlamentarisierung des Kaiserreichs.* Die nationaldemokratische Reichsreform hatte durch die Initiativen der Mehrheitsparteien des Reichstags seit 1916 eine neue klassenübergreifende Basis erhalten und war in ein neues Stadium getreten (vgl. S. 228 ff.). Bevor sie durch die bekannten externen Faktoren beschleunigt wurde, hatte seit dem 22. September 1918 der Interfraktionelle Ausschuß auf Initiative der SPD seine verfassungspolitischen Forderungen bereits formuliert. Sie enthielten die Einführung nationaldemokratischer Verfassungszustände – nicht nur für das Deutsche Reich, sondern auch für die besetzten Länder Osteuropas! – und das Plädoyer für einen Völkerbund gleichberechtigter Nationen. Diese Forderungen waren die Kernpunkte des ‚Programms der Mehrheitsparteien des Reichstags‘, dem auch die Nationalliberale Partei unter Stresemann beitrat; es bildete am 30. September die Grundlage, auf der nach dem Parlamentarisierungserlaß des Kaisers vom gleichen Tage

die erste parlamentarische Regierungsbildung stattfinden konnte. In seiner Regierungserklärung vom 5. Oktober faßte der neue Reichskanzler Max von Baden die Kernpunkte des Verfassungswandels, der „niemals rückgängig gemacht werden" könne, zusammen, und er bezeichnete sich dabei als Sprecher „des weit überwiegenden Teiles der deutschen Volksvertretung, also der deutschen Nation". In der zweiten Oktoberhälfte blickten die Sprecher der Parteien bereits auf diesen Verfassungswandel als eine *friedliche Revolution*, einen ‚Wendepunkt in der Geschichte Deutschlands' zurück; Friedrich Ebert bezeichnete den 5. Oktober 1918 im Reichstag als den ‚Geburtstag der deutschen Demokratie'. Am 26. Oktober verabschiedete der Reichstag die Verfassungsänderungen, durch die das Reich zu einer parlamentarischen Demokratie wurde, und daraufhin setzte der Kaiser am 28. Oktober „die neue Ordnung in Kraft, welche grundlegende Rechte von der Person des Kaisers auf das Volk überträgt". Damit war das Deutsche Reich eine parlamentarische Monarchie im Stile Belgiens oder Italiens.

2. Die *revolutionäre Volksbewegung gegen Krieg und Adelsherrschaft*. Die überwiegende Mehrheit des deutschen Volkes jedoch nahm diese Verfassungsrevolution, in der die Volkssouveränität durchgesetzt wurde, nicht ausreichend wahr. Sie war gebannt und belastet von der Fortdauer des großen, sinnlos gewordenen Krieges, dessen Mißerfolg keinem mehr verborgen war. Schon seit 1917 hatten die Arbeiterschichten ihren Protest gegen diesen überanstrengenden, sinnlos werdenden Krieg zum Ausdruck gebracht und mit der Parole ‚Frieden! Freiheit! Brot!' politische Forderungen unübersehbar an die erste Stelle gesetzt. Dieses Signal war von den Parteien nicht aufgegriffen worden, und auch im Oktober standen adlige Vertreter des alten Systems im Heer und in der Regierung noch an der Spitze. Das Volk hatte schon längst kein Vertrauen mehr in sie, wollte die Verlängerung des Krieges nicht mehr hinnehmen und die Verantwortlichen zur Rechenschaft ziehen. Wiederum begriffen die Parteien nicht den Ernst und das Gebot der Stunde. Sie blieben gefangen in dem Klischee von der nationalen Kampfgemeinschaft; die SPD bezog sich in ihren Verlautbarungen immer

noch auf den Geist des 4. August 1914, und Friedrich Naumann schwärmte von einer ‚Regierung der nationalen Verteidigung‘. Sie versäumten es, die diskreditierten Führungsgruppen beiseite zu drängen, den Reichstag zum Tribunal der Nation zu machen und selbst die politische Führung zu übernehmen. So kam es Anfang November 1918, ausgehend vom Kieler Matrosenaufstand, zu einer revolutionären Volksbewegung, in der die arbeitenden Volksschichten auf ihre Weise die Volkssouveränität durchsetzten: Sie bildeten nach dem Vorbild der russischen Revolution Arbeiter- und Soldatenräte mit exekutiven und kontrollierenden Vollmachten und sorgten so als *Nation von unten* dafür, daß die bisherigen Repräsentanten der Nation, die versagt hatten, zurücktreten mußten: der Kaiser (für immer) und der Reichstag (in seiner alten Zusammensetzung).

3. Die *Durchsetzung der parlamentarischen Republik.* Das nationale Verfassungsmodell einer parlamentarischen Monarchie war damit nach einem Monat bereits obsolet geworden; die turbulente Situation des Kriegsendes verhinderte seine Konsolidierung, wenn sie denn überhaupt in Deutschland eine Chance gehabt hätte: Allzusehr hatte sich die preußische Monarchie stets als eine antidemokratische Institution verstanden, sich mit dem Militärkomplex identifiziert und diesen als eine antidemokratische Bastion ausgebaut. Die Republik indes war in Deutschland von jeher die favorisierte Staatsform der nationaldemokratischen Bewegung (vgl. S. 120). Angesichts der konkurrierenden Fürsten erschien sie als der einfachste Weg zur Verwirklichung eines Nationalstaats. Es hatte sich jedoch 1870 eine vom Liberalismus favorisierte und von Bismarck realisierte monarchische Lösung durchgesetzt. Sie war nun endgültig gescheitert. Die Novemberrevolution hat das verwirklicht, was der Revolution von 1848/49 nicht gelungen war: die Ablösung der Fürstenherrschaft durch einen Nationalstaat, in dem die Staatsbürgernation der Souverän ist.

Diese Revolution der Arbeiterschichten war nicht nur erfolgreich, sondern auch innovativ. Sie bildete eine neue, der revolutionären Situation angemessene Institution der politischen Kontrolle, den Arbeiter- und Soldatenrat. Er wurde auch auf nationaler Ebene installiert, als ‚Rat der Volksbeauftragten'. Diesem gehörten nur Politiker der beiden sozialdemokratischen Parteien an. Zum ersten und einzigen Mal in der deutschen Geschichte standen allein linke Politiker an der Spitze des Nationalstaats. Sie bezeichneten in ihren ersten Proklamationen das Deutsche Reich als eine ‚sozialistische Republik' und leiteten einschneidende Reformen der politischen Demokratisierung und der sozialen Reform ein: das Wahlrecht für die Frauen, die Wiederherstellung und Erweiterung der Grundrechte, die Abschaffung der Gesindeordnung, die Einführung des Acht-Stunden-Tages, eine allgemeine Krankenversicherung, die soziale Unterstützung der Erwerbslosen, so unter anderem in dem ‚Aufruf an das deutsche Volk' vom 12. November.

In dem gleichen Aufruf wurden Wahlen für eine konstituierende *Nationalversammlung* angekündigt. Der im Dezember in Berlin tagende Reichskongreß der Arbeiter- und Soldatenräte bekräftigte diese Entscheidung für eine parlamentarische Demokratie und verwarf mit großer Mehrheit die leninistische Alternative einer ‚Diktatur des Proletariats'. Damit bestätigten die Vertreter der revolutionären Volksbewegung die Traditionen und Institutionen der politisch-demokratischen Kultur, die sich seit Beginn des 19. Jahrhunderts in Deutschland entwickelt hatten. In der Wahl zur Nationalversammlung (19. Januar 1919) bestätigte die Mehrheit der Bevölkerung wiederum die von der Arbeiterrevolution durchgesetzte Demokratie. Damit beruhte der neue Nationalstaat auf einem Votum, das von einer Koalition der Parteien der Arbeiter und des reformorientierten Bürgertums getragen war. In der sodann bis zum Juli zügig ausgearbeiteten Reichsverfassung wurde dieser neue nationale Verfassungskonsens festgeschrieben.

Die am 11. August 1919 in Weimar durch den sozialdemokratischen Reichspräsidenten in Kraft gesetzte *Reichsverfassung* präsentiert eine fundamental neue Stufe der nationalen Verfassungsentwicklung. Durch sie erst wurde der moderne Nationalstaat verwirklicht, der als Ergebnis der Revolution von 1848 in der Reichsverfassung von 1849 konzipiert worden war. Über die damals noch eingebauten Kompromisse mit den Fürsten hinausgehend, hieß es nun im Artikel 1: „Das Deutsche Reich ist eine Republik. Die Staatsgewalt geht vom Volke aus." Damit war das politische Grundprinzip der modernen Nation, die Volkssouveränität, erstmals in einer deutschen Verfassung festgeschrieben. Mit dem Artikel 17 wurde sichergestellt, daß dieses ‚freistaatliche‘ Prinzip der Volkssouveränität auch in den deutschen Ländern galt und auf allen Ebenen realisiert werden sollte durch die Wahl von Volksvertretungen, die die politischen Organe zu kontrollieren hatten. Das über ein Jahrhundert während konkurrierende Nebeneinander von zwei ‚Nationen‘ in Deutschland, der vormodernen Reichsfürstennation und der modernen Staatsbürgernation, war nun endgültig zugunsten der letzteren entschieden.

Die zum politischen Souverän gewordene Staatsbürgernation stand auf einer neuen sozialen Grundlage. Für alle politischen Wahlen innerhalb des Reiches waren Männer und Frauen gleichermaßen wahlberechtigt, keine mündige Bevölkerungsgruppe war ausgeschlossen oder benachteiligt. Das parlamentarische Regierungssystem war auf allen politischen Ebenen zur Regel geworden; die Regierungen wurden aus den Parlamenten heraus gebildet und waren diesen gegenüber verantwortlich. Das plebiszitäre Element war stark entwickelt; die Staatsbürgernation wählte nicht nur alle vier Jahre den Reichstag, sie wählte auch den Reichspräsidenten und hatte die Möglichkeit zu Volksentscheiden. Sie war als politischer Souverän demnach häufiger in Aktion als der heutige. Die starke Position des Reichspräsidenten stand dem Prinzip der Volkssouveränität nicht entgegen; der vom Volke gewählte Präsident verkörperte ein wichtiges personales Element im politischen Leben der Republik (‚Ersatzkaiser‘); seine exekutiven Kompetenzen waren auf Ausnahmesituationen beschränkt und konnten vom Parlament kontrolliert werden.

Die Republik von Weimar war in ihrer politischen Verfassung in der Tat ein neuer Nationalstaat. Eine Kontinuität zu dem vorausgehenden Kaiserreich bestand vor allem in der föderalen

Struktur. Doch es gab immer wieder Bemühungen – z. B. von Hugo Preuß, dem ersten Innenminister der Republik und ‚Vater' der Weimarer Reichsverfassung –, dem erneuerten Reich die Form eines nationalen Einheitsstaates zu geben, z. B. durch die Rückstufung der Kompetenzen der Länderkammer (Reichsrat), durch die mit dem Namen Erzbergers verbundene Finanzreform, durch den Vorschlag einer Länderneugliederung über eine Aufteilung des überdimensionierten Preußen. Wenn davon auch manches nicht gelang, Berlin wurde als republikanische Hauptstadt erst zu der nationalen Metropole Deutschlands, in der die schöpferischen Energien dieses geistig so lebendigen Nationalstaates zusammenliefen.

Im geschichtlichen Rückblick erscheint die politische Leistung dieses nationalen Verfassungswandels noch größer, wenn die Zeitumstände in Betracht gezogen werden, unter denen er zu vollziehen war. Sie standen ganz im Zeichen des verlorenen Krieges, mit dessen Folgen die Nationalversammlung noch während ihrer Verfassungsdebatten durch den *Friedensvertrag von Versailles* konfrontiert wurde. Er beinhaltete im wesentlichen: 1. territoriale Abtretungen von etwa 13 % des bisherigen Staatsgebietes: an Frankreich (Elsaß-Lothringen), Belgien (Eupen-Malmedy), Dänemark (Nordschleswig), Polen (große Teile der preußischen Provinzen Westpreußen, Posen und Oberschlesien) und die Tschechoslowakei (Hultschiner Ländchen), den Verlust aller Kolonien und die Internationalisierung des Saarlands, Danzigs und des Memelgebietes; 2. Errichtung von militärischen Besatzungszonen im linksrheinischen und einer entmilitarisierten Zone im rechtsrheinischen Reichsgebiet; 3. einschneidende militärische Abrüstungsauflagen und Verbot der allgemeinen Wehrpflicht; 4. Reparationszahlungen, deren Höhe (schließlich 132 Mrd. Mark!) und Einlösung das zentrale, belastende Thema der deutschen Politik werden sollten.

Diese Friedensbedingungen, die einen wirklichen Frieden weder beabsichtigten noch erreichen konnten, überstiegen nicht nur in Deutschland alle Befürchtungen; sie waren auch unter den Siegermächten vielfach umstritten. Sie beinhalteten jedoch keine ‚Versklavung‘ des deutschen Volkes, wie viele Zeitgenossen behaupteten. Statt dessen spricht man heute sogar von einem ‚Wunder des Machterhalts‘ (Andreas Hillgruber); denn der Versailler Vertrag bedeutete für das Deutsche Reich zwar eine empfindliche Zurückstufung, aber nicht dessen dauerhafte Ausschaltung als europäische Großmacht. Für eine künftige Rolle Deutschlands in Europa bestand jetzt sogar eine wesentlich günstigere Ausgangsposition: im Osten waren mit dem Zerfall Österreich-Ungarns und des zaristischen Rußland zwei konkurrierende Großmächte entfallen, und durch die territorialen Abtretungen wurde das Deutsche Reich von den nationalpolitischen Problemgebieten mit fremdnationalen Bevölkerungsgruppen befreit, die es bisher belasteten. Nimmt man hinzu die Entlastung von der Hypothek der Kolonien, dann zeigt sich in der Tat, daß sich für Deutschland durch die Auflagen des Versailler Vertrages die Möglichkeit eröffnete, jenseits von Imperialismus, Nationalismus und Militarismus eine neue politische Rolle in Europa zu spielen.

Die Zeit dafür war noch lange nicht gekommen. Auch das Verhalten der europäischen Nachbarstaaten stand dem entgegen. Der *Nationalismus*, der bereits den Weltkrieg geprägt hatte, blieb weiterhin ein Signum der Epoche. Nicht so sehr die territorialen und materiellen Auflagen, vor allem die Belastung mit der Alleinschuld an diesem Krieg (Art. 231) und das Verlangen nach Auslieferung der politischen und militärischen Führung als ‚Kriegsverbrecher‘ (Art. 228) wurden als eine nationale Demütigung empfunden, und die diskriminierende Behandlung der deutschen Delegation in Versailles unterstrich diese Tendenz. Dem Völkerbund, der als eine Institution der internationalen Verständigung und Konfliktlösung konzipiert war, durfte das Deutsche Reich zunächst nicht beitreten; zweimal durfte es nicht an den Olympischen Spielen teilnehmen. Die Deutschen in Österreich, die sich am 19. März 1919 endgültig für einen Beitritt zum Deutschen Reich entschieden hatten, wurden gezwungen, auf diesen Schritt nationaler Selbstbestimmung zu verzichten, und Deutschland mußte einen diesen Schritt ermöglichenden Artikel aus seiner Verfassung streichen.

Der neue Nationalstaat befand sich schon im Spätsommer 1919 in einer kritischen Situation. In einem beispiellosen verfassungspolitischen Erneuerungsprozeß war das Kaiserreich in eine parlamentarische Republik umgestaltet worden. Den neuen nationalen Entwicklungschancen standen jedoch erhebliche Belastungen durch den verlorenen Krieg gegenüber, nicht zuletzt eine diskriminierende internationale Isolierung durch die Siegermächte. Es war im Sommer 1919 noch eine offene Frage, wie die Nation darauf reagieren würde.

8.3 Die republikanische Nation

Am 19. Januar 1919, bei der ersten nationalen Parlamentswahl seit 1912, gaben 76% der Wähler (bei einer Wahlbeteiligung von 83%) den Parteien ihre Stimme, die seit 1916 auf eine nationaldemokratische Reform des Reiches hingearbeitet hatten. Auch in den deutschen Ländern, in denen zwischen Dezember 1918 und März 1919 konstituierende Landesversammlungen gewählt wurden, setzten sich die demokratisch orientierten Parteien als Sieger durch (in Sachsen und einigen kleineren Staaten Mittel- und Norddeutschlands gab es sogar eine linke Mehrheit). Damit war der neue Nationalstaat, der aus der Verfassungsreform des Oktober und der Volksrevolution des November 1918 hervorgegangen war, von einer überraschend großen Mehrheit der Bevölkerung bestätigt worden. Die drei Mehrheitsparteien der *Nationalversammlung* (SPD, DDP, Zentrum) wählten am 11. Februar 1919 den Sozialdemokraten Friedrich Ebert, die tragende Persönlichkeit des Übergangs vom Kaiserreich zur Republik, zum ersten Reichspräsidenten; sie bildeten zwei Tage später die erste parlamentarische Regierung der Republik und verabschiedeten am 31. Juli eine neue Reichsverfassung. Damit hatte sich das deutsche Volk über seine Nationalversammlung in der seit 1789 üblichen Form eine politische Verfassung gegeben, eine verantwortliche Regierung gebildet und sich als eine souveräne Nation konstituiert.

Diese von ihrer Verfassung her so moderne Nation, die trotz der Verkleinerung des Reichsgebietes insgesamt fast 37 Millionen Wähler umfaßte, befand sich jedoch in einer schwierigen Situation. Die von ihr gewählte Nationalversammlung konnte sich nicht in der Hauptstadt konstituieren, sondern mußte nach Weimar ausweichen, weil Berlin von revolutionären Unruhen erschüttert wurde. Der Krieg hatte eine *gespaltene Nation* hinterlassen. Die tragenden Schichten des Kaiserreichs, seit 1914 auf einen deutschen Siegfrieden eingestellt, waren durch den Kriegsausgang tief verunsichert. Obwohl politisch weitgehend entmachtet, behielten sie als Beamte, Offiziere, Richter, Pastoren, Professoren und Unternehmer ihre gesellschaftlichen Machtpositionen und warteten auf neue Aktionschancen. Das galt in besonderem Maße von den Führungskadern der kaiserlichen Armee, die angesichts einer ungewissen beruflichen Zukunft nach neuen Aufgaben suchten. Die Arbeiterschichten dagegen hatten sich im November 1918 erfolgreich durchsetzen können und beherrschten seitdem das Feld der politischen Aktion. Sie waren die eigentlichen Träger der republikanischen Nation, hoch politisiert und von einem neuen sozialen Selbstbewußtsein getragen. Sie standen mehrheitlich zur SPD als ihrer Interessenspartei und erwarteten von ihr die politische Führung im republikanischen Volksstaat. Zwischen diesen beiden Lagern gab es ein breites Feld von Schichten des mittleren und kleineren Bürgertums, der jüngeren Intelligenz, der nicht links orientierten Arbeiter, die nach dem Kriegserlebnis mehr oder wenig reformwillig eingestellt waren, den Parteien der Weimarer Koalition im Januar ihre Stimme gegeben hatten, aber in ihrer endgültigen politischen Orientierung nicht festgelegt waren.

Die *Stellung zur Revolution* war für die Frontbildung innerhalb dieser Nation entscheidend. Die Volksrevolution des November 1918 hatte die republikanische Basis des neuen Nationalstaats geschaffen. Doch von den Parteien der Weimarer Koalition bekannten sich nur die Sozialdemokraten zu diesem Datum. Der Antrag der beiden sozialdemokratischen Parteien, den neuen Nationalstaat nicht mehr ‚Deutsches Reich‘, sondern ‚Deutsche Republik‘ zu nennen, stieß auf die Ablehnung aller bürgerlichen Parteien! Der Sozialdemokrat Paul Löbe sprach von einem ‚Block der bürgerlichen Parteien' – in der Tat: der nicht überwundene Klassengegensatz gefährdete immer wieder die Einheit dieser Nation.

Aber auch zwischen den sozialdemokratischen Parteien bestand hinsichtlich der Stellung zur Revolution ein tiefgreifender Dissens. Die SPD war mit ihren bürgerlichen Koalitionspartnern entschieden der Meinung, daß die Revolution mit dem November als beendet zu gelten habe. Unter denen jedoch, die diese Revolution gemacht hatten, setzte sich schon bald die Überzeugung durch, daß die Revolution ihr Ziel noch nicht erreicht habe, daß sie weitergehen müsse. Bis zum Jahre 1923 wurde die Republik immer wieder von revolutionären Aufständen beunruhigt.

Eine bleibende Belastung, die sich aus dem Weltkrieg ergab, war die *wirtschaftliche Situation*. Nach den Entbehrungen des Krieges blieben die exorbitanten Kriegsschulden von 154 Milliarden Goldmark, ohne die Reparationsforderungen der Siegermächte. Sie wurden in der großen Inflation des Jahres 1923 durch die Entwertung aller Spar- und Anlagevermögen auf die Schichten abgewälzt, die aus Staatsloyalität und Patriotismus Kriegsanleihen gezeichnet hatten. Gustav Stresemann sah wohl zurecht darin „den schwersten Verlust, den Deutschland erlitten hat, daß jene geistige und gewerbliche Mittelschicht, die traditionsgemäß Trägerin des Staatsgedankens war, ihre völlige Hingabe an den Staat im Kriege mit der völligen Aufgabe ihres Vermögens bezahlte und proletarisiert wurde". Konnten diese Schichten – vor allem deren jüngere Generation – dem republikanischen Nationalstaat, der sie so depossedierte, die Treue halten? Auch die bäuerlichen Schichten, die von einer sich verstärkenden Krise der Landwirtschaft betroffen waren, konnten kaum zu Anhängern dieses Staates werden.

Die Industrie hatte demgegenüber eine wesentlich günstigere Ausgangslage. Nach der 1924 durch den Dawesplan ermöglichten Konsolidierung gingen die Unternehmen zu einer verstärkten Kartellbildung und zu Modernisierungen über und eroberten sich durch ihre Innovationskraft neue internationale

Marktchancen. Für die Arbeiter hatte mit der Einführung der Tarifpartnerschaft und dem legislatorischen Ausbau des Sozialstaats eine Epoche materieller und rechtlicher Verbesserungen begonnen. Sie war jedoch nicht von Dauer. Provoziert durch die Ruhrindustriellen, aber auch durch den wachsenden Einfluß kommunistischer Propaganda, brachen die Klassenfronten mit dem Ruhreisenstreit des Herbst 1928 wieder voll auf und vergifteten das nationale Klima.

Die deutsche Nation war zudem in den 1920er Jahren – das darf bei ihrer Gesamteinschätzung nicht übersehen werden – in ihrer *Lebenskultur* mit umwälzenden neuen Erfahrungen konfrontiert: technische Innovationen von großer gesellschaftlicher Wirkung (eine durchgreifende Elektrifizierung, der Rundfunk, das Telephon, das Auto) und neue Medien der Massenkommunikation (das Kino, Illustrierte Zeitungen, das Radio). Sie ermöglichten neue Formen der Massenbeeinflussung und leiteten eine neue Etappe in der Modernisierung der Lebenskultur ein, zunächst vor allem in den Städten. Diese Entwicklung verlief jedoch in ihren Stilformen und ihrer sozialen Verbreitung durchaus nicht einheitlich. In den bürgerlichen Schichten brachen Fronten zwischen verschiedenen Kulturen auf: den traditionellen Kulturformen einerseits und einer Avantgardekultur andererseits, in der die großen Neuerungen des Jahrhundertbeginns ihre Fortsetzung fanden. Daneben entwickelte sich eine eigene Jugendkultur, und nicht zu übersehen bleibt die Arbeiterkultur, die ihre Traditionen weiterentwickelte. Die deutsche Nation war auch in ihren Kulturformen eine gespaltene Gesellschaft, doch die Grenzen verliefen nicht mehr entlang der Klassenlinie. Die kulturelle Avantgarde war stark von dem Aufbruchsimpuls der jungen Republik und ihren Spannungen geprägt und tendierte politisch nach links.

In ihrer parteipolitischen Struktur zeigte die deutsche Nation eine erstaunliche Kontinuität der großen sozialpolitischen Milieus (R. M. Lepsius) über den politischen Verfassungswandel hinweg (vgl. zum Folgenden die Wahlresultate im Anhang, S. 332).

Die *Sozialdemokratie* stand im November 1918, gedrängt sowohl von den ratlosen politischen Eliten wie von der revolutionären Protestbewegung, im Zentrum der nationalen Entscheidungen. Ausgerüstet mit einem erheblichen Vertrauenspotential in der Bevölkerung (Wahlen zu den Räten und zur Nationalversammlung), erhielt sie die einmalige Chance zu einer nationalen Führungsrolle. Ihre leitenden Funktionäre empfanden die nationale Verantwortung, die ihnen unverhofft zugefallen war und die sie gewissenhaft wahrnahmen, jedoch mehr als eine Bürde und Last. Ihnen fehlte die Strategie und der Mut zur Gestaltung der neuen Verhältnisse, zur Zurückdrängung der alten Kräfte. Irritiert durch den Leninismus und überrascht von der Novemberrevolution, versäumte die SPD eine Versöhnung mit dem rechten Flügel der USPD und betrieb eine im Ansatz verfehlte, kontraproduktive Militärpolitik. Gefangen noch immer in ihrem Kriegspatriotismus, verstand sie das Kriegsende eher als eine nationale Schmach denn als Niederlage ihrer innenpolitischen Gegner und eine Chance zu eigenem Handeln (vgl. die Kriegsschulddebatte auf dem Parteitag 1919 in Weimar!).

So verpaßte die SPD im Jahre 1919 eine historische Chance, aktive nationsbildende Brücke zu sein zwischen den Arbeitern und dem reformbereiten Bürgertum. Schon bei den Schlußabstimmungen über die Reichsverfassung begannen viele ihrer Abgeordneten zu resignieren. Durch die Reichstagswahl von 1920 wurde der Partei die Regierungsbasis entzogen. Sie blieb jedoch die Partei, die den nationaldemokratischen Grundkonsens der Republikgründung am klarsten festhielt. In der Außenpolitik trat sie als einzige Partei konsequent für eine europäische Verständigung ein, speziell für eine Aussöhnung zwischen Deutschland und Frankreich, eindrücklich immer wieder vertreten durch Rudolf Breitscheid („Es scheint", erklärt er 1928 im Reichstag nach rechts, „daß Sie es als eine Art Verdienst betrachten, Deutsche zu sein. Nein, deutsch zu sein ist kein Verdienst... Wir denken daran, daß wir als Deutsche die Verpflichtung haben, mit für die Menschheit zu arbeiten. Wir denken daran, daß es in der Tat etwas Höheres gibt als die einzelne

Nation, und das ist die Gesamtheit der Menschen.").Ungebrochen blieb bis zuletzt auch die innenpolitische Entschlossenheit, am demokratischen Grundkonzept der Nation festzuhalten und es gegen den Nationalismus von rechts zu verteidigen, so vor allem mit dem 1924 gegründeten ‚Reichsbanner Schwarz-Rot-Gold‘, das schließlich 3,5 Millionen Mitglieder zählte; nicht zu vergessen auch die Haltung von jüngeren, kämpferischen Sozialisten wie Julius Leber, Theodor Haubach, Kurt Schumacher. Der Kölner Abgeordnete Wilhelm Sollmann sagte 1925 im Reichstag: „Wir sehen in der Nation das noch lange nicht erreichte Ziel eines politisch und sozial freien Volkes." Damit formulierte er den in die Zukunft gewandten Patriotismus, von dem die SPD getragen war.

Die *Unabhängige Sozialdemokratie* (USPD) war in nationaler Hinsicht das wachsame Korrektiv der SPD, bereits im Weltkrieg gegenüber einem falsch verstandenen Kriegspatriotismus, nach der Revolution sodann im Drängen auf ein entschiedenes Vorgehen gegen die nationalistischen Gegner. Es gelang dieser Partei jedoch nicht, sich auf ein überzeugendes verfassungspolitisches Alternativmodell zu verständigen; sie zerbrach über der Entscheidung für oder gegen den leninistischen Internationalismus. Davon profitierte die *Kommunistische Partei Deutschlands* (KPD), die sich mit der Entscheidung für die Dritte Internationale unter das Diktat der KPdSU begab und dazu beitrug, daß ihre Anhänger den Staat Lenins und Stalins als ‚Vaterland aller Werktätigen‘ betrachteten und in Deutschland der Nationalsozialismus zum Sieg gelangen konnte.

Unter den bürgerlichen Parteien, die grundsätzlich bereit waren, den verfassungspolitischen Grundkonsens der Republik mitzutragen, ist an erster Stelle die *Deutsche Demokratische Partei* (DDP) zu nennen, die ‚Partei des neuen demokratischen Nationalstaats schlechthin‘. So bezeichnete sie Hugo Preuß, der mit seiner Tätigkeit als Innenminister den ‚Verfassungspatriotismus‘ seiner Partei am deutlichsten unter Beweis stellte. Dieser war bis 1930 ungebrochen und kompromißlos, doch stets begleitet von einem grundsätzlich positiven Verhalten zu den national-imperialistischen Traditionen des Kaiserreiches.

Im positiven Begriffsgebrauch jener Zeit bekannte man sich zu einem ‚demokratischen Nationalismus‘ (Gertrud Bäumer). Diese Position implizierte einen strikten Revisionismus in der Außenpolitik, wenngleich nicht mit militärischen Mitteln, und ermöglichte im Jahre 1930 die Vereinigung mit dem ‚Jungdeutschen Orden‘ (seit 1929 ‚Volksnationale Reichsvereinigung‘) zu einer neuen Partei, die sich den Namen ‚Deutsche Staatspartei‘ gab, aber angesichts ihrer minimalen Wählerresonanz diesen Staat damit eher bloßstellte.

Die *Zentrumspartei* gehörte schon zu den Parteien, deren nationaldemokratische Haltung nicht eindeutig war. Sie verlor einen antirepublikanischen Flügel um Martin Spahn, der an einer ständestaatlichen Reichsidee festhielt und vehement großdeutsch orientiert war (Zeitschrift ‚Das Großdeutsche Reich‘). Großdeutsch orientiert blieb die gesamte Partei, die unter Erzberger den nationalen Verfassungskompromiß von Weimar mittrug und als bleibender Koalitionspartner der SPD in Preußen und Baden zur Stütze des neuen Nationalstaats wurde. Weniger eindeutig war das Bekenntnis zur Republik, so daß die Partei nach einer konservativen Wende im Jahre 1928 unter Prälat Kaas zum Träger des antiparlamentarischen Kurses von Reichskanzler Brüning und zur Stütze seines gouvernementalen Nationalismus werden konnte, schließlich im Jahre 1932 sogar Koalitionsverhandlungen mit Hitler ins Auge faßte.

In der *Deutschen Volkspartei* (DVP) fand sich der rechte, wirtschaftsorientierte Flügel der Nationalliberalen zusammen, der auf seinen annexionistischen Kriegsnationalismus nicht verzichten wollte und die Weimarer Verfassung ebenso ablehnte wie den Vertrag von Versailles. Unter der Führung von Gustav Stresemann fand die Partei sich jedoch schon 1920 zu einer Regierungsbeteiligung bereit. Sie trug dessen auf internationale Kooperation ausgerichtete Außenpolitik, die jedoch nicht mit einer Bereitschaft zum Kompromiß in der Innen- und Sozialpolitik verbunden war, so daß die Partei im Jahre 1929 aktiv zum Ende der letzten parlamentarischen Regierung beitrug und dann in der Bedeutungslosigkeit verschwand, weil sie von rechts von einem wirkungsvolleren Nationalismus verdrängt wurde.

Ihn vertrat zunächst die *Deutschnationale Volkspartei* (DNVP), in der sich seit 1919 die konservativen Gegner des demokratischen Nationalstaates aus vielen Richtungen zusammenfanden. Neben dem Monarchismus war ein spätimperialistischer Nationalismus die Basis der Partei. In ihr fand der Kriegsnationalismus der Vaterlandspartei (vgl. S. 223) seine unmittelbare Fortsetzung, und nach der Ratifizierung des Versailler Vertrages gelang es ihr, sich zum Sprachrohr des bedingungslosen Protestes gegen ihn zu machen und die nationalistische Parole für sich zu besetzen. Zugleich wendete sie mit Hilfe der Dolchstoßlegende ihren Kriegsnationalismus nach innen und erklärte die Sozialdemokratie als die führende Partei der Novemberrevolution zum ‚Verräter‘ der Nation. Mit solchen Parolen waren 1924 bereits mehr als ein Viertel der Wählerstimmen zu gewinnen. Nach einer Phase der Verunsicherung, die sogar zu einer Regierungsbeteiligung führte, ging die Partei unter der Führung von Alfred Hugenberg seit 1928 wieder zu einer radikalen Opposition gegen den Nationalstaat über und betrieb eine direkte Zusammenarbeit mit der NSDAP (Volksbegehren gegen den Youngplan 1929, Harzburger Front 1931), ohne die Hitler den Weg zur Macht wohl nicht geschafft hätte.

Die *Nationalsozialistische Deutsche Arbeiterpartei* (NSDAP) war zunächst nur eine von vielen rechtsradikalen Parteien, die nach dem Ende des Krieges die sozial und politisch Verunsicherten aus den Mittelschichten sammelten, die sich an keine alten Loyalitäten gebunden fühlten. Schon 1923 war sie unter Hitlers Führung der Mittelpunkt einer ‚Arbeitsgemeinschaft der vaterländischen Kampfverbände‘ in München, zählte etwa 55 000 Mitglieder und erhielt auch nach dem im November des gleichen Jahres gescheiterten ‚Marsch auf Berlin‘ bei den Wahlen im Mai 1924 noch fast 2 Millionen Stimmen (zur Durchsetzung der Partei in den Jahren 1928/29 vgl. unten S. 280ff.).

Ohne daß an dieser Stelle noch auf die großen gesellschaftlichen Organisationen, die neben den Parteien das nationalpolitische Verhalten der deutschen Bevölkerung prägten, näher eingegangen werden kann, zeigt das Spektrum der Parteien bereits eine paradoxe Situation: Obwohl der moderne Nationalstaat in

Deutschland endlich verwirklicht und die Nation allein Souverän ihres Staates war, konnte ein Verfassungskonsens nicht gefunden werden. Die Orientierung der Parteien zeigt eine gespaltene Gesellschaft, eine paralysierte Nation. Unter den Trägern und Gegnern des Reiches hatten sich die Frontstellungen vertauscht. Die tragenden Kräfte des Kaiserreiches standen nun in der Opposition, die damals Opponierenden waren nun die Stützen der Republik. Die Regierungsbildung zeigt die bemerkenswerte Tendenz zu einer Integration der bürgerlichen Parteien in den Nationalstaat. Völlig neu jedoch war die Existenz einer wachsenden Totalopposition, die auf die Zerstörung dieses Staates programmiert war. Sie wurde repräsentiert von den beiden destruktiven Bewegungen des 20. Jahrhunderts, Faschismus und Kommunismus.

Wie entwickelte sich die Gesellschaft der Weimarer Republik in ihrem nationalpolitischen Verhalten? Wir verfolgen diese Frage entlang von nationalen Wahlen, die hier relevant gewesen sind. Die Wahl zur Nationalversammlung, am 19. Januar 1919 (vgl. S. 248) war der ebenso hoffnungsvolle wie zu falschen Folgerungen verleitende Start des neuen Nationalstaats. Der Vertrauensvorschuß, den die Parteien der Weimarer Koalition erhielten, wurde von diesen nicht eingelöst. Die Quittung erhielten sie in der Reichstagswahl vom Juni 1920: SPD und DDP, die einzigen voll hinter der Verfassung stehenden Parteien, verloren die Hälfte ihrer Mandate. Vorangegangen waren gravierende Ereignisse: Die Unterschrift unter den Vertrag von Versailles, die rückblickend betrachtet wahrscheinlich ein nationalpolitischer Fehler war, löste den ersten vorzeitigen Rücktritt einer Reichsregierung aus sowie den Beginn der Anti-Versailles-Agitation von rechts, die in allen Bevölkerungsschichten offene Ohren fand. Daraufhin folgte im Herbst 1919 die entscheidende *Welle von rechts*: das Wiedererstehen des agitatorischen Nationalismus, sanktioniert durch die Verkündung der *Dolchstoßlegende* durch Generalfeldmarschall von Hindenburg vor dem parlamentarischen Untersuchungsausschuß am 18. November 1919. Sodann die Abwendung der politisierten Arbeiterschichten vom sozialdemokratisch geführten Nationalstaat nach den sozialrevolutionären Auseinandersetzungen im Jahre 1919/20, mit der Abwehr des Kapp-Putsches als Höhepunkt. Das Ergebnis der Reichstagswahl 1920 hatte für das weitere Schicksal des Nationalstaats zwei wichtige Folgen: die SPD zog sich von der Regierungsverantwortung zurück; sie blieb jedoch in Preußen und einigen anderen Ländern, etwa drei Viertel des Reichsgebietes, an einer ‚Weimarer‘ Koalition beteiligt. Die Reichsregierung mußte nun vollständig von bürgerlichen Parteien getragen werden; die DVP und begrenzt sogar die DNVP waren dazu bereit. Es bestanden Chancen einer Konsolidierung des Nationalstaats.

Die Reichspräsidentenwahl von 1925 jedoch zeigte deren Gefährdung. Den Kräften des Nationalismus gelang die Durchsetzung der *Kandidatur Hindenburgs*. Den Anhängern des Weimarer Nationalstaates (‚Volksblock‘) stand ein für den General des Kaisers votierender ‚Reichsblock‘ gegenüber, der fast die Hälfte aller Stimmen auf sich vereinigen, letztlich jedoch nur aufgrund des Verhaltens der KPD (Kandidatur Thälmanns) siegen konnte. Das war für die antidemokratisch und nationalistisch eingestellten Führungsgruppen eine Ermutigung, die *strukturelle Umwandlung des Nationalstaates* ins Auge zu fassen. Beunruhigt durch den Ausgang der Reichstagswahl von 1928, der in breiten Volksschichten den Wunsch nach einer nationalen Konsolidierung erkennen ließ, verstärkten sie ihre Fundamentalopposition gegen die Weimarer Republik durch eine Radikalisierung der nationalistischen Agitation unter Einbeziehung der NSDAP (Volksbegehren gegen den Youngplan 1929) sowie eine Obstruktion der Sozialverfassung (Ruhreisenstreit 1928) und eine Aushöhlung der Parlamentssouveränität (Übergang zu Präsidialkabinetten 1930).

In den nationalen Wahlen von 1930 bis 1932 stand nur noch die SPD rückhaltlos zum Nationalstaat von Weimar. Verunsichert durch die internationale Wirtschaftskrise und beeindruckt von der nationalistischen und kommunistischen Agitation gab man der *Totalopposition* gegen den republikanischen Nationalstaat schon im September 1930 etwa 40% der Stimmen!

Im Juli 1932 waren es fast 60%, und bei der Präsidentenwahl dieses Jahres hatte überhaupt kein Anhänger des Weimarer Nationalstaates mehr zur Wahl gestanden.

Dieser Nationalstaat und die ihn Regierenden haben nach 1919 nie wieder eine mehrheitliche Zustimmung durch die deutsche Bevölkerung erhalten. Bei den nationalen Wahlen erhielten die Parteien der Opposition stets die Mehrheit. Nicht nur die Parteien also, auch die Nation selbst, die 1918 endlich Souverän ihres Staates geworden war, fand mehrheitlich und demokratisch zu keinem politischen Grundkonsens, der diesen Staat tragen konnte.

Ein Blick auf die politischen Gedenktage und das Flaggenproblem verdeutlicht diese Aussage; denn in ihren *politischen Symbolen* spiegelt sich eine Nation, stellt sie sich dar.

Die Gesellschaft dieses Nationalstaates hat sich nicht zu der Feier eines gemeinsamen politischen Gedenktages zusammenfinden können. In den ersten Jahren der Republik gab es Gedenkfeiern der Revolution am *9. November*. Sie wurden jedoch nur von der USPD voll unterstützt. Alle bürgerlichen Parteien distanzierten sich vehement davon, und die SPD blieb reserviert. – Seit 1921 proklamierten die Weimarer Koalitionsparteien den *Verfassungstag am 11. August* zum nationalen Feiertag, verfügten aber bereits nicht mehr über die parlamentarische Mehrheit, um ihn gesetzlich zu verankern. Um so mehr wurde er zum Bekenntnistag der Sozialdemokratie und der Demokraten zu ihrem Staat, als Volksfest gestaltet und seit 1925 geprägt von den Aufmärschen des Reichsbanner Schwarz-Rot-Gold. Die bürgerlichen Parteien einschließlich der Zentrumspartei und das gesamte konservative Lager begingen daneben und sehr viel emphatischer den *Reichsgründungstag am 18. Januar*. Hier versammelten sich die ‚Bismarckdeutschen‘, die sich absetzten von den ‚Novemberdeutschen‘. – Besondere Akzente im Festkalender der Weimarer Republik setzte die Totalopposition: die KPD feierte mit steigender Anteilnahme am *7. November* den ‚Roten Oktober‘, den Jahrestag der russischen Oktoberrevolution; sie betonte damit ihren Internationalismus, der in Wirklichkeit eine Unterordnung unter die Hegemonie der KPdSU bedeutete. Die NSDAP zelebrierte den Mythos ihrer ‚Märtyrer' des *9. November 1923* und wollte damit auf ihre Weise die Erinnerung an die Novemberrevolution verdrängen helfen.

In der Flaggenfrage war es für die Sozialdemokratie selbstverständlich, an das *Schwarz-Rot-Gold* der nationaldemokratischen Bewegung des 19. Jahrhunderts anzuknüpfen und durch einen Farbenwechsel den demokratischen Neuanfang von 1919 sichtbar zu machen. Doch bei den parlamentarischen Verhandlungen zeigte sich, daß nur die Mehrheit der Zentrumspartei und einige DDP-Abgeordnete in dieser Richtung mitzogen. Die USPD wünschte die *Rote Fahne* der Arbeiterrevolution, die überwiegende Mehrheit der Bürgerlichen wollte am *Schwarz-Weiß-Rot* des Kaiserreiches festhalten. Schwarz-Rot-Gold war also nur über einen Kompromiß durchzusetzen: in der Handelsflagge blieb Schwarz-Weiß-Rot erhalten und wurde später auch für die Reichskriegsflagge übernommen. Das bedeutete: Der neue Nationalstaat hatte hinsichtlich seiner Flagge keine eindeutige Identität. Die Kritiker dieses Staates fühlten sich legitimiert, die kaiserliche Flagge zu hissen und taten dies seit der Wahl Hindenburgs in zunehmendem Maße. Die Antwort von links blieb nicht aus, und so entwickelte sich in der politischen Öffentlichkeit ein *Flaggenstreit*, der im Jahre 1926 sogar zum Rücktritt einer Regierung führte. Die Auseinandersetzung um die Flagge wurde zum Stellvertreterkrieg des Kampfes um den Nationalstaat. Die nationalpolitische Spaltung der deutschen Gesellschaft war nicht zu übersehen, zumal seit 1928 auch die *Hakenkreuzfahne* der NSDAP immer häufiger in Erscheinung trat.

Wie konnte es dazu kommen, daß die deutsche Nation, die sich 1918/19 eine demokratische Verfassung geschaffen hatte, seit 1930 von dieser Verfassung mehrheitlich wieder zurückzog und sich damit als moderne, souveräne Nation selbst aufgab? Dies ist bis heute die schwierigste Frage, die uns die moderne deutsche Nationsgeschichte stellt. Die Nation der Republik von Weimar war eine *gespaltene Nation*, wie schon die Gesellschaft des Kaiserreiches. Doch die Grenzlinien in ihr verliefen anders. Im Kaiserreich herrschte eine weitgehende Übereinstimmung zwischen dem Gegensatz der Klassen und den Lagern der politischen Gesellschaft. Im Weltkrieg war der Begriff der ‚Volksgemeinschaft‘ populär geworden. Er war das Symbol der weitverbreiteten Hoffnung auf eine Überwindung der Spaltung der Nation, die alle empfanden. Unter diesem Begriff wurde jedoch links und rechts Verschiedenes verstanden, und viele falsche Hoffnungen waren mit ihm verbunden (vgl. S. 213).

Auch in der Republik spielten die Klassengegensätze eine zentrale Rolle; doch sie waren vielfach überlagert, und sie prägten nicht mehr allein das politische Spektrum. Durch die Verarmung der Mittelschichten hatten sich die Verhältnisse verschoben. Sozialpolitisch beruhte der Weimarer Nationalstaat auf einer Koalition, in der die alten Klassengegensätze durch eine sozialdemokratisch-bürgerliche Koalition überbrückt waren. Die damit politisch vollzogene neue Nationsbildung im Zeichen der Demokratie war jedoch an der Basis, im Verhalten der Gesellschaft, noch nicht fest verankert. Das führte im politischen Leben zu neuen Gegensätzen: auf der Linken zwischen SPD und USPD bzw. KPD, im bürgerlichen Lager zwischen demokratischen und antidemokratischen Parteien.

Kennzeichnend für die Gesellschaft von Weimar war damit eine neue Spaltung, die sich aus dem *Kampf um den Nationalstaat* ergab: der Gegensatz zwischen den Anhängern und den Gegnern des demokratisch-republikanischen Nationalstaates. Diese Spaltung war deshalb so gravierend, weil unter den Gegnern der Republik sich schon bald eine Totalopposition durchsetzte.

Das für die Weimarer Republik als Nationalstaat so Gefährliche war die Tatsache, daß es der Totalopposition von rechts gelang, die nationale Parole für sich zu besetzen und damit dem Staat und seinen tragenden Kräften die wichtigste Identität zu nehmen: die nationale. Zwischen den Trägern des Weimarer Nationalstaats und der Totalopposition von rechts tobte ein *Kampf um die Nation*, um den Anspruch, die Nation zu repräsentieren. Es ging dabei letztlich um zwei gegensätzliche Konzepte von der Nation, das demokratische und das des Nationalismus. Dieser Kampf um die Nation hatte nicht nur eine ideologische, sondern letztlich eine soziale Dimension: es war ein Kampf um die deutsche Gesellschaft.

Warum konnte die Totalopposition von rechts ihn für sich entscheiden? Zunächst deshalb, weil sie lernfähig und in der Lage war, neue Ressourcen zu mobilisieren. Nach den Jahren der Putschtaktik (1919–1923) stellte sie sich um auf eine Strategie der planmäßigen Organisation und der manipulativen Massenagitation (vgl. S. 280). Außerdem war es ihr gelungen, eine *Militarisierung* des politischen Lebens durch die Aufstellung von uniformierten Kampfverbänden durchzusetzen; diese konnten das politische Leben ständig zu einer Bürgerkriegssituation erhitzen und außer Kontrolle bringen. Letztlich aber war der Sieg über den Nationalstaat nur möglich, weil die Führungsgruppen der beiden einzigen seit 1930 noch zählenden bürgerlichen Parteien, Zentrum und DNVP, ihren begrenzten Konsens mit diesem Nationalstaat aufgegeben und eine andere als die modern-demokratische Nation ins Auge gefaßt hatten. Schließlich darf bei dieser Bilanzierung nicht übersehen werden, daß es neben der nationalistischen Totalopposition von rechts auch die kommunistische von links gab, die mit einem fragwürdigen Internationalismus und einer antidemokratischen Klassenkampfparole die Weimarer Nation aufsprengte und vor allem die Sozialdemokratie, die tragende Partei dieser Republik, ständig verunsicherte.

8.4 Wege zum Nationalismus

Zur Erklärung des Untergangs des ersten demokratischen Nationalstaates in Deutschland wurden von den Historikern viele Gesichtspunkte über Strukturen und Entwicklungen in der Bevölkerung, den Parteien und Institutionen zusammengetragen. Doch es bleibt ein offener Rest an Fragen, vor allem nach den Motivationen innerhalb der Gesellschaft. Um den Übergang der Wähler zum Nationalsozialismus nicht nur erklären, sondern auch verstehen zu können, ist es notwendig, gründlicher als bisher auf die nationalen Argumentationen und Verhaltensformen der damaligen Bevölkerung sowie auf das nationalistische Umfeld der NSDAP einzugehen. Das geschieht hier unter drei Stichworten – in der Annahme, daß eine so stark national denkende Gesellschaft, wie die der Weimarer Republik, auch nur von nationalen Fragestellungen her befriedigend erklärt werden kann.

Am Verfassungstag des Jahres 1922 proklamierte der sozialdemokratische Reichspräsident das Deutschlandlied Hoffmanns von Fallersleben, das zum Bekenntnislied nationalistischer Gruppen geworden war (vgl. S. 193), zur Nationalhymne der demokratischen Republik. Er sanktionierte damit, zum Erschrecken des Auslands, den *revisionistischen Grundkonsens* dieses Staates. In der ersten Strophe des Liedes kam er durch Grenzangaben, die weit über das Reichsgebiet hinausgingen („von der Maas bis an die Memel, von der Etsch bis an den Belt"), deutlich zum Ausdruck, und auch das ‚Deutschland über alles' konnte ohne weiteres nationalistisch verstanden werden. Es kam damals bald eine vierte Strophe des Liedes in Umlauf, ein Dokument der nationalen Stimmungslage jener Nachkriegszeit: „Deutschland, Deutschland über alles, und im Unglück nun erst recht!" Mit diesem Unglück war nicht die Niederlage im Krieg gemeint, sondern der Friedensvertrag von Versailles.

Dieser Vertrag wurde von allen deutschen Parteien, auch denen, die seiner Unterzeichnung schließlich zugestimmt hatten, als ein Unrecht empfunden. Die aufgrund der Niederlage notwendigen, vielfach auch berechtigten und für eine neue nationale Entwicklung sogar vorteilhaften Punkte des Vertrages (vgl. oben S. 247) wollte man nicht sehen bzw. öffentlich zugeben. Auch die Sozialdemokraten verurteilten auf ihrem Parteitag in Weimar 1919 den klarsichtigen Eduard Bernstein, als er eine Bemerkung in dieser Richtung machte. Daß das Deutsche Reich durch den Versailler Vertrag über Gebühr verkleinert und belastet, das deutsche Volk in seiner Ehre verletzt und als Nation gefesselt wird, war allgemeine Anschauung. In der gespaltenen Nation, die keinen Konsens über ihre politische Verfassung finden konnte, war dies der einzige Punkt, über den Einmütigkeit bestand.

Es kann hier nicht Aufgabe sein zu prüfen, in welchen Punkten dieses Urteil berechtigt war (vgl. jedoch S. 247). Zu seiner Erklärung ist vor allem auf das ‚Wunder der Machterhaltung‘ zu verweisen. Die Siegermächte hatten darauf verzichtet, der kaiserlichen Armee eine vernichtende Niederlage zuzufügen und das Reichsterritorium zu erobern (noch nicht einmal Elsaß-Lothringen, das französische Hauptkriegsziel, wurde zurückerobert), und Friedrich Ebert konnte die heimkehrenden Truppen mit dem Satz begrüßen: „Kein Feind hat Euch überwunden!" Das ermöglichte eine allgemeine Verdrängung der tatsächlichen bedingungslosen Kriegsniederlage, auf der der Vertrag von Versailles beruhte. Ein positiver Rückbezug auf den Krieg und das kaiserliche Reich konnte schon bald einsetzen.

Von daher ergab sich als zentrale Aufgabe deutscher Politik: das Reich von den Beschränkungen und Belastungen des Versailler Vertrages zu befreien, die volle nationale Autonomie wiederzugewinnen, den Vertrag zu revidieren. Dieser Revisionismus verstand sich als eine nationale Freiheitsbewegung. Er war vom Selbstverständnis der deutschen Gesellschaft her eine Nationalbewegung im klassischen Sinne, ein Kampf um nationale Autonomie gegenüber einem Gegner, der im Rheinland und 1923 im Ruhrgebiet sogar als Besatzungsmacht auftrat. Im historischen Rückblick empfand man sich in einer ähnlichen Situation wie die antinapoleonische Bewegung von 1807 bis 1813; denn Frankreich war wieder der Hauptgegner. Revisionismus konnte zum politischen Grundkonsens der deutschen Gesellschaft werden.

Die argumentative Grundlage dieses Revisionismus, der Maßstab, auf den er sich positiv bezog, war das Deutsche Reich von 1871, – doch in welchen Grenzen? mit oder ohne Kolonien? Hier eröffnete sich ein breites Spektrum von unterschiedlichen außenpolitischen Zielvorstellungen. Sie reichten von einer Aufhebung der beschränkenden und belastenden Auflagen des Versailler Vertrages (Räumung der Besatzungszonen, Minderung der Reparationszahlungen) bis zu weitreichenden neoimperialistischen Projektionen einer neuen deutschen Großmachtrolle. Der die politischen Kräfte der Weimarer Republik verbindende Revisionismus kann in seinem Ansatz als ein nationaler Patriotismus verstanden werden; er wurde jedoch unter den gegebenen Umständen auch nationalistisch ausgeweitet und radikalisiert. Die Wiedergewinnung von ‚Deutschlands Freiheit und Deutschlands Größe' bezeichnete Gustav Stresemann, der führende Außenminister der Republik, als das Ziel seiner Politik; das konnte im nationalen wie auch im nationalistischen Sinne verstanden werden.

Noch weitaus grundlegender als durch den Revisionismus war das nationalpolitische Verhalten der deutschen Gesellschaft nach dem Weltkrieg von einem Bezug auf das Volkstum geprägt. Nationales Denken in der Republik von Weimar war stets *volksnationales* bzw. *volksdeutsches Denken*. Das volksnationale Denken ist dadurch charakterisiert, daß die Nation primär als eine ethnische Einheit gesehen bzw. die ethnische Zusammengehörigkeit als die Grundlage der politischen Gemeinschaftsbildung betrachtet wird. Nicht der gemeinsame Staat, sondern das gemeinsame Volkstum (Ethnie) gilt als die Grundlage einer Nation. Auf die Problematik einer solchen Gleichsetzung von Volk und Nation, besonders für die Situation der deutschen Sprachgemeinschaft in Europa, ist mehrfach bereits hingewiesen worden (vgl. S. 22). Hier haben wir es nun mit der Epoche der deutschen Geschichte zu tun, in der diese Gleichsetzung Allgemeingut wurde und zu einer Vielzahl politischer Probleme geführt hat.

Die Konjunktur des volksnationalen Denkens war am Ende des Ersten Weltkriegs nicht etwas spezifisch Deutsches. Dieser Krieg war in allen beteiligten Staaten ein Krieg der Völker gewesen. Er wurde nicht nur zwischen den Armeen ausgefochten, sondern in mehrfacher Hinsicht auf die Bevölkerung ausgedehnt; der Krieg gegen Deutschland wurde zu einem Kampf gegen die Deutschen, und vice versa (vgl. S. 216 ff.). Am Ende des Krieges machte Präsident Wilson das ‚Selbstbestimmungs-recht der Völker‘ zum internationalen Leitbegriff. Das Prinzip der Volkssouveränität setzte sich jetzt erst im vollen Sinn in der Welt durch. Die Völker in ihrer Gesamtheit, Männer und Frauen, erhielten gleiches politisches Wahlrecht, und die erste, auf Wilsons Initiative hin gegründete internationale Staaten-organisation hieß in Deutschland ‚Völkerbund‘.

In Deutschland hatte das volksbezogene Denken seit Herder, seit dem Vaterlandslied von Ernst Moritz Arndt (vgl. S. 44 und S. 68 f.) eine alte Tradition. Angesichts fehlender politischer Grenzen definierte man die deutsche Nation als eine Kultur- und Sprachgemeinschaft, als Volk (vgl. S. 22 f.). Mit der Reichs-gründung von 1866/1871 hatte die deutsche Nation endlich politische Grenzen gefunden; sie beruhten bewußt auf einer ‚kleindeutschen‘ Lösung, d. h. auf einer ethnisch-territorialen Selbstbeschränkung (vgl. S. 163). Seit den 1880er Jahren jedoch war ein neues volksbezogenes Denken in Deutschland entstan-den. Es konnte einerseits sozial auf die Volksschichten orien-tiert sein, andererseits aber ethnisch auf das deutsche Volkstum, das über die Reichsgrenzen hinausging. Dieses volksdeutsche Denken konnte im Rahmen einer nationalistischen Programma-tik eine großdeutsche, alldeutsche oder auch antisemitische Ausprägung haben (vgl. S. 186 ff.). In der ‚Volksgemeinschaft‘ des Weltkriegs waren beide Varianten ineinandergelaufen. Mit dem Nationalstaat von Weimar hatte die deutsche Nation erst-mals politische Grenzen, die eine Konsolidierung des Volks-begriffs im Sinne des reichsdeutschen Staatsvolkes als Volks-nation der Weimarer Republik ermöglichten. Dennoch setzte sich seit 1919 immer stärker die volksdeutsche Bedeutung durch.

Das hatte objektive Gründe. Die Situation der Deutschspra-chigen außerhalb des Reiches hatte sich seit dem Weltkrieg dra-stisch verändert. Schon während des Krieges sahen sich die Deutschstämmigen in den Staaten der Kriegsgegner zahlreichen Diskriminierungen ausgesetzt; denn der Krieg gegen das Deut-sche Reich wurde auch auf die Deutschstämmigen im eigenen Lande ausgedehnt (vgl. S. 218). Das geschah zunächst in Rußland, bald aber auch in den englischen Kolonien, und mit dem Kriegseintritt der USA war die starke deutsche Volksgruppe dort einer Welle der Antipathie ausgesetzt. Sodann kam es nach Kriegsausgang zu Fluchtbewegungen und Vertreibungen deutschsprachiger Bevölkerung, die durch den politischen Herrschaftswechsel in ihren Siedlungsgebieten bedingt war: aus Rußland und aus den neuen osteuropäischen Nationalstaaten, vor allem aus Polen, bis 1925 etwa eine Million Menschen. Etwa 130000 Deutsche wurden aus dem wieder an Frankreich gefallenen Elsaß-Lothringen ausgewiesen, wo eine rigorose Nationalisierungspolitik einsetzte; viele Südtiroler verließen ihre mit der Brennergrenze an Italien gefallene Heimat; schließlich kam als letzte größere Gruppe die Deutschen aus den abgetretenen Kolonien hinzu. Für die Deutschsprachigen, die in den Nachbarstaaten verblieben, entstanden große Probleme der Benachteiligung als Minderheit. Anders wiederum war die Situation der etwa 7 Millionen Deutsch-Österreicher und der ca. 3 Millionen Sudetendeutschen, die sich mit überwältigender Mehrheit 1918 für einen Anschluß an das Deutsche Reich entschieden hatten, jedoch durch die Siegermächte daran gehindert wurden.

Die Situation der Deutschen in der Welt war geprägt von den Folgen des Kriegsnationalismus, der nach dem Krieg keineswegs beendet war. Obwohl bisher ohne einen näheren Zusammenhalt, befanden sich die Deutschsprachigen in der Welt erstmals in einer gemeinsamen Situation. Betroffen waren auch die Deutschen innerhalb des Reiches; sie sahen sich nun in einer besonderen Verantwortung für die Deutschen im Ausland. Über alle Staatsgrenzen hinweg wurde das Deutschtum erstmals als eine besondere Gemeinschaft erfahren. Das wirkte zurück auf das Nationsverständnis im Reich. Dieses wurde nun vom Volk her gedacht. In allen politischen Lagern der Reichsbevölkerung kam es zu einer *Umprägung der Begriffe Volk und Nation*. Darüber hinaus erfuhren sich die Deutschsprachigen in Europa erstmals als eine Erlebnis-, Leidens- und Verantwortungsgemeinschaft. Das schuf eine neue Verbundenheit, die sich vielfach politisch und organisatorisch umsetzte.

Der ‚Verein für das Deutschtum im Ausland' wurde zu einer Massenorganisation von etwa 2 Millionen Mitgliedern; die Gruppen der Jugendbewegung und viele andere Vereinigungen widmeten sich der ‚Volkstumsarbeit'; der ‚Deutsch-Österreichische Volksbund' unter sozialdemokratischer Führung agierte für den großdeutschen Gedanken. Die Nation von Weimar-Deutschland war volkstumsorientiert, fast alle gingen zu einem volksdeutschen Denken über; sie verstanden die Nation vom Volkstum her.

Es bleibt jedoch wichtig, verschiedene *Varianten des volksdeutschen Denkens* in der Weimarer Republik zu unterscheiden. Volksdeutsches Denken war durchaus nicht gleichbedeutend mit Nationalismus! Zunächst ging es hier um ein Hinausgehen über die reichsdeutsche Nation in der Tradition der alten großdeutschen Verbundenheit, neu legitimiert durch den Anschlußwunsch der Deutsch-Österreicher und der Sudetendeutschen nach dem Ende der Habsburgischen Monarchie. Diese großdeutsche Orientierung war sowohl auf dem linken wie auf dem rechten Parteienspektrum anzutreffen, also auch innerhalb der Sozialdemokratie und vor allem in der Zentrumspartei. Sie implizierte das Eintreten für den ‚Anschluß', die Vereinigung Österreichs mit dem Deutschen Reich.

In der jungen Generation der deutschen Bevölkerung gingen viele über diese traditionellen Grenzen jedoch hinaus. Aufgrund der neuen Volkstumserfahrung bezog man den Volksbegriff auf alle Deutschsprachigen in Europa: eine volksdeutsche Orientierung, die politisch jedoch schwer zu konkretisieren war. Man war sich in der Verurteilung der volksnational ungerechten Nachkriegsordnung einig und suchte nach einer politischen Konzeption für ein gleichberechtigtes Zusammenleben der Völker in Europa.

Die Gruppierungen des volksdeutschen Nationalismus setzten sich mehr oder weniger scharf davon ab, denn sie gingen aus von einer Superiorität des deutschen Volkes. Sie umfaßten verschiedene Richtungen eines völkischen Rassismus, die sogenannte Völkische Bewegung. Eine Variante war die faschistische Position, die völkischen Nationalismus und Antikommunismus miteinander verband, und die NSDAP war in ihrer frühen Form eine um radikalen Antisemitismus erweiterte Partei dieser Richtung.

Die erneute Konjunktur des *Nationalismus* hatte in der zweiten Hälfte des Jahres 1919 mit einer überraschenden Stärke eingesetzt (vgl. S. 256). Die Zeit, in der der konstruktive Aufbau eines demokratischen Nationalstaates das nationale Denken bestimmte, war allzu schnell und ohne die Chance einer Konsolidierung zu Ende gegangen. Dieses Ende kündigte sich bereits an in den Auseinandersetzungen um die Unterzeichnung des Versailler Vertrages. Der neue Nationalismus war eine Antwort auf ‚Versailles' *und* auf die neuen politischen Machtverhältnisse im Reich; er war nicht einfach eine Fortsetzung des deutschen Kriegsnationalismus. Auf dem Boden des Revisionismus und des volksdeutschen Denkens konnte er sich in einem wesentlich breiteren Spektrum der Bevölkerung Gehör finden. Die ideologischen und personellen Abgrenzungen zwischen seinen verschiedenen Richtungen waren fließend; gemeinsam war ihnen allen eine Forcierung der volksdeutschen Position mit antidemokratischem Akzent.

Von der politischen Tradition her ist zunächst der *konservative Nationalismus* zu nennen, der stark auf das Kaiserreich rückorientiert und daher in der Regel auch monarchistisch eingestellt war. Er wurde vertreten von den tragenden Eliten des kaiserlichen Deutschland, den Beamten, Offizieren, Pastoren, aber auch von den konservativ eingestellten Eliten von Besitz und Bildung. Er stand in der Tradition des nationalistischen Kriegspatriotismus dieser Kreise. ‚Pastoren-Nationalismus' ist in diesem Zusammenhang heute schon zu einem Begriff geworden; doch es sollte im konkreten Fall bedacht werden, daß unter Pastoren auch die Haltung eines nationalen Konservativismus verbreitet war. Gleiches gilt auch für die DNVP, die der wichtigste parlamentarische Vertreter des konservativen Nationalismus gewesen ist. Nach 1928 und der Übernahme des Parteivorsitzes durch Alfred Hugenberg, den großen Steuermann des deutschen Nationalismus, kam es hier wiederholt zur Abspaltung von Mitgliedern, die den nationalistischen Kurs ablehnten (z. B. 1930 die ‚Volkskonservative Vereinigung‘). Sehr viel eindeutiger war die nationalistische Position innerhalb des ‚Stahlhelms‘, des ‚Reichs-Landbundes‘ und ähnlicher Verbände. Hier wurden die Mitglieder gezielt im Sinne einer Wiedererringung deutscher Großmachtpositionen agitatorisch beeinflußt und auch die Tradition des neupreußischen Militarismus fortgesetzt. In scharfer Abgrenzung gegenüber allen demokratischen Positionen wurden die Begriffe ‚national‘ und ‚vaterländisch‘ für die eigene Position und Partei reklamiert. Das öffentliche Auftreten Alfred Hugenbergs steht für den wachsenden Einfluß dieser Richtung und deren Bereitschaft, auch mit Kräften des revolutionären Nationalismus, der ‚konservativen Revolution‘, zusammenzuarbeiten.

Auch einen *linken Nationalismus* hat es in der Weimarer Republik gegeben. Das antiliberale und antiparlamentarische Ressentiment innerhalb der Linken war sein Nährboden; er wurde zusätzlich befruchtet durch das revisionistische und das volksnationale Denken, das sich unschwer in ein klassenkämpferisches Volksdeutschtum umbiegen ließ. Während des Weltkrieges gab es nationalistische Tendenzen vor allem auf dem rechten Parteiflügel der SPD, im Umkreis von Konrad Haenisch z. B., seit der Novemberrevolution zunächst auf dem linkssozialistischen Flügel, z. B. in der Hamburger Gruppe um Heinrich Laufenberg. Doch auch hier ist Vorsicht geboten gegenüber einer vorschnellen Zuordnung: Handelte es sich nicht eher um einen betont nationalen Sozialismus? Das gilt gewiß für die Position der ‚kämpferischen‘ Sozialdemokraten in den letzten Jahren der Republik (vgl. S. 253). Andererseits gab es Sozialdemokraten, die zu Nationalisten wurden, wie der Schriftsteller August Winnig. Ein ganz anderes Kapitel, weitgehend ein Fall von taktischem Opportunismus, ist das kasuale Eingehen der KPD auf nationalistische Parolen und Positionen, z. B. 1923 in der Schlageter-Rede Karl Radeks, des Vertrauten Lenins. Auf der anderen Seite des politischen Spektrums standen die sogenannten Nationalbolschewisten: Einzelgänger und kleine Gruppen, die einen revolutionären rechts orientierten Nationalismus mit klassenkämpferischen, antikapitalistischen Frontstellungen verbanden, z. B. die ‚Gruppe Sozialrevolutionärer Nationalisten‘, die sich um die von K. O. Paetel herausgegebene Zeitschrift ‚Die Sozialistische Nation‘ versammelte. Die Position des Schriftstellers Ernst Niekisch, vertreten in seiner Zeitschrift ‚Widerstand. Zeitschrift für nationalrevolutionäre Politik‘, ist in diesem Umkreis die interessanteste.

Damit ist bereits der sogenannte *Neue Nationalismus* im Blick, von dem damals eine große Faszination ausging, die bis auf einige seiner heutigen Historiker ausstrahlt. Der Begriff ‚Nationalismus‘ wurde in Deutschland offensichtlich erst am Ende des Weltkrieges in seiner positiven Fassung aus den romanischen Ländern übernommen, wo er schon seit Beginn des Jahrhunderts gebräuchlich war (vgl. S. 201). In allen politischen Lagern hantierte man damals mit dem Begriff *Nationalismus als Selbstbezeichnung.* „Der Nationalismus der alldeutschen und nationalliberalen Imperialisten und Kapitalisten soll an unserem Nationalismus zerschellen“, erklärte ein Redner auf dem SPD-Parteitag 1919, und Gertrud Bäumer reklamierte für die DDP einen ‚demokratischen Nationalismus‘. Doch das Rennen machten die, denen dieser Extrembegriff von jeher zukam und die ihn auch ganz anders füllen konnten, z. B. Ernst Jünger: „Der Nationalismus ist der eine und unbedingte Wille zum Einsatz für die als einen zentralen Wert gefühlte und erkannte Nation, mit allen Kräften und mit allen Mitteln, die zur Verfügung stehen.“

Diese Definition könnte durch viele andere, aggressiv und suggestiv formulierte Aussagen fortgesetzt werden; denn dieser Nationalismus wurde getragen und ausgeformt von einer Reihe wirkungsvoller Schriftsteller, unter ihnen, neben dem bereits Genannten, Oswald Spengler, Arthur Moeller van den Bruck, Edgar Jung, Max Hildebert Boehm, Franz Schauwecker. Sie gehörten meist einer jüngeren Generation an, waren durch ein Nietzsche-Erlebnis hindurchgegangen und entdeckten den ästhetischen Reiz einer aggressiven politischen Sprache. Sie faszinierten damit viele, die das neue radikalisierte Sprachspiel nicht durchschauten bzw. es für ihre Zwecke zu nutzen verstanden.

Ernst Jünger z. B. stand ,Die Standarte', das Organ des ,Stahlhelms', für seine Agitation zur Verfügung.

Die *Ideologie des Neuen Nationalismus* war die Ideologie eines umfassenden Kampfes. Sie lebte von den Frontstellungen, die sie aufbaute, und kultivierte geradezu den Konflikt. „Der wahre Wille zum Kampf, der wirkliche Haß, hat Lust an allem, was den Gegner zerstören kann. Zerstörung ist das Mittel, das dem Nationalismus allein angemessen erscheint", so Ernst Jünger. Der Frontsoldat des Weltkriegs wurde zur Idealfigur. Alle Wertsysteme und Institutionen, die Konflikte und Kriege überwinden wollten, betrachtete man als Gegner: Aufklärung, Pazifismus, parlamentarische Demokratie. Nicht die Gleichheit des Menschlichen, sondern das Besondere des Völkischen, der Rasse war der soziale Richtwert. Die Nation galt in diesem Denken nicht als eine politische Solidargemeinschaft, sondern als die besondere Gemeinschaft einer völkischen Elite, verkörpert am reinsten in der Gemeinschaft der Frontsoldaten. Ein völkischer Rassismus war daher schnell bei der Hand, oft mit einer antisemitischen Beimischung. Das sozialpolitische Ideal waren eine nach Berufsständen gegliederte Gesellschaft und der autoritäre Staat, getragen von einer geradezu selbstvergessenen Bereitschaft zu sozialer Disziplinierung, zur Unterordnung unter einen Führer. Auch der Begriff des Reiches, den die Republikaner schon verabschieden wollten, wurde in diesem Lager in einer neuen Weise kultiviert.

Neu an diesem Nationalismus waren nicht zuletzt seine Methoden. Sie hoben sich bewußt ab von den bisher üblichen Umgangsformen der politischen Kultur in Deutschland, wollten sie revolutionieren. Es war weitgehend ein *revolutionärer Nationalismus*. Der mit allen Mitteln geführte Kampf war sein oberstes Prinzip. „Der Vater dieses Nationalismus ist der Krieg", schrieb Ernst Jünger. Das bezog sich herkunftsmäßig auf den Weltkrieg, war aber auch ethisch und strategisch gemeint. Das politische Verhalten wurde in jeder Richtung militarisiert. Die Anhänger hatten sich wie Soldaten zu verhalten, wie die Soldaten eines Krieges, in dem es allein auf die Zerstörung des Gegners ankommt. Sie wurden in paramilitärischen Kampfbünden organisiert und sollten sich in der politischen Agitation aller Mittel bedienen. Nur der Erfolg war entscheidend, und im Dienste des Erfolges war jedes Mittel opportun. Opportunismus wurde zum Prinzip dieses Verhaltens, das keine politischen Spielregeln anerkannte. Das implizierte auch eine forcierte Modernität in der Ausnutzung neuer Techniken und Medien der Agitation.

‚Nationalismus‘, so hofften die Brüder Ernst und Friedrich Georg Jünger, sollte auch zur Selbstbezeichnung des Neuen Nationalismus werden. Mit dem Bekenntnis „Wir nennen uns Nationalisten" eröffneten sie eine programmatische Schrift ‚Aufmarsch des Nationalismus‘, mit der sie 1928 einen neuen Anlauf zur Sammlung dieses Lagers versuchten. Angesichts der seit zehn Jahren bereits laufenden und inzwischen weit fortgeschrittenen Organisierung des deutschen Nationalismus war das ein verspäteter und nicht mehr zeitgemäßer Versuch. Die Gesellschaft der Weimarer Republik war seit ihrem Entstehen durchzogen von einem Netz nationalistischer Vereinigungen und Bünde, von dem man einen kleinen Einblick bekommt, wenn man allein die Liste der Vereine durchschaut, die in dem Dachverband der ‚Vereinigten Vaterländischen Verbände Deutschlands‘ seit 1923 zusammengeschlossen waren.

Auf welche Bevölkerungsgruppen stützte sich der Neue Nationalismus, wo fand er seine Anhänger und Mitläufer? Besonders zu erwähnen sind zunächst die Offiziere und Soldaten des deutschen Millionenheeres, die nach dem Weltkrieg nach neuen Beschäftigungen suchen mußten. Die 1919 gebildeten Freikorps waren von ihrer Aufgabenstellung und ihrer Zusammensetzung her ein idealer Nährboden (‚Freikorps-Nationalismus‘). Besonders stark blühte in diesem Umfeld die geheime, bündische Organisierung. Vielfach verflochten mit dem Neuen Nationalismus waren sodann die Gruppen der Jugendbewegung. In ihren Reihen wurde das volksdeutsche Denken in einen ideenreichen, aber oft forcierten Aktivismus umgesetzt, und es bleibt festzuhalten, daß es hier auch bemerkenswerte Ansätze gab, neue Formen einer gleichberechtigten internationalen Begegnung zu praktizieren.

Ein besonderes Kapitel dieses Nationalismus ist seine völkische Variante. Die völkische Bewegung (vgl. oben S. 267) als eine rassistisch-biologistische Reformbewegung für ein ‚reines Deutschtum' setzte bereits im Kaiserreich ein und war stets eng verbunden mit Antisemitismus. Der 1894 gegründete ‚Deutschbund' bildete das organisatorische Kontinuum dieser Richtung, von der Einflüsse auf viele nationalistische Vereinigungen ausgingen, nicht zuletzt aber auch auf einzelne Parteien in der Weimarer Republik. Die ‚deutsch-völkischen' antisemitischen Parteien des Kaiserreiches fanden nach 1918 keine direkte Fortsetzung. Ihr Erbe war einerseits in der DNVP aufgehoben, die einen ‚Deutsch-völkischen Reichsausschuß' eingesetzt hatte, andererseits in den Parteien des völkisch-revolutionären Nationalismus. Zu ihnen gehörten der 1918 gegründete ‚Deutsch-Völkische Schutz- und Trutzbund' und seit 1920 auch die NSDAP, die diesen Nationalismus schließlich von seiner Winkelexistenz zu einer Massenbewegung entwickeln sollte.

9. Die Epoche des Nationalsozialismus

9.1 Der europäische Rahmen

Der Erfolg der NSDAP in Deutschland ist für die Entwicklung des Nationalismus in ganz Europa ein wichtiges Datum gewesen, und so ist sie nur im Rahmen der gesamteuropäischen Entwicklung angemessen zu erklären. Seit der aufsehenerregenden Durchsetzung des Faschismus in Italien wurden *faschistische Bewegungen* zu einer für die Zwischenkriegszeit typischen Erscheinung in Europa. Fast in jedem Staat bildete sich damals eine faschistische Partei, wenn auch keineswegs nach einem einheitlichen Muster. Doch alle verstanden sich als eine nationale Bewegung und machten in ihrer Politik aktiv von nationalen Parolen Gebrauch. In den Erklärungsversuchen, die den Faschismus seit seinen Anfängen begleiten, spielt auch der Nationalismus eine Rolle, jedoch meist untergeordnet und in der Sache vielfach ungeklärt.

Bei der Deutung des Faschismus – wenn dieser Singular bei der Verschiedenheit der einzelnen, untereinander kaum zusammenhängenden Parteien überhaupt erlaubt ist – war man stets von den neuen Formen dieser Bewegung fasziniert und hat die Kontinuität kaum gesehen, in der er stand (und selbst gern verleugnete). Es ist die des organisierten Nationalismus, der sich im ausgehenden 19. Jahrhundert in vielen Ländern durchgesetzt und im Weltkrieg eine besondere Konjunktur hatte (vgl. S. 200 f.). Die Ideologie der faschistischen Bewegungen war sehr verschieden, folgende Elemente finden sich jedoch bei allen: ein elitärer Begriff von der Nation, der meist volksnational bzw. rassistisch fundiert war und bestimmte Gruppen aus der Nation ausgrenzte; sodann eine kämpferische antidemokratische Orientierung; schließlich ein imperialistisches Programm in der Außenpolitik. Zusammengenommen bedeutete dies einen vollständigen Bruch mit der Tradition von ‚1789', dem emanzipatorischen Programm der modernen Nation.

Diese nationalistische Programmatik versuchten die faschistischen Bewegungen auf eine neue Art zu realisieren, und in den neuen Politikformen, die sie praktizierten, lag ihr Charakteristikum. Sie können in folgenden Punkten zusammengefaßt werden: Organisierung einer kampfbereiten Massenpartei; Übernahme militärischer Organisations- und Kampfformen (hierarchische Strukturen; Führerprinzip; Legitimierung aller Kampfformen bis zur Vernichtung des Gegners); Deklaration der marxistischen Arbeiterbewegung als Feindbild der Nation; Konzentration des politischen Kampfes auf die Eroberung des Staates und dessen Umgestaltung in einen autoritären Staat; Propagierung einer neoimperialistischen Außenpolitik.

Dieses Programm eines *kämpferischen Nationalismus*, das die bisherigen Politikformen revolutionierte, beruhte auf zwei zentralen Erfahrungen am Ausgang des Weltkriegs: der Militarisierung und Brutalisierung der nationalen Politikformen während des Krieges, und andererseits der Einführung des demokratischen Nationalstaates, die mit der Perspektive einer möglichen Eroberung dieses Staates durch die organisierte Arbeiterbewegung verbunden war.

Die faschistischen Bewegungen verarbeiteten demnach die neuen Grunderfahrungen, mit denen die bürgerlichen Schichten in Europa durch den Weltkrieg konfrontiert waren. Sie konnten vor allem in den verunsicherten bürgerlichen Mittelschichten auf Resonanz stoßen, zunächst besonders bei den Weltkriegssoldaten aus diesen Schichten, die sich nach Kriegsende in einer existientiellen Krisensituation befanden und sowohl nach neuer Beschäftigung wie nach einer politischen Orientierung suchten.

Das faschistische Programm, das Benito Mussolini in Italien erfolgreich in die Praxis umsetzte, war nur dort ebenfalls aussichtsreich, wo ein moderner Nationalstaat noch nicht konsolidiert war bzw. sich in einer Krise befand, z. B. in Deutschland, Belgien, Spanien, Ungarn, Kroatien. Epochemachend war der

Erfolg nur in Italien und Deutschland, jedoch unter sehr unterschiedlichen Bedingungen: in Italien unmittelbar nach dem Kriege, in Deutschland erst im Zusammenhang der Staats- und Wirtschaftskrise seit 1930 im Zuge von Wahlerfolgen, nachdem das italienische Modell, der ‚Marsch auf Berlin‘, im November 1923 gescheitert war. Die Durchsetzung des Nationalsozialismus geschah in einem internationalen Umfeld, das innenpolitisch gekennzeichnet war von einer fundamentalen Krise des liberal-demokratischen Nationalstaates und einer tiefen Verunsicherung der bürgerlichen Schichten (vgl. S. 237 ff.). Die Antwort des Faschismus lautete: Ersetzung der nationalen Demokratie durch einen autoritären Staat des organisierten Massennationalismus unter Ausschaltung der bisherigen Organisationformen der Arbeiterbewegung.

Entscheidend für die Durchsetzung des Nationalsozialismus war sodann eine neue *Situation der internationalen Politik* seit etwa 1931. Das durch die Pariser Nachkriegskonferenzen geschaffene System der europäischen Nationalstaaten erwies sich zunehmend als brüchig. Unter Kanzler Brüning ging die Reichsregierung, die nicht mehr durch eine Parlamentsmehrheit legitimiert war, zu einer Politik des *aggressiven Revisionismus* über, um sich auf diesem Wege die ihr fehlende nationale Legitimation zu verschaffen, und sie hatte Erfolg! Das Hauptproblem der europäischen Politik der 1920er Jahre, die deutschen Reparationszahlungen, kam zu einem überraschenden Ende: Angesichts der internationalen Wirtschafts- und Finanzkrise erwies sich das zuletzt 1929 im Youngplan festgelegte Zahlungssystem als undurchführbar, und Brüning konnte über das Hoover-Moratorium von 1931 eine vollständige Einstellung der deutschen Reparationszahlungen erreichen (Abkommen von Lausanne 1932). Zur gleichen Zeit gab die Reichsregierung mit dem im März 1931 bekanntgewordenen Plan einer deutsch-österreichischen Zollunion zu erkennen, daß sie nicht mehr gewillt war, die Pariser Verträge strikt einzuhalten.

Obwohl sie nach scharfen Protesten Frankreichs und seiner Verbündeten den Plan einer Zollunion zurückziehen mußte, ließ die deutsche Regierung sich nicht abhalten, ihre revisionistische Außenpolitik fortzusetzen. Das äußerst knappe Urteil des Haager Schiedsgerichtshofes über die Rechtmäßigkeit einer Zollunion (8 : 7 gegen das Deutsche Reich) und die weiteren Erfolge in der Reparationsfrage waren ermutigend. Vor allem: die Regierung konnte sich hier stets im Einklang mit der Bevölkerung wissen (vgl. S. 262 f.). So wurde die Totalrevision des Versailler Systems zu dem großen Thema der deutschen Außenpolitik der 1930er Jahre, in Kontinuität von der Regierung Brüning zur Regierung Hitler. Die 1932 in Genf zusammentretende Abrüstungskonferenz bot die Gelegenheit für den nächsten Schritt: die Forderung nach einer Aufhebung der Rüstungsbeschränkungen. Sie wurde schon von Brüning unter den Leitbegriff der *Gleichberechtigung* gestellt, und in dieser Richtung konnte die Regierung Hitler 1933 weitermarschieren. Sie gab ihr internationales Debüt im Oktober 1933 mit dem demonstrativen Austritt des Deutschen Reiches aus dem Völkerbund.

Die internationale Politik in Europa stand bereits nicht mehr im Zeichen von Kooperation und Vereinbarung, sondern der Rivalität und des nationalen Egoismus. Der Völkerbund konnte seine Funktionen kaum noch ausüben; er wurde zunehmend zu einer machtlosen Institution. Schon im März 1933 war Japan ausgetreten, die erste Macht des *neuen Imperialismus*, der nun die Welt in Atem hielt. Japan hatte im Jahre 1931 die Mandschurei okkupiert, Italien folgte 1935 mit der Eroberung von Abessinien, 1939 der Besetzung Albaniens, und jedes Mal erwies sich der Völkerbund mit seinen Aktionen als hilflos. Das zeigte sich nicht zuletzt gegenüber dem Deutschen Reich, das unter Hitler sein Programm des Totalrevisionismus forciert fortsetzte: 1935 Einführung der Allgemeinen Wehrpflicht, 1936 militärische Eingliederung des linksrheinischen Reichsgebietes, 1938 Anschluß der Republik Österreich an das Deutsche Reich sowie Abtrennung der sudetendeutschen Gebiete von der Tschechoslowakei (Münchner Abkommen, September 1938). Mit der Okkupation des tschechischen Staates und dessen Umwandlung in ein ‚Reichsprotektorat Böhmen und Mähren' im

März 1939 erklärte sich auch Hitlerdeutschland offen als imperialistische Macht und leitete bei den westlichen Nationaldemokratien ein Umdenken ein.

Auffallend ist das *Versagen der demokratischen Nationen* in diesen Jahren gegenüber dem um sich greifenden Nationalismus und Imperialismus. Die Bündnispolitik dieser Staaten stand im Zeichen weitgehender Neutralität gegenüber den innenpolitischen Verhältnissen. Frankreich und England schlossen sich in der ‚Stresafront‘ 1935 zwar gegen Hitler zusammen, doch ihr Partner war Mussolini, und Frankreich schloß kurz darauf einen Beistandspakt mit Stalin. Im Spanischen Bürgerkrieg überließ man seit 1936 die Hilfe für die demokratische Republik ganz der Sowjetunion und den internationalen Brigaden, und während die faschistischen Staaten aktiv Franco unterstützten, gründete man in London ein ‚Komitee der Nichteinmischung‘. Obwohl Hitlerdeutschland 1935 mit den Nürnberger Gesetzen elementar die Menschenrechte verletzte und in dieser Richtung inzwischen genügend weitere Daten vorlagen, gingen 1936 alle Staaten zur Olympiade nach Berlin und verhalfen Hitler zu einem großen Prestigeerfolg. Die internationale Anerkennung der antidemokratischen und nationalistischen Regime hat wesentlich zu deren politischer Entfaltung beigetragen.

An dem aggressiven Verhalten Japans und Italiens war auch die internationale Gefährlichkeit dieser Regime früh zu erkennen. Sie standen jedoch mit ihrem nationalpolitischen Egoismus zunächst allein. Erst seit 1936 begann sich eine *Kooperation der neoimperialistischen Staaten* herauszubilden: Hitlerdeutschland und Japan schlossen 1936 einen Antikominternpakt zur Bekämpfung des Kommunismus, dem 1937 Italien und 1939 Franco-Spanien beitraten. Im Herbst 1936 wurde die ‚Achse Berlin-Rom‘ proklamiert, um die sich nach Mussolinis Vorstellungen hinfort die europäische Politik drehen sollte. Als sie im Mai 1939 zu einem ‚Stahlpakt‘ ausgebaut wurde, hatte Hitler bereits die Oberhand gewonnen, und in der Folge zog er Italien mit hinein in seinen großen Krieg. Jetzt wurde vollends deutlich, daß hinter dem Programm eines außenpolitischen Revisionismus in Wirklichkeit das ‚Programm einer nach außen gerichteten Revolution' (Theodor Schieder) stand, mit dem Hitler Europa – nicht mehr national-, sondern rassenpolitisch – zu verändern gedachte. Im Zweiten Weltkrieg schien zunächst, nach dem Hitler-Stalin-Pakt vom August 1939, eine klare Frontstellung zwischen Nationaldemokratien und totalitären Staaten gegeben zu sein. Sie wurde jedoch nicht militärisch umgesetzt, so daß mit Hitlers Angriff auf die Sowjetunion eine Allianz entstehen mußte, die der Sache der nationalen Demokratie in Europa einen Rückschlag von einem halben Jahrhundert kosten sollte.

9.2 Nationalsozialismus und deutsche Nation

Der Revisionismus war Hitlers Erfolgsrezept, – nicht nur in der Außenpolitik, sondern auch gegenüber der deutschen Nation; denn ein mehr oder weniger starker Revisionismus war ein Grundkonsens dieser Gesellschaft (vgl. S. 262 f.). Das Verhältnis Hitlers und der NSDAP zur deutschen Nation entwickelte sich jedoch nicht so einfach, wie es nach diesem Stichwort, und vielfach in der Literatur, erscheint. Es durchlief verschiedene Phasen und war zunächst eher von einem ‚trial and error' bestimmt.

Die NSDAP war zunächst eine der Organisationen des völkischen Nationalismus (vgl. S. 273), weitgehend konzentriert auf das Bayern der Nachkriegszeit und sein rechtsnationales Umfeld. Der Österreicher Adolf Hitler, seit 1921 ihr unumstrittener Vorsitzender, hat über die rassistisch-antisemitische Ideologie, die er in der Partei durchsetzte, in ‚Mein Kampf' (1924) ausführlich Rechenschaft gegeben. Er hatte im Jahre 1923 auf die Putschtaktik seines faschistischen Vorbildes Mussolini gesetzt, war damit jedoch schon in München an der damals noch funktionierenden deutschen Nationalstaatlichkeit gescheitert und als Hoch-Verräter verurteilt worden.

Noch während der Haft konzipierte Hitler eine neue Parteistrategie, die auch bereits in ‚Mein Kampf' niedergelegt ist. Sie wird von ihm als *Nationalisierung der Massen* bezeichnet; ihre zentralen Stichworte lauten: Propaganda und Organisation.

Verglichen mit bisherigen Nationalbewegungen ging es hier in der Tat um einen neuen Weg. „Die Nationalisierung der breiten Masse", schreibt Hitler, „kann niemals erfolgen durch Halbheiten, sondern durch rücksichtslose und fanatisch einseitige Einstellung auf das zu erstrebende Ziel. Das heißt also, man kann ein Volk nicht ‚national‘ machen im Sinne unseres heutigen Bürgertums, sondern nur nationalistisch mit der ganzen Vehemenz, die dem Extrem innewohnt." Hitler grenzt sich von den traditionellen Politikformen scharf ab; er verurteilte sogar den Nationalpatriotismus von 1914. Seine Prinzipien bilden in ihrer Radikalität und Inhumanität bewußt einen Gegensatz zu der politischen Kultur, die er als ‚bürgerlich‘ denunziert, z.B. mit dem Satz: „Die Angst unserer Zeit vor Chauvinismus ist das Zeichen ihrer Impotenz." Mit einer solchen taktischen Radikalität gedachte Hitler vor allem die Arbeiterschaft zu gewinnen. Er wollte sie dem Einfluß der marxistisch geprägten und international orientierten Arbeiterparteien entziehen. Seine Partei stellte auch den eigenen Namen in den Dienst dieses taktischen Kalküls; sie bezeichnete sich als National*sozialistische Arbeiterpartei*.

Auf die Arbeiterschaft konzentriert, wäre dieses Konzept zum Scheitern verurteilt gewesen. Doch Hitler setzte seit 1926, mehr instinktiv als programmatisch, eine Umorientierung durch: Er drängte den links orientierten norddeutschen Flügel aus der Partei heraus, gewann das Propagandatalent Joseph Goebbels als Gauleiter von Berlin und konzentrierte nach dem enttäuschenden Wahlausgang von 1928 die Agitation auf die bürgerlichen Mittelschichten in Stadt und Land. Hier hatte er einen überraschenden Erfolg; denn diese Schichten mußten nicht erst ‚nationalisiert‘, sie mußten nur noch für die NSDAP erobert werden. Hier griffen *Propaganda und Organisation*. In der Propaganda stellte man sich nun opportunistisch auf die Themen ein, die im rechtsnationalen Lager en vogue waren; es kam nur darauf an, sie so radikal und tendenziös zuzuspitzen, damit sie mit der NSDAP verbunden wurden. Die Partei reüssierte vor allem mit drei Themen: dem Kampf gegen die ‚Versklavung des deutschen Volkes‘ durch den Vertrag von Versailles, der Denunzierung des ‚Systems von Weimar‘ und der Propagierung einer neuen ‚Volksgemeinschaft‘ als Alternative zum Klassenkampf von links.

Neben der Propaganda stand die Organisation, und hier geschah das Wesentliche: Die NSDAP errichtete ein Netzwerk von Verbänden und Organisationen, das die gesamte Gesellschaft durchzog. Von der ‚Kanzlei des Führers‘ bis zu den Ortsgruppen, Zellen und Blocks an der Basis erhielt die Partei eine mehrdimensionale Struktur, die auch eine neue territoriale Aufteilung des Reichsgebietes in ‚Gaue‘ umfaßte. Eine besondere Rolle spielten sodann die paramilitärischen Kampfverbände, voran die ‚Sturmabteilungen’ (SA); mit ihnen brachte sich die Partei brutal und wirkungsvoll in der Öffentlichkeit als Machtfaktor zur Geltung. Sodann gründete sie eine Unzahl von Verbänden für einzelne Bevölkerungsgruppen, so die Hitler-Jugend, die NS-Frauenschaft, die Deutsche Arbeitsfront, den NS-Lehrerbund u.v.a.m., durch die sie in allen gesellschaftlichen Gruppen präsent war und deren Entwicklung beeinflussen konnte.

Die organisierende Aktivität, die die NSDAP entfaltete, erstreckte sich nicht zuletzt auch auf den ideologisch-propagandistischen Bereich. Sie praktizierte und perfektionierte einen ‚neuen politischen Stil’ (George L. Mosse): Aktionen, Feiern und Rituale, die symbolischen Charakter hatten und auf Massenwirkung hin konzipiert waren. Das reichte von der eigenen Parteiflagge (sie enthielt mit dem Hakenkreuz ein markantes Parteisymbol und zugleich mit den Farben schwarz-weiß-rot ein deutliches Bekenntnis zur nationalistischen Opposition gegen die Republik) über die Parteihymne und die Parteiuniform der SA bis hin zu den Aktionsformen des paramilitärischen Aufmarsches und der Massenversammlung, die durch Lieder und symbolische Akte zu einem multimedialen politischen Erlebnis wurde. Jährliche Höhepunkte in dieser Richtung waren der Parteitag in Nürnberg und die Gedenkfeier für die ‚Märtyrer‘ des 9. November 1923 in München, mit der die Erinnerung an die Revolution des 9. November 1918 verdrängt werden sollte. So gelang es der NSDAP, über die Organisierung und

Inszenierung einer aufsehenerregenden politischen Bewegung, in wenigen Jahren zu einer Massenpartei zu werden. Im Jahre 1932 zählte sie etwa eine Million Mitglieder, und etwa 35 % der Wähler votierten für sie.

Die Suche nach den Ursachen für diesen Massenerfolg einer Partei des radikalen Nationalismus hält bis heute an. Drei Gesichtspunkte sind in unserem Zusammenhang hervorzuheben: Zunächst die große Krise der bürgerlichen Schichten, bedingt durch Weltkrieg und Inflation. Sie führte zu einem Zerfall der politischen Sozialmilieus, die seit der Mitte des 19. Jahrhunderts die politische Gesellschaft in Deutschland geprägt hatten. Die NSDAP konnte als erste Partei davon profitieren und zu einer ‚Volkspartei neuer Art‘ werden (Jürgen Falter). Sodann die Krise der nationalen Demokratie: Der demokratische Nationalstaat hatte vor allem im Bürgertum seine Stützen verloren (Zerfall von DDP und DVP; antidemokratische Wendung in den Führungsgruppen von Zentrum und DNVP), so daß er sich für die jungen Wähler, auch innerhalb der Arbeiterschichten, nicht mehr als attraktive Option anbot. Schließlich ist darauf hinzuweisen, daß andere Kräfte und Gruppen des rechtsnationalen Spektrums dem Sieg der NSDAP erheblich zugearbeitet haben. Drei Namen seien für die verschiedenen Formen dieser Zuarbeit genannt: Alfred Hugenberg, Ernst Jünger und Carl Schmitt. Am weitaus wichtigsten war Hugenberg, Spitzenmanager der Ruhrindustrie, Pressezar und Vorsitzender der DNVP, der schon 1929 aktiv auf Hitler zuging und bis zur Regierungsbildung von 1933 mit ihm kooperierte; Ernst Jünger steht für den Nationalismus der jungen Generation, der Frontsoldaten und der Literaten; Carl Schmitt für die Destruktion der Theorie des demokratischen Nationalstaats und das Zerbrechen seiner Rechtsgrundlagen durch höhere Beamte in Justiz, Universität und Verwaltung. Neben Hugenberg wäre wohl noch Hindenburg zu stellen, der Repräsentant des antidemokratischen Konservativismus, des Kaiserreichs und seiner Kriegführung; von der Sanktionierung der Dolchstoßlegende im November 1919 bis zur Berufung Hitlers im Januar 1933 hat er einer Konsolidierung der nationalen Demokratie immer wieder den Boden entzogen.

Nur mit dieser erheblichen Zuarbeit konnte es der NSDAP gelingen, die Masse der sozial und geistig verunsicherten Schichten in einer ökonomischen und politischen Krisensitation für sich zu mobilisieren, – ob damit auch zu nationalisieren, das ist eine andere Frage. Die NSDAP war in den Jahren 1930–1933 wohl weniger ein nationaler Hoffnungsträger als ein Ventil des Protestes gegen die vom Volk nicht legitimierte Politik der Präsidialkabinette. Angesichts dieses Massenprotestes befanden sich die Führungseliten der Nation und des Nationalstaates im Jahre 1932 schließlich in einer zunehmenden nationalpolitischen Ratlosigkeit, aus der heraus am 30. Januar 1933 – durchaus nicht notwendig – die Berufung Hitlers erfolgte.

Mit der Berufung zum Kanzler eines Präsidialkabinetts erhielt Hitler die Chance, über die *Eroberung des Nationalstaats* auch die Mehrheit der Nation für sich zu gewinnen. Er und seine Partei haben sie zu nutzen gewußt. Man konzentrierte sich zunächst auf die Zerschlagung des wichtigsten Gegners, die Führungseliten der Arbeiterbewegung. Für deren Ausschaltung aus dem öffentlichen Leben wurden mit äußerster Brutalität sowohl die Mittel des Staates eingesetzt wie auch der Terror der eigenen Kampfverbände, und der ausbleibende Protest aus den Reihen der bürgerlichen Gesellschaft zeigte einmal mehr, daß diese Nation in sich gespalten, daß sie keine Solidargemeinschaft war und nicht über einen verfassungsrechtlichen Grundkonsens verfügte, den sie gegen Rechtsbrecher zu verteidigen bereit war. Innerhalb von fünf Monaten waren die Institutionen der ‚anderen‘ Nation vollständig ausgeschaltet.

Bei der Eroberung des Nationalstaats war dessen Souverän, das Parlament, von zentraler Bedeutung. Auch in den Reichstagswahlen vom 5. März 1933 erreichte die NSDAP nicht mehr als 44 Prozent der Stimmen. Sie benötigte bei der Abstimmung über ein Ermächtigungsgesetz für eine Zweidrittelmehrheit die Stimmen anderer Parteien, und sie erhielt sie am 23. März von allen bürgerlichen Parteien! Mit diesem Akt verzichteten die Vertreter der bürgerlichen Nation auf die Wahrnehmung ihrer Souveränität und überantworteten sie dem Kanzler Hitler, der schon deutlich zu erkennen gegeben hatte, wie er damit umzugehen gedachte. Dies war *das Ende der souveränen Nation* in der Gestalt ihres wichtigsten politischen Organs. Der Reichstag hat seine Souveränität nicht wieder zurückerhalten; er wurde zu einem Akklamationsorgan im autoritären Führerstaat degradiert. Die deutsche Nation hatte nun kein Organ mehr, um sich demokratisch zu artikulieren. Sie konnte sich nicht mehr als eine politische Willensgemeinschaft zur Geltung bringen und hatte damit aufgehört, eine politische Kraft zu sein. „Der Sinn der Revolution, die wir gemacht haben, ist die Volkwerdung der deutschen Nation," sagte Goebbels am 15. November 1933. Es ging in der nationalsozialistischen Revolution, die nicht vom Volk, sondern von der Partei gemacht wurde (wie bei Lenin), in der Tat darum, daß die Nation zum Volk wurde. Die deutsche Nation, die lange um politische Souveränität gekämpft hatte, war nun wieder zu einem Volk geworden, das einem Führer zu folgen hatte, der es sein eigen nannte.

Die Souveränitätsrechte des anderen Repräsentanten der Nation, des Reichspräsidenten, wurden durch eine Strategie der Umarmung und Beerbung gewonnen: Erst der propagandawirksame ‚Tag von Potsdam' (21. März 1933) mit der Reverenz vor der preußischen Tradition, nach Hindenburgs Tod am 2. August 1934 dann die Usurpation des Amtes durch den ‚Führer', der nun alle Institutionen nationaler Souveränität in sich vereinigte. Fortan galt die Formel ‚Ein Volk, ein Reich, ein Führer'. Hitler konnte zum Adressat fast aller nationalen Identifikationen werden; der Mythos vom Führer wurde von Goebbels systematisch aufgebaut.

Eine andere Dimension der Eroberung des Nationalstaates war dessen institutionelle Umgestaltung. Es ging vor allem um die Zerschlagung der föderalen Strukturen, des nationaldemokratischen Unterbaus des Reiches. Bereits im März 1933 wurden die Länder durch ‚Reichsstatthalter' sowie durch eine Gleichschaltung der Regierungen und Parlamente ihrer Eigenständigkeit beraubt. Mit dem ‚Gesetz über den Neuaufbau des Reiches' vom Januar 1934 wurden sie dann aller Hoheitsrechte entkleidet, die Länderparlamente und der Reichsrat wurden abgeschafft. Damit war die charakteristische nationale Verfassungsstruktur Deutschlands zerschlagen. Zugleich wurde durch das Gesetz über die ‚Einheit von Staat und Partei' (1. Dezember 1933) der Gewinn der Eroberung des Nationalstaats durch die NSDAP eingebracht: Das Deutsche Reich war zu einem Staat der Partei und zu einem Instrument der autoritären Herrschaft des Führers geworden. Zum ersten Mal gab es nun einen *Einheitsstaat* in Deutschland, – aber es war nicht mehr ein Nationalstaat!

Interessanterweise wurde dieser Vorgang von vielen – damals wie heute – als ein Akt der Modernisierung verstanden. In der Tat gab es damals in der deutschen Gesellschaft viele solcher ‚Modernisierungen'. Sie firmieren meist unter dem Begriff der *Gleichschaltung*. Darunter sind durchaus nicht nur Willkürakte der NSDAP zu verstehen. Denn im Jahre 1933 lief durch das bürgerliche Deutschland eine Welle des Mitmachens und der spontanen Aktivität bei dieser Selbstaufopferung und Uniformierung, die als eine nationale Modernisierung verstanden wurde. Die Eroberung des Staates durch die NSDAP war begleitet von einer *‚nationalen Erhebung'* in der bürgerlichen Gesellschaft, die in ihrer Freiwilligkeit und ihrem Umfang heute viel zu wenig wahrgenommen wird. Hier wurde noch einmal deutlich, daß die Machtergreifung der NSDAP im Jahre 1933 keineswegs gegen den Willen der bürgerlichen Mehrheit des Volkes verlief. Alle wollten gern mitmachen! Auch im Saargebiet, wo es keine NSDAP-Regierung gab, lösten sich die bürgerlichen Parteien im Jahre 1933 freiwillig auf und bildeten mit der NSDAP zusammen eine ‚Deutsche Front'. Es war eine letzte – verblendete – nationale Bewegung in dieser Gesellschaft, die keinen Willen mehr hatte, eine souveräne demokratische Nation zu sein.

Nachdem die NSDAP den deutschen Nationalstaat innerhalb eines Jahres in ihre Hand gebracht und in einen autoritären Staat umgewandelt hatte, in dem die gesamte Souveränität in der Person des Führers zusammenlief, bestanden nun auch Aussichten, die zum Volk degradierte Nation weitgehend für Hitler zu gewinnen. Bei den bereits unter dem Nationalsozialismus stattfindenden Märzwahlen 1933 hatte die NSDAP jedoch nicht mehr als 44 % der Stimmen erhalten. Wie konnte es ihr gelingen, die hier mehrheitlich gegen sie votierenden Deutschen noch zu ihren Anhängern zu machen? Die *Volksabstimmung im Saargebiet* über dessen politische Zukunft zu Beginn des Jahres 1935 war in diesem Zusammenhang ein wichtiges Datum; denn sie fand unter freien Bedingungen statt. Hier stand die ‚Deutsche Front‘, in der unter Führung von NSDAP und Zentrumspartei alle bürgerlichen Parteien vereint waren, gegen die ‚Freiheitsfront‘, in der sich SPD und KPD das einzige Mal auf deutschem Boden freiwillig zu einer linken Volksfront zusammengeschlossen hatten. Unter der Parole ‚Für Deutschland – gegen Hitler‘ plädierten sie gegen eine Eingliederung des Saarbevölkerung in den Staat Hitlers, und sie erhielten knapp 9 % der Stimmen. Dem standen 91 % für die ‚Deutsche Front‘ gegenüber. Dieses Ergebnis wurde im In- und Ausland sehr beachtet. Es zeigte, daß es Hitler mit Hilfe der bürgerlichen Kräfte gelingen konnte, das deutsche Volk, also auch die Mehrheit der Arbeiterbevölkerung, hinter sich zu bekommen.

Die Eingliederung des Saargebietes in das Deutsche Reich war, obwohl als Möglichkeit schon im Versailler Vertrag vorgesehen, ein sichtbarer Schritt im Rahmen der revisionistischen deutschen Außenpolitik. Diese wurde nun zu Hitlers eigenstem Aktionsbereich, und hier gelang ihm in den folgenden Jahren nicht nur eine Totalrevision des Versailler Vertrages, sondern darüber hinaus eine Revanche für die Niederlage im Weltkrieg. Zwei Etappen dieser Politik, die Europa und die Deutschen über fünf Jahre in Atem hielt, sind zu unterscheiden. Die erste reichte bis zum ‚Anschluß‘ der Republik Österreich an das Reich im März 1938 (vgl. die einzelnen Schritte oben S. 277). In einem Regierungsbericht heißt es: „Im März erlebte das deutsche Volk einen Höhepunkt seiner Geschichte, die Geburt des groß- und volksdeutschen Reiches und damit die Erfüllung der alten Sehnsucht aller Deutschen.“ In der Tat war das Volk, das sich in der Revolution von 1848 als eine Nation konstituiert hatte, nun in einem Staate vereint. In Österreich empfahlen auch die Sozialdemokraten ein ‚Ja‘ bei der Volksabstimmung am 10. April, die ein Resultat von 99 % erbrachte. Vor allem für

Hitler selbst, den Deutsch-Österreicher, war es der Höhepunkt seines Lebens. Er ließ zum Reichsparteitag dieses Jahres die Insignien des Heiligen Römischen Reiches von Wien nach Nürnberg überführen. Der Erfolg, der ohne auswärtigen Einspruch möglich wurde, stieg ihm zu Kopf und beeinflußte seine weitere Politik. Schon im Herbst 1938 provozierte er einen Konflikt mit der Tschechoslowakei, und hier erlebte er erstmals im Volk und in der Armeeführung Kritik. Doch dann verschaffte ihm der große Krieg, auf den er seit 1935 hingearbeitet hatte, durch die Blitzsiege des ersten Jahres noch einmal eine Welle der Zustimmung.

Wegen fehlender objektiver Indikatoren ist es schwer, über die Zustimmung des deutschen Volkes zu Hitler etwas Verläßliches auszusagen. Sowohl die Saarabstimmung von 1935 wie auch der Anschluß Österreichs im Jahre 1938 sind dafür nur bedingt aussagekräftig; denn bei beiden Ereignissen galt die Zustimmung nicht in erster Linie Hitler, sondern der Erfüllung eines alten nationalpolitischen Zieles. Tendenziell kann nach dem heutigen Kenntnisstand gesagt werden, daß die Zustimmung zur NSDAP in den bürgerlichen Schichten, wo sie 1933 sehr hoch war, eher abgenommen, und in den Arbeiterschichten, wo sie anfangs gering war, eher zugenommen hat. Für die Befriedung und Disziplinierung der Arbeiter wurde einiges getan, z.B. in der Sozialpolitik und durch eine Übertragung des Modells ‚Volksgemeinschaft' auf die Wirtschaft (‚Betriebsgemeinschaft' mit Führer und Gefolgschaft sowie einem staatlichen ‚Treuhänder der Arbeit'); denn ein Novembersyndrom, die Furcht vor einem Arbeiteraufstand, war in der NSDAP-Elite ständig vorhanden. Auf dem Höhepunkt der Septemberkrise von 1938, als Hitler auf eine militärische Okkupation der Tschechoslowakei zusteuerte, stehen drei Vorgänge nebeneinander: Hitlers Rede im Berliner Sportpalast, wo er sich in eine Einheit von Führer und Volk hineinsteigerte: „In dieser Stunde wird sich das ganze deutsche Volk mit mir verbinden. Es wird meinen Willen als seinen Willen empfinden, genauso wie ich seine Zukunft und sein Schicksal als den Auftraggeber meines Handelns ansehe…" Die dort Versammelten, von Goebbels angefeuert, antworteten: „Führer befiehl, wir folgen." Am gleichen Tage wurde in der Bevölkerung jedoch eine durchaus kritische Stimmung gegenüber der Aussicht auf einen Krieg registriert, und innerhalb der Reichswehr lief die Vorbereitung eines Staatsstreichs gegen Hitler, der u. a. durch die Haltung der Regierung Chamberlain vereitelt wurde. Es ist also notwendig, zu unterscheiden zwischen dem sich lautstark artikulierenden Parteivolk, der Bevölkerungsmehrheit, die sich nur indirekt politisch äußern konnte, und dem aktiven Widerstand.

In diesem Zusammenhang ist darauf hinzuweisen, daß sich das deutsche Volk durch die Politik der NSDAP bereits erheblich verändert hatte. Durch die Verfolgungsmaßnahmen hatte es wichtige Teile seiner politischen und künstlerischen Elite verloren, und die jüdische Bevölkerungsminderheit war von Anfang an unter Ausnahmebedingungen gestellt worden. Durch die *Nürnberger Gesetze* von 1935 aber veränderte es sich auch verfassungsrechtlich in einem grundlegenden Sinne: Das für die moderne Nation konstitutive gleiche Staatsbürgerrecht wurde abgeschafft. Nach dem ‚Reichsbürgergesetz' vom 15. September 1935 wurde das deutsche Staatsvolk eingeteilt in Reichsbürger ‚deutschen und artverwandten Blutes' und minderberechtigte ‚Staatsangehörige'. Durch ein Gesetz ‚zum Schutze des deutschen Blutes und der deutschen Ehre' vom gleichen Tage wurden („durchdrungen von der Erkenntnis, daß die Reinheit des deutschen Blutes die Voraussetzung für den Fortbestand des deutschen Volkes ist und beseelt von dem unbeugsamen Willen, die deutsche Nation für alle Zukunft zu sichern") die Ehen zwischen Juden und Reichsbürgern verboten, und allen Eheschließenden wurde der Nachweis ihrer ‚Rassereinheit' abverlangt. Nach der politischen Entmündigung der Nation war dies deren verfassungsrechtliche Herabstufung zu einem Rasseverband. Von Protesten aus der Bevölkerung ist wenig bekannt.

Schon vor der Zerstörung von Volk und Reich im Weltkrieg waren damit die deutsche Nation und ihr Staat in einer grundsätzlichen Weise pervertiert worden: aus der Nation war das Volk geworden, das nicht mehr politisch, sondern als Rasse

verstanden wurde, und aus dem Nationalstaat war ein autoritärer Führerstaat geworden, ein Großdeutsches Reich, in dem
Juden und Fremdvölker keine Lebenschancen erhielten.

9.3 Das andere Deutschland

Was von der NS-Propaganda verkündet und im Ausland zunehmend geglaubt wurde, daß das deutsche Volk in der Gefolgschaft Hitlers stehe, entsprach nicht der Wirklichkeit. Dieses
Volk war zwar keine politisch souveräne Nation mehr und viele
Institutionen seines gesellschaftlichen Lebens waren ,gleichge-
schaltet', doch das bedeutete nicht, daß es eine uniformierte
Gesellschaft war, daß die Partei und ihre Verbände es im Griff
hatten und bedingungslos steuern konnten. Gesteuert wurden
das organisierte Parteivolk und das veröffentlichte Wort (wor-
auf sich die Urteile von außen und von heute her meist beziehen!). Über das Volk als ganzes kann, wenn überhaupt, nur
gesagt werden, daß es die Herrschaft Hitlers und seiner Partei
zu keinem Zeitpunkt in einer erkennbaren Weise mehrheitlich
abgelehnt, daß es auf sie aber in jenen zwölf Jahren sehr unterschiedlich reagiert hat. Dabei sollte niemals aus dem Auge
gelassen werden, daß es seine politische Meinung nicht offen
artikulieren konnte, daß es in einem elementaren Sinne nicht
frei war und nach anderen Ausdrucks- und Verhaltensformen
suchen mußte.

Es gab jedoch auch während dieser zwölf Jahre größere und
kleinere Gruppen und Institutionen, die noch eine Disposition
zu alternativem Handeln besaßen und diese wahrgenommen
haben. Sie werden hier insgesamt als das ,andere Deutschland'
bezeichnet. Ihr nationalpolitisches Verhalten, das sich generell
von dem der NSDAP unterschied, verdient besondere Aufmerksamkeit, weil es unter erschwerten Bedingungen gestanden hat und weil sich in ihm eine nationale Kontinuität durch-
hielt, an die man nach 1945 anknüpfen konnte. Dieses andere
Deutschland lebte sowohl innerhalb des Reiches als auch – ge-
zwungenermaßen – im Ausland.

Innerhalb des Deutschen Reiches sind zunächst die Anhänger der Parteien und Institutionen zu nennen, die bis zu ihrem Verbot in einer aktiven Opposition zur NSDAP standen, die *Sozialdemokratie* vor allem mit ihren Umfeldorganisationen, zu denen auch das ‚Reichsbanner Schwarz-Rot-Gold' zu rechnen ist (die KPD fällt unter nationaldemokratischem Gesichtspunkt praktisch aus). Sie war als einzige Partei am 24. März 1933 im Reichstag nicht bereit, die nationale Souveränität an Hitler zu übergeben und erwies sich damit noch einmal als ein Träger des Verfassungspatriotismus. Im Jahre 1932 umfaßte sie etwa eine Million Parteimitglieder, über drei Millionen zählte das Reichsbanner, und wenn man von den über 4 Millionen Gewerkschaftlern (ADGB) noch einen erheblichen Teil dazurechnen darf, dann steht man vor einer politisch bewußten Minderheit aktiver Verfassungspatrioten des Weimarer Nationalstaates, die zwar öffentlich mundtot gemacht, aber nicht ausgeschaltet werden konnte. Ihre Einschüchterung war das Ziel der ersten Terrorwelle des Hitlerregimes. Durch die Uneinigkeit, die Verhaftung und Emigration ihrer Führung wurde sie sehr geschwächt, aber der Wille zur Fortsetzung politischer Arbeit im Untergrund war ungebrochen. Auch als dies nach den Verhaftungswellen der Jahre 1935–1938 nicht mehr möglich war, blieben die kommunikativen Netze dieser ‚illegalen Partei' (Otto Bauer) bestehen. Man wartete auf das Ende des Terrorregimes, und als es 1945 gekommen war, hatte die SPD innerhalb eines Jahres mehr Mitglieder als vor 1933.

Zu diesem Kern einer überwinternden demokratischen Nation auf der Linken (zu dem auch die illegale Reichsleitung des *ADGB* unter der umsichtigen Leitung von Wilhelm Leuschner zu rechnen ist) sind zunächst die oppositionellen Verbände des *politischen Katholizismus* hinzuzurechnen, die zunächst noch, nicht gerade ermutigt von ihren Führern, eine Gegenposition bezogen, etwa mit einem ‚Wahlaufruf' vom 17. Februar 1933 („Wir hören stolze Worte von deutschem Geist, deutscher Treue, deutscher Freiheit und Ehre, wahrem Christentum und reiner Religion. Deutsch ist nach unserer Überzeugung Treue gegenüber dem Schwur, den man der Verfassung leistet.

Deutsch ist, die Freiheit lieben, auch die Freiheit des Gegners achten und Gewalttätigkeiten nicht straflos lassen"). Sie konnten sich dann in den Schoß der Kirche zurückziehen und hier ihre Kontakte aufrechterhalten, um für Widerstandsaktionen und für den Wiederaufbau zur Verfügung zu stehen.

Die christlichen *Kirchen* waren im nationalsozialistischen Deutschland die einzigen Institutionen mit Massenanhang, die nicht von der Partei kontrolliert und daher zum Ausgangspunkt öffentlicher Aktionen eines ,anderen Deutschland' werden konnten. Man kann nicht sagen, daß sie diese Möglichkeiten genutzt haben, etwa gegenüber der Judenverfolgung. Die katholische Kirche suchte über die Vereinbarung eines schon im Juli 1933 abgeschlossenen Konkordates schnell ein Arrangement mit der Hitlerregierung und rettete damit ihre Geschlossenheit als Institution. Die evangelische Kirche dagegen war im Jahre 1933 auf dem besten Wege, zu einer NS-orientierten Reichskirche zu werden (Kirchenwahlen am 23. Juli; Konstituierung einer ,Deutschen Evangelischen Kirche', geleitet von einem ,Reichsbischof'). Das Zusammenspiel von ,nationaler Erhebung' in den bürgerlichen Schichten und nationalsozialistischer ,Revolution' war nirgendwo so eng wie im deutschen Protestantismus. Mit der ,Bekennenden Kirche', von dem kämpferischen Nationalprotestanten Martin Niemöller ausgehend, kam es dann jedoch zu einer ernsthaften Protestbewegung, und die evangelische Kirche wurde die Plattform eines für die nationale Zukunft bedeutenden Stellvertreterkrieges in der deutschen Gesellschaft.

Auch die *deutschen Juden* sind hier zu nennen, der Teil der deutschen Nation, der von der NSDAP nicht für wert befunden wurde, zur Gefolgschaft Adolf Hitlers gerechnet zu werden. Sie erlebten in den wenigen Jahren, die sie noch in Deutschland bleiben konnten, einen intensiven Prozeß der Sammlung und Vereinigung (Gründung des ,Zentralausschuß der deutschen Juden' im April 1933, der ,Reichsvertretung der deutschen Juden' unter dem Vorsitz von Leo Baeck im September 1933) sowie der religiösen und kulturellen Selbstfindung. Diese denkwürdige Entwicklung von wenigen Jahren war jedoch durch die Verfolgungsmaßnahmen der NSDAP und durch den kontinuierlich erzwungenen Exodus ständig in Frage gestellt.

Im *nationalkonservativen Lager* waren die Möglichkeiten zu einem alternativen nationalen Handeln sehr viel günstiger, weil der Verfolgungsapparat des Regimes diese Gruppen weniger beachtete (Ausnahme: die Mordaktion ‚Röhmputsch‘ 1934). Da man der nationalsozialistischen Revolution hier anfangs weitgehend zugestimmt hatte und von der revisionistischen Politik Hitlers beeindruckt war, erwachte ein oppositionelles Denken in diesen Kreisen erst allmählich. Es hatte dann jedoch die größeren Erfolgschancen, weil es sich in den höheren Beamtenkreisen von zwei Institutionen entfalten konnte: dem Außenministerium und in der Reichswehr. Die um Ulrich von Hassell und Ernst von Weizsäcker gruppierten Beamten des Auswärtigen Amtes bemühten sich um die Verhinderung und Beendigung des Hitlerkrieges. Die Oppositionsgruppen der Reichswehr dagegen konzentrierten ihre Pläne seit 1938 auf einen militärischen Staatsstreich und die Ausschaltung Hitlers, worin ihnen am 9. November 1939 in München beinahe ein Einzelgänger, der Schreiner Georg Elser, zuvorgekommen wäre. Im Vorfeld des entscheidenden Versuches (20. Juli 1944) kam es erstmals auch zu einer konspirativen Zusammenarbeit verschiedener Richtungen des anderen Deutschland. Die nationalen Verfassungsvorstellungen gingen hier weit auseinander, und obwohl die an ihm beteiligten Sozialdemokraten nicht im Zentrum standen, kann ein 1943 von Carlo Mierendorff verfaßter ‚Aufruf‘ als das wichtigste nationalpolitische Dokument des deutschen Widerstandes bezeichnet werden. Mit dem Leitbegriff ‚Sozialistische Aktion‘ – so der Titel einer im Exil gedruckten und im Reich verbreiteten Zeitung – stellte es eine Verbindung her zu dem sozialdemokratischen Widerstand der ersten Jahre.

Als *Aufruf an das deutsche Volk* formuliert, enthielt das Dokument ein Aktionsprogramm, auf das man sich innerhalb des Kreisauer Kreises offensichtlich verständigt hatte. „Die Sozialistische Aktion ist eine überparteiliche Volksbewegung zur Rettung Deutschlands", heißt es hier. „Sie kämpft für die Befreiung des deutschen Volkes von der Hitlerdiktatur, für die Wiederherstellung seiner durch die Verbrechen des Nazismus niedergetretenen Ehre und für seine Freiheit in der sozialistischen Ordnung. Den Aktionsausschuß bilden Vertreter der christlichen Kräfte, der sozialistischen Bewegung, der kommunistischen Bewegung und der liberalen Kräfte als Ausdruck der Geschlossenheit und Einheit." Es folgen die einzelnen Programmpunkte, in denen Gerechtigkeit, umfassende Toleranz, Föderalismus und internationale Zusammenarbeit mit freien, sozialistischen Wirtschaftsprinzipien vereinigt sind: „Selbstverwaltung der Wirtschaft unter gleichberechtigter Mitwirkung des arbeitenden Volkes als Grundelement der sozialistischen Ordnung,... um Menschenwürde und politische Freiheit zu verwirklichen." Am Ende des Textes heißt es: „Noch hat das deutsche Volk keine Möglichkeit, seine Stimme zu erheben. Um so lauter rufen die Ruinen und Gräber zur Sammlung, zur Aktion!... Ein neues Deutschland muß entstehen, worin sich das schaffende Volk sein Leben im Geist wahrer Freiheit selbst ordnet." Man kann diesen Aufruf als *das nationalpolitische Vermächtnis des deutschen Widerstandes* bezeichnen, – Vermächtnis auch in dem Sinne, daß alle diejenigen, die an der Ausarbeitung dieses Programms beteiligt waren, mit ihrem Leben dafür bezahlt haben. Sie waren nur eine kleine Gruppe und hatten weit auseinanderliegende Grundanschauungen; doch sie waren vereint durch den Willen, der verbrecherischen Politik des Nationalsozialismus im Zeichen von Recht und Humanität den Anspruch eines anderen Deutschlands entgegenzusetzen und der nationalen Katastrophe entgegenzuwirken. Hier wurde erstmals in der Geschichte der deutschen Reichsnation ein nationaler Grundkonsens formuliert, der alle Parteien umfaßte (man beachte das im Aufruf genannte Spektrum!) und bis heute als verpflichtend gelten kann.

Neben dem Widerstand im Reich standen die Stimmen des anderen Deutschland in der *Emigration*. Diese fünfte nationalpolitisch motivierte Emigration in der deutschen Geschichte (nach denen von 1809 ff., 1830 ff., 1849 ff. und 1878 ff.) war gewiß die größte. Sie umfaßte bis 1939 etwa 400 000 Personen; unter ihnen waren etwa 360 000 jüdische Reichsbürger, die jedoch mit ihrer erzwungenen Auswanderung weitgehend die Zugehörigkeit zur deutschen Nation aufgaben und sich auch einem anderen Deutschland nicht mehr zugehörig fühlten. Die nichtjüdische Emigration bestand vor allem aus Künstlern, Schriftstellern und Politikern, überwiegend links orientiert. Die Sozialdemokratie bildete von ihrer Zahl und Bedeutung her einen Schwerpunkt, und mit der Übersiedlung ihres Exilvorstandes von Prag über Paris nach London verlagerte sich auch das organisatorische Zentrum der deutschen Emigration. Sie war vielfach aktiv, davon zeugen ungezählte Schriften und Periodika, und doch kam es trotz einiger Ansätze nie zu einer nationalpolitisch motivierten Vereinigung oder Aktion, in der man die Stimme des anderen Deutschland im Ausland erkennen kann. Selbst die emigrierten Regierungs- und Parlamentsmitglieder fanden nicht zusammen; nicht wenige der Emigranten sind an ihrer Vereinsamung zugrunde gegangen.

Die einzelnen politischen Lager agierten für sich, und das linke spaltete sich zunächst noch weiter auf angesichts der Fragen, die der siegreiche Faschismus und der konkurrierende Kommunismus stellten. Obwohl es in der Exil-SPD zunächst beachtenwerte Ansätze gab, sich von dem volksnationalen Denken zu lösen und einen vom Prinzip der Volkssouveränität geprägten Nationsbegriff zu erarbeiten, hat man dann jedoch in einer Forcierung des revolutionären Klassenkampfes und in einer verbalradikalen Annäherung an die kommunistische Position den Schlüssel zum Erfolg gesehen (Prager Manifest 1934). Um so wichtiger für die Zukunft wurde ein organisatorischer Schritt: die Schaffung einer nationalen ‚Union deutscher sozialistischer Organisationen‘ 1941 in London.

Einen ganz anders klingenden Namen hatte die Organisation nationaler Sammlung, die 1943 in der Sowjetunion gegründet wurde: ‚Nationalkomitee Freies Deutschland‘. Ihm gehörten KP-Funktionäre, emigrierte Schriftsteller, vor allem aber Wehrmachtsoffiziere an, die in sowjetische Gefangenschaft geraten waren. In einem ‚Aufruf an Volk und Wehrmacht!' wurde zum Sturz Hitlers, zur Bildung einer Regierung der ‚nationalen Einheitsfront' aufgerufen, und Stalin garantierte in diesem Fall die Reichsgrenzen von 1937. Er wollte einen Sonderfrieden erreichen und aus der Anti-Hitler-Koalition ausscheren. Deshalb bekam das Komitee jede Hilfestellung, sogar einen eigenen Sender ‚Freies Deutschland', der in ganz Europa zu hören war. Als der gewünschte Erfolg sich nicht einstellte, verlor Stalin sein Interesse, und das Komitee mußte sich im November 1945 auflösen. Doch die so einleuchtend klingende Parole von der ‚antifaschistischen Einheitsfront' hatte ihre erste Bewährungsprobe bestanden. Sie hatte den kommunistischen Funktionären gezeigt, wie erfolgreich man mit nationalen Einheitsparolen Politik machen konnte.

Im Rückblick auf die Stimmen des anderen Deutschland seien drei Gesichtspunkte besonders herausgestellt:
1. Die Spaltung der deutschen Nation in der Weimarer Republik konnte auch nach dem Machtantritt Hitlers nicht überwunden werden. Sie kennzeichnete vor allem die Situation in der deutschen Emigration. „Das Exil ist etwas ganz anderes geworden, als es in früheren Zeiten war. Es ist kein Wartezustand..., sondern spielt schon auf eine Auflösung der Nation an", betonte Thomas Mann 1941. Das Erlebnis der Hitlerherrschaft brachte viele Deutsche dazu, sich von ihrer nationalen Identität zu lösen. Die 1933 untergegangene deutsche Nation konnte in der Emigration nicht wieder aufgebaut werden. Nur innerhalb der aktiven Widerstandsbewegung des 20. Juli war es gelungen, einen neuen nationalpolitischen Grundkonsens zu finden.
2. An den politischen Plänen für ein Deutschland nach Hitler, die innerhalb des anderen Deutschland entwickelt wurden, fällt durchgängig auf, daß von keiner Seite an den Nationalstaat von Weimar und seine Verfassung angeknüpft wurde. In allen politischen Lagern wurde nach einem neuen Verfassungskonzept gesucht; auch die SPD kam nicht mehr auf die von ihr verteidigte Reichsverfassung zurück.

3. Das andere Deutschland wurde in seiner Arbeit nicht durch einen offiziellen Zuspruch von außen unterstützt. Es wurde nicht aufgenommen in die internationale Gemeinschaft der Hitler-Gegner; von den Regierungen der Anti-Hitler-Koalition wurde es kaum beachtet. Das volksnationale Denken konnte auch in den Ländern der Anti-Hitler-Koalition nicht überwunden werden. Das Zeitalter des Nationalismus war noch nicht beendet.

10. Rückblicke auf die Reichsnation

10.1 Das Ende des Reiches und seiner Nation

Schon bevor der Zweite Weltkrieg begann, hatte das NS-Regime das Deutsche Reich in seinem Wesen so verändert, daß man von seiner Zerstörung sprechen kann. Diese These gilt nicht nur innenpolitisch, sie gilt auch für die Außenpolitik. Das Reich war 1870 als ein Nationalstaat geschaffen worden, dessen raison d'être in der territorialen Selbstbeschränkung auf eine ‚kleindeutsche' Lösung bestand. Mit dem Anschluß Deutsch-Österreichs im März 1938 war diese Selbstbeschränkung durchbrochen, aber international toleriert worden (vgl. S. 286f.). Durch die Abtrennung der sudetendeutschen Gebiete von der Tschechoslowakei jedoch wurde sie im Herbst 1938 auf Kosten eines Nachbarstaates so überdehnt, daß die internationale Sanktionierung dieses Aktes im Münchener Abkommen heute als ein eklatanter Fehlgriff europäischer Großmachtpolitik dasteht. Mit der Okkupation des tschechischen Staates und dessen Verwandlung in ein ‚Protektorat' des Deutschen Reiches im März 1939 war dann der Punkt erreicht, der das Reich als Nationalstaat sprengte. Dieser aggressive Akt ist weder durch die betroffene Bevölkerung legitimiert gewesen, noch von den Nationaldemokratien Europas anerkannt worden.

Mit dem von ihm herbeigeführten Weltkrieg hat Hitler die Zerstörung des Deutschen Reiches dann auf seine Weise vollendet. Auch hier ist es wichtig, nicht nur die militärische Seite des Dramas zu sehen, sondern auch die politische: Die Grenzen des Reiches wurden bis zum Jahre 1942 Schritt für Schritt nach Osten erweitert, das polnische Gebiet teils direkt inkorporiert, teils in Form eines ‚Generalgouvernements' angegliedert (vgl. Karte S. 344, Anhang). Dieses Reich wurde immer noch als *Großdeutsches Reich* bezeichnet, eine Pervertierung auch dieses

Begriffs. Hitler hatte in ‚Mein Kampf‘ von einem ‚germanischen Reich deutscher Nation‘, einem völkischen Staat der germanischen Rasse geträumt; nun erlaubten ihm die Erfolge der Wehrmacht und die Komplizenschaft großer Teile ihres Offizierskorps, mit Hilfe seiner SS-Verbände an die grausame Verwirklichung dieses Rassismus zu gehen. An den Juden, an den Zigeunern und an den slawischen Völkern wurde *organisierter Völkermord* betrieben, und damit hatte das von Hitler geführte Reich auch in einer grundsätzlich-moralischen Dimension seine Existenzberechtigung verloren. Es war bereits zugrunde gerichtet, ehe es besiegt wurde.

Nachdem sich das Kriegsglück gegen ihn gewendet hatte, trug Hitler auch selbst zur Zerstörung des Reiches bei. Er nahm nun Rache an dem Volk, das bei der Verwirklichung seines Rassenstaates ‚versagt‘ hatte. Die Aufopferung der 6. Armee vor Stalingrad im Winter 1942/43 war der erste dieser Zerstörungsakte; den Schlußpunkt bildete der sogenannte Nero-Befehl vom 19. März 1945: „Alle Verkehrs-, Nachrichten-, Industrie- und Versorgungsanlagen, die sich der Feind... nutzbar machen kann, sind zu zerstören."

Es war das Gesetz dieses von Hitler gewollten Krieges und entsprach der Logik des Jahrhunderts des Nationalismus, daß die Siegermächte die Zerstörung des Deutschen Reiches, die Hitler eingeleitet hatte, fortsetzten und zu Ende führten. In ihren Kriegskonferenzen gingen sie nach dem sich abzeichnenden militärischen Sieg dazu über, verschiedene Formen eines Deutschland nach Hitler durchzuspielen. Dabei verstand es sich von selbst, daß das Reich als Militärmacht vollständig vernichtet und alle Gewinne der Revisionspolitik Hitlers wieder rückgängig gemacht werden sollten. Darüber hinaus gaben die Westmächte dem Expansionsdrang Stalins und den Wünschen der polnischen und tschechischen Exilpolitiker nach und stimmten einer erheblichen Reduzierung des Reichsgebietes im Osten zu (Oder-Neiße-Grenze) sowie der Vertreibung der mehrere Millionen zählenden deutschen Bevölkerung in den abzutretenden Gebieten und in der Tschechoslowakei.

Entscheidend für das nationale Schicksal Deutschlands aber wurde der Akt, den die Kriegsalliierten vier Wochen nach der militärischen Kapitulation vollzogen: Sie erklärten am 5.Juni 1945 in Berlin die *Übernahme der obersten Regierungsgewalt* in Deutschland und setzten dafür einen ‚Kontrollrat' der Oberkommandierenden ein; kurz vorher war nach Hitlers Selbstmord die als Übergangsorgan fungierende Regierung Dönitz verhaftet worden. Die Alliierten erklärten zwar, Deutschland nicht annektieren zu wollen, doch sie zerstörten mit diesem Akt den deutschen Staat; die politischen Organe des Reiches wurden aufgelöst. Das Deutsche Reich als Träger politischer Souveränität hatte damit aufgehört zu existieren. Die in ihm verkörperte nationale Souveränität wurde nicht dem deutschen Volk zum Zwecke einer neuen Regierungsbildung zurückgegeben, sondern von den Siegermächten usurpiert.

Die Siegermächte machten von der usurpierten Regierungsgewalt über das deutsche Volk umfassend Gebrauch; sie vollzogen Entscheidungen, die bis heute nachwirken. In eigener Machtvollkommenheit teilten sie das verbliebene Reichsgebiet in Besatzungszonen auf, in denen die jeweilige Besatzungsmacht eigenmächtig regieren konnte. Innerhalb der Besatzungszonen wurden neue Länder geschaffen, und die Hauptstadt Berlin wurde gesondert in vier Besatzungssektoren aufgeteilt. Auf der Potsdamer Konferenz der drei Siegermächte wurde in dem abschließenden Kommuniqué vom 2. August 1945 mitgeteilt: „Bis auf weiteres wird *keine zentrale deutsche Regierung* errichtet werden." Der Aufbau der öffentlichen Verwaltung sollte von unten, von den Gemeinden und Ländern her erfolgen. Lediglich in wirtschaftlicher Hinsicht sollte Deutschland als Einheit betrachtet und ‚zentrale deutsche Verwaltungsabteilungen' geschaffen werden; das wurde jedoch schon bald durch Frankreich, die vierte kooptierte Besatzungsmacht, verhindert. Das Prinzip der Einstimmigkeit, das für alle Entscheidungen des Kontrollrates galt, wirkte sich hier erstmals negativ aus, und nach dem Ausbruch des Kalten Krieges wurde dieses Organ der obersten Souveränität in Deutschland dadurch vollständig paralysiert. Eine Gemeinsamkeit der vier Siegermächte war nur noch bei der Abrechnung mit der deutschen Vergangenheit möglich: der Verurteilung der Eliten Hitlerdeutschlands in den Nürnberger Prozessen und der Auflösung des Landes Preußen, in dem man den ‚Träger des Militarismus und der Reaktion in Deutschland' erblickte (Kontrollratsgesetz Nr. 46). Angesichts der Selbstblockade des Kontrollrats und der Verfestigung der Teilung Europas entlang der deutschen Zonengrenze entschlossen sich die drei westlichen Siegermächte in der ersten Hälfte des Jahres 1948, unterhalb der nationalen Ebene eine deutsche Staatsbildung einzuleiten (‚Frankfurter Dokumente' vom 1. Juli 1948 über eine westdeutsche Staatsgründung).

Obwohl sich die westdeutschen Parteien und Ministerpräsidenten zunächst heftig gegen eine deutsche Teilstaatsgründung wehrten, sahen sie bald, daß sie über ein alternatives nationales Konzept nicht verfügten und daß im Europa des Kalten Krieges keine andere Wahl blieb. Man hatte sich in der Tat nach dem Krieg relativ schnell mit dem *Ende des Nationalstaates* abgefunden. Der Auflösung des Reiches durch die Siegermächte wurde nicht ein Anspruch auf nationale Souveränität, auf einen eigenen Staat entgegengesetzt (im Gegensatz zu der Entwicklung in Österreich). Der Begriff des Reiches taucht zwar im Jahre 1945 bei den ersten nationalen Treffen demokratischer Politiker noch auf (Reichskonferenz der SPD in Wennigsen, Reichstreffen christlich-demokratischer Politiker in Bad Godesberg); er wurde jedoch in der politischen Sprache dann bald aus dem Verkehr gezogen. Auch in der Politik der deutschen Parteien fanden sich kaum Anknüpfungen an das Reich. Keine der Parteien griff auf die Reichsverfassung und deren Institutionen zurück, und erst nach dem Ausbruch des Kalten Krieges berief man sich in Westdeutschland auf die Reichsgrenzen von 1937. Die Reichshauptstadt Berlin, wo der Kontrollrat als oberster Souverän in Deutschland präsent war, wurde von den führenden westdeutschen Politikern gemieden. Dem alliierten Besatzungssouverän wurde kein nationaler Souveränitätsanspruch eines demokratischen Deutschland gegenübergestellt.

Dieses Verhalten der deutschen Politiker wirft eine Reihe von Fragen auf: Kann man die Deutschen, die sich nach 1945 in den vier Besatzungszonen zusammenfanden, noch als eine Nation bezeichnen? Wollten sie selbst eine Nation sein? Gab es in ihren Reihen Ansätze zur Bildung einer neuen politischen Willens- und Solidargemeinschaft? Auf welches Territorium als Vaterland konnte sich nach der Zerstörung und Verkleinerung des Reiches ein neues Nationalbewußtsein beziehen?

Die bürgerliche Mehrheit der Deutschen hatte 1933 auf ihre nationalpolitischen Souveränitätsrechte verzichtet und sie dem Führer der NSDAP überlassen (vgl. S. 283 f.). Die gesamte Nation wurde von der NS-Regierung dann zu einem Volk degradiert. Auch die Siegermächte sprachen in ihren Dokumenten stets nur vom deutschen Volk, nicht von einer deutschen Nation. Dies war im Jahre 1945 die nationalpolitische Ausgangslage.

Die zu Hitlers Reichsvolk gewordene Nation hatte sich in den Jahren 1933–1945 auch in ihrer sozialen Struktur gravierend verändert, bzw. sie war von der NS-Politik verändert worden. Ein erster Akt war die Herausdrängung der oppositionellen Eliten und der Juden aus dem Reichsgebiet. Sodann wurden seit 1938 große Teile der deutschprachigen Bevölkerung aus den osteuropäischen Ländern in das expansiv vergrößerte Reichsgebiet eingegliedert. Diese volksdeutsch aufgefüllte Reichsbevölkerung ist durch die Folgen des Weltkriegs schon bald erheblich reduziert worden. Vor allem aber war sie Bevölkerungsverschiebungen ausgesetzt, die über alle bisherigen Dimensionen hinausgingen. Sie waren von der Hitlerregierung begonnen und von den Siegermächten nach dem Krieg in noch größerem Umfang fortgesetzt worden. Mehr als ein Drittel der Deutschen haben durch Evakuierung, Deportation und Fluchtbewegungen in den 1940er Jahren ihre Heimat verloren, und diese durch äußere Umstände erzwungene Wanderungsbewegung der Deutschen ist bekanntlich bis in unsere Tage nicht zur Ruhe gekommen (vgl. Tabelle S. 337). Das deutsche Volk hat sich in dieser großen Epoche seiner Fremdbestimmung in seinen gesellschaftlichen Strukturen völlig verändert. Die soziale

Schichtung, das Verhältnis der Klassen und der Konfessionen, die Beziehungen zwischen den Generationen und den Geschlechtern haben sich grundlegend gewandelt.

Im politischen Verhalten der deutschen Nachkriegsbevölkerung ist auffällig, wie wenig an die Reichsnation der Weimarer Republik angeknüpft wurde. Wenn sich die Deutschen wieder als eine Nation hätten konstituieren wollen, wäre ein solcher Rückbezug naheliegend gewesen, zumal nur zwölf Jahre vergangen waren. Die Repräsentanten der Weimarer Nation, soweit sie nicht den Verfolgungen und dem Krieg Hitlers erlegen waren, standen meist noch zur Verfügung. Doch viele von ihnen kehrten nicht nach Deutschland zurück bzw.: sie wurden nicht gerufen. Das galt nicht nur für Spitzenpolitiker wie Heinrich Brüning oder Otto Braun, sondern auch für viele Wissenschaftler und kulturelle Größen, und nicht zuletzt die Juden. Thomas Mann siedelte sich nach dem Krieg in der Schweiz an, Bert Brecht ging, wie viele andere, in die DDR und machte damit deutlich, daß auch die ideologischen Gegensätze einer neuen Nationsbildung im Wege standen.

Das überanstrengte und geschlagene, tief verunsicherte und strukturell so veränderte deutsche Volk hatte nach dem katastrophalen Ende von Hitlers Krieg nicht die Kraft zu einer neuen Nationsbildung. Doch in einem Punkt gab es im Volk einen gemeinsamen Willen: zur Abrechnung mit dem Nationalsozialismus und seinen Zuarbeitern. Viele Tausende warteten darauf seit Jahren, und möglicherweise hätte sich aus einer eigenverantwortlichen Durchführung der *Entnazifizierung* der Ansatz für eine neue Nationsbildung ergeben. Die Siegermächte behielten sich diese Abrechnung jedoch selbst vor; sie inszenierten die Nürnberger Prozesse in eigener Regie und nahmen auch die Überprüfung der Nazis zunächst selbst in die Hand. Das ‚andere‘ Deutschland kam auf die Zuschauerbank und hätte doch – hier wie in vielen anderen Fällen – der Ermutigung zum Handeln bedurft.

Einer möglichen Konstituierung des ‚anderen‘ Deutschland als neue, demokratische Nation stand jedoch vor allem die sowjetisch-kommunistische Politik entgegen. Sie machte sich in

Berlin und in der sowjetischen Zone sofort antidemokratisch geltend und bewirkte, daß die SPD als die wichtigste Kraft einer demokratischen Nationsbildung schon im ersten Nachkriegsjahr gespalten und ihrer gesamtdeutschen Wirkungsmöglichkeiten beraubt wurde. In den Westzonen sorgten die Alliierten dafür, daß sich eine politische Willensbildung der Deutschen nur von unten her aufbauen konnte. Als sie in den einzelnen Parteien und Institutionen dann so weit gediehen war, daß sie auch nationale Dimensionen hätte annehmen können, war Deutschland bereits ein gespaltenes Land. Das einzige Treffen der Ministerpräsidenten aller deutschen Länder im Juni 1947 in München scheiterte schon beim Streit um die Tagesordnung. Seit 1948 konnten nationale Positionen nur noch so wahrgenommen werden, daß man stellvertretend auch für die andere Hälfte des geteilten Landes zu sprechen vorgab. Je lauter dies propagandistisch geschah, um so mehr wurde die Tatsache offenbar, daß die Deutschen es nicht mehr schafften, sich als Nation zu konstituieren.

Nicht nur das Reich, auch die Reichsnation war an ein Ende gekommen.

10.2 Deutsche Nation, Nationalbewegung und Nationalismus im Überblick

Die moderne deutsche Nation, ihre Nationalbewegungen und die verschiedenen Formen von Nationalismus, die im Verlaufe ihrer Geschichte sichtbar wurden, waren die leitenden Themen in dieser Darstellung. Vom Ende dieser Nation in der Epoche des Nationalsozialismus geht der Blick zurück, und es entsteht die Frage, welche charakteristischen Etappen sich im Überblick über deren Geschichte abzeichnen.

Nach der hier vorgelegten Analyse kann die neuzeitliche Geschichte der deutschen Nation in folgende Abschnitte gegliedert werden:

– bis zum Jahre 1806: die Entstehung einer modernen, bürgerlich geprägten Nation im Rahmen des Heiligen Römischen Reiches, das politisch getragen wurde von einer vormodernen Nation des deutschen Reichsadels (vgl. Kap. 2);

– 1806–1847: fortschreitende Nationsbildung und Emanzipation der bürgerlichen Schichten im Zusammenhang ihrer Auseinandersetzung mit dem modernen Frankreich und mit den Regierungen des Deutschen Bundes (vgl. Kap. 3 und 4);

– 1848–1866/71: das nationale Projekt einer ,kleindeutschen' Staatsgründung in einer Phase des revolutionären Umbruchs und der sozialen Klassenbildung (vgl. Kap. 5);

– 1871–1914: Sozialpolitische Spaltung der Nation im autoritär regierten Kaiserreich, verschärft durch die Entstehung eines organisierten Nationalismus (vgl. Kap. 6);

– 1914–1918: das Kriegserlebnis einer nationalen ,Volksgemeinschaft' und deren Zerfall aufgrund nationalistischer Überanstrengung (vgl. Kap. 7);

– 1918–1930: Durchsetzung des demokratischen Nationalstaats auf der Basis einer nationalpolitischen Koalition zwischen Sozialdemokratie und demokratischem Bürgertum; Scheitern seiner Konsolidierung angesichts einer erstarkenden konservativ-nationalistischen und kommunistischen Totalopposition und internationaler Belastung (vgl. Kap. 8);

– 1930–1945: Selbstpreisgabe des demokratischen Nationalstaats und dessen Eroberung durch den Nationalsozialismus; Zerfall der Reichsnation als Träger der politischen Souveränität und Zerstörung des Reiches (vgl. Kap. 9 und 10.1).

Die Geschichte der deutschen Nation war immer wieder von einer Nationalbewegung geprägt, in der zentrale Anliegen des nationalen Programms (vgl. S. 14 f.) durchgesetzt werden sollten. Diese *Nationalbewegungen* verschiedener Gesellschaftsschichten lassen sich mit folgenden Daten fixieren:

– um 1770: Deutsche Bewegung der reichsdeutschen Bildungsschichten als vorpolitische Mobilisierung der modernen Nation;

– 1806–1818: antinapoleonische Befreiungsbewegung und das nationalpolitische Erwachen der Bildungsschichten;

– 1832–1849 und 1859–1866: liberale und demokratische Bewegung breiter bürgerlicher Schichten für die Bildung eines Nationalstaates;

– 1908–1913 und 1916–1920: Bewegung von Arbeitern, Frauen und demokratischem Bürgertum für die Verwirklichung der nationalen Demokratie;

– 1933–1944: Widerstand gegen das Hitlerregime als nationale Befreiungsbewegung des ‚anderen‘ Deutschland.

Das Auftreten von *Nationalismus* in der Geschichte der deutschen Nation kann rückblickend an den folgenden Daten festgemacht werden:

– zunächst ein nicht organisierter Nationalismus als radikalisiertes nationales Verhalten auf den Höhepunkten der Nationalbewegungen, besonders in den Jahren 1813, 1840 und 1870 gegenüber Frankreich, 1848 und 1863/64 gegenüber Dänemark, 1848 und 1863 gegenüber Polen;

– 1880–1900: Entstehung eines organisierten Nationalismus verschiedener programmatischer Orientierung als Agitation gegen bestimmte ‚Reichsfeinde‘, vor allem Juden, die Sozialdemokratie und Polen, und für eine deutsche Weltmachtpolitik.

– 1914–1918: Intensivierung des organisierten Nationalismus im Weltkrieg als Agitation für annexionistische Kriegsziele; verbreiteter Kriegsnationalismus in Frontstellung gegenüber den westeuropäischen Verfassungsstaaten, vor allem in den Bildungsschichten;

– 1919–1923: Entfaltung nationalistischer Positionen und Organisationen im Kampf gegen den Vertrag von Versailles und gegen die demokratische Republik; Übergang von der politischen Agitation zur Aufstellung paramilitärischer Verbände und einer konspirativ-terroristischen Praxis;

– 1929–1933: Aufstieg der NSDAP zur Massenbewegung und Abwendung der bürgerlichen Führungsgruppen sowie breiter Bevölkerungsschichten von der nationalen Demokratie, gipfelnd im Jahre 1933 in einer ‚nationalen Erhebung‘ der bürgerlichen Schichten;

– seit 1934: Übergang des organisierten Nationalismus unter Führung der NSDAP in einen autoritären Führerstaat mit völkisch-rassistischem Aktionsprogramm.

10.3 Historische Urteile

Das in der Neueren Geschichte wohl einzigartige Ereignis der Zerstörung eines Nationalstaates und das Zugrundegehen einer großen Nation verlangen eine Erklärung, fordern zu Deutungen heraus. Die Erklärungsversuche setzten unmittelbar nach 1933 und verstärkt nach 1945 ein. Sie hatten von Anfang an eine historische Dimension und führten zu grundsätzlichen Fragen nach dem Wesen der deutschen Nation, nach dem Charakter und den Tendenzen der deutschen Nationalgeschichte. Sie sind bis heute nicht abgerissen. Die deutsche Nation zählt in unserem Jahrhundert zu denen, die am häufigsten gedeutet und klassifiziert wurden. Im Hintergrund steht bei allen diesen Fragen die Suche nach einer Erklärung für die politische Selbstabdankung dieser Nation, nach den Gründen für die Durchsetzung des Nationalsozialismus, speziell für die Ermöglichung seines Terrors und Völkermords. Die Deutungen, die sich mit einem bestimmten Leitbegriff verbinden, sollen im folgenden genannt werden.

Die Erklärungsversuche der modernen deutschen Nationalgeschichte sind fast alle, das sollte nicht übersehen werden, mit dem methodischen Problem konfrontiert, eine negativ akzentuierte ‚Kontinuitätshistorie' (Thomas Nipperdey) zu betreiben. Denn sie versuchen, eine geschichtliche Kontinuität aufzuweisen, indem sie die Ereignisse nach 1933 in frühere Zusammenhänge der deutschen Geschichte hineinlesen und diese von jenen her erschließen. Ein solches Verfahren ist bei einer engagierten Geschichtsschreibung generell kaum zu vermeiden. Im Falle Deutschlands jedoch besteht das besondere Problem, daß hier das katastrophale und weltweit moralisch verurteilte Ende des Nationalstaats mit entsprechenden negativen Wertungen zurückdatiert wird, so daß die neuere deutsche Geschichte ge-

nerell unter ein moralisches Verdikt gerät und zu einer Unheils-
geschichte verbogen wird.

Der im Jahre 1959 publizierte Titel ‚*Die verspätete Nation*‘
hat sich wie ein Schlagwort verbreitet und ist heute jedem ge-
läufig, der über die deutsche Geschichte urteilt. Der Soziologe
Helmuth Plessner hatte damit eine Ansicht auf eine bündige
Formel gebracht, die seit langem verbreitet war. Die Deutschen
zählten seit dem Mittelalter zu den führenden Nationen des
Kontinents, doch eine nationale Staatsbildung war ihnen nicht
gelungen. Daher war schon nach dem großen Entwicklungs-
rückschlag des 30jährigen Krieges, etwa bei Herder, das Urteil
verbreitet, Deutschland sei in seiner nationalpolitischen Entwicklung hinter anderen Nationen Europas zurückgeblieben.
In der deutschen Nationalbewegung des 19. Jahrhunderts war
diese Meinung Allgemeingut, vor allem nach dem Fehlschlag
der Nationalstaatsbildung in den Jahren 1848–1850. Die
Reichsgründung von 1866–1871 wurde verstanden als die Einlösung eines längst fälligen Nachholbedarfs.

Für Plessner jedoch und seine westdeutschen Rezipienten
stand die These von der verspäteten Nation in einem ganz anderen Zusammenhang: der Frage nach den Ursachen für die Durchsetzung des Nationalsozialismus in Deutschland. Plessner hatte
sie in seiner schon 1935 ausgearbeiteten Studie durch eine kritische Analyse der Geisteskultur des Kaiserreiches zu beantwor-
ten versucht. Die deutsche ‚Verspätung‘ wurde von ihm nicht
mehr nationalpolitisch gesehen, sondern kultursoziologisch, im
Sinne einer verspäteten Durchsetzung von Aufklärung und Modernisierung in Deutschland bereits seit dem 17. Jahrhundert.
Damit hatte der Topos von der deutschen Verspätung eine dem
Geiste Herders diametral entgegengesetzte Akzentuierung erhalten. Die geistig-kulturelle Entwicklung Deutschlands, die
stets als dessen Stärke gegolten hatte, wurde nun als eine Fehlentwicklung in Frage gestellt. Außerdem war diese Deutung getragen von einer grundsätzlichen Distanz gegenüber dem Volk, das
zu spät kam und seine Verspätung nicht aufholen konnte.

Plessners Argumentation hatte einen großen Einfluß auf die
in den 1960er Jahren nachrückende Generation der westdeut-

schen Intelligenz, speziell die Historiker, für die damals auch die marxistische Kritik des deutschen Bürgertums wichtig wurde, symbolisiert in dem alten Stichwort von der ‚deutschen Misere‘, das Georg Lukács in der Nachkriegszeit so geistreich neu begründet hatte (‚Die Zerstörung der Vernunft‘, 1962). So entstand eine Deutung der modernen deutschen Geschichte, für die sich das Stichwort vom *deutschen Sonderweg* einbürgerte. Die These von einem besonderen Weg Deutschlands, abweichend von dem der westeuropäischen Nationen, ist eng verbunden mit dem Zeitalter des Nationalismus. Sie war in ihrer ersten Zuspitzung ein Produkt des deutschen Professoren-Nationalismus im Ersten Weltkrieg (vgl. S. 221), der nationalistischen Selbstbehauptung des ‚deutschen Geistes‘. Im Lager des konservativen und revolutionären Nationalismus der Zwischenkriegszeit wurde sie dann politisch akzentuiert zur Abgrenzung von den politischen Theorien des Liberalismus und der parlamentarischen Demokratie, die man als typisch westeuropäisch klassifizierte.

Diese These, geprägt von dem Geist einer nationalistischen Abgrenzung der kriegführenden Nationen Europas, wurde mit umgekehrten Vorzeichen zu einer Grundansicht der angelsächsischen und der deutschen Historiker der Nachkriegszeit. Drei Dimensionen einer deutschen ‚Fehlentwicklung‘ wurden nun allgemein festgemacht: eine verspätete Industrialisierung, eine verzögerte und unvollständige Emanzipation des Bürgertums und eine versäumte Demokratisierung der politischen Verfassungsstruktur. Daß es in Deutschland nie zu einer erfolgreichen Revolution gekommen sei, galt seit langem als ein Makel der deutschen Geschichte. Mit einer solchen umfassenden Kritik der deutschen Nationalgeschichte versuchte in Westdeutschland seit den 1960er Jahren vor allem die Nachkriegsgeneration, sich von der belasteten Tradition der deutschen Reichsnation zu lösen. Das war für die Entstehung einer neuen politischen Kultur in der Bundesrepublik ein wichtiger, ein geradezu notwendiger Schritt. Ebenso notwendig aber war dann auch die Kritik an dieser Position, die nicht zu Unrecht als ein ‚negativer Nationalismus‘ charakterisiert wurde. Die Kritik kam zuerst von außen, von den englischen Historikern David Blackburn und Geoff Eley (‚Mythen deutscher Geschichtsschreibung‘, 1980) und führte dann zu einer klärenden Diskussion in Deutschland.

Der preußisch-deutsche Nationalstaat stand von jeher im Zentrum der Erklärungsversuche der deutschen Nationalgeschichte. In Struktur und Entwicklung dieses Reiches mußte der Schlüssel für eine Erklärung des Gangs der deutschen Geschichte liegen. Inwieweit war das Ende dieses Staates und seiner Nation schon in den Konstellationen seines Anfangs begründet? Die Deutungen der deutschen Nation sind meist Thesen über das Bismarckreich. Erinnert sei an erster Stelle an das Stichwort vom *unvollendeten Nationalstaat*, das in dieser Darstellung bereits eine Rolle spielte (vgl. S. 164). Es war schon für die Zeitgenossen von Bedeutung, und in der wissenschaftlichen Literatur ist es vor allem von Theodor Schieder herangezogen worden; denn es ist in der Tat dazu geeignet, die verschiedenen Nationalbewegungen, die nach der Gründung des Reiches entstanden sind, als Versuche zu erklären, dieses Reich als Nationalstaat auszubauen, es zu ‚vollenden‘. Die These gewinnt jedoch erst dann ihr volles Gewicht, wenn ihre sachliche Fragwürdigkeit erkannt und festgehalten wird; denn für die Deutschen kann es eine ‚vollendete‘ Nationalstaatsbildung in dem Sinne nicht geben, daß alle Deutschsprachigen in einem Staate vereinigt sind. Nur in einer volksnationalen Selbstbeschränkung ist eine stabile Staatsbildung für die Deutschen in Europa denkbar. Den volksnational unvollendeten Charakter des Reiches als einen Mangel empfunden und diesen politisiert zu haben, über die wesensmäßige Selbstbeschränkung der Reichsgründung hinausgegangen zu sein, ist daher das eigentliche Problem der deutschen Nation im zurückliegenden Jahrhundert.

Aus einer umfassenden Analyse der Außenpolitik der Reichsregierungen hat Andreas Hillgruber die These formuliert, das Deutsche Reich sei eine *gescheiterte Großmacht*. Angelegt schon in den Grenzvorstellungen der Nationalversammlung von 1848/1849, habe das Reich – entgegen Bismarcks Warnungen – stets eine überanstrengte Großmachtpolitik betrieben. Sie sei dann von Hitler zunächst strategisch systematisiert, letztlich aber pervertiert worden und am internationalen Widerstand gescheitert. Das Deutsche Reich sei zugrunde gegangen, weil es versucht habe, sein Sicherheitsinteresse über den expansiven Ausbau einer autonomen Großmachtposition zu befriedigen. Wird damit nicht auch der Reichscharakter dieses Nationalstaates, der imperiale Charakter seiner Außenpolitik und des politischen Denkens seiner Führungsschichten als ein zentraler Aspekt seines Scheiterns benannt?

10.4 These: Die deutsche Nation als Reichsnation

Es liegt in der Tat nahe, den Reichsbegriff bei einer Charakterisierung der modernen deutschen Nation stärker ins Spiel zu bringen. Daher wird hier die These vertreten: Die deutsche Nation, die im Deutschen Reich ihren Nationalstaat hatte und sich nach dessen Ende nicht wieder als eine Nation konstituieren konnte, kann durchgängig als *Reichsnation* bezeichnet werden. Auch schon vor der Reichsgründung von 1871 identifizierte sie sich in ihrem politischen Denken stets mit dem Begriff des Reiches (vgl. S. 83 f.).

Im Heiligen Römischen Reich deutscher Nation lagen ihre geschichtlichen Wurzeln. In dessen Rahmen hatte sie sich im 18. Jahrhundert als moderne Nation herausgebildet, in produktiver Auseinandersetzung mit der regierenden Reichsnation der Fürsten. Der erste nationale Patriotismus, den die junge deutsche Nation in der zweiten Hälfte des 18. Jahrhunderts entwikkelte, war ein Reichspatriotismus. Die große mittelalterliche Geschichte dieses Reiches bis zum 16. Jahrhundert wurde für das Geschichtsbewußsein der modernen deutschen Nation zum konstitutiven Ausgangspunkt; sie war stets als die eigene Geschichte lebendig.

Mit der Prägung durch das alte Reich und der Orientierung auf seine Geschichte waren noch weitere Charakteristika dieser Nation verbunden, an die hier stichwortartig erinnert werden soll:

– das Festhalten an der Institution des Kaisertums. ‚Kaiser und Reich' gehörten in der politischen Vorstellung stets zusammen (vgl. S. 84). Auch nach dem Ende des Reiches blieb das Kaisertum, das von jeher im Denken des Volkes einen besonderen Stellenwert hatte, ein Bezugspunkt nationaler Hoffnungen. Selbst die revolutionäre Nation des Jahres 1848/1849 hat ein neues Kaisertum zu schaffen versucht. Innerhalb des 1871 geschaffenen deutschen Kaiserreiches hat selbst die Sozialdemokratie als nationale Opposition nicht auf eine Abschaffung des Kaisertums hingearbeitet. Der Rücktritt Wilhelms II. im November 1918 hinterließ im politischen Denken der Nation eine nicht bewältigte Leerstelle, die Suche nach einem ‚Ersatzkaiser'.

– eine imperiale Grundorientierung. Das politische Verhalten der deutschen Nation war stets von dem Bewußtsein bestimmt, zu einer herrschenden Nation zu gehören. Das alte Reich war stets mehr als ein Nationalstaat. Es war das in Mitteleuropa dominierende Herrschaftssystem, in das mehrere Völker und Volksgruppen inkorporiert waren, und die Deutschen waren stets unbestritten die herrschende Nation. Vor allem im Verhältnis zu den osteuropäischen Völkern blieb diese Grundeinstellung bis zum Ende des Reiches vorherrschend; sie erlebte im Zweiten Weltkrieg eine mörderische Pervertierung.

– eine föderale Verfassungsstruktur. Das Deutsche Reich war nie ein unitarischer Zentralstaat, sondern ein Verband von Staaten, Städten, Ländern, Herrschaften. Das Verbindende war eine gemeinsame Rechts- und Friedenskultur. Jeder Herrschaftsbereich hatte seine eigene Tradition und Struktur, dem auch die Nationalbewegungen mehr oder weniger Rechnung getragen haben (vgl. z. B. S. 130).

Alle diese Prägungen waren sicher wirksam, als im Jahre 1919 auch die demokratisch erneuerte Nation in ihrer bürgerlichen Mehrheit die deutsche Republik als ‚Reich' bezeichnet wissen wollte (vgl. S. 249f.). Nach dem Ende des Kaisertums und der Monarchien erlebte der Reichsbegriff sogar eine neue Konjunktur; die bürgerliche Nation entwickelte ein Reichsdenken, das über den Weimarer Nationalstaat hinausging und dann zur Verfügung stand für die Beanspruchung dieses Begriffs durch den Nationalsozialismus, der ihn pervertierte.

Nicht nur die Anfänge also, sondern auch das Ende der modernen deutschen Nation waren mit dem Begriff des Reiches aufs engste verbunden. Von daher ist die Distanz zum Reichsbegriff zu verstehen, die sich in der deutschen Nachkriegsgesellschaft schnell durchsetzte. Die große Zäsur im nationalen Selbstverständnis des deutschen Volkes fand hier ihren Niederschlag. Für die seit 1990 neu einsetzende Nationsbildung der Deutschen wird es wichtig sein, neben der notwendigen Anknüpfung an die nationale Tradition diese Zäsur und die mit ihr verbundene Einsicht festzuhalten. Die Verwendung des abgrenzenden Begriffs ‚Reichsnation‘ wäre ein Schritt in dieser Richtung.

10.5 Die deutsche Nation im europäischen Kontext

Es war das besondere Anliegen der hier vorgelegten historischen Analyse, die deutsche Nation nicht als etwas Besonderes, als eine – positiv oder negativ zensierte – Abweichung vorzustellen, sondern sie im Rahmen der europäischen Nationen der Neuzeit zu sehen, die gemeinsam das Projekt der modernen Nation entwickelt und auf unterschiedlichen Wegen verwirklicht haben. Die Europa-Abschnitte der einzelnen Kapitel sollten deutlich machen, daß es in jeder Epoche einen Zusammenhang zwischen der Entwicklung der europäischen Nationen gegeben hat, – selbst dann, wenn dieser in einem Verhältnis der antagonistischen Konkurrenz oder des Krieges bestand, wie im Zeitalter des Nationalismus. In dem Vergleich mit der Entwicklung in Europa, der durch diese Abschnitte ermöglicht wird, besteht das spezielle Angebot für eine Interpretation der deutschen Geschichte, das hier vorgelegt wird. Aus der Fülle der Bezüge seien einige hervorgehoben:

1. Die enge Verbindung der deutschen Nation mit dem *Reich* ist auch im europäischen Zusammenhang zu betonen. Bis zum 17. Jahrhundert war das Heilige Römische Reich mit seinem universalen Charakter und seiner zentralen Lage in einem Kon-

tinent der Landverbindungen für alle Nationen der wichtigste Bezugspunkt. Als Träger des Reiches repräsentierten die Deutschen, speziell ihr regierender Reichsadel, einen besonderen Anspruch in der europäischen Welt. Im Zeitalter der modernen bürgerlichen Nation mußten sich daraus Belastungen ergeben, zumal auch die moderne deutsche Nation sich mit dem Reich und seiner Tradition identifizierte. Denn es war vielfach ein deutscher bzw. deutschstämmiger Herrschaftsadel, von dem sich die europäischen Nationen zu befreien hatten.

2. Unter dem Aspekt des Nationalen gewinnt das Nachbarland *Frankreich* ein herausragendes Gewicht; denn Frankreich war das Land, in dem die Nation, das nationale Konzept der neuzeitlichen Staatsgesellschaft ,erfunden' wurde. Das begann mit der Herausbildung des französischen Nationalstaates im Spätmittelalter, setzte sich fort im nationalen Absolutismus der Bourbonen und erreichte mit der epochemachenden Durchsetzung der modernen Nation in der Revolution von 1789 seinen Höhepunkt. Aber auch das moderne Nationalkönigtum Napoleon Bonapartes und der nationale Bonapartismus Napoleons III. wirkten in ihrer Zeit vorbildhaft, und gleiches gilt von den nationalen Impulsen, die von den Pariser Revolutionen der Jahre 1830 und 1848 ausgingen. Bis zur deutschen Reichsgründung, so kann gesagt werden, war die nationale Entwicklung Deutschlands immer wieder geprägt von einer produktiven französischen Herausforderung (vgl. S. 71 f.). Erst danach folgte eine Zeit des nationalistischen Antagonismus, die heute, so steht zu hoffen, überwunden ist.

3. Im Unterschied zu Frankreich, das den Typus des zentralistisch-unitarischen Nationalstaats ausgebildet hat, ist der *national-föderale Staat* der spezifisch deutsche Typus des Nationalstaates geworden, und eine stark entwickelte *Regionalität* ist das besondere Merkmal der deutschen Nation. Patriotismus hat sich in Deutschland zuerst als Landespatriotismus ausgebildet. Die selbstverwaltete Stadt, die bürgerlich organisierte Region, der Kleinstaat, in dem der Fürst so nahe war wie ein erster Bürger, – das waren die sozialen Räume, in denen sich im neuzeitlichen Deutschland die bürgerliche Gesellschaft zuerst als

politische Willens- und Solidargemeinschaft konstituierte. In diesen kleinen ‚Nationen' blieben die Deutschen stets verwurzelt (vgl. z.B. S.130f.), und es hat nur selten einen Protest gegen diese Regionalität im Namen der Gesamtnation gegeben (bezeichnenderweise am lautesten im Jahre der ‚nationalen Erhebung' 1933, als die deutsche Nation durch Gleichschaltung und Selbstgleichschaltung sich selbst aufgab). Die dem modernen Nationalbewußtsein so gern attestierte ‚religiöse' Ausschließlichkeit ist für die deutsche Nation eigentlich nicht typisch gewesen.

4. Ein Grunddilemma der Deutschen im europäischen Kontext blieb die Definition ihrer nationalen Identität. Als eine der führenden Nationen Europas hatten sie schon früh ein Nationalbewußtsein entwickelt, besaßen aber lange Zeit keinen Nationalstaat. Ihre nationalen Grenzen waren nicht durch Staatsgrenzen vorgegeben, und so mußten die modernen nationalbewußten Deutschen nach anderen Definitionskriterien ihrer Nationalität suchen. Sprache und Sprachkultur waren hier eine naheliegende, aber politisch unbrauchbare Antwort (‚Kulturnation', vgl.S.36f.). In der Revolution von 1848 wurde die politische Dimension des Dilemmas von *Volksnation und Staatsnation* erstmals erkannt und die Einsicht vollzogen, daß ein deutscher Nationalstaat nur auf der Basis einer ethnisch begrenzten Staatsnation möglich sei. Der Reichsgründung von 1870 lag folglich die Selbstbeschränkung auf eine ‚kleindeutsche' Staatsnation zugrunde. Doch schon in den 1880er Jahren wurde mit dem aufkommenden volksdeutschen Denken diese Selbstbeschränkung aufgegeben (vgl.S.189f.). Das Österreich-Problem war die Folge und prägte das Schicksal der Reichsnation bis zu ihrem Ende.

5. Die deutsche Nation war wie kaum eine andere durch die *Konkurrenz von nationalen Klassen* geprägt. Grundlegend war zunächst das Nebeneinander und Gegeneinander von vormoderner Reichsfürstennation und moderner bürgerlicher Nation (dazu S.51f.). Auch die Reichsgründung von 1870 war noch von diesem Gegensatz bestimmt, der erst mit der Revolution von 1918 überwunden werden konnte (vgl.S.245). Die Reichs-

geschichte war inzwischen jedoch bereits stärker von einem neuen Klassengegensatz geprägt, dem zwischen Bürgertum und Arbeiterschaft. Die nationale Staatsbildung wurde in Deutschland erst *nach* dem Auftreten der Arbeiterbewegung in Angriff genommen. Das Bürgertum war dadurch nicht mehr bereit, die nationale Souveränität gegen die Fürsten zu erkämpfen; sie verbündeten sich mit ihnen, mit Bismarck. Erst die Vollendung des Nationalstaats im Jahre 1918/19 beruhte auf einer Überbrückung dieses Klassengegensatzes durch die Weimarer Koalition. Dieser nationale Klassenkompromiß konnte sich jedoch unter den Belastungen der 1920er Jahre nicht konsolidieren. Die deutsche Reichsnation blieb bis an ihr Ende eine sozialpolitisch gespaltene Nation.

6. Die Position der deutschen Nation im Rahmen der Nationalstaaten Europas war immer wieder mit Problemen verbunden. Sie waren bedingt durch die geographische Mittellage der Deutschen, aber auch durch ihre lange Zeit ungelöste Staatsbildung. Deutschland stand stets im Schnittpunkt der nationalen Interessen seiner Nachbarn. Sodann wurden die Deutschen durch ihre Führungsstaaten Österreich und Preußen in deren Nationalitätenkonflikte verwickelt; sie gerieten so in einen Zwiespalt zwischen herrschender und sich befreiender Nation und in ein Spannungsverhältnis zu den Nationalbewegungen der Nachbarn. Schließlich: Die deutsche Reichsgründung von 1870 war nicht abgesichert durch die Einbindung in ein internationales Staatensystem. Sie vollzog sich in der Phase des beginnenden imperialistischen Antagonismus der europäischen Staaten und des sich organisierenden Nationalismus. So konnte sich, verstärkt durch eine ungeschickte Außenpolitik, eine Situation ergeben, in der die Reichsnation seit 1914 in den Mittelpunkt des Weltkriegsnationalismus rückte, an dessen Folgen sie zugrunde ging.

7. Auf die schicksalhafte Bedeutung des *Zeitalters des Nationalismus* für die Geschichte der Deutschen ist daher abschließend besonders hinzuweisen. Der organisierte Nationalismus, der sich in den 1880er Jahren im Zusammenhang von Imperialismus und Rassismus fast gleichzeitig in den bürgerlichen Schichten

Europas entwickelte, führte diese weit ab von den menschenrechtlichen und demokratischen Grundpositionen ihres nationalen Grundprogramms. Die volksnationalen Elemente dieses Nationalismus waren für die Deutschen angesichts ihrer noch nicht konsolidierten Nationalstaatsgründung eine besondere Versuchung, der sie weitgehend erlagen. In der Epoche der Weltkriege hat sich dieser Nationalismus dann vom Westen her gegen die Deutschen gewandt. Durch Hitler und den von ihm inszenierten Völkermord wurde die internationale Diskriminierung des deutschen Namens so vertieft, daß die Deutschen auch nach dem Zweiten Weltkrieg lange im Schatten eines volksnational geprägten Nationalismus leben mußten. Die europäische Entwicklung jedoch steht seit 1945, so bleibt zu hoffen, im Zeichen von dessen Überwindung.

11. Ausblick auf den zweiten deutschen Nationalstaat

Obwohl das Deutsche Reich zerstört und die Reichsnation zugrunde gegangen ist, existiert seit dem Jahre 1990 wieder ein deutscher Nationalstaat. Damit ist in Deutschland eine neue nationale Situation gegeben, mit der vor fünf Jahren noch niemand gerechnet hat. In dieser Situation kann ein Blick zurück hilfreich sein und das Auge für die Probleme der Gegenwart schärfen. Die wichtigste Erkenntnismethode des Historikers, der Vergleich, bietet sich an. Die Nationalstaatsgründung des Jahres 1990 kann durch einen Vergleich mit der Gründung des ersten deutschen Nationalstaates im Jahre 1870 besser eingeschätzt und in ihren Entwicklungsperspektiven gesehen werden.

Der Blick fällt dabei auch auf die Zeit, in der die Deutschen ohne Nationalstaat und nicht als eine Nation gelebt haben, die Jahre 1945 bis 1989. Wie sind sie nationalgeschichtlich einzuordnen? Dazu sollen hier zehn Thesen formuliert werden:

1. Die Reichsgründung des Jahres 1870 stand am Ende einer lange andauernden Nationalbewegung. Der Nationalstaatsgründung von 1990 ging keine Nationalbewegung voraus. Sie ergab sich aus dem Zusammenbruch der DDR und des sowjetischen Herrschaftssystems.

Die beiden deutschen Nationalstaaten beruhen auf sehr unterschiedlichen historisch-politischen Legitimationen. Die Reichsgründung von 1870, wenn auch durch Bismarck verwirklicht, war das Resultat der deutschen Nationalbewegung (vgl. S. 137). Die Nationalstaatsbildung von 1990 war nicht durch eine ihr vorausgehende Nationalbewegung verursacht oder legitimiert. Es hat in den Jahren nach 1945, die man als die Auslaufjahre der Reichsnation bezeichnen kann, wohl einige Versuche zur Erweckung einer Nationalbewegung gegeben; erinnert sei an die mit dem Namen Gustav Heinemanns verbundene Gesamtdeutsche Volkspartei (1952–1957), an das 1954 von Jakob Kaiser initiierte ‚Kuratorium Unteilbares Deutschland‘, an die Paulskirchenbewegung von 1954/1955. Doch zu einer Bewegung mit Massenresonanz wurde bezeichnenderweise nur die Berlin-Initiative des Jahres 1956/1957, in der es allein um die Hauptstadtfrage der Westdeutschen ging. Auch innerhalb der Parteien gab es nach den Deutschlandplänen des Jahres 1959 (FDP und SPD) keine neuen Konzeptionen für die ‚Wiedervereinigung‘. Nach dem Scheitern der Genfer Außenministerkonferenz von 1959 und dem Bau der Berliner Mauer (1961) hat man in allen Lagern der westdeutschen Politik eine gesamtdeutsche Staatsbildung nicht mehr als ein realistisches Nahziel betrachtet.

Innerhalb der DDR waren für die Entwicklung einer Nationalbewegung keine freien Bedingungen gegeben. Festzuhalten bleibt, daß die SED-Führung bis zum Bau der Mauer intensiv mit der nationalen Parole ‚Deutsche an einen Tisch!‘ geworben hat, daß sie die Bildung einer ‚nationalen Repräsentation‘ bzw. einer ‚deutschen Konföderation‘ vorschlug. Die Bevölkerung dagegen hatte nur einmal die Möglichkeit der freien Meinungsäußerung und Willensbildung, während des Arbeiter-Aufstandes vom 17. Juni 1953, in dessen Zusammenhang die nationale Frage eine wichtige Rolle spielte. Zu einer Nationalbewegung aber konnte er schon wegen der ausbleibenden Unterstützung aus dem Westen nicht werden.

Der deutschen Nationalstaatsgründung von 1990 fehlt die ‚klassische‘ Legitimierung durch eine vorhergehende Nationalbewegung. Im Vergleich mit der vielfach auch überschießenden Begeisterung, mit der die Reichsgründung in den Jahren 1870–1871 gefeiert wurde, war die Anteilnahme der deutschen Bevölkerung im Jahre 1990 gewiß kein ‚Nationalrausch‘. Auffällig sind eher die emotional aufgeladenen Stimmen eines antinationalen Ressentiments, von denen der Vereinigungsprozeß des Jahres 1990 begleitet gewesen ist (negativer Nationalismus mit Parolen wie ‚Nie wieder Deutschland!‘ oder ‚Der Irrweg des Nationalstaats‘).

Von ihrer unmittelbaren Verursachung her gesehen, war die deutsche Vereinigung von 1990 ein Geschenk von außen, eine

Folge des Zerfalls des sowjetischen Herrschaftssystems, dem der Zusammenbruch der SED-Herrschaft in der DDR folgte. Angesichts dieses Legitimationsdefizits gewinnt deren historisch-politische Legitimierung eine um so größere Bedeutung (vgl. These 3).

2. *Der Reichsgründung von 1870 ging eine über hundertjährige deutsche Nationsbildung voraus. In der Bundesrepublik steht die Nationsbildung noch an.*

In Europa war die Bildung einer Nation, einer politischen Willens- und Solidargemeinschaft, stets die Voraussetzung für die Entstehung eines Nationalstaates, und Deutschland war im 19. Jahrhundert ein klassisches Beispiel für diesen Weg: Zuerst entstand, von den Bildungsschichten ausgehend, eine moderne Nation, die sich dann in breiteren Schichten durchsetzte und als eine organisierte Nationalbewegung für einen Nationalstaat kämpfte. Im Jahre 1990 dagegen konnten die politischen Führungskräfte in Deutschland durch die Wahrnehmung einer günstigen internationalen Konstellation einen Nationalstaat bilden, obwohl eine deutsche Nation im eigentlichen Sinne noch nicht existierte. Die Nationsbildung kann im heutigen Deutschland also erst *nach* der Konstituierung des Nationalstaates einsetzen. Das ist im europäischen Rahmen etwas ganz Ungewöhnliches, vergleichbar am ehesten mit der Situation einiger Entwicklungsländer in der Dritten Welt.

Die deutsche Reichsnation hatte in ihrer Mehrheit schon in den Jahren 1930 bis 1933 als politischer Souverän abgedankt; sie war zum Volk geworden und konnte sich auch nach 1945 nicht mehr als Nation konstituieren (vgl. S. 301). Daher war es in der deutschen Nachkriegszeit stets eine offene Frage, ob und in welchem Maße man noch von einer deutschen Nation sprechen könne. Die Kommunikationsmöglichkeiten zwischen Ost- und Westdeutschland wurden mehr und mehr eingeschränkt, die elementaren Voraussetzungen für eine Nationsbildung waren immer weniger gegeben. So entwickelte sich in den jüngeren Generationen der westdeutschen Bevölkerung ein politisches Bewußtsein, das sich nur auf die Bundesrepublik bezog und diese immer mehr mit Deutschland gleichsetzte, während in den älteren Generationen ein volksdeutsches Zusammengehörigkeitsgefühl bestehen blieb.

In der DDR betrieb die SED-Führung seit den 1970er Jahren eine Politik der eigenstaatlichen sozialistischen Nationsbildung. Sie propagierte eine DDR-Nation, hatte damit jedoch nur sehr begrenzten Erfolg; denn die Bevölkerung orientierte sich, durch die Funkmedien informiert und fasziniert, zunehmend auf die Bundesrepublik.

In den Wahlakten des Jahres 1990 hat die Bevölkerung der beiden deutschen Staaten der Staatsbildung desselben Jahres zugestimmt, wenn in ihrer Mehrheit auch nur nachträglich und indirekt. Dies kann als der erste Willensakt auf dem Wege zu einer neuen Nation bezeichnet werden. Die Bildung einer gesamtdeutschen Willens- und Solidargemeinschaft bleibt jedoch noch immer eine Aufgabe der Zukunft. Da die deutsche Bevölkerung seit 60 Jahren nicht mehr gewöhnt ist, sich als eine souveräne und demokratische Nation zu verstehen, ist dies ein weiter Weg. Angesichts des stark entwickelten Föderalismus, der immer häufiger in einen regionalen Egoismus überzugehen scheint, kann der Erfolg der neuen Nationsbildung noch nicht als gesichert gelten.

3. Die deutsche Vereinigung von 1990 war eine Nationalstaatsgründung; denn ihr politischer Vollzug war allein möglich aufgrund von Kontinuitäten und Gemeinsamkeiten mit dem ersten deutschen Nationalstaat, dem Deutschen Reich. Diese Gemeinsamkeiten sind gegeben durch das Staatsterritorium, das Staatsvolk, die nationalpolitische Tradition und ihre Symbolik.

Der westdeutsche Staat hat sich im Zuge der deutschen Vereinigung nicht nur quantitativ vergrößert, sondern auch qualitativ verändert. Er ist von einem deutschen Teilstaat mit eingeschränkter Souveränität zu einem souveränen Nationalstaat geworden.

Da die deutsche Bevölkerung sich heute noch nicht als eine Nation versteht, ist sie mehrheitlich noch kaum in der Lage, die Vereinigung des Jahres 1990 als eine Nationalstaatsgründung zu sehen. Dennoch ist diese Vereinigung nur unter dem nationalen Aspekt als ein sinnvoller Vorgang zu begreifen, und die Westdeutschen werden sie nur durch einen Wandel ihres politischen Selbstverständnisses erfolgreich gestalten können.

Obwohl die Deutschen die Existenz zweier deutscher Staaten seit 1949 zunehmend zu einem festen Bestandteil ihres politischen Weltbildes gemacht hatten, existierte in der europäischen Politik eine ungelöste *deutsche Frage*. In der Gestalt der politischen Enklave Westberlin war sie stets präsent. Hier wurde auch den Westdeutschen bewußt, daß ihr Staat kein normaler souveräner Staat war. Die deutsche Frage war ein liegengebliebenes Problem der internationalen Politik, und als ein solches wurde sie von der Bundesregierung häufig in Erinnerung gebracht. Sie betraf vor allem die vier Siegermächte des Zweiten Weltkriegs, von deren Kooperationsfähigkeit eine jede Vereinbarung über Deutschland abhing.

Die ‚deutsche Frage‘ war, mehr oder weniger bewußt, in einigen Institutionen und Phänomenen der nationalen Vergangenheit präsent: in ‚Deutschland‘ als einem politisch, nicht geographisch definierten Territorium; im deutschen Volk im Sinne einer gemeinsamen Nationalität (von der westdeutschen Regierung stets auch als gemeinsame Staatsbürgerschaft durchgehalten!); in den gemeinsamen Nationalfarben schwarz-rot-gold; der gemeinsamen Hauptstadt Berlin (auch der westdeutsche Staat hat an dem Anspruch auf Berlin als Hauptstadt festgehalten); in der gemeinsamen politischen Geschichte bis zum Jahre 1945. Außerdem ist an die Gemeinsamkeit der Sprachkultur zu erinnern (vgl. S. 36 f.), die zwar auch mit anderen Deutschsprachigen in Europa besteht, zwischen West- und Ostdeutschland jedoch eine besondere kommunikative Bedeutung hatte.

Diese nationalgeschichtlich begründeten Tatbestände standen für eine Legitimierung der deutschen Vereinigung im Jahre 1990 zur Verfügung. Angesichts des Fehlens einer nationaldeutschen Bewegung fallen sie um so stärker ins Gewicht: Diese Nationalstaatsgründung ist ausschließlich geschichtlich legitimiert. In der Hauptstadtentscheidung des Deutschen Bundestages vom 20. Juni 1991 ist man sich dessen bewußt gewesen. Die starke Minderheit der westdeutschen Parlamentarier, die für Bonn als

Hauptstadt votierten, zeigt jedoch, wie weit der Weg noch ist bis zu einer inneren Bejahung dieser Nationalstaatsgründung.

4. Die Bundesrepublik Deutschland ist kein viertes Deutsches Reich! Sie unterscheidet sich in ihrer Verfassung wesentlich vom ersten deutschen Nationalstaat. Ihre Gründung war weder eine Erneuerung des Reiches noch dessen Wiederbegründung. Die für die nationale Kontinuität zwischen den beiden National-staaten wesentlichen Gemeinsamkeiten bestehen nur partiell.

Obwohl bei der deutschen Vereinigung des Jahres 1990 in vielen Punkten an die nationalgeschichtliche Kontinuität zum Deutschen Reich angeknüpft wurde, hat sich doch kein Politi-ker auf das Deutsche Reich und seine Institutionen berufen. Der Vereinigungsakt war vielmehr verbunden mit dem definiti-ven Verzicht auf eine Beanspruchung der Grenzen jenes Rei-ches. Für die weitere Entwicklung der Bundesrepublik und ihre politische Kultur wird es von entscheidender Bedeutung sein, in welcher Weise an den ersten Nationalstaat angeknüpft wird. In der deutschen Nachkriegsgeschichte waren es schon bald nur rechtsradikale und neofaschistische Gruppen, die den Reichs-begriff programmatisch in Anspruch genommen haben (‚Deut-sche Reichspartei‘, ‚Sozialistische Reichspartei‘ in den Jahren 1950–1953). An der territorialpolitischen Vorstellung vom Deutschen Reich in den Grenzen von 1919 (1937) jedoch hat die westdeutsche Bevölkerung lange festgehalten; das zeigen die heftigen innenpolitischen Auseinandersetzungen um die Aner-kennung der Oder-Neiße-Grenze in den Jahren 1965 bis 1972. Erst mit der tiefgreifenden politisch-sozialen Wende der Jahre 1968–1972, die mit einem markanten Generationswechsel ver-bunden war, ist in der westdeutschen Bevölkerung die Orien-tierung auf das Reich mehrheitlich zu Ende gegangen.

Die fundamentalen Unterschiede in der politischen Verfas-sungsstruktur, die zwischen dem Deutschen Reich und der Bundesrepublik Deutschland bestehen, können in folgenden Stichworten zusammengefaßt werden: Kaisertum versus Repu-blik; autokratisch-monarchische Regierung versus parlamenta-rische Regierung und Verfassungsgerichtsbarkeit; autonomer versus integrierter Nationalstaat. Es darf auch nicht übersehen werden, daß die in These 3 genannten Gemeinsamkeiten mit dem Deutschen Reich hinsichtlich des Territoriums, des Volkes und der Nationalfarben jeweils nur partiell bestehen. Die Bundesrepublik Deutschland ist getragen von einem völlig neuen politischen Selbstverständnis und sieht sich vor neuen Aufgaben. Nur ihre über 70jährigen Bürger verbinden überhaupt noch Erinnerungen an das Reich in den Grenzen von 1937.

5. Im Vergleich zur Epoche der Reichsgründung befindet sich das deutsche Volk heute hinsichtlich seiner sozialen, ökonomischen und kulturellen Entwicklung in einer völlig anderen Situation.

Die Perspektiven der nationalpolitischen Entwicklung sind wesentlich bedingt durch die gesamtgesellschaftliche Entwicklungslage. Im Vergleich zur Situation des deutschen Volkes um 1870 sind für das heutige Deutschland folgende Unterschiede beachtenswert:

– 1870 bestand zwischen den sich vereinigenden deutschen Teilstaaten ein etwa gleicher gesellschaftlich-ökonomischer Entwicklungsstand, 1990 hingegen besteht zwischen West und Ost ein erhebliches Entwicklungsgefälle, so daß die ehemalige DDR gegenüber Westdeutschland wie ein Entwicklungsland erscheint und dememtsprechend kolonialisierend behandelt wird.

– 1870 war die Wirtschaft der Vorreiter der nationalen Vereinigung; heute ist sie der Nachzügler, das große Problemfeld der Vereinigung.

– 1870 befand sich die deutsche Gesellschaft mitten in der ersten industriellen Revolution mit einer Perspektive weiterer Entwicklungsschübe; heute steht Deutschland am Ende der dritten technischen Revolution, konfrontiert mit harten internationalen Verteilungskämpfen um den ökonomischen Wohlstand.

– 1870 war die deutsche Gesellschaft durch soziale Gegensätze zwischen den Besitzschichten, den Konfessionen, den Generationen und Geschlechtern geprägt; heute ist das deutsche Volk eine Konsumgesellschaft, die in ihrem Verhalten stark durch Werbemethoden beeinflußt wird.

– 1870 war die Kultur in Deutschland national geprägt; heute ist die deutsche Gesellschaft integriert in einen internationalen kulturellen Medienmarkt.

Aus dem Vergleich der Entwicklungssituationen von 1870 und heute geht hervor, vor welchen Schwierigkeiten die nationale Entwicklung der Bundesrepublik und vor welchen Risiken auch die neue Nationsbildung in nächster Zukunft steht.

6. *Die beiden nationalen Staatsgründungen vollzogen sich als eine Vereinigung von deutschen Teilstaaten. Sowohl 1870 wie 1990 war diese Vereinigung ungleichgewichtig; sie vollzog sich als Beitritt kleinerer Staaten zu einem größeren Bundesstaat. Beide Staatsgründungen waren geprägt von der hegemonialen Politik des größeren Staates. Dessen Verfassung wurde in beiden Fällen für den nationalen Gesamtstaat übernommen.*

Die föderale Struktur ist der die beiden deutschen Nationalstaaten vor allem verbindende Grundzug ihrer Verfassung. Im Unterschied zu dem von Frankreich ausgehenden unitarischen Zentralstaat ist damit der Bundesstaat das Kennzeichen der deutschen Nationalstaaten in Europa.

Das föderale Prinzip ist jedoch bei der Vereinigung sowohl 1870 als auch 1990 dadurch erheblich beeinträchtigt worden, daß ein Partner eine hegemoniale Rolle gespielt hat: im Jahr 1870 die preußische, im Jahre 1990 die westdeutsche Regierung. Die Hegemonie der westdeutschen Regierung war jedoch noch weitaus stärker ausgeprägt als die preußische des Jahres 1870; denn die DDR war im Jahre 1990 kein gleichberechtigter Verhandlungspartner.

Für den Vollzug der nationalen Vereinigung boten sich 1870 wie 1990 zwei Modelle an: eine Konföderation gleichberechtigter Staaten oder der Anschluß der Schwächeren an den Stärkeren. In beiden Fällen ist es zu einem Anschluß gekommen. Damit war auch über das staatsrechtliche Verfahren entschieden: Obwohl es in Deutschland eine erprobte Tradition der demokratisch-parlamentarischen Ausarbeitung einer Nationalstaatsverfassung gab (der klassische Weg über die Bildung einer konstituierenden Nationalversammlung, die eine Verfassung ausarbeitet und parlamentarisch verabschiedet, wurde 1848/49, 1867, 1919 und auch 1948/49 gegangen), mußte der schwächere Partner die Verfassung des stärkeren übernehmen. Während aber der neu gewählte Reichstag des Jahres 1871 es als seine erste Aufgabe betrachtete, die Reichsverfassung zu überarbeiten und über sie abzustimmen, ging der erste gesamtdeutsche Bundestag im Dezember 1990 über diesen Punkt hinweg.

7. Die beiden deutschen Staaten waren in ihrer Gründungszeit unvollendete Nationalstaaten. Dem Deutschen Reich fehlte eine nationaldemokratische Verfassung, der Bundesrepublik die nationale Homogenität, beiden die gesellschaftliche Durchsetzung eines nationalen Grundkonsens'.

Der unvollendete Charakter des Deutschen Reiches bestand nicht nur hinsichtlich des Demokratieproblems, sondern z. B. auch im Hinblick auf die nationalen Grenzen (vgl. S. 164). Die Inhomogenität der heutigen Bundesrepublik zeigt sich in fast allen gesellschaftlichen Lebensbereichen; sie stellt sich dar als eine tiefgreifende regionale Ungleichheit zwischen West- und Ostdeutschland. Sie betrifft sowohl die äußeren Lebensverhältnisse wie die persönlichen Verhaltensweisen, die geistige Prägung und Mentalität der Bevölkerung.

Ein nationaler Grundkonsens der politischen Kultur ist im Deutschen Reich bekanntlich nicht gefunden worden, und nicht zuletzt daran ist es zugrunde gegangen (vgl. S. 256 f.). Für die Bundesrepublik ist in diesem Punkte noch alles offen. Das Grundgesetz ist seit 1949 die bewährte Grundlage eines politischen Verfassungskonsens' des westdeutschen Staates und seiner Parteien; es wurde auch zur konstitutionellen Basis des Nationalstaats von 1990. Seine Bewährung als Grundlage einer politischen Kultur im vereinigten Deutschland steht jedoch noch aus. Offen und für die Zukunft der Bundesrepublik als Nationalstaat entscheidend ist vor allem die Frage, ob es den demokratischen Kräften gelingen wird, die nationalpolitischen Institutionen, Symbole, Ideen und Gefühle in ihrem Sinne zu prägen. Im Deutschen Reich war die nationale Parole bald nach seiner Gründung vom konservativ-antidemokratischen Lager okkupiert worden (vgl. S. 256 f.).

8. Das Verhältnis zu den deutschsprachigen Bevölkerungsgruppen außerhalb des Nationalstaates und zu den Minderheiten im eigenen Lande ist in beiden deutschen Staaten ein besonderes

Problem des nationalen Selbstverständnisses. Es kann zu Natio-
nalismus und politischem Irredentismus führen.

Für die deutsche Bevölkerung in Europa ist die Unterscheidung zwischen deutscher Sprachgemeinschaft und deutscher
Nation grundlegend (vgl. S. 22 f.). Eine deutsche Nation kann
sich daher nur als Staatsbürgernation, die nicht alle Deutschen
umfaßt, in gesicherten Grenzen verwirklichen. Die Reichsgründung von 1870 war eine solche Staatsgründung der Selbstbeschränkung auf eine ‚kleindeutsche‘ Staatsnation. Durch den
Einfluß des organisierten Nationalismus und die problematische Situation der Deutschen nach dem Ersten Weltkrieg kam es
jedoch zu einer volksdeutschen Umprägung des nationalen
Denkens; dadurch wurden die definitorischen Grenzen der
deutschen Staatsnation gesprengt. Die Folge war ein latenter
volksdeutscher Irredentismus, der dann zu einer Beanspruchung von deutschen Siedlungsgebieten jenseits der Reichsgrenzen geführt hat.

Dem deutschen Nationalstaat von 1990 liegt eine wesentlich
günstigere ethnisch-nationale Struktur in Mitteleuropa zugrunde. Doch es bleibt darauf hinzuweisen, daß die westdeutsche Regierung in der Auslegung des Artikels 116 des Grundge-
setzes eine politische Position entwickelt hat, die von einem
ethnischen (nicht territorialen!) volksdeutschen Irredentismus
geprägt ist. Sie gewährt deutschsprachigen Bevölkerungsteilen
in den Staaten Osteuropas im Falle ihrer Einwanderung auto-
matisch die Staatsbürgerrechte der Bundesrepublik.

Im Deutschen Reich von 1871 lebten ethnische und religiöse
Minderheiten von Polen, Juden, Franzosen und Dänen. Sie besaßen die vollen Staatsbürgerrechte; doch am Verhalten ihnen
gegenüber entzündete sich in erheblichem Maße ein neuer Nationalismus. Der Nationalstaat von 1990 hat innerhalb seiner
Grenzen ethnische Minderheiten von etwa gleichgroßem Umfang (vgl. Tabelle S. 334). Sie sind jedoch überwiegend nicht
deutsche Staatsbürger. Am Verhalten zu ihnen wird sich die
politische Kultur und der sie tragende nationale Grundkonsens
der Bundesrepublik zu bewähren haben.

9. Die Reichsgründung von 1870 mußte gegen den Widerstand

von Nachbarstaaten durchgesetzt werden; die Nationalstaats-
gründung von 1990 fand überwiegend Zustimmung in Europa.
Die außenpolitische Entwicklung des Deutschen Reiches stand
im Zeichen einer imperialistischen Konkurrenz und einer zu-
nehmenden deutschen Isolierung im Zeichen des Nationalismus.
Die Perspektive der Bundesrepublik sollte bestimmt sein von
internationaler Kooperation und europäischer Integration.

Die Reichsgründung von 1870 war geprägt vom Krieg gegen
Frankreich, der sich zu einer bleibenden ‚Erbfeindschaft' aus-
wuchs, und in der Krieg-in-Sicht-Krise des Jahres 1875 mußte
die Reichsregierung erstmals erfahren, daß sie mit einer hegemonialen Außenpolitik auf den Argwohn der europäischen
Nachbarn stoßen würde (vgl. S. 204). Sie zog daraus die falschen Konsequenzen, und so wurde die deutsche Nation zum
Hauptbeteiligten und -betroffenen des europäischen Nationalismus im 20. Jahrhundert.

Die Nationalstaatsgründung von 1990 war geprägt vom Abbau dieses Nationalismus in der zweiten Hälfte des Jahrhunderts. Sie wurde wesentlich ermöglicht durch das Einverständ-
nis der vier Siegermächte des Weltkriegs. Die Bundesrepublik
ist bereits ein Staat, der mehreren Bündnissystemen angehört
und daher im militärischen, ökonomischen und außenpolitischen Bereich nicht im vollen Sinne autonom ist. Sie verkörpert
als Nationalstaat nicht den autonomen Nationalstaat des
19. Jahrhunderts, sondern den neuen Typ eines integrierten und
kooperativen Nationalstaates. Die neue Position der Bundesrepublik als Nationalstaat in Europa ist jedoch noch nicht gefestigt. Sie ist der Gefahr eines antieuropäischen Nationalismus –
vor allem in Krisenzeiten – ausgesetzt, wenn die Träger dieses
Staates es versäumen, die nationalpolitische Programmatik zu
besetzen und sie im Sinne des neuen Typs des demokratischen
und integrierten Nationalstaates zu gestalten, notfalls auch zu
verteidigen.

10. Die Gründung des ersten deutschen Nationalstaates war das
Ergebnis von Kriegen; die zweite steht im Zusammenhang eines
Abbaus der militärischen Konfrontation in Europa und der
Durchsetzung einer neuen zivilen Friedenskultur.

Die Geschichte des Nationalstaates von 1870 war geprägt von einer zunehmenden Militarisierung; er wurde durch zwei selbstverschuldete Kriege zerstört. Der neue deutsche Nationalstaat steht vor der Chance, seine Zukunft in den Dienst einer konsequenten Politik der Abrüstung und neuer Wege der internationalen Friedenssicherung zu stellen.

Bereits der Weg zur deutschen Reichsgründung war, nach Bismarck, geprägt von ‚Eisen und Blut' (vgl. S. 141). Heeresverstärkungen und Programme des Flottenbaus waren die weiteren Stationen einer Militarisierung des Reiches, die zu seiner Katastrophe führte. – Die Nationalstaatsgründung von 1990 wurde wesentlich mit ermöglicht durch den Volksaufstand des Oktober 1989 in der DDR, der als ‚friedliche Revolution' eine weltweite Beachtung gefunden hat. Hier wurde eine neue politische Friedenskultur sichtbar, die seit Ende der 1970er Jahre nicht nur in Deutschland entstanden ist. Sie hat die internationale Politik der 1980er Jahre, speziell die von Gorbatschow eingeleiteten Abrüstungsinitiativen, mehr geprägt als öffentlich zugestanden wird. In der Umsetzung dieses neuen politischen Verhaltens in ein internationales System der Friedenssicherung und Konfliktregelung liegt der Aufgabenbereich, in dem der neue deutsche Nationalstaat eine führende Rolle spielen könnte.

Anhang

A. Tabellen zur nationalen Entwicklung

1. Das deutsche Staatsgebiet und seine Bevölkerung (1786–1990)

Die Angaben berücksichtigen das Gesamtgebiet und eine Auswahl der größten und kleinsten Teilstaaten/Länder.

Staaten/Länder (Jahr der Datenerhebung)	qkm	%	Einwohner (in Tausenden)	%
Heiliges Römisches Reich (1786)	693.353	(100,0)	26.265	(100,0)
ca. 315 Territorien, 1500 Reichsritterschaften, 51 Reichsstädte, darunter:				
österr. Reichsländer	218.930	(31,6)	10.930	(41,6)
preuß. Reichsländer	120.037	(17,3)	4.110	(15,6)
Kfst. Pfalz-Bayern	58.587	(8,4)	2.100	(8,0)
Kfst. Sachsen	40.526	(5,8)	1.870	(7,1)
Rheinbund (1812)	286.327	(100,0)	13.475	(100,0)
35 Staaten, darunter:				
Kgr. Bayern	93.607	(32,7)	3.700	(27,5)
Kgr. Westfalen	45.427	(15,9)	2.200	(16,3)
Kgr. Sachsen	37.993	(13,3)	2.100	(15,6)
Kgr. Württemberg	19.492	(6,8)	1.350	(10,0)
Deutscher Bund (1857)	630.086	(100,0)	43.110	(100,0)
35 Staaten, darunter:				
österr. Bundesländer	195.253	(31,0)	12.500	(30,0)
preuß. Bundesländer	186.608	(29,6)	13.170	(30,5)
Kgr. Bayern	76.427	(12,1)	4.540	(10,5)
Kgr. Hannover	38.544	(6,1)	1.820	(4,2)
Fst. Liechtenstein	165	(0,03)	7	(0,02)
Frankfurt a. M.	110	(0,02)	75	(0,2)

Staaten/Länder	qkm	%	Einwohner (in Tausenden)	%
Norddeutscher Bund (1868)	414.899	(100,0)	29.310	(100,0)
23 Staaten, darunter:				
Kgr. Preußen	351.907	(84,8)	23.578	(80,4)
Kgr. Sachsen	14.949	(3,6)	2.344	(8,0)
Ghzgt. Oldenburg	6.406	(1,5)	314	(1,1)
Bremen	192	(0,05)	104	(0,3)
Deutsches Reich (1890)	540.777	(100,0)	49.428	(100,0)
25 Staaten, darunter:				
Kgr. Preußen	348.702	(64,5)	29.957	(60,6)
Kgr. Bayern	75.870	(14,0)	5.595	(11,3)
Kgr. Württemberg	19.512	(3,6)	2.036	(4,1)
Fst. Reuß ält. Linie	316	(0,06)	63	(0,1)
Reichsland Elsaß-Lothringen	14.518	(2,7)	1.604	(3,2)
Kolonien (1900)	2.952.900	(546,0)	12.925	(24,9)
		(Dt. Reich 1890 = 100)		
Verluste durch	70.579	(13,05)	6.476	
1. Weltkrieg	(1890 = 100)		2.700 Kriegstote	
Deutsches Reich (1925)	468.746	(100,0)	62.411	(100,0)
17 Länder, darunter:				
Preußen	291.700	(62,2)	38.120	(61,1)
Bayern	75.996	(16,2)	7.380	(11,8)
Württemberg	19.508	(4,2)	2.580	(4,1)
Schaumburg-Lippe	340	(0,07)	48	(0,08)
Lübeck	298	(0,06)	128	(0,2)
Deutsches Reich (1937)	470.714		67.831	
„*Großdeutsches Reich*"	680.872	(144,6)	89.940	(132,6)
(1940)	(1937 = 100)			
Verluste durch	114.549	(24,3)	9.560	
2. Weltkrieg	(1937 = 100 %)		6.865 Kriegstote	

Staaten/Länder	qkm	%	Einwohner (in Tausenden)	%
Deutschland nach dem 2. Weltkrieg (1946)	356.100	(100,0)	66.004	(100,0)
Britische Zone	97.700	(27,4)	22.305	(33,8)
Amerikanische Zone	107.500	(30,2)	17.255	(26,1)
Französische Zone	40.200	(11,3)	5.078	(7,7)
Sowjetische Zone	107.20	(30,1)	17.314	(26,2)
Berlin	900	(0,25)	3.200	(4,8)
Saargebiet	2.600	(0,7)	853	(1,3)
Bundesrepublik Deutschland (1986) 10 Länder, darunter:	248.709	(100,0)	61.140	(100,0)
Bayern	70.553	(28,4)	11.026	(18,0)
Niedersachsen	47.439	(19,0)	7.196	(11,8)
Baden-Württemberg	35.751	(14,4)	9.327	(15,2)
Nordrhein-Westfalen	34.068	(13,7)	16.676	(27,3)
Hamburg	755	(0,3)	1.571	(2,6)
Bremen	404	(0,16)	654	(1,1)
Deutsche Demokratische Republik (1986) 14 Bezirke	108.333		16.640	
Bundesrepublik Deutsch-land seit dem 3. 10. 1990	356.957		79.113	

Quellen: G.Fr. Kolb, Handbuch der vergleichenden Statistik der Völkerzustands- und Staatenkunde, Leipzig 1868.
Statistisches Jahrbuch für das Deutsche Reich.
Statistisches Jahrbuch für die Bundesrepublik Deutschland.
Statistisches Jahrbuch der Deutschen Demokratischen Republik.
Sozialgeschichtliches Arbeitsbuch I–III, München 1978.

2. Nationale Wahlen in Deutschland 1871–1990
(prozentualer Anteil an den abgegebenen Stimmen)

2.1 Kaiserreich und Weimarer Republik

Wahlberechtigte:
1871-1912: Alle männlichen Staatsbürger nach Vollendung des 25. Lebensjahres, ausgenommen Militärangehörige und Empfänger öffentlicher Armenunterstützung.
1919-1933: Alle männlichen und weiblichen Staatsbürger nach Vollendung des 21. Lebensjahres, ausgenommen Militärangehörige.

Reichstagswahlen	Arbeiterparteien	Linksliberale	Rechtsliberale	Kathol. Mitte	Konservative	Völkische Nationalisten	ethn. Minderheiten	Wahlbeteiligung
1871	3,2	16,5	30,1	18,6	23,0		6,6	51,0
1881	6,1	23,1	14,7	23,2	23,7		8,8	56,3
1890	19,7	18,0	16,3	18,6	19,1	0,7	6,6	71,6
1898	27,2	11,1	12,5	18,8	15,5	3,7	6,1	68,1
1912	34,8	12,3	13,6	16,4	12,2	2,5	5,7	84,9
1919	45,5	18,6	4,4	19,7	11,4			83,0
1924 Dez.	35,3	6,3	10,1	17,4	26,3	3,0		78,8
1928	40,5	4,9	8,7	15,2	23,4	2,6		75,6
1930	37,6	3,8	4,7	17,3	16,1	18,3		82,0
1932 Juli	36,1	1,0	1,2	17,2	7,3	37,4		84,1
1933 März	30,6	0,9	1,1	14,9	8,6	43,9		88,8

Quellen: Wahlgeschichtliches Arbeitsbuch. 1871-1918, hg. v. Gerhard A. Ritter, München 1980; Wahlen und Abstimmungen in der Weimarer Republik, hg. v. Jürgen Falter u.a., München 1986; Statistisches Jahrbuch für das Deutsche Reich.

2.2 Bundesrepublik

Wahlberechtigte:
1949-1969: Alle männlichen und weiblichen Staatsbürger nach Vollendung
des 21. Lebensjahres.
seit 1970: Alle männlichen und weiblichen Staatsbürger nach Vollendung
des 18. Lebensjahres.

Bundes- tags- wahlen	Wahl- betei- ligung	SPD	Libe- rale	Konser- vative	Rechts- natio- nale	Links- natio- nale Grüne
1949	78,5	29,2	11,9	35,2	8,7	8,8
1953	85,8	28,8	9,5	46,9	10,3	4,1
1961	87,7	36,2	12,8	45,3	3,6	1,9
1969	86,7	42,7	5,8	46,3	4,4	0,6
1980	88,6	42,9	10,6	44,5	0,2	1,7
1987	84,3	37,0	9,1	44,3	0,6	8,3
1990 (Gesamtgebiet)	77,8	33,5	11,0	43,8	2,6	8,2
(ehem. DDR)	74,5	24,3	12,9	41,8	2,3	18,1
(altes Bundes- gebiet)	78,6	35,7	10,6	44,3	2,6	5,1

Quelle: Statistisches Jahrbuch für die Bundesrepublik Deutschland

3. Religiöse Gliederung der deutschen Bevölkerung
(prozentualer Anteil an der Gesamtbevölkerung)

	evangelisch	katholisch	jüdisch	sonstige/ konfessionslos
Deutsches Reich:				
1871	62,3	36,2	1,3	0,2
1939	60,8	33,2	0,3	5,7
BRD:				
1950	51,5	44,3	0,07	4,1
1970	49,0	44,6	0,1	6,4
1986	41,5	43,1	0,2	15,2
DDR:				
1986	38,7	6,2	0,1	55,0

Quellen: Sozialgeschichtliches Arbeitsbuch, München 1978.
Statistisches Jahrbuch für die Bundesrepublik Deutschland

4. Ethnische Minderheiten in Deutschland
(in 1.000)

Jahr	Gesamtzahl	% der Bevölkerung	Name und Zahl der wichtigsten Nationalitäten
1900	4.231	7,5	Polen (3.086), Franzosen (212), Dänen (141)
1925	374	0,6	Polen (214) Sorben (62), Masuren (59)

Ausländer (Gastarbeiter) in der Bundesrepublik Deutschland:

Jahr	Gesamtzahl	% der Bevölkerung	Name und Zahl der wichtigsten Nationalitäten
1961	686	1,2	Italiener (197), Niederländer (65), Österreicher (57)
1971	3.439	5,6	Türken (653), Jugoslawen (594), Italiener (590)
1975	4.090	6,6	Türken (1.077), Jugoslawen (678), Italiener (601)
1982	4.667	7,6	Türken (1.581), Jugoslawen (632), Italiener (602)
1987	4.241	6,9	Türken (1.524), Jugoslawen (579), Italiener (508)

Quelle: Statistisches Bundesamt Wiesbaden

5. Auswanderung aus Deutschland (1816–1959)

Tabelle und Graphik geben für die Zeit bis 1898 die Auswanderung nach überseeischen Zielgebieten wieder; ab 1899 ist auch die Auswanderung nach Europa berücksichtigt. Für die Zeit zwischen 1940 und 1945 konnten keine Angaben ermittelt werden.

I. Gesamtzahlen (zusammengefaßt in Perioden der politischen Geschichte)

Zeitraum	Gesamtzahl	Jahr mit der höchsten Auswanderungszahl in der Periode	Auswande-rungsziel USA
1816–1848	547300	80300 (1847)	74300
1849–1859	1164400	239200 (1854)	215000
1860–1878	1363500	138400 (1867)	133400
1879–1890	1495400	220902 (1881)	206189
1891–1918	890100	120089 (1891)	113046
1919–1932	602900	115431 (1923)	92819
1933–1939	117000	25311 (1939)	7079
1946–1959	1871600	270700 (1949)	164900

II. Auswanderungsgraphik

Die Graphik gibt die durchschnittlichen Auswanderungszahlen pro Jahr wieder. Aus den Auswanderungszahlen von 5 Jahren wurde ein Mittelwert errechnet.

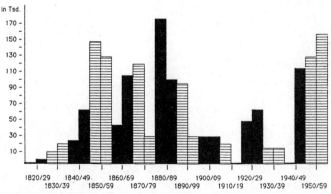

Quelle: Sozialgeschichtliches Arbeitsbuch I, II, III; Wehler, Gesellschaftsgeschichte Bd. II; W. Köllmann, P. Marschalk (Hrsg.), Bevölkerungsgeschichte, Köln 1972; R. Rytlewski, M. Opp de Hipt, Die Bundesrepublik Deutschland in Zahlen 1945/49–1980, München 1987.

6. Deutschsprachige Bevölkerung in Europa

(in Tausenden; in Klammern der Prozentanteil an der Gesamtbevölkerung)

	um 1900	um 1935	um 1948	um 1987
Österreich	9.362 (36)	6.342 (98)	6.548 (99)	7.151 (98)
(österr. Kronländer)				
Schweiz	2.314 (69)	2.924 (71)	3.399 (71)	4.158 (74)
Italien	-	251	192	260
Belgien	31 (0,4)	73 (0,9)	59 (0,7)	67 (0,8)
Polen	-	988	435	250
Danzig	380			
Tschechoslowakei	-	3.218 (24)	165 (1,4)	57 (0,4)
Ungarn	-	623	270	220
Jugoslawien	-	537 (4,3)	82 (0,9)	9 (0,1)
Rumänien	-	786	400 (2,4)	345 (1,5)
Baltische Staaten/				
Memelgebiet	-	249	-	-
Rußland/	1.800	1.427	1.520 (0,8)	1.936 (0,7)
Sowjetunion			(1959)	(1979)

Quellen: Statistische Landesämter

7. Umsiedlung und Vertreibung von Deutschen im 20. Jahrhundert

(in 1.000)

	nach dem 1. Weltkr.	1939–1949	1950–1986	1987	1988	1989	1990
aus ehem. Gebieten des Dt. Reiches	770	4.541	799	48	140	250	134
aus anderen Staaten in Osteuropa		3.483	543	30	62	122	263
		8.024	1.342	78	202	377	397

Quellen: Sozialgeschichtliches Arbeitsbuch, München 1978.
Statistisches Jahrbuch für die Bundesrepublik Deutschland.
Die Bundesrepublik Deutschland in Zahlen. 1945-1980. Hrsg. v. R.
Rytlewski u. a., München 1987.

8. Die Deutsch-deutsche Wanderungsbewegung 1945-1990

	aus der SBZ/DDR in die Westzonen/BRD	aus den Westzonen/BRD in die SBZ/DDR
1945-48	732.100	?
1949-61	2.686.942	450.215
1962-83	465.197	58.718
1984-9.11.89	350.893	16.364
10.11.89-30.6.90	415.034 (nur Registrierte)	

Quelle: Statistisches Bundesamt, Wiesbaden.

9. Die Berufsgliederung der Erwerbsbevölkerung in Europa

Die Berechnung folgt der Einteilung in Wirtschaftssektoren. Es bedeuten:

Sektor I: Agrarische Produktion (Landwirtschaft, Gartenbau, Forstwirtschaft, Fischerei)

Sektor II: Gewerblich-industrielle Produktion (Handwerk, Industrie, Bergbau)

Sektor III: Dienstleistungen (Handel, Verkehr, häusliche und öffentliche Dienste)

Die Zahlen sind Prozentangaben (mit geringen Fehlvarianten). Die Jahreszahlen der Erhebungen können im Einzelfall bis zu 3 Jahren abweichen.

		1880	1910	1933	1950	1970
Dt. Reich/	I:	43,4	35,2	28,9	23,2	7,5
BRD	II:	32,9	39,0	39,8	42,3	48,9
	III:	22,3	25,1	30,7	32,3	43,6
	I:	55,6	56,9	31,9	32,3	13,8
Österreich:	II:	20,5	23,5	33,3	37,1	41,6
	III:	15,9	16,4	31,8	29,4	42,7
	I:	37,4	26,8	21,3	16,5	7,7
Schweiz	II:	40,2	44,2	43,8	46,2	48,2
	III:	21,4	28,5	34,1	36,5	43,8
	I:	56,7	55,5	47,3	40,0	16,3
Italien	II:	26,9	26,8	29,4	30,4	42,2
	III:	16,2	17,7	23,3	24,3	36,6
Frank-	I:	39,1	42,7	35,6	27,2	12,2
reich	II:	26,9	29,5	33,5	35,7	34,7
	III:	34,0	27,8	30,9	34,1	49,3
Großbri-	I:	10,4	8,1	6,0	5,1	2,5
tannien	II:	44,5	44,6	46,1	49,2	42,2
	III:	37,3	42,9	47,1	45,3	49,4

Quelle: State, Economy, and Society in Western Europe 1815-1975. A Data Handbook, ed. Peter Flora u. a., Vol. II, Frankfurt/M./London/Chicago 1987.

B. Mitteleuropa im Kartenbild.
1789–1990

Das Heilige Römische Reich Deutscher Nation (um 1789)

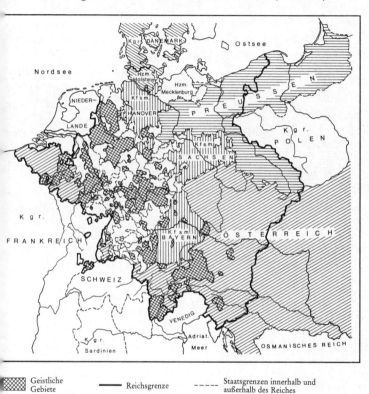

▨ Geistliche Gebiete	—— Reichsgrenze	- - - - Staatsgrenzen innerhalb und außerhalb des Reiches

Mitteleuropa unter der Herrschaft Napoleons (1812)

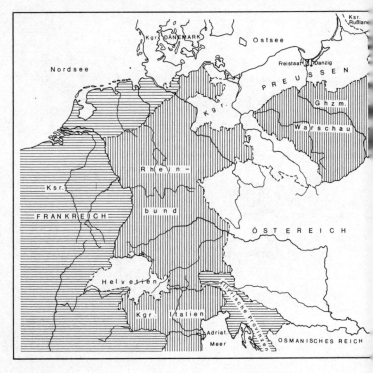

Kaiserreich Frankreich   Napoleonische Satellitenstaaten

Der Deutsche Bund (1815)

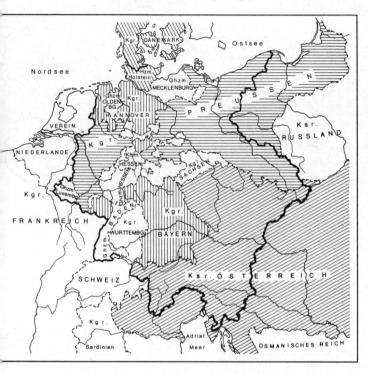

Nordsee

Ostsee

Kgr. DÄNEMARK

Hzm.
Holstein

Ghzm.
MECKLENBURG

P R E U S S E N

Ghzm.
OLDEN-
BG.

Kgr.

H A N N O V E R

Kgr.

Ksr.
RUSSLAND

VEREIN.

Kgr.

NIEDERLANDE

IKfm.
HESSEN

Kgr.

SACHSEN

Ghzm
Luxembg

Kgr.

FRANKREICH

Ghzt.BADEN

Ghzt.HESSEN

Kgr.
WÜRTTEMBG

Kgr.

BAYERN

SCHWEIZ

Ksr. Ö S T E R R E I C H

Kgr.

Adriat.
Meer

OSMANISCHES REICH

Sardinien

—— Grenze des Dt. Bundes

---- Staatsgrenzen innerhalb und außerhalb
des Dt. Bundes

Das deutsche Kaiserreich (1871)

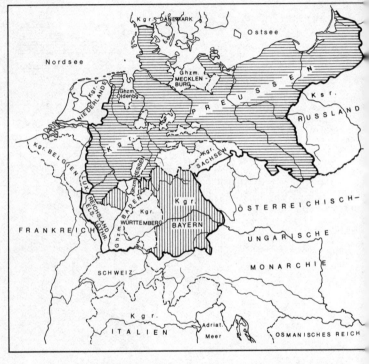

———— Grenze des Dt. Reiches

‑ ‑ ‑ ‑ Grenze zwischen dem Norddt. Bund und den süddt. Staaten (1866–1870)

‑ ‑ ‑ ‑ Staatsgrenzen innerhalb und außerhalb des Reiches

Das Deutsche Reich nach dem Ersten Weltkrieg (1919/21)

Abstimmungsgebiete	— — — Ostgrenze der entmilitarisierten Zone	Reichsgrenze nach dem Vertrag von Versailles
.... Reichsgrenze von 1871	– – – Staats- und Landesgrenzen	

Das ‚Großdeutsche Reich' im Zweiten Weltkrieg (1940)

nach dem Münchener Abkommen (Oktober 1938) angegliederte Gebiete	Grenze des Dt. Reiches von 1937
im März 1939 okkupiertes Gebiet	Ostgrenze des Großdt. Reiches
im 2. Weltkrieg annektiertes Gebiet	andere Staatsgrenzen

Deutschland nach dem Zweiten Weltkrieg (1946)

C. Literatur

Die umfangreiche Literatur zum Thema *Nation-Nationalismus* läßt sich in zwei Gruppen einteilen. Die erste umfaßt alle die Werke, in denen die Geschichte von Nationen und Nationalbewegungen als eine relevante Entwicklung analysiert und dargestellt wird. Diese Beiträge gehen aus von der Existenz der Nationen bzw. ihrer Vorformen und untersuchen deren Nationsbildung, Staatsbildung, Demokratisierung und andere Entwicklungen als historische Prozesse, die in ihrer Legitimität grundsätzlich nicht in Frage gestellt werden.

Dieser nationalgeschichtlichen Literatur steht gegenüber eine nach dem Zweiten Weltkrieg breit angeschwollene Literatur über den Nationalismus und seine Derivate (Imperialismus, Faschismus, Antisemitismus, Regionalismus). Diese Werke gehen grundsätzlich mit einer kritischen Einstellung an ihr Thema heran. Sie sind stark von analytischen, struktur- und ideologiegeschichtlichen Fragestellungen geprägt; auch Theorien spielen hier eine wichtige Rolle. Häufig werden mehrere Nationen und Nationalismen im Vergleich behandelt; doch Gesamtdarstellungen über die Geschichte der europäischen Nationalismen, oder speziell über das Zeitalter des Nationalismus, liegen bisher nicht vor.

Diese beiden Gruppen der Literatur zum Thema der modernen Nation stehen fast beziehungslos nebeneinander. Es gibt bisher kaum problemorientierte Darstellungen, die sowohl die patriotischen Bewegungen einer Nation wie deren Nationalismus umfassen. Auffällig ist auch, daß die Autoren der Nationalismus-Literatur ihre eigene Nation nicht oder nur selektiv in die Darstellung einbeziehen; Nationalismus wird meist als ein Phänomen der anderen gesehen (vgl. S. 18). Nur Deutschland bildet hier eine Ausnahme: In der westdeutschen Geschichtsschreibung hat es sich seit den 1960er Jahren eingebürgert, die eigene Nationalgeschichte in ihrer ganzen Erstreckung, von Herder bis Hitler, als eine Geschichte des Nationalismus darzustellen. Zu einer Gesamtdarstellung dieses Nationalismus ist es bisher aber nicht gekommen, und inzwischen erhebt sich auch die Frage, ob es überhaupt sinnvoll ist, die gesamte Geschichte der modernen deutschen Nation unter dem Begriff Nationalismus zu subsumieren.

Die im folgenden zusammengestellte Literatur kann nicht mehr sein als eine knappe *Auswahl*; sie kann auch nicht beanspruchen repräsentativ zu sein. Ihr liegt die Intention des Autors zugrunde, in erster Linie konzeptionell wichtige Literatur zu nennen, sodann vor allem jüngere Titel, mit deren Hilfe die früher erschienene Literatur leicht zu finden ist.

Die Sammlung ist, gemäß der Kapitel-Einteilung des Buches, nach Epochen gegliedert, und jeder Titel wird mit einem Satz kurz charakterisiert. Werke, die mehrere Epochen behandeln, werden nur einmal genannt.

Zur Geschichte der deutschen Nation, ihrer Nationalbewegungen und Nationalismen ist generell auf die *Handbücher* zur deutschen Geschichte zu verweisen. Obwohl eines sogar den suggestiven Titel ‚Die Deutschen und ihre Nation' trägt, sollen sie hier im einzelnen nicht genannt werden; denn nationalgeschichtlich orientiert sind sie alle.

Es existieren bereits *Spezialbibliographien* zum Thema Nation und Nationalismus. Die für das Thema dieses Buches wichtigsten sind:

Buse, D.K./Doerr, J.C., German Nationalism. A Bibliographic Approach, New York – London 1985.
Eine thematisch souverän eingeleitete, nach Epochen gegliederte Bibliographie von 769 Titeln, die jeweils durch eine kurze Inhaltsanalyse erläutert werden.

Winkler, H.A./Schnabel, Th., Bibliographie zum Nationalismus, Göttingen 1979.
Eine Sammlung von Titeln zum weltweiten Phänomen des Nationalismus, nach Themen und Ländern gegliedert.

1. Allgemeine Literatur

1.1 Grundlagenliteratur

Alter, P., Nationalismus, Frankfurt/M. 1985.
Ein Überblick über die Entwicklung des Nationalismus und der Nationalstaaten in Europa sowie über die nationale Theoriebildung.

Anderson, B., Die Erfindung der Nation. Zur Karriere eines erfolgreichen Konzepts, Frankfurt/M. 1988.
Ein Beispiel, wie geistreich, aber auch oberflächlich die Wissenschaftler mit internationalem Lebensstil heute mit dem nationalen Problem umgehen können.

Breuilly, J., Nationalism and the State, Manchester [2]1985.
Ein systematischer Überblick über die Erscheinungsformen von Nationalismus in der Welt des 19. und 20. Jahrhunderts, geprägt von einer pointierten Theoriediskussion.

Deutsch, K.W., Nationalism and Social Communication. An Inquiry into the Foundations of Nationality, Cambridge (Mass.) [2]1966.
Ein methodisch reflektierter Ansatz zur sozialwissenschaftlichen Erforschung der Nationsbildung; ein Grundwerk der modernen Nationalismusforschung.

Gellner, E., Nationalismus und Moderne, Berlin 1991.
Eine von kultursoziologischen Fragestellungen geleitete Interpretation der Entstehung moderner Nationen.
Hobsbawm, E. J., Nationen und Nationalismus. Mythos und Realität seit 1780, Frankfurt/M. 1991.
Eine kritische Studie über die Problematik des Nationalitätsprinzips und des Nationalismus.
Lemberg, E., Nationalismus, 2 Bde., Reinbek 1964.
Wichtigste Interpretation der modernen Nation und des Nationalismus aus der deutschen Nachkriegsepoche, historisch und soziologisch orientiert.
Nationalismus, hrsg. von H. A. Winkler, Königstein ²1985.
Sammlung von grundlegenden Beiträgen zu Geschichte und Theorie des Nationalismus, eingeleitet durch eine umfassende Problemeinführung.
Smith, A. D., The Ethnic Origins of Nations, Oxford 1986.
Jüngste Publikation des Autors mehrerer Werke zur Theorie der Nation und des Nationalismus, geprägt vom Aufstieg des Regionalismus in Europa.

1.2 Die deutsche Nation: Überblick und Interpretation

Conze, W., Die deutsche Nation. Ergebnis der Geschichte, Göttingen 1963.
Ein instruktiver Überblick über die Entwicklung der deutschen Nation und der nationalen Frage in Deutschland vom 10. Jahrhundert bis in die Nachkriegszeit.
Deutscher Sonderweg – Mythos oder Realität?, hrsg. von K. D. Bracher, München 1982.
Dokumentation der wichtigsten Tagung zum Problem eines Sonderweges der nationalen Entwicklung in Deutschland.
Die deutsche Einheit als Problem der europäischen Geschichte, hrsg. von C. Hinrichs und W. Berges, Stuttgart o.J. 1960
Aufsätze zum europäischen Zusammenhang der deutschen Entwicklung, geschrieben von acht Historikern der Nachkriegszeit.
Die deutsche Frage im 19. und 20. Jahrhundert, hrsg. von J. Becker und A. Hillgruber, München 1983.
Beiträge auch zur außenpolitischen Dimension des Problems und zu den deutschsprachigen Nachbarländern.
Die deutsche Nation. Aussagen von Bismarck bis Honecker, hrsg. von C. C. Schweitzer, Köln 1976.
Eine Dokumentation von Parlamentsreden zum Weg der deutschen Nation, vom Reichstag des Norddeutschen Bundes (1867) bis zum Bundestag und der Volkskammer der DDR.
Die Rolle der Nation in der deutschen Geschichte und Gegenwart, hrsg. von O. Büsch und J. Sheehan, Berlin 1985.
Dokumentation eines Kolloquiums von 1983, auf dem die nationale Entwicklung Deutschlands seit dem späten 18. Jahrhundert umfassend behandelt wurde.

Faulenbach, B., Die Ideologie des deutschen Weges. Die deutsche Geschichte in der Historiographie zwischen Kaiserreich und Nationalsozialismus, München 1980.

Umfassende Analyse des vom Nationalismus geprägten Geschichtsbildes der deutschen Historiker in der ersten Hälfte unseres Jahrhunderts.

Grebing, H., Der ‚deutsche Sonderweg' in Europa 1806–1945. Eine Kritik, Stuttgart 1986.

Bester Überblick über die Debatte der Historiker und kritische Analyse der wichtigsten Argumente.

Hillgruber, A., Die gescheiterte Großmacht. Eine Skizze des Deutschen Reiches 1871–1945, Düsseldorf 1980.

Interpretation des deutschen Nationalstaats unter dem Aspekt seiner gescheiterten Weltmachtpolitik.

Huber, E. R., Deutsche Verfassungsgeschichte seit 1789, 7 Bde., Stuttgart 1957–1984.

Das materialreichste Kompendium zur modernen deutschen Geschichte, unter nationalpolitischem Aspekt geschrieben, über die Verfassungsgeschichte weit hinausgehend.

Katholizismus, nationaler Gedanke und Europa seit 1800, hrsg. von A. Langner, Paderborn 1985.

Sammlung von Aufsätzen über die Stellung der katholischen Kirche und des deutschen Katholizismus zur modernen Nation, zum Nationalstaat und zur Europaidee.

Mirow, J., Geschichte des deutschen Volkes. Von den Anfängen bis zur Gegenwart, Gernsbach 1990.

Versuch einer umfassenden Geschichte des deutschen Volkes als Sprachgemeinschaft, gegliedert nach Sachbereichen, mit einer Fülle von Entwicklungsdaten.

Öffentliche Festkultur. Politische Feste in Deutschland von der Aufklärung bis zum Ersten Weltkrieg, hrsg. von D. Düding, P. Friedemann und P. Münch, Reinbek 1988.

Erste Übersicht über die politischen Feste in Deutschland, die fast durchgängig nationalen Charakter hatten.

Plessner, H., Die verspätete Nation. Über die politische Verführbarkeit bürgerlichen Geistes, Stuttgart 1959 u.ö.

Eine bereits 1935 im Exil verfaßte Interpretation der Mentalitätsentwicklung des deutschen Bürgertums seit dem 18. Jahrhundert (vgl. auch S. 307 f.).

Volk – Nation – Vaterland. Der deutsche Protestantismus und der Nationalismus, hrsg. von H. Zillessen, Gütersloh 1970.

Beiträge über das nationale Denken im deutschen Protestantismus seit Luther, aber auch über den Katholizismus, die ökumenische Bewegung und die politische Situation nach dem Zweiten Weltkrieg.

2. Nationsbildung und Patriotismus im frühmodernen Europa

Armstrong, J. A., Nations before Nationalism, Chapel Hill 1982.
Grundlegende Studie über den Prozeß der Nationsbildung in vormodernen Gesellschaften.

Bendix, R., Nation-Building and Citizenship, Berkeley 1974[2].
Eine klassische Studie über die Durchsetzung der modernen Nation in der europäischen Welt des 18. Jahrhunderts im Vergleich mit der Dritten Welt.

Kohn, H., Die Idee des Nationalismus. Ursprung und Geschichte bis zur Französischen Revolution, Heidelberg 1950.
Eine umfassende Darstellung der Entstehungsgeschichte nationaler Ideologien im europäischen Vergleich, geschrieben von einem bedeutenden Nationalismusforscher der ersten Generation.

Lutz, H., Die deutsche Nation zu Beginn der Neuzeit. Fragen nach dem Gelingen und Scheitern deutscher Einheit im 16. Jahrhundert, München 1982.
Ein problemorientierter Vortrag, zugleich ein Überblick über den heutigen Forschungsstand.

Nationalismus in vorindustrieller Zeit, hrsg. von O. Dann, München 1986.
Beiträge über vor- und frühmoderne Nationsbildung und nationale Bewegungen in 7 europäischen Ländern.

Patriotismus, hrsg. von G. Birtsch, Hamburg 1991.
Jüngste Aufsatzsammlung zum Reichspatriotismus und anderen Formen des Patriotismus im Heiligen Römischen Reich deutscher Nation.

The Formation of National States in Western Europe, hrsg. von Ch. Tilly, Princeton 1975.
Pionierstudien über Nationsbildung und nationale Staatsbildung im frühneuzeitlichen Europa.

3. Nationale Bewegungen (1789–1870)

Conze, W./Groh, D., Die Arbeiterbewegung in der nationalen Bewegung, Stuttgart 1966.
Grundlegende Untersuchung über das Verhältnis von Arbeiterbewegung und Nationalbewegung in Deutschland bis zur Reichsgründung.

Deutscher Bund und deutsche Frage 1815–1866, hg. von H. Rumpler, Wien und München 1990.
Beiträge zur Neubewertung der nationalen Entwicklungsdimensionen des Deutschen Bundes.

Düding, D., Organisierter gesellschaftlicher Nationalismus in Deutschland (1808–1847). Bedeutung und Funktion der Turner- und Sängervereine für die deutsche Nationalbewegung, München 1984.
Untersuchung zur Entstehung und Ausbreitung der beiden wichtigsten Massenvereine der deutschen Nationalbewegung in der ersten Hälfte des 19. Jahrhunderts.

Fehrenbach, E., Nation, in: Handbuch politisch-sozialer Grundbegriffe in Frankreich 1680–1820, München 1986.
Ein instruktiver Überblick über den Wandel des Nationsbegriffs in Frankreich im ausgehenden 18. Jahrhundert.

Foerster, C., Der Preß- und Vaterlandsverein von 1832/33. Sozialstruktur und Organisationsformen der bürgerlichen Bewegung in der Zeit des Hambacher Festes, Trier 1982.
Grundlegende Untersuchung zum wichtigsten nationalen Verein der 1830er Jahre.

Hroch, M., Social Preconditions of National Revival in Europe, Cambridge 1985.
Vergleichende, theorieorientierte Untersuchung zur Sozialstruktur des Frühstadiums nationaler Bewegungen in 7 europäischen Völkern.

Na'aman, Sh., Der Deutsche Nationalverein. Die politische Konstituierung des deutschen Bürgertums. 1859–1867, Düsseldorf 1987.
Jüngste Überblicksdarstellung des wichtigsten Vereins der deutschen Nationalbewegung, eingebettet in eine problematische Theorie.

Nationalism in the Age of French Revolution, hrsg. von O. Dann und J. Dinwiddy, London 1988.
Beiträge über die Entwicklung der modernen Nation im Kontext der Französischen Revolution in elf europäischen Ländern.

Nationalismus und sozialer Wandel, hrsg. von O. Dann, Hamburg 1978.
Beiträge zu modernen Nationalbewegungen im Lichte des Modernisierungsproblems.

Prignitz, Ch., Vaterlandsliebe und Freiheit. Deutscher Patriotismus von 1750 bis 1850, Wiesbaden 1981.
Materialreicher Überblick über die national-patriotische Literatur, besonders von 1763 bis 1815.

Reichsgründung 1870/71. Tatsachen, Kontroversen, Interpretationen, hrsg. von Th. Schieder und E. Deuerlein, Stuttgart 1970.
Beiträge zu den verschiedenen Dimensionen der deutschen Nationalstaatsgründung von 1870.

Schieder, Theodor, Nationalismus und Nationalstaat. Studien zum nationalen Problem im modernen Europa, hrsg. von O. Dann und H.-U. Wehler, Göttingen 1991.
Sammlung der wichtigsten Beiträge Th. Schieders, vor allem zur Entwicklung der Nationalstaaten in Europa.

Schulze, H., Der Weg zum Nationalstaat. Die deutsche Nationalbewegung vom 18. Jahrhundert bis zur Reichsgründung, München 1985.
Überblicksdarstellung und Dokumente aus der Nationalbewegung.

Wollstein, G., Das ,Großdeutschland' der Paulskirche. Nationale Ziele in der bürgerlichen Revolution 1848/49, Düsseldorf 1977.
Untersuchung der Debatten über die nationalen Grenzen und das Verhältnis zu den Nachbarvölkern in der Deutschen Nationalversammlung.

4. Nationalstaat und organisierter Nationalismus (1871–1945)

Ansichten vom Krieg. Vergleichende Studien zum Ersten Weltkrieg in Literatur und Gesellschaft, hrsg. von B. Hüppauf, Königstein 1984.
Beiträge zur nationalen Ideologiebildung während des Ersten Weltkriegs in 4 europäischen Nationen.

Der Widerstand gegen den Nationalsozialismus. Die deutsche Gesellschaft und der Widerstand gegen Hitler, hrsg. von J. Schmädeke und P. Steinbach, München 1985.
Umfassende Sammlung von Beiträgen zu den verschiedenen Formen und Lagern des Widerstands.

Dupeux, L., ‚Nationalbolschewismus‘ in Deutschland 1919–1933. Kommunistische Strategie und konservative Dynamik, München 1985.
Grundlegende Untersuchung zum Spektrum des revolutionären Nationalismus von links und rechts.

Hess, J. C., ‚Das ganze Deutschland soll es sein‘. Demokratischer Nationalismus in der Weimarer Republik am Beispiel der DDP, Stuttgart 1978.
Eine von grundsätzlichen Überlegungen zum Nationalismus-Begriff geleitete Untersuchung der nationalen Position der DDP.

Holzbach, H., Das ‚System Hugenberg‘. Die Organisation bürgerlicher Sammlungspolitik vor dem Aufstieg der NSDAP, Stuttgart 1981.
Brillante Analyse der politischen Aktivität des wichtigsten Organisators des deutschen Nationalismus von 1890 bis 1934, mit Schwerpunkt auf den Jahren 1918–1928.

Jung, W., August Bebel. Deutscher Patriot und internationaler Sozialist, Pfaffenweiler 1986.
Untersuchung über die nationale Position des führenden Sozialdemokraten im Kaiserreich.

Lepsius, R., Extremer Nationalismus. Strukturbedingungen vor der nationalsozialistischen Machtergreifung, Stuttgart 1966.
Soziologische Analyse der deutschen Volksschichten im Hinblick auf die Wahlerfolge der NSDAP.

Matthias, E., Sozialdemokratie und Nation. Ein Beitrag zur Ideengeschichte der sozialdemokratischen Emigration. 1933–1938, Stuttgart 1952.
Untersuchung der Publizistik des sozialdemokratischen Exils im Hinblick auf die nationale Frage.

Mommsen, H., Arbeiterbewegung und Nationale Frage, Göttingen 1979.
Sammlung von Beiträgen zum nationalen Denken in der sozialistischen Arbeiterbewegung, speziell in der österreichisch-ungarischen Monarchie.

Mommsen, W. J., Der autoritäre Nationalstaat. Verfassung, Gesellschaft und Kultur im deutschen Kaiserreich, Frankfurt/M. 1990.
Beiträge zur Verfassungsentwicklung, zum Imperialismus und zum nationalen Charakter des Kaiserreichs, speziell des Wilhelminischen Deutschland.

Mosse, G. L., Die Nationalisierung der Massen. Politische Symbolik und

Massenbewegungen in Deutschland von den Napoleonischen Kriegen bis zum Dritten Reich, Frankfurt/M. 1976.

Eine Geschichte der nationalpolitischen Inszenierungen, ausgehend von der politischen Massenmobilisierung des Nationalsozialismus.

Nolte, E., Die Krise des liberalen Systems und die faschistischen Bewegungen, München 1968.

Überblick über die faschistischen Bewegungen in Europa und eine Gesamtanalyse der ,Epoche des Faschismus'.

Politische Identität und nationale Gedenktage. Zur politischen Kultur in der Weimarer Republik, hrsg. von D. Lehnert und K. Megerle, Opladen 1989.

Studien eines Westberliner Projektes über das Verhalten der Parteien und gesellschaftlichen Gruppen zu den Gedenktagen 18. Januar, 11. August und 9. November.

Puhle, H.-J., Agrarische Interessenpolitik und preußischer Konservativismus 1893–1914. Ein Beitrag zur Analyse des Nationalismus in Deutschland am Beispiel des Bundes der Landwirte und der Deutschen Konservativen Partei, Hannover 1967.

Untersuchung des größten Massenverbandes des deutschen Nationalismus im Kaiserreich.

Schieder, Theodor, Das deutsche Kaiserreich von 1871 als Nationalstaat, hrsg. von H.-U. Wehler, Göttingen [2]1992.

Analyse der nationalen Charakteristika des Deutschen Reiches, seiner Symbole und Feste, seiner Kultur und Sprachpolitik.

Schwabe, K., Wissenschaft und Kriegsmoral. Die deutschen Hochschullehrer und die politischen Grundfragen des Ersten Weltkriegs, Göttingen 1969.

Untersuchung des ,Professorennationalismus' und seiner Alternativen als Beispiel der Ideologisierung der deutschen Bildungsschichten.

Sontheimer, K., Antidemokratisches Denken in der Weimarer Republik. Die politischen Ideen des deutschen Nationalismus zwischen 1918 und 1933, München [2]1968.

Erste und bis heute nicht ersetzte Überblicksdarstellung über die nationalistische Ideologiebildung nach dem 1. Weltkrieg.

Stegmann, D., Die Erben Bismarcks. Parteien und Verbände in der Spätphase des Wilhelminischen Deutschland, Köln 1970.

Großer Überblick über die Organisationen der sogenannten ,Sammlungspolitik' seit 1897, die Träger des imperialistischen Nationalismus.

Wehler, H.-U., Sozialdemokratie und Nationalstaat. Nationalitätenfragen in Deutschland 1840–1914, Göttingen [2]1971.

Untersuchung über das Verhalten der SPD und ihrer Ahnherren (Marx, Engels, Lassalle) zu den Nationalfragen im Westen, Norden und Osten des Reiches.

Winkler, H. A., Liberalismus und Antiliberalismus. Studien zur politischen Sozialgeschichte des 19. und 20. Jahrhunderts, Göttingen 1979.

Aufsätze zur nationalen Position des bürgerlichen Liberalismus in der Bismarckzeit und zur Theorie des modernen Nationalismus.

Zimmermann, H.-P., ‚Der feste Wall gegen die rote Flut'. Kriegervereine in Schleswig-Holstein 1864–1914, Neumünster 1989.
Erste Regionalstudie über die wichtigsten Vereine des Reichspatriotismus im Kaiserreich, verbunden mit einem großen Überblick über die Kriegervereine im 19. Jahrhundert.

5. Nachkriegsdeutschland

Benz, W./Plum, G./Röder, W., Einheit der Nation. Diskussionen und Konzeptionen zur Deutschlandpolitik der großen Parteien seit 1945, Stuttgart 1978.
Darstellung und Dokumentation der Deutschlandpolitik von CDU, FDP und SPD bis 1967.

Die Identität der Deutschen, hrsg. von W. Weidenfeld, Bonn 1983.
Ein Dokument der intensiven Diskussion um die nationale Identität, die in den 1980er Jahren in Westdeutschland geführt wurde.

Die Linke und die nationale Frage. Dokumente zur deutschen Einheit seit 1945, hrsg. von P. Brandt und H. Ammon, Reinbek 1981.
Mit dieser interessanten Dokumentation wiesen zwei Westberliner auf ein vernachlässigtes Problem hin.

Gabbe, J., Parteien und Nation. Zur Rolle der Nationalbewegung für die politischen Grundorientierungen der Parteien in der Anfangsphase der Bundesrepublik, Meisenheim 1976.
Eingehende, von systematischen Fragestellungen geleitete Analyse des Nationsbegriffs und der nationalen Zielvorstellungen der Parteien 1949–1955.

Kalter Krieg und deutsche Frage. Deutschland im Widerstreit der Mächte 1945–1952, hrsg. von J. Foschepoth, Göttingen 1985.
Beiträge zur Deutschlandpolitik der Siegermächte des Zweiten Weltkriegs und der Reaktion der Deutschen.

Kreuz, L., Das Kuratorium Unteilbares Deutschland. Aufbau, Programmatik, Wirkung, Opladen 1980.
Untersuchung der 1954 gegründeten halboffiziellen Gesellschaft zur Beförderung des nationalen Gedankens in der BRD.

Schwarz, H.-P., Vom Reich zur Bundesrepublik. Deutschland im Widerstreit der außenpolitischen Konzeptionen in den Jahren der Besatzungsherrschaft 1945–1949, Stuttgart [2]1980.
Grundlegende Untersuchung zur Deutschlandpolitik der Siegermächte und der westdeutschen Politiker.

Schweigler, G., Nationalbewußtsein in der BRD und der DDR, Düsseldorf 1973.
Frühe soziologische Untersuchung zum auseinandergehenden Identitätsgefühl der Deutschen in Ost und West.

D. Register

Abbt, Thomas 39, 41

Adel (s. auch Reichsnation, Fürsten) 25, 28, 136, 166, 242

Alldeutscher Verband 191 f., 218, 221

Antisemitismus 187 ff., 201, 213, 273, 288

Arbeiterbewegung (s. auch Gewerkschaften, Sozialdemokratie) 118, 135, 151, 161, 166, 169, 178, 232 f., 275, 283

Arbeiterschichten 173, 196, 208 f., 229, 280, 287

Arminius (Hermann) 30, 108

Arndt, Ernst Moritz 61, 63, 68 ff., 78, 86, 90, 190, 265

Aufklärung 28, 34, 36, 52

Augustenburg, Friedrich von 142 f.

Auswanderung (s. auch Emigration) 135, 165, 335

Autonomie, nationale s. Selbstbestimmung

Baeck, Leo 291

Baden 115, 124, 140, 147

Bassermann, Friedrich Daniel 115

Bauer, Otto 206, 290

Bäumer, Gertrud 270

Baumgarten, Hermann 151

Bayern 64, 79, 279

Bebel, August 169, 178, 180

Becker, Nikolaus 105

Becker, Rudolf Zacharias 54

Beethoven, Ludwig van 56

Befreiungskrieg s. Krieg

Belgien 22, 76 f., 98, 102, 113, 137, 152, 157, 208, 217, 220, 246, 275

Berlin 116, 158, 160, 246, 299 f., 318, 321

Bernstein, Eduard 182, 225, 262

Bethmann Hollweg, Theobald von 209, 219, 228

Beust, Friedrich von 141

Bildungsschichten 19, 28, 36, 39 f., 43 f., 51 ff., 65, 67, 70, 215 f.

Bismarck, Otto von 140 ff., 155, 159, 163, 174, 178, 187, 194, 202

Blücher, Gebhard Leberecht von 62 ff.

Blum, Robert 125, 190

Bluntschli, Johann Kaspar 199

Boehm, Max Hildebert 270

Böhmen (s. auch Tschechen) 26 f.

Bonapartismus 153

Bonifatius 30, 108

Boyen, Hermann Ludwig 58, 61

Braun, Otto 302

Breitscheid, Rudolf 252

Brüning, Heinrich 254, 276 f., 302

Büchner, Georg 97 f.

Bülow, Bernhard von 162, 205

Bund Neues Vaterland 224

Bürgertum (s. auch Bildungsschichten, Liberalismus) 34, 43, 135, 166, 208

Burschenschaften, Studenten 67, 84, 87, 90, 98, 192

Cavour, Camillo Graf 154 f.

Chauvinismus (s. auch Nationalismus) 17 f., 280

Clausewitz, Carl von 58, 61

Coburg 138 f.

Collin, Heinrich Joseph von 59

Cramer, Karl Friedrich 54

Dänemark 29, 78, 80, 109, 114, 120, 142 f., 153, 155, 176, 246

Dante Alighieri 25

Delbrück, Rudolf 157
Demokratie, nationale
– nationaldemokrat. Position, Programm 75 f., 87, 97, 151, 177 f.
– demokrat. Bewegung, Partei 96, 102, 113, 117, 124 ff., 168 f., 182 ff.
Demokratisierung (s. auch Gleichberechtigung, Volkssouveränität) 15, 65, 82, 129, 150, 182 ff., 227 f., 231, 235, 241 ff.
Deutschbund 273
Deutsche Bewegung 40, 42 f.
Deutsche Demokratische Partei (DDP) 253 f.
Deutsche Fortschrittspartei 140, 145, 168, 177, 182
Deutsche Legion 60 f., 67
Deutsche Union 40, 128, 141
Deutsche Vaterlandspartei 223 f.
Deutsche Volkspartei (DVP) 254
Deutscher Bund 80 f., 88 f., 94, 97, 115, 119, 137, 141 ff.
Deutscher Nationalverein 138, 174, 177 f.
Deutscher Preßverein 95, 97, 142
Deutschland (vgl. auch die Sach-Stichworte!)
– Nationsbildung
(Adel) 21 ff., 30;
(Bürgertum) 43, 67, 82, 99 ff., 103, 130, 151;
(Arbeiter) 180 f., 211 ff.;
(seit 1990) 319 f.
– als verspätete Nation 307
– als gespaltene Nation 21, 33 f., 151, 164 f., 249 f., 257 f., 283, 314 f.
– Selbstaufgabe der Nation 259, 284, 288, 295, 301 f.
– nationale Grenzen 68, 80, 124 f., 150, 164, 265, 314, 322
– Nationalstaat (s. auch Reich) 68, 82, 94
1848–50: 118 ff., 126 ff.
1866–71: 146 ff., 315

1919: 241, 257, 260
1933–45: 283 f., 300
1990: 317, 320 f.
– kleindeutsche Lösung 126, 136, 148, 151, 163, 265
– Bundesrepublik Deutschland 319, 322 ff., 327
– DDR 318, 320, 324
Deutschlandlied (s. auch Nationalsymbole) 105, 193, 262
deutsch-national 188 f., 193
Deutschnationale Volkspartei (DNVP) 255, 261, 268, 273, 282
Dolchstoßlegende 255 f., 282

Ebert, Friedrich 242, 248, 262 f.
Einheit versus Freiheit 95, 101 f., 147, 150
Elsaß-Lothringen 150, 162, 179, 201, 217, 246, 266
Elser, Georg 292
Emigration, politische 76, 98, 111, 127, 135, 293 f.
Ernst von Sachsen-Coburg-Gotha 139
Erzberger, Matthias 228 f., 246, 254
Europa (s. auch Internationalismus und die Europa-Kapitel!) 76, 96, 126, 131, 173, 206, 216, 225, 252, 315

Faschistische Bewegungen 274 ff.
– in Deutschland s. NSDAP
Fichte, Johann Gottlieb 54, 57, 69, 177
Finnland 199, 220, 234, 239
Flotte, nationale 121, 205
Frank, Ludwig 211
Frankfurt 98, 117, 121, 142 f.
Frankreich 29, 36, 45 ff., 69 ff., 85, 96 ff., 104 f., 131, 148, 150, 157, 175 f., 179, 240, 263, 299, 313
– Nationalismus 48 f., 77, 163, 193, 201, 214 ff.
s. auch Napoleon, Revolution

Frauen 34, 64, 67, 96, 137, 164, 209, 211, 234f.
– Frauenbewegung 63, 118, 170f., 183f.
Freikorps 70, 272
Freiligrath, Ferdinand 116
Friedrich II. von Preußen 40, 44
Friedrich Wilhelm III. von Preußen 58, 61ff.
Friedrich Wilhelm IV. von Preußen 105, 107, 119, 126, 128, 150
Fürsten, deutsche (s. auch Reichsnation) 119, 127, 146, 149, 243
– Fürstenbund 44
– Fürstenkongreß 142

Gagern, Heinrich von 122
Gandhi, Mahatma 239
Garibaldi, Giuseppe 154
Gentz, Friedrich 57, 86
Gervinus, Gottfried 110
Gesamtdeutsche Volkspartei 317
Geschichtsschreibung, nationale 19, 26, 45, 66, 306
Gewerkschaften 184, 211, 224, 290
Gleichberechtigung
– innerhalb der Nation 14, 182, 184, 189, 209, 233f., 235
– unter den Nationen 20, 277
Gneisenau, August Wilhelm von 58, 61, 64
Goebbels, Joseph 280, 284, 287
Görres, Joseph von 78, 88, 104
Goethe, Johann Wolfgang von 41, 54
Göttingen 36, 103
Griechenland 75, 90, 102
Großbritannien 42, 60, 76, 80, 98, 123, 137, 202f., 215, 234, 239
großdeutsches Denken (s. auch volksdeutsch, Österreich) 38, 70, 189ff., 213, 254, 267
Grundkonsens, nationaler 12f., 15
– in Deutschland 164, 172, 256ff., 263, 293, 325
Gutenberg-Feste 108

Haase, Hugo 210, 225
Habsburg, Monarchie (s. auch Österreich) 125, 151, 153
Hallgarten 110
Hambacher Fest 96f.
Hamburg 36, 65, 109
Hardenberg, Karl August von 58
Harzburger Front 255
Hassell, Ulrich von 292
Hecker, Friedrich 111, 119f., 154
Hegel, Georg Wilhelm Friedrich 53
Heilige Allianz 77
Heine, Heinrich 97
Heinemann, Gustav 317
Herder, Johann Gottfried 41, 44, 54, 102, 265, 307
Hindenburg, Paul von 219, 256f., 282, 284
Hitler, Adolf 255, 277ff., 283f., 287f., 298
Hölder, Julius 138
Hölderlin, Friedrich 54
Hofer, Andreas 59
Hoffmann von Fallersleben, August Heinrich 105
Hugenberg, Alfred 255, 268f., 282
Humanismus 30f.
Humboldt, Wilhelm von 58, 79, 81
Hutten, Ulrich von 32

Identität, nationale 12, 45
– in Deutschland 11, 22, 39, 92, 130, 259f., 295, 314
Ideologie, nationale 19f., 49, 68f.
– des Nationalismus 20, 187ff., 215f., 274
Imperialismus 202ff., 274, 277f.
– in Deutschland 168, 204ff., 222, 239
Indien 239
Industrialisierung 113, 133, 165
Internationalismus
– der Nationalbewegungen 90, 106, 111, 179
– der Friedensbewegung 206, 224

– der Arbeiterbewegung 206, 226
– revolutionärer Internationalismus 182, 238, 253
Irland 50, 76, 199
Irredentismus 18, 196, 200, 326
Italien 29, 50, 73 ff., 114, 124 f.,
    138, 152 ff., 177, 200 ff., 215,
    240, 266, 274 ff.
Itzstein, Johann Adam von 100

Jacoby, Johann 102 ff., 177
Jahn, Friedrich Ludwig 60, 69
Jakobiner 48, 53
Japan 277 f.
Johann, Erzherzog 121
Jordan, Wilhelm 125
Juden 67, 88, 137, 187 ff., 193,
    196, 211 ff., 288, 291, 294, 302
Jünger, Ernst 270 f., 282
Jugendbewegung 185, 267, 272
Junges Deutschland 76, 97 f.

Kaiser, Jakob 318
Kaisertum (s. auch Reich, Königtum)
– im Heiligen Römischen Reich
    29, 31, 43
– (1806–1871) 83, 130, 151
– (1871–1918) 159 f., 183 f., 209,
    231 f., 242
Karl, Erzherzog 58 f.
Katholizismus, politischer 104,
    109, 117, 151, 161, 167, 169,
    171, 197, 212, 216, 254, 261,
    282, 286, 290
Kirche (s. auch Protestantismus)
– Reichskirche 25, 30, 291
– Nationalkirche 27, 43, 109
Klassengesellschaft 135 f., 166 f.,
    250 f., 314 f.
Kleist, Heinrich von 57, 69
Klopstock, Friedrich Gottlieb 35,
    41 f.
Köln 103, 105, 107
Königgrätz 144

Königtum, nationales 24, 26 f., 48
Körner, Theodor 63, 70
Kolonialismus 163, 202 ff., 237
Kommunikation, nationale 30,
    34 f., 67, 103, 134, 165, 211,
    251, 319
Kommunismus (KPD) 238, 253,
    257 f., 261, 269, 294 f., 302
Kongreß deutscher Volkswirte 137
Konservativismus, nationaler 57,
    117, 161, 167, 187, 268
Kosmopolitismus 106
Krieg, nationaler (s. auch Militarismus) 48, 50, 58 f., 206 ff., 215
– in Deutschland 61 ff., 71 f.,
    175 ff., 211 ff., 231
Kriegervereine 175 f.
Kulturnation 36 ff., 323
Kuratorium Unteilbares Deutschland 318
Kyffhäuser 186, 193

Lagarde, Paul de 193
Landwehr 63
Langemarck 210
Lassalle, Ferdinand 169, 177 f.
Laufenberg, Heinrich 232, 269
Leber, Julius 253
Ledebour, Georg 225
Leibniz, Gottfried Wilhelm von 40
Leipzig 35, 64, 161
Lenin 226, 233, 238 f., 284
Lessing, Gotthold Ephraim 41
Lette, Wilhelm Adolf 137
Leuschner, Wilhelm 290
Liberalismus, nationaler 74, 94 f.,
    100 f., 110, 117 f., 127, 133,
    145 f., 151, 174
Liebknecht, Wilhelm 169, 178 ff.
List, Friedrich 89, 91
Löbe, Paul 250
Ludendorff, Erich 219 f.
Ludwig I. von Bayern 90, 105
Lueger, Karl 189
Lützow, Adolf von 70

Lukács, Georg 308
Luther, Martin 31f., 35

Märzbewegung (1848) 116, 120, 124, 131
Mann, Thomas 210, 295, 302
Marx, Karl 111
Marxismus 170, 182, 238
Maurras, Charles 201
Max, Prinz von Baden 231, 242
Mazzini, Giuseppe 76, 98, 153
Meinecke, Friedrich 37, 224
Menschenrechte 14, 46, 66, 97, 195
Metternich, Klemens von 64f., 88f., 97f., 114
Mierendorff, Carlo 292
Mieroslawski, Ludwig 154
Militarismus, nationaler 205, 222, 261, 269, 271, 275
Minderheiten, nationale 124, 130, 162, 171, 179, 190f., 201, 237, 326
Mitteleuropa 192f.
Modernisierung (s. auch Demokratisierung) 15, 20, 35, 45, 55f., 74, 112, 136, 154, 186f., 193, 200, 285
Moeller van den Bruck, Arthur 270
Möser, Justus 39
Moltke, Helmuth von 144
Moser, Friedrich Karl von 41
Motz, Friedrich Christian von 92
Müller, Adam 57, 60
München 281, 297, 302
Mussolini, Benito 275, 278f.

Napoleon (Bonaparte) I. 49, 55f., 61ff., 152, 155, 175
Napoleon III. 138, 148, 153, 155
Nation 12, 14, 20, 24ff., 45ff., 73 (zu einzelnen Nationen vgl. die Länderstichworte!)
– Corona-Regis-Nation 25
– ständische Nation 26f.
– moderne Nation, Staatsbürger-
nation 14f., 20, 43, 46, 50, 130, 152, 185, 243ff., 288
– nationales Programm 14, 19, 47, 75, 82, 102, 106, 192, 237
– Nation und Volk 13, 19, 22f., 45, 102, 194f., 266 (s. auch Volk)
– Kulturnation, Volksnation – Staatsnation 36, 173, 265, 314
Nationalbewegung (s. auch die Länderstichworte!) 15ff., 50, 73ff., 153f., 199, 239
– als nationale Opposition 16, 27, 176, 187
– in Deutschland 32, 60ff., 96ff., 107ff., 120ff., 138ff., 174ff., 263, 285, 317
Nationalbewußtsein (s. auch Nationsbildung, Identität) 12f., 24, 70
Nationalbolschewismus 269
Nationalerziehung 57f.
Nationalfeste 78f., 91, 96, 107f., 139; (Nationalfeiertage) 175, 258
Nationalisierung 47, 190, 201, 215f., 279, 283
Nationalismus 17f., 21, 106
– in Deutschland 53, 69, 105, 125 (zu anderen Staaten vgl. die Länderstichworte!)
– Proto-Nationalismus 26
– Nationalismus als Selbstbezeichnung 201, 270
– organisierter Nationalismus 17f.; in Deutschland: 172, 185ff., 193ff., 200, 221ff., 236, 247, 256f., 268ff.
– gouvernementaler Nationalismus 202, 254
– imperialistischer Nationalismus 203f., 255
– Kriegsnationalismus 214ff., 222, 229, 255, 266
– integraler Nationalismus 193, 201

- konservativer Nationalismus 268
- linker Nationalismus 269
- revolutionärer, neuer Nationalismus 270 ff., 275
- völkischer Nationalismus 267, 273, 279
- faschistischer Nationalismus 239, 275 f.
- Zeitalter des Nationalismus 296, 298, 315
- negativer Nationalismus 308, 318
Nationalliberale Partei 145 f., 168, 198
Nationalkomitee Freies Deutschland 294
Nationalsozialer Verein 183
Nationalsozialistische Deutsche Arbeiterpartei (NSDAP) (s. auch Hitler) 255, 268, 273, 276, 279 ff.
Nationalstaat 12, 14, 27, 50 f., 77, 152, 155, 199, 234 (zu den einzelnen Staaten vgl. die Länderstichworte!)
- unitarischer, zentralistischer Nationalstaat 48 f., 157
- förderaler Nationalstaat 130, 146, 158, 284, 311, 313
- integrierter Nationalstaat 322, 327
- Krise des Nationalstaats 236 ff., 282
- als Sozialstaat 239
Nationalsymbole (s. auch Nationalfeste, Deutschlandlied) 47 f., 59, 119, 259, 281, 321
- Flagge 96, 116, 158, 259
- Hymne 105, 158
- Nationaldenkmäler 187
Nationalversammlung
- in Frankreich 47
- in Deutschland 84, 87, 121 ff., 142, 244, 248
Nationsbildung (s. auch die Länderstichworte!) 12, 16, 25

Naturrecht 45
Naumann, Friedrich 160, 183, 194, 227, 242
Niederlande 22, 29, 49, 73, 80
Niemöller, Martin 291
Niekisch, Ernst 270
Norddeutscher Bund 146 f.
Norwegen 27, 199
Nürnberg 91, 281, 287 f., 300, 302

Österreich 22, 59, 125, 128, 131, 136, 140, 144, 151, 153, 163, 188 ff., 193, 202, 240, 247, 266 f., 276 f., 286 f., 300, 314
Oncken, Hermann 213, 224
Organisierung, nationale 90 f., 117, 124, 127, 167, 171, 281

Palm, Johann Philipp 56
Parlament, nationales (s. auch Nationalversammlung, Reichstag) 26, 66, 94, 99, 138, 150, 199
Partikularismus 103, 241
Patriotismus (s. auch Reichspatriotismus) 16, 27 f., 39, 42, 52, 66, 180
- regionaler Patriotismus 56, 58 f., 65, 67, 71
- nationaler Patriotismus 16, 41, 45, 57 ff., 81 f., 92, 111, 148, 176, 224 ff.
- Verfassungspatriotismus 19, 258, 290
- Kriegspatriotismus 212, 231
Patriotische Gesellschaften 36, 39, 42, 54
Peters, Carl 204
Perthes, Friedrich 66
Pfizer, Paul A. 94, 98
Philhellenismus 76, 90
Plessner, Helmuth 307
Polen 29, 49, 53, 73, 76 f., 94, 96, 114, 124, 132, 154, 162, 191, 220 f., 225, 234, 246, 266, 298
Pressefreiheit 93, 105, 107, 119

Preuß, Hugo 246, 253
Preußen 44, 58, 61, 65, 70, 92,
    104, 119, 123, 128 f., 138,
    140 ff., 148, 300
– Hegemonie Preußens 158, 186,
    246, 324
Protestantismus 32 ff., 56, 222, 291
Prutz, Robert 105

Raabe, Wilhelm 139
Radowitz, Joseph Maria von 128
Rassismus 187, 191, 204, 224, 267,
    271, 274, 279, 288, 298
Raveaux, Franz 122
Reformationsbewegung 31 f.
Regionalismus 16 f.
– in Deutschland 130, 313, 320
Reich
– Heiliges Römisches Reich 28 ff.,
    38, 51 ff., 152, 189, 204, 339
– Deutsches Reich (1871–1945)
    148, 157 ff., 187, 241, 244, 298,
    317 ff.
– als unvollendeter Nationalstaat
    164, 174, 196, 309, 325
– Kaiser und Reich 29, 83 f.
– Reich und Nation 21, 96, 124,
    310 ff.
– Großdeutsches Reich 297, 344
Reichsbanner Schwarz-Rot-Gold
    253, 258, 290
Reichsnation
– im Heiligen Römischen Reich
    (Reichsadel, Fürsten) 21, 29 f.,
    33 f., 38, 51, 80, 245, 310,
    313
– moderne Reichsnation 37, 165,
    171, 173, 175, 310 f.
Reichspatriotismus 31, 43, 52 ff.,
    174 ff., 185, 212, 310
Reichspräsident 245, 284
Reichstag (s. auch Nationalver-
    sammlung, Parlament) 128,
    146 f., 159 f., 173, 184, 223, 228,
    232, 284

Reimer, Georg Andreas 60
Renner, Karl 206
Republik, deutsche 95, 97, 99, 102,
    111, 116, 119 f., 177, 243
Reuter, Fritz 66
Revisionismus, nationaler 237,
    240, 262 ff., 276 f., 279
Revolution
– Doppelrevolution 45, 112, 133
– Französische Revolution 48 ff.,
    71, 75 f., 93, 102
– Revolution in Deutschland 42,
    75, 93, 95, 98 f., 111;
    (1848) 114 ff., 137, 153, 169,
    178, 232;
    (1918) 232, 242 f., 249 f., 258
Rhein, Rheinbewegung 104 f., 107,
    123
Rhodes, Cecil 204
Romantik 57, 69
Rotteck, Karl von 95
Rousseau, Jean-Jacques 41, 45
Ruge, Arnold 106
Rußland 153, 199, 201 f., 230, 240,
    265 f.

Saarland 246, 285 ff.
Sachsen 64, 79, 248
Sängerbewegung 91, 108, 139
Scharnhorst, Gerhard Joseph von
    58, 61, 63
Scheidemann, Philipp 227 f.
Schieder, Theodor 309
Schill, Ferdinand von 60
Schiller, Friedrich 37, 54 f., 108,
    139
Schlegel, Friedrich 57
Schleiermacher, Friedrich Daniel
    56
Schleswig-Holstein 78, 109, 120,
    123, 142, 144 f.
Schmerling, Anton von 140, 142
Schmitt, Carl 282
Schneckenburger, Max 105
Schönerer, Georg von 189

Schriftkultur, nationale 14, 25, 30, 35
Schützenvereine 139
Schulz, Wilhelm 94
Schumacher, Kurt 253
Schurz, Carl 127
Schwarzenberg, Felix Fürst zu 125, 128, 131
Schweden 73
Schweiz 22, 36, 39, 49, 90, 98, 115
Selbstbestimmung, nationale (Autonomie) 15, 17, 46, 233, 236f., 240
Separatismus 17
Serbien 199
Seume, Johann Gottfried 56, 66
Siebenpfeiffer, Philipp 96
Sieyès, Abbé Emanuel 46, 180
Simson, Eduard von 150
Sollmann, Wilhelm 253
Sonderweg, deutscher 308
Souveränität s. Selbstbestimmung, Volkssouveränität
Sowjetunion 236, 239, 278f., 294
Sozialdemokratie (SPD) 169, 173, 179ff., 206, 210, 212, 224ff., 244, 252, 290ff.
– österreichische Sozialdemokratie 189, 206
Soziale Frage 102, 109, 113, 137, 166, 238
Sozialismus 75, 98, 183, 269
Spahn, Martin 254
Spanien 18, 50, 58, 60, 73, 75, 275, 278
Spengler, Oswald 270
Sprache, nationale 22, 25, 47, 68f.
Sprachgemeinschaft, deutsche 22f., 36, 68, 190, 218, 264, 266, 325f.
Stadion, Johann Philipp von 58
Stalin 273, 295, 298
Stein, Heinrich Friedrich Frhr. vom 58, 61f., 64, 68, 79, 81, 91
Stresemann, Gustav 228f., 231, 250, 254, 264

Struve, Gustav 111
Sudetendeutsche 266f., 277
Südafrika 234
Suttner, Berta von 206
Süvern, Johann Wilhelm 58
Staatsbildung (s. auch Nationalstaat) 15, 22, 24, 32, 51
– in Deutschland 31, 38, 81, 315

Tacitus 30
Territorium, Land 12, 24ff.
Thomasius, Christian 40
Tirpitz, Alfred von 205
Treitschke, Heinrich von 187
Tschechen 124f., 132;
– Tschechoslowakei 234, 264, 277, 287, 297f.
Türkei 240
Tugendbund 60
Turnbewegung 60, 86, 90, 107, 139

Unabhängige Sozialdemokratische Partei 226, 253
Ungarn 27, 132, 154, 201, 234, 240, 275
USA 45f., 77, 102, 127, 217, 236, 240, 266

Verfassung, nationale 46, 55, 59, 66, 68, 74
– deutsche Verfassung 79, 81, 119, 121, 129, 140, 146f., 244f., 252f., 295, 324f.
– Verfassungsbewegung 66, 85, 93, 124
Verein deutscher Studenten 192ff.
Verein für das Deutschtum im Ausland 191, 267
Vereinbarung, nationale 119f., 127, 129
Versailles, Vertrag von 246f., 255f., 262f., 280, 286
Völkerhaß s. Chauvinismus
Völkerbund (s. auch Internationa-

lismus) 97, 102, 217, 233, 235f.,
241, 247, 277
Völkische Bewegung 267
Volksbund für Freiheit und Vaterland 224
Volk (s. auch Nation, Sprachgemeinschaft) 13f., 19, 41f. 233
– deutsches Volk 61f., 287f., 301
– Volksstaat 177, 197, 213, 227
– Volksgemeinschaft 191, 213,
260, 281
volksdeutsch (Volkstum) 37, 190f.,
195, 198, 264ff., 326
Volksfront 286
volksnationales Denken (s. auch
Nation, Nationalismus) 264,
274, 296, 316
Volkssouveränität 14, 42, 46, 75,
86, 93f., 102, 120, 122, 150,
153, 164, 181, 242f., 245

Wahlen, nationale 171, 184, 245,
256ff., 332f.
– Wahlrecht 129, 142, 146f., 160,
170, 181, 235ff.
Wangenheim, Karl August von 89

Wartburgfest 87
Weber, Max 204
Wehrpflicht, allgemeine 58, 63
Weitling, Wilhelm 106
Welcker, Karl Theodor 94
Widerstand, nationaler 59f., 62,
289, 293
Wieland, Christoph Martin 39, 42
Wien 131
Wigand, Otto 104
Wilhelm I., Kaiser 138, 163
Wilhelm II., Kaiser 160, 180, 202
Wilson, Woodrow 217, 219, 221,
231, 233, 235, 241
Winnig, August 269
Wirth, Johann G. A. 95, 97
Wirtschaft, nationale 136f., 148,
165, 199, 299, 323
Württemberg 91, 98

Yorck, Ludwig von 62

Zentralmärzverein 124
Zentrumspartei s. Katholizismus
Zollverein, Deutscher 92, 110, 136,
147f.

Buchanzeigen

Zur Geschichte des 20. Jahrhunderts
in der Beck'schen Reihe

Margareta Mommsen (Hrsg.)
Nationalismus in Osteuropa
Gefahrvolle Wege in die Demokratie
1992. 205 Seiten. Paperback
Beck'sche Reihe Band 477

Thomas Assheuer/Hans Sarkowicz
Rechtsradikale in Deutschland
Die alte und die neue Rechte
2., aktualisierte Auflage
1992. 258 Seiten. Paperback
Beck'sche Reihe Band 428

Martin Broszat/Klaus Schwabe (Hrsg.)
Die deutschen Eliten und der Weg in den Zweiten Weltkrieg
In Verbindung mit Ludolf Herbst, Heinz Hürten, Peter Krüger,
Klaus-Jürgen Müller und Hans-Erich Volkmann
1989. 444 Seiten. Paperback
Beck'sche Reihe Band 401

Fritz Fischer
Hitler war kein Betriebsunfall
Aufsätze
2., unveränderte Auflage. 1992. 272 Seiten. Paperback
Beck'sche Reihe Band 459

Wilfried Röhrich
Eliten und das Ethos der Demokratie
1991. 159 Seiten. Paperback
Beck'sche Reihe Band 457

Bassam Tibi
Die fundamentalistische Herausforderung
Der Islam und die Weltpolitik
1992. 274 Seiten. Paperback
Beck'sche Reihe Band 484

Verlag C. H. Beck München

Zur Geschichte des 20. Jahrhunderts
in der Beck'schen Reihe

Ernst-Otto Czempiel
Weltpolitik im Umbruch
Das internationale System nach dem Ende des Ost-West-Konflikts
1991. 142 Seiten. Paperback
Beck'sche Reihe Band 444

Adam Krzeminski
Polen im 20. Jahrhundert
Ein historischer Essay
1992. Ca. 190 Seiten. 2 Karten. Paperback
Beck'sche Reihe Band 476

Dieter S. Lutz (Hrsg.)
Lexikon Rüstung, Frieden, Sicherheit
Mit einer Einleitung von Egon Bahr
1987. 368 Seiten. Paperback
Beck'sche Reihe Band 323

Christiane Rajewsky / Dieter Riesenberger (Hrsg.)
Wider den Krieg
Große Pazifisten von Immanuel Kant bis Heinrich Böll
1987. 479 Seiten, 8 Abbildungen. Paperback
Beck'sche Reihe Band 322

Gottfried Niedhardt / Dieter Riesenberger (Hrsg.)
Lernen aus dem Krieg?
Deutsche Nachkriegszeiten 1918/1945
Beiträge zur historischen Friedensforschung
1992. 448 Seiten, 5 Abbildungen im Text. Paperback
Beck'sche Reihe Band 446

Peter Müller
Die Mafia in der Politik
1990. 139 Seiten. Paperback
Beck'sche Reihe Band 421

Verlag C. H. Beck München